역사교육의 이론

역사교육의 이론

양호환 · 이영효 · 김한종 · 정선영 · 송상헌 공저

책과함께

머리말

《역사교육의 이론》은 이미 2년 전에 출간된 《역사교육의 내용과 방법》(최상훈 외, 책과함께, 2007)과 함께 기획된 책이다. 《역사교육의 내용과 방법》이 역사 학습의 실제, 수업 지도의 현장적인 측면에 중점을 두었다면, 이 책은 그러한 현장에 적용되는 역사교육의 이론적인 바탕을 주제로 구성하였다. 이런 취지에서 책의 제목도 '역사교육의 이론'이라고 하였다. 두 책 모두 역사 교사 양성 과정에서 학생들이 이수해야 하는 교수법, 교재 연구 등의 강좌에 필요한 교재로 준비하였다. 역사교육 분야의 개론서가 몇 권 나와 있지만, 주요한 새로운 연구 성과를 제대로 반영하고 있지 못하고 있을 뿐 아니라 체제와 내용에 보완될 부분이 적지 않았기 때문에, 새로 정리된 이론서가 필요하다는 생각에서 이 책을 기획하였다. 두 책을 같은 시기에 출간했더라면 더 좋았겠지만 필자 선정과 집필 사정에 따라 이 책이 뒤늦게 선을 보이게 되었다.

'역사교육의 이론'이라는 말은 흔히 쓰이고는 있지만, 그 다루는 분야를 명백히 규정하기는 어려운 상태다. 역사교육에 대한 연구가 그 대상과 영역을 개척해가고 있기 때문에 그렇기도 하고, 이론이라고 하는 용어와 개념이 넓은 분야를 포괄하고 있기 때문이기도 하다. 풀어서 말하자면, 우리나라에서 교과교육으로서 역사교육을 활성화하고 이 분야에 대한 전문적인 연구를 시작한 지도 꽤 오랜 시간이 지났고 많은 연구자들이 활동하고 있지만, 기성의 다른 학문 분야와는 달리 역사교육 분야는 연구의 대상과 영역, 방법을 새롭게 모색해야 하는 처지에서 출발하였다. 이러한 상황에서 연구자들이 착안한 주제와 문제인식은 여러 방향에서 시각을 달리하며 개진되었고 이것을 이론이라는 이름으로 확연히 구분해서 범주화하는 것은 어려운 일일 뿐 아니라 바람직하지 않은 측면도 있다. 역사교육의 연구 분야를 성급히 획정하여 새로운 연구 주제를 미리 배제할 필요는 없기 때문이다. 또 이론이라고 하는 것은 체제를 온전히 갖춘 원리를 뜻하기도 하지만 때로는 하나의 가설 또는 지향이라는 의미도 가지고 있다. 이 점에서 필자들은 역사교육의 이론을 망라하는 원칙을 제시하기보다는 역사 수업의 이론적 근거 및 타당성을 뒷받침할 가설적인 이론체계를 마련하는 것이 더 적절하다고 판단하였다. 이 책은 현재까지 진행된 연구 성과를 바탕으로 이러한 이론체계를 정리한 것이다.

이 책의 필자 대부분이 공동 저자로서 이미 출간된 역사교육개론서 집필 작업에 참여한 바 있기 때문에, 이 책에서는 기존의 개론서에서 나타난 이론 부분의 내용을 다루되, 중복을 피하면서 확장하고 정연하게 하는 것을 우선의 목표로 삼았다. 또한 필자들이 그동안 발표한 논문이나 박사학위 논문을 통해 주장한 각자의 견해를 독립된 장으로 하여 목차를 구성하되 구체적이고 전문화된 쟁론보다는 역사교육의 전반적인 이해를 돕는 수준에서 세부 주제와 서술 항목을 선정하였다.

이와 같은 방향 설정 아래 짜인 이 책의 구성과 목차는 다음과 같다. 모두 5장으로 구성되어 있는데, 역사교육의 개념과 연구 영역, 역사학과 역사교육, 역사 이해와 역사교육, 역사적 설명과 역사교육, 역사적 사고 등이다. 1장은 역사교육 연구의 현황과 과제를 진단하여 목적론, 교수 학습론, 역사 서술과 역사 이해 등의 주제에 대한 쟁점과 향후 연구의 방향을 진단하고 있다. 2장에서는 역사학의 전반적인 추세 속에서 국내외 역사교육이 어떠한 변화를 거쳐왔는지를 소개하고 있다. 더불어 자주 등장하는 역사학의 이론적 쟁점이 역사교육에 시사하는 바를 항목별로 제시하고 있다. 3장은 역사 이해의 개념과 종류를 개괄하고 역사 이해를 함양하기 위한 역사 학습의 방안을 모색하고 있다. 아울러 이해라는 개념을 폭넓게 파악하여 상상, 해석, 판단 등 여러 가지 이해의 양상을 구분하여 설명하고 있다. 4장은 역사적 설명을 다룬다. 설명의 의미와 성격을 규정하고 일반적인 역사 설명 외에 과학적 역사 설명, 인간 행위에 관한 설명으로 범주를 분류하여 사례를 제시하고 있다. 5장의 주제는 최근 역사교육에 대해 가장 활발하게 논의되고 있는 역사적 사고다. 역사적 사고에 관한 초기의 주요 이론과 최근의 연구 동향을 소개하고, 구체적으로 사고력의 구성 요소와 기능을 제시하고 있다. 1장은 양호환, 2장은 이영효, 3장은 김한종, 4장은 정선영, 5장은 송상헌이 집필하였다.

토론을 거쳐 장절을 구성하고 서술할 내용에 관해서도 그 대강을 서로 협의하였지만 막상 다섯 명의 필자가 집필한 초고를 검토해보니 내용이 중복된 부분도 있었고 같은 용어라도 다른 의미로 쓰인 경우도 있었다. 또한 개론서 수준의 논의임을 감안하더라도 주제별로 필자의 견해가 상당히 엇갈리는 부분도 있었다. 이런 부분에 관해서는 일단 이 책의 기본 성격과 방향을 되짚고 애초의 합의하에 구상한 각 장의 주요 논제를 점검하는 토론과 협의를 거쳐 서술 내용을 수정하였다. 그리고 필자 외의 몇몇 역사교육 연구자에게 논평을 구하는 과정도 거쳤다. 그 후의 수정 작업도 필자 간의 상호 검토를 바탕으로 진행되었다. 그러나 여전히 견해의 차이가 드러나는 부분도 있고 독립된 각 장의 논리 전개상 내용의 중복을 피하지 못한 경우도 있다. 필자들이 좀 더 세심한 주의를 기울이고 효율적인 협의를 거쳤다면 이러한 문제를 조금이라도 더 해소할 수 있었을 것이다. 당장은 아쉬움이 있지만 이러한 부족함은 추후 개정 작업을 통해 보완할 예정이다. 독자들의 아낌없는 지적과 비판을 기대해본다.

예비교사와 현장교사들을 위해서 역사교육의 이론에 관한 체계적인 개론서를 내기로 몇몇 사람이 뜻을 모은 것은 꽤 오래되었지만 이제야 책을 출판하게 되었다. 필자들이 각자의 분주한 사정 때문에 약속한 원고 제출일을 제대로 맞추지 못한 것이 이렇게 출판이 늦춰진 주된 이유다. 그리고 공동 작업으로서 필자들이 협의를 거치는 과정도 순조롭지만은 않았다. 시간이 더 소요되긴 하였지만 견해가 다르다는 것을 확인하고 토론하는 것이 필자 모두에게 역사교육 연구자로서의 전망에 도움이 된 것만은 분명하다. 이러한 차이가 역사교육에 관한 다양한 시각과 문제인식을 통해 더욱 수준 높은 새로운 연구의 가능성으로 이어질 것이라 믿는다.

　이 책의 내용을 전체적으로 검토하고 교정에 도움을 준 서울대학교 역사교육 전공 박사과정의 조동근 선생에게 고마움을 전한다. 그리고 기일을 재촉하지 않고 책의 기획 단계에서부터 마무리까지 큰 도움을 준 책과함께의 류종필 사장과 편집부에도 감사의 인사를 드린다.

2009년 8월
대표 필자 양호환

차례

머리말 · 5

1장 역사교육의 개념과 연구 영역

Ⅰ. 역사교육의 개념 ······ 17
  1. 역사교육의 의미 · 18
    1) 교과교육과 역사교육 · 18 2) 교수 내용 지식과 역사교육 · 20
  2. 역사교육의 특성 · 25
    1) 해방 후 역사교육의 논의의 특징 · 25 2) 역사교육의 교과교육 외적 성격 · 28

Ⅱ. 역사교육의 연구 영역 ······ 29
  1. 목적론 · 30
    1) 역사교육 목적과 다양성 · 31 2) 역사교육 목적 논의의 허실 · 35
  2. 교수 학습론 · 39
    1) 교수 학습론에서 인식론으로 · 39 2) 교과 외적 역사 학습 · 44
  3. 역사적 사고와 역사의식 · 50
    1) 역사적 사고 · 51 2) 역사의식 · 54 3) 집단기억과 역사의식 · 57
    4) 역사 서술과 역사 이해 · 59

2장 역사학과 역사교육

Ⅰ. 역사학의 특성과 쟁점 ······················ 73

1. 역사의 의미와 역사학 • 73
1) 역사의 의미 • 73 2) 역사학의 특성 • 74

2. 역사학의 쟁점과 역사교육 • 78
1) 역사의 반복과 교훈 • 78 2) 역사의 과학성과 문학성 • 82
3) 역사가와 역사의식 • 86 4) 역사에서 개인과 시대 • 89
5) 역사의 시대 구분 • 91 6) 역사 설명과 인과관계 • 96
7) 역사 이해와 감정이입 • 99

Ⅱ. 역사 연구의 동향과 역사교육 ······················ 102

1. 역사 연구의 전통과 역사교육 • 102
1) 중국의 전통사학 • 102 2) 한국의 전통사학 • 105
3) 유럽의 전근대사학 • 109 4) 전근대사학과 역사교육 • 112

2. 근대 역사학의 변화와 역사교육 • 116
1) 유럽의 근대사학 • 116 2) 중국과 한국의 근대사학 • 122
3) 근대 역사학과 역사교육 • 124

3. 현대 역사학과 역사교육 • 127
1) 유럽 현대사학 • 127 2) 중국과 한국의 현대사학 • 135
3) 현대 역사학과 역사교육 • 138

4. 포스트모던 역사학과 역사교육 • 142
1) 포스트모던 역사학 • 142 2) 포스트모던 역사교육 • 149

3장 역사 이해와 역사교육

Ⅰ. 역사 이해의 개념 · **159**

1. 이해의 의미 • 159

1) 이해의 일상적 의미 • 159 2) 이해의 해석학적 의미 • 161

2. 역사 이해의 방법 • 162

1) 역사 이해의 성격 • 162 2) 역사 이해의 방식 • 165

3. 역사 이해의 이론 • 169

1) 해석학의 이해론 • 169 2) 역사학의 이해 논리 • 174

3) 문화사와 역사 이해 • 180

Ⅱ. 상상적 역사 이해 · **185**

1. 역사적 상상의 개념 • 185

1) 역사 이해에서 상상의 필요성 • 185 2) 역사적 상상의 성격 • 188

3) 역사적 상상력의 요소 • 190

2. 구조적 상상 • 192

1) 구조적 상상의 개념 • 192 2) 보간 또는 삽입 • 193

3) 자료의 대안적 해석 • 196

3. 감정이입적 이해 • 197

1) 감정이입의 개념 • 197 2) 역사적 감정이입의 성격 • 200

3) 역사적 감정이입의 단계 • 204 4) 감정이입적 역사 이해 비판 • 209

Ⅲ. 역사 해석과 판단 · **213**

1. 역사 해석 • 213

1) 역사 해석의 개념 • 213 2) 역사 해석의 형태 • 217

2. 역사적 판단 • 219

1) 역사적 판단의 개념 • 219 2) 역사적 판단의 기능 • 221

3) 가치 판단 • 222

Ⅳ. 역사 이해와 역사 수업 **226**
   1. 역사 학습에서 이해의 의의 • 226
    1) 생생하게 다가오는 역사 수업 • 226 2) 학습자의 상상력 자극 • 227
   2. 역사교육 목표로서 역사 이해 • 228
    1) 이해와 이해력 • 228 2) 역사 이해력의 요소 • 233
   3. 역사 이해를 위한 역사 학습 • 237
    1) 사료를 활용한 역사 이해 • 237 2) 추체험이나 감정이입을 통한 역사 학습 • 242

4장 역사적 설명과 역사교육

Ⅰ. 역사적 설명의 개념 **253**
   1. 설명의 의미와 필요성 • 253 2. 역사 설명의 이론 논의 • 255
   3. 역사적 설명의 성격 • 258

Ⅱ. 일반적 역사 설명 **261**
   1. 개념과 용어의 설명 • 262 2. 총괄적 설명 • 265
   3. 비교적 설명 • 268 4. 유추에 의한 설명 • 270
   5. 인과적 설명 • 274

Ⅲ. 과학적 역사 설명 **277**
   1. 연역적-법칙적 설명 • 278 2. 귀납적-확률적 설명 • 282
   3. 발생적 설명 • 285 4. 설명 스케치 • 289

Ⅳ. 인간의 행위 설명 **291**
   1. 합리적 설명 • 292 2. 성향적 설명 • 298

5장 역사적 사고

Ⅰ. 역사적 사고의 성격 — **307**

Ⅱ. 역사적 사고의 이론 — **311**
  1. 영역 중립 인지 이론 • 312
     1) 피아제 인지 발달론 • 312 2) 피아제-필-할람 모델 • 317
     3) 역사의식의 유형과 발달 • 327 4) 분류 능력과 시간 개념 • 332
  2. 영역 고유 인지 이론 • 336
     1) 피아제-필-할람 모델 비판 • 336 2) 역사적 사고의 영역적 특성 • 339
     3) 인증적 사고 • 343 4) 내러티브적 사고 • 350

Ⅲ. 생각 습관으로서의 역사적 사고 — **353**

Ⅳ. 역사적 사고의 구성 요소 — **361**
  1. 역사적 사고력의 구성 요소 • 361
     1) 연대기 파악력 • 362 2) 역사적 탐구력 • 363 3) 역사적 상상력 • 366
     4) 역사적 판단력 • 368
  2. 사고 기능의 상세화 • 371
     1) 연대기적 사고 • 373 2) 역사 이해 • 374 3) 역사 분석과 해석 • 375
     4) 역사 연구 능력 • 377 5) 역사 쟁점 분석과 의사결정 • 379

Ⅴ. 역사적 사고의 연구 방향 — **382**

찾아보기 · 393

1장
역사교육의 개념과 연구 영역

양호환

I. 역사교육의 개념

　역사교육은 넓은 의미에서 역사학의 내용과 방법, 교수 학습론, 초·중등 역사교과의 성격과 기능에 관한 이론을 종합한 것이라 할 수 있다. 즉 역사학의 내용과 방법을 교육적 목적으로 이해하고 구성하는 데 관련된 지식과 연구의 체계를 말한다. 그러나 이 같은 일반적인 개념 정의에도 불구하고 일부에서는 역사교육을 역사라는 교과를 교육하는 것을 넘어 국가와 사회, 그리고 그 구성원의 정체성과 가치를 규정하는 이념적 차원으로 규정하는가 하면, 다른 한편에서는 단지 학교에서 가르치는 역사교과의 교수 방법적인 응용으로 간주하기도 한다. 요컨대 역사교육의 의미에 대해 명확하게 정의가 내려지지 않고 있는 것이다. 따라서 역사교육과 교과교육, 역사교육과 교수 내용 지식 간의 상호 관련성을 살펴봄으로써 교과교육으로서 역사교육의 의미를 더욱 충실하게 규명하고, 역사교육이 교과교육 외적인 특성을 띠게 된 배경과 내용에 대하여 설명할 필요가 있다.

1. 역사교육의 의미

1) 교과교육과 역사교육

　교과교육의 등장은 우리나라 교사 양성 문제와 밀접하게 관련되어 있다. 특히 교사 양성 기관으로서 사범대학의 기능과 구실의 독자성 문제가 거론되면서 교과교육 분야에 대한 관심이 더욱 증대되었다. 사범대학에서만 교사를 양성해야 하는 이유가 무엇인가, 사범대학 출신의 교사가 자질 면에서 더 우수한가 하는 문제는 교사 양성 과정을 둘러싸고 오랫동안 논란이 되었다. 그러한 가운데 교과교육은 사범대학의 독자성과 발전 방향을 확보하기 위한 유용한 분야로 거론되기 시작했다.

　교과교육이란 용어가 쓰이기 전에는 교사 양성을 위한 교직 과목으로 각과 지도법이란 강좌가 개설되었다. 그러나 1970년대 중반에 서울대학교가 종합대학이 되면서 사범대학의 위상과 기능의 문제가 다시 불거졌고, 교과교육의 개념과 구체적인 교과목 운영 방안이 본격적으로 논의되기 시작했다.

　이후 사범대학의 전공과목을 이른바 3원체제로서 '교과교육 과목', '교직 과목(교육 일반 영역)', '교과 내용 과목'으로 구분하고 이중 교과교육 과목을 중시해야 한다는 견해가 점차 우세해졌다. 중등교사는 교과 지도 전문가이므로 교과를 효과적으로 운영하는 역량을 기르는 것이 무엇보다도 중요한데, 중등학교 수준의 교과 내용에 대한 전반적인 지식의 깊이와 넓이, 학생 지도 기능, 평가 능력 등을 구비하려면 학문적인 전공과목이나 교육학적인 교직 과목만으로는 충분하지 않다는 것이 그 이유였다.

최근에도 교과교육(학)은 교사 양성 교육 과정에서 교사 전문성을 평가하는 중요한 척도로 인정되고 있다. "교과교육학은 교과 내용으로서의 특정한 학문 영역 지식과 그것을 유용한 지식이 되도록 가르치는 방법으로서의 교육을 통합한 실천적 교육학으로, 교과 지식과 교육 방법이 서로 유기적으로 관련성을 가지게 하여 교육의 질을 높이는 데 공헌할 수 있으며, 교사는 특정 영역의 교과 내용에 관한 지식에 기초하여 이들 교과 내용이 학생의 필요와 능력에 어떻게 상호작용하는지, 그 교과의 어떤 지식이 사회적 가치를 지니는지, 학생의 발달 상태와 어떻게 관련되는지를 교과교육학을 통하여 습득할 수 있다"[1]는 것이다. 역사교육도 이런 의미의 교과교육의 한 분야로 인식되고 있는 것은 물론이다. 예를 들면 교사 양성 교육 과정 중 역사교육론, 역사교재 연구 및 지도법은 '교과교육으로서의 역사교육'으로 통칭되고 있다.

이처럼 교과교육을 좁은 뜻으로 해석하면 역사교육은 초·중등학교에서 역사를 가르치는 데 유용한 교수 방법의 개발과 적용에 관한 것으로 한정된다. 그 개념이 처음 도입될 때는 이러한 범위와 차원에서 교과교육을 이해하였고 따라서 역사교육의 경우 역사라는 내용을 교육학이라는 방법을 활용하는 분야로 인식되었다.

그러나 교과교육에 관한 논의가 진전되면서 내용과 방법의 기계적 결합이라는 의미에서 벗어나 양자를 유기적으로 통합하는 포괄적 개념으로 역사교육의 분야와 영역을 정립하려는 시도가 이루어졌다. 이러한 시도는 일반화된 학습이론으로는 역사 학습을 제대로 설명할 수 없으며 이것을 이해하기 위한 별도의 이론이 필요하다는 것을 전제로 하고 있다. 따라서 특정 교과교육 이론으로서 역사교육에서는 역사 학습의 특성을 적절히 설명할 수 있는 이론을 개발하고 이것을 바탕으로 역사 학습의 의미와 가치를 풍부하게 개발하는 것이 핵심 과제다. 특히 교수 내용 지식이라는 개념은 교과교육으로서의 역사교육, 특히 교사가 역사를 가르치기 위해 필요한 지식의 성격을 규명하는 데 큰 도움이 되었다.

2) 교수 내용 지식과 역사교육

교수 내용 지식의 개념을 창안한 사람은 미국의 교육학자인 슐만(Lee S. Shulman)이다. 그는 교사가 잘 가르치기 위해 갖추어야 할 지적 기반을 일곱 가지로 나누어 제시하였다. 내용 지식(content knowledge), 일반 교수법적 지식(general pedagogical knowledge), 교육 과정 지식(curricular knowledge), 교수 내용 지식(pedagogical content knowledge), 학습자의 특성에 대한 지식(knowledge of learners and their characteristics), 교육이 이루어지는 맥락에 관한 지식(knowledge of educational Context), 교육의 목적·가치·철학적·역사적 근거에 대한 지식(knowledge of educational ends, purposes and values, and their philosophical and historical grounds)이다.[2]

이것을 바탕으로 슐만은 교사에게 필요한 지식을 내용 지식, 교수 내용 지식, 교육 과정 지식의 세 가지로 다시 정리하였다. 내용 지식이란 교사가 갖추어야 할 지식의 범위와 구조를 말한다. 교사는 고유한 지식 구조를 가진 교과의 사실을 통합하고 조직하는 기본 개념과 원리를 파악하고 있어야 한다. 즉 교과 내용에 대한 지식이란 단순히 교과 내용을 많이 아는 것뿐 아니라 역사의 학문적 특성에 대한 이해를 포함한다. 역사적 사실의 특수성과 다양성, 사실과 해석 간의 상호 관계, 증거에 따른 역사 해석의 잠정적인 성격, 사건들의 인과관계와 상호 관련성을 파악하는 것 등이 역사 지식의 주요 특징이다.[3] 또한 어떤 학문 분야나 교과에서 참과 거짓, 타당성과 부당함이 수립되는 일련의 절차와 방식을 알고 있어야 한다. 즉 상이한 주장과 견해의 정당성을 판단할 수 있는 능력, 다시 말해 학문의 방법론적 절차와 구조에 대한 이해를 갖추어야 한다.

교육 과정 지식이란 일정한 단계에서 특정한 주제나 교과를 가르치기 위해 고안된 일련의 프로그램과 그에 관련된 교육 과정 자료를 이용할 수 있는 지식을 말한다. 교과를 잘 가르치기 위해서 학습 주제에 관한 다양한 교육 과정 자료 외에 학생들이 다른 교과에서 배우게 될 내용과 과정, 전 학년에서 배웠거나 다음 학년에서 다룰 주제들을 연관시켜 가르칠 수 있는 능력을 뜻한다. 즉 교육 과정 지식은 상황과 단계에 따라 유연하게 활용될 수 있는 교육 과정 자원에 대한 이해와 다른 교과의 교육 과정에 대한 이해를 포함한다.

그중 교수 내용 지식은 가르치기 위한 내용 지식(teachable knowledge)으로, 교과의 특정적인 내용 지식의 구조를 학습자를 고려하여 전달하는 양식이라 할 수 있다. 즉 교과목이 교사의 지식으로부터 교육의 내용으로 전환되는 과정에서 교사가 내용과 가르치는 방법을 혼합하여 특정의 주제나 문제를 어떻게 조직하고 표현하는가, 또한 그것을 어떻게 학습자의 다양한 흥미와 능력에 따라 적용하는가를 이해하는 것을 말한다. 은유, 예시, 보기, 유추 등의 설명 방식은 교과 내용에 관한 지식, 학습자에 대한 이해, 일반 교육학적 지식이 통합적으로 반영된 교수 내용 지식의 산물이다. 이는 교과에 관한 단순한 내용 지식에도, 교과의 내용과는 분리되어 있는 일반 교육학의 범주에도 포함되지 않는 것으로, 가르치는 것의 독특한 지적 기반을 구성하는 것이다. 이런 의미에서 교수 내용 지식은

교과 내용 전문가와 그 교과를 가르치는 사람을 구별해주는 요소라 할 수 있다.[4]

교수 내용 지식 개념은 교사 교육에 관한 중요한 원칙을 제시하였다. 교과 내용에 관한 교육을 포기하고 교사 교육이 이루어질 수 없다는 것이다. 교수 내용 지식은 내용 지식을 바탕으로 형성되는 것이므로, 교사 교육에서 무엇보다도 중요한 것은 교과 내용에 관한 교육이다. 이러한 견해는 방법만 알면 잘 가르칠 수 있다는 주장을 정면으로 비판하는 것이었다. 즉 가르치기 위해서는 내용에 대한 최고 수준의 이해가 필요하며 방법적 행위보다 교과 내용에 대한 지적 기반이 더 중요하다는 것이다.[5]

교과교육을 옹호하고 이를 이론화하고자 했던 우리나라 학자들은 교수 내용 지식의 개념을 적극 수용하였다. 이것을 '교과교육 지식'이라고 번역하는 경우도 있었다. 무엇보다도 교수 내용 지식이 교사 지식의 특수성과 수월성을 강조하고 있다는 점이 관심을 모았다. 교사는 내용에 대한 최고 수준의 이해를 갖추어야 한다는 주장은 교사 교육의 입지와 위상을 제고하는 계기를 마련해주었다.

그러나 우리나라 상황에서 교수 내용 지식 개념을 교사 양성 과정에서 교과교육을 강화해야 한다는 주장으로 연결하는 데에는 몇 가지 문제가 있다. 특히 슐만의 이론이 제도와 구조가 우리와는 사뭇 다른 미국의 교사 양성 과정을 배경으로 하고 있다는 점을 주목해야 한다. 미국에서는 교사 지망생이 대부분 학부를 졸업한 후 교육대학원에서 1년의 석사과정을 이수하여 교사 자격을 획득한다. 이 1년의 기간 동안 교과 내용에 대한 교육은 별로 없고 주로 교육학 과목과 인근 학교에서 교육 실습을 하게 된다. 이처럼 교육학을 위주로 교수 방법 과목을 이수한 사람에게 교사 자격을 수여하기 때문에 교사가 가르치게 될 교과 내용에 대한 이해와 교수 방법을 기계적으로 혼합하는 방식을 택했던 것이다. 그 때문에 가르칠 교과와 교사 전공의 불일치, 교사의 교과 내용에 대한 이해 부족 등이 심각한 문제로 지적되어왔다. 이런 맥락에서 내용 이해에 기반을 둔 교수 방법으로서 교수 내용 지식이 주목받았던 것이다. 슐만은 교사의 지식 기반에 관한 논의를 통해 교수 방법이란 내용에 대한 심층적인 이해와 파악에서 도출되는 것이므로 방법을 알면 내용은 중요하지 않다는 논리는 맞지 않다고 주장함으로써 내용과 방법의 이분법적 구도와 갈등을 극복하려 했다.[6]

내용에 대한 강조, 내용과 유리된 교수 방법에 대한 비판으로서의 교수 내용 지식은 미국 교사 교육의 역사적 배경 및 문제점과 분리해서 생각할 수 없다. 이런 점에서 우리 교육학계 일부에서 교수 내용 지식을 교육학의 일부로서의 교과교육학 또는 그것의 상징적 개념으로 소개하는 것은 적절하지 못하다. 더구나 교수 내용 지식 개념을 고안한 슐만의 연구와 그 후속 연구[7]가 주로 역사과목과 역사를 가르치는 현직 또는 예비교사를 대상으로 하고 있으며, 내용 이해에 관한 한 역사인식상의 특성을 인정하고 이 점을 논의의 초점으로 하고 있다는 점도 유의해야 한다. 즉 교수 내용 지식의 다른 이름이라고 할 수 있는 '교과 특정적 교수 지식(subject specific pedagogical knowledge)'[8]을 전 교과에 걸쳐 보편적으로 적용할 수 있는 방법론적 개념으로 확대하는 것은 적절하지 않다. 왜냐하면 각 교과 혹은 학문 분야별로 인식론상의 특성을 파악하고 이해하는 것이 교수 내용 지식을 구성하는 데 가장 우선적으로 필요한 부분이기 때문이다. 말 그대로 교과 특정적 교수 지식은 교과별로 산출되어야 할 것이지 범교과적으로 적용될 교수 이론이 아니다.

슐만의 연구를 계승하고 있는 와인버그(Sam Wineburg)는 역사를 깨닫는 것의 의미, 역사학의 연구 절차와 인식상의 특징을 검토하는 한편, 이것을 제대로 가르치지 않는 학교 역사교육의 한계를 지적하고 있다. 이러한 배경에서 예비교사에게 교수 내용 지식의 구체적 양태라 할 수 있는 교사의 표현 양식에 관한 이해와 연습이 필요하다고 주장하는 것이다.[9] 우리나라에서도 많은 역사교육 연구자들이 역사인식 자체의 교육적 의미와 기능에 관한 연구를 통해서 일반적인 교수 학습론에서 탈피하고 있다. 따라서 역사교육에 관한 연구를 교과교육학의 하위 범주로 일괄하여 포함시키는 것은 적절하지 않다.

다른 교과에서 교과의 특성에 따라 교수 내용 지식에 대한 연구가 활성화되고 있는 것도 이러한 추세를 반영한다. 교수 내용 지식이 수업의 경험을 통해 얻어지는 지식이며 학습 주제별로 차별화되는 지식이라는 측면에서 교사의 실천적 지식을 도모하는 방향의 연구가 사회, 과학, 수학, 영어 등 여러 교과에서 진행되고 있다. 또한 교수 내용 지식을 교사 전문성을 신장시키는 효과적인 방안으로 보고 이를 통해 초임 교사를 대상으로 수업을 컨설팅하려는 시도도 주목할 만하다. 이러한 연구들은 모든 교과에 일반적으로 적용될 수 있는 교수이론을 적용하는 대신 동일한 학습 주제에 대한 교사 지식과 수업 행위를 비교 분석하거나 특정 수업 내용과 학습 활동의 관련성을 검토하는 등 교과별 차별성을 강조하고 있다.[10]

2. 역사교육의 특성

1) 해방 후 역사교육의 논의의 특징

 우리나라에서 역사교육은 앞에서 언급한 교과교육적인 의미에서만 거론되지는 않는다. 정도의 차이는 있지만 다른 나라에서도 사정은 비슷하다. 공교육으로서의 역사교육, 특히 학교에서 역사를 가르쳐야 한다는 결정 자체가 국민국가 형성의 중요한 과정이자 특징이기 때문이다. 역사라는 교과 자체가 국민국가 구성원의 일체적인 소속감을 위해 마련되었던 것이다. 역사를 학교의 정식 과목, 그리고 많은 경우 필수 과목으로 가르치고자 한 것은 국가 정체성에 관한 결정의 일환이었다. 이런 의미에서 자국사를 중심으로 한 역사교육은 국가적 관심의 대상이었으며, 이것은 매우 의도적인 결정이며 판단이었다.

 우리나라는 공교육으로서의 역사, 특히 자국사를 주체적인 판단과 의도에 따라 근대 학교에서 제대로 가르쳐보지도 못한 채 나라의 주권을 빼앗겨 다른 나라의 역사를 자국사로 교육해야 하는 굴욕과 곤경을 겪었다. 광복 후에도 우리나라의 독립적 지위를 인정하지 않았던 미군정의 교육 정책에 따라 역사교육은 체제와 내용면에서 파행을 겪었다. 파란의 시작은 사회과의 도입이었다. 미군정의 주요 관심사는 군정의 기본 방향을 구체적으로 실현하고 새로운 정치 상황을 반영하는 정치사회화로서의 교육이었으며 이를 위한 방편으로 나타난 것이 "사람과 자연환경 및 사회환경과의 관계를 밝게 인식시켜 사회생활에 성실 유능한 국민이 되게 함"을 목적으로 한 사회생활과였다(1947). 사회(생활)과는 이후 교육 과정에서 역사교육의 문제를 논의하는 데 빠질 수 없는 부분이 되었다. 역사교과의 위상과 유용성, 가치의 문제에서 사회과는 역사교과의 대립물로 인식되었고 역사교육 관계자들에게 이에 대한 대응은 피할 수 없는 것이었다.

독립정부 수립(1948) 후 6·25전쟁(1950~1953)의 막대한 피해와 1960년대 이후의 정치 동요, 뒤이은 산업화와 민주화의 격심한 사회변화를 겪으면서 교육의 체제와 내용을 개선하려는 움직임이 일어났는데, 수차례에 걸친 전국 규모의 교육 과정 개편이 그것이다. 초기부터 논란의 불씨를 안은 채 출발했던 역사교과의 위상과 관련된 문제는 이후 교육 과정 개편 때마다 재연되었다.

군사정권 통치 기간 중 교육 과정의 개편에서 가장 두드러지게 강조된 것은 반공과 근대화의 이념, 또는 이것을 통한 통치의 합리화였다. 특히 권위주의 정부하에서의 반공과 근대화 이념의 강조는 역사교육의 현장과 이론 연구의 내용과 범위에 무시할 수 없는 영향을 끼쳤다. 이러한 정치 상황과 교육 과정은 역사교과에 체제 순응적 기능을 요구하는 경향이 있었다. 이에 대한 반발로 일단의 역사 교사들은 비판적인 입장을 내세우고 현장 위주의 대안적인 활동 공간을 마련하기도 했다.

권위주의 정부가 물러나고 문민정부가 들어선 이후에도 중앙집중화된 교육 과정 체제의 하향식 논의 구도는 한동안 크게 바뀌지 않았다. 그런데 최근 들어 구성주의적 관점, 다양화된 수요자 중심의 교육이 교육 과정 개편의 중요한 기치로 등장하면서 역사교과에도 변화의 요구가 거세졌고, 특히 국사교육에 대한 논란은 새로운 국면을 맞았다. 1970년대 박정희 대통령 집권 당시 '국적 있는 교육'이라는 구호 아래 독립 교과가 되었던 국사의 경우, '국사'라는 명칭, 세계사와의 관계, 교과서 서술의 관점 및 체계 등에 대해 다양한 문제 제기와 함께 그 대안에 관한 논쟁이 이어졌다. 그 결과 부분 개정된 7차 교육 과정(2007년 개정 교육 과정)에서 국사는 '역사'라는 과목명으로 세계사의 내용과 함께 다루어지게 되었다. 그리고 사회과에서 분리되었다.

이러한 개편에 대해 현재 역사학계와 현장에서는 많은 문제점을 제기하고 있으나, 이 안을 실질적으로 구현할 역사 교과서가 아직 마련되지 않아 개편의 성패를 가늠하기는 이르다. 다만 이를 둘러싼 논의 과정에서 자국사 교육의 성격과 가치가 중요한 이슈로 부각되었는데, 특히 자국사 교육에서 민족주의 성향에 대한 비판이 더욱 거세어졌다는 점은 주목할 만하다. 역사(가)의 객관성과 증거의 확정적 성격을 의문시하는 포스트모더니즘의 이론을 배경으로 하는 논자들은 국사 교과서 서술의 두 축을 민족과 근대로 규정하고 그 용어와 개념의 허구성과 의도성을 지적하고 있다.

이에 대해 국사를 옹호하는 측에서는 포스트모더니즘의 이론을 우리나라 역사에 무리하게 적용하는 것은 자본주의의 독점 단계를 대체하여 새로운 세계 질서를 편성해가는 후기 자본주의의 논리를 순진하게 도입하는 것일 뿐이며, 이는 국사의 특색과 고유성을 파악하는 데 걸림돌이 될 뿐이라고 반박한다. 후기 자본주의 단계에서 모든 인문학은 인식론적인 불확실성, 즉 새로운 전(全) 지구적 경제 질서의 특징 중 하나인 유연성의 증가와 밀접한 관련이 있는 일종의 인식론적 불확실성을 특징으로 하고 있는데, 이를 빌미로 국사를 상대화하는 것은 결국 또 다른 서구 중심주의에 지나지 않는다는 것이다.

국사와 세계사를 통합하는 방안이 국사 교육의 문제점을 보완할 수 있는 대책으로 제시되었지만 여전히 양자의 관계와 비중, 교과서 내용의 조직 및 구성에 대해서는 보완해야 할 부분이 많이 남아 있다. 이와 관련하여 세계사 교육의 의미와 방향에 대해서도 더 논의할 필요가 있다. 역사를 학습하는 중요한 이유 중의 하나는 시간과 공간이 다른 문화를 이해하고 수용하는 능력을 키우는 것이다. 타자를 어떻게 이해해야 하는가, 그리고 이에 앞서 그들을 어떻게, 왜 구분하는가는 자아와 정체성에 대한 인식과 분리될 수 없다. 이런 점에서 '역사'라는 새로운 교과에서 국사와 세계사를 아우르는 구성과 내용에 대한 최근의 논란은 오히려 당연한 것이라 할 수 있다.

2) 역사교육의 교과교육 외적 성격

이미 언급했듯이 역사는 국가의 정체성과 국민의 소속감을 형성하는 데 핵심 기능을 담당하고 있다. 역사는 그 자체로 교육적 의미를 가지는 것이다. 주변 국가와의 역사 갈등, 특히 오랜 기간 동안 국가사와 구성원의 모든 범위에서 많은 교류와 갈등을 겪어온 중국 및 일본과의 과거사와 관련하여 우리 역사의 정체성과 독자성을 확인하는 것은 국가적으로 중대한 사안이다. 예를 들어 일본의 식민지배 미화 발언이라든가 중국의 동북공정과 같은 사업은 전 국민의 관심을 끌었으며, 이는 우리 국민에게 어떤 역사를 어떻게 가르쳐야 하는가의 문제로 귀결된다.

다른 나라와 역사 분쟁이나 갈등이 생길 경우 종종 우리 역사교육에 문제가 있다고 지적하는 사람들이 있는데, 이는 역사교육에 대한 교수 학습 방법의 문제만을 말하는 것이 아니다. 이것은 학생들이나 학교 교육을 거친 일반인들의 역사의식을 문제 삼는 것이며, 여기에서 역사의식이란 우리 국가와 민족의 정체성 및 긍지에 대한 인식을 가리키는 것이다. 따라서 이 경우 우리 역사를 어떻게 가르치고 있는가 하는 질문은 학교 교육의 방법론뿐 아니라 국가 정체성에 관한 당위와 규범, 이념을 포함한다. 이를 논의하는 과정에서 국가 차원에서는 어떤 목적으로 역사를 교육해야 하는가에 대한 다양한 주장과 성향이 표출된다.

국사에 대한 국민의 기본 인식이 부족하다는 지적이 있는가 하면, 이와 대조적으로 우리 국사교육이 지나치게 민족주의적이라는 주장이 나오는 것도 이러한 배경에서 이해할 수 있다. 교과서의 서술 내용에 대한 분석과 비판, 즉 서술 내용과 관점이 편향적이라는 주장도 이러한 맥락에서 등장하는 문제다. 학교 역사교육에 대한 상이한 국가·사회적 요구는 역사교육 과정 및 국사/세계사의 관계와 비중 문제로 귀결되어 교육 과정 차원에서 논의되기도 하지만, 이 문제는 앞에서 언급한 교과교육의 범위 내에서만 논의되거나 해결될 수 있는 것은 아니다. 따라서 같은 용어를 쓴다고 하더라도 이 경우는 국가의 교육 이념과 정책이 드러나는 분야로서의 역사교육을 말하는 것이다.

II. 역사교육의 연구 영역

역사교육의 의미와 특성을 교과교육적인 것과 그렇지 않은 부분으로 나누어서 언급한 것은, 교과교육 외적인 부분을 역사교육 연구에서 다루는 것이 적절하지 않다는 뜻이 아니라 연구의 주제와 영역이 그만큼 다양하다는 것을 강조하기 위해서다. 최근 다양한 주제와 범위에서 역사교육에 관한 연구가 이루어지고 있고, 주목할 만한 연구 성과가 나오고 있는 것은 바람직한 일이다. 그렇다면 역사교육의 연구 분야를 크게 세 가지로 나누어 주요 쟁점과 연구 성과, 그리고 향후 과제를 살펴보기로 하자.

1. 목적론

"역사교육의 목적은 무엇인가?" "역사를 왜 가르치는가?" 이러한 질문에 대한 대답은 역사교육의 연구와 현장에서 필수적으로 요구되는 과정이며 부분이다. 상식적으로 어떤 행위에 목적이 없다면 그 행위는 정당한 의미를 가지기 어렵다. 더구나 교육처럼 명백히 의도된 행위에서 그 목적을 밝히는 것은 최우선의 과업으로 간주될 수 있다. 지향하는 바를 명확히 하지 않는 교육 행위란 무책임한 임기응변이 될 수밖에 없다는 말도 교육 행위에서 목적의 중요성을 상기시키는 것이라 할 수 있다.

교과의 차원에서 목적론은 교과로서의 가치 정당화로 연결된다. 특정 교과가 왜 교과의 위치를 차지해야 하는가? 그 비중과 위상은 어떠해야 하는가? 교육 과정 논의에서 학생들에게 학교 교육의 일부로서 가르쳐야 할 많은 것 가운데 어떤 방법과 형식으로 가르칠 내용을 조직하고 분류해야 하는가를 정하는 것도 이러한 문제와 관련되어 있다.

1) 역사교육 목적의 다양성

역사교육의 목적에 대해서는 그동안 다양한 논의가 전개되어왔다. 역사교육의 목적을 이야기하는 것은 "역사를 왜 가르치고 배워야 하는가?"라는 질문에 대한 효과적인 대답이 될 수 있겠는데, 그중에서도 역사교육의 목적으로 흔히 언급되는 것은 다음 다섯 가지다.

① 역사교육은 그 자체로서 내재적 가치를 가진다. 내재적 가치란 학생들의 세계관 혹은 역사인식에 해당하는 것으로, 예를 들어 현재 문제의 기원과 발달에 대한 지식, 과거와 현재 사회에 대한 비교 인식, 현재와 미래의 문제를 해결하는 데 의미 있는 도움을 제공하는 것을 말한다.

② 역사교육이 갖는 교훈적인 성격이 곧 역사교육의 목적이 될 수 있다. 역사를 배움으로써 인간의 집단적 경험을 활용하고 과거의 잘못을 반성함으로써 현재나 미래의 활동과 생활에 도움을 얻을 수 있다는 것은 동서양의 공통된 생각이다. 따라서 우리는 현재와 미래에 유용한 교훈을 얻기 위해 역사를 배워야 한다는 것이다.

③ 역사를 아는 것은 하나의 상식을 갖추는 일, 즉 교양인의 자질을 갖추는 것이므로 역사를 배워야 한다.

④ 역사교육은 타민족과 구별되는 고유의 유산이나 역사상을 통해 민족의 동질감, 민족적 주체성을 확립할 수 있기 때문에, 즉 민족 공동체 의식을 고취하는 데 도움을 주기 때문에 꼭 필요하다.

⑤ 역사교육이 역사의식 함양에 도움을 준다. 최근 많은 논자들은 역사교육의 궁극적 목적은 존재, 변화와 발전, 자아와 시간에 대한 의식을 역사에서 가르치는 것, 즉 역사의식의 함양이라고 주장

한다.[11]

한편 영국의 역사교육 전문가인 파팅톤(Geoffrey Partington)은 전통적인 역사교육의 목적으로 ① 문화유산의 전승, ② 도덕 교육, ③ 현재와 미래에 대한 이해의 증진을 들면서 그 장단점을 논의하였다.[12] 그는 이 세 가지가 전통적인 역사교육의 목적이었으나, 이것이 오늘날에도 왜 학교에서 역사를 가르쳐야 하는가에 대한 답이 될 수는 없다고 지적한다. 첫째, 유산으로서의 역사교육은 배타적인 자민족 중심으로 흐를 수 있기 때문이라는 것이다. 둘째, 도덕 교육을 위한 역사교육은 현재의 도덕 혹은 정치적인 사정에 따라 과거의 도덕적 교훈을 무리하게 이끌어내고 그것을 학생들에게 주입하는 문제점이 있기 때문이다. 셋째, 현재에 대한 이해를 돕는다는 것은 이를 위해 얼마만큼의 과거 혹은 어떤 과거를 돌아보아야 할지가 분명하지 않다는 것이다. 파팅톤은 이러한 역사교육의 목적의 타당성이 선험적인 전제로부터 논리적으로 도출된 것인지, 아니면 경험적 증거를 가지고 있는 것인지도 확실하지 않다고 지적한다.[13]

파팅톤은 교육 과정 이론가들이 역사교육에 대해 제기한 비판 역시 소개하고 있는데, 역사 수업의 비활동성, 고차원 사고 기능에 대한 관심 부족, 학생의 관심과 흥미로부터의 괴리, 역사 수업에서 주요 개념이나 근본 구조의 결여, 역사 그 자체의 난해함 등이 그것이다. 이러한 비판을 그대로 수용한다면, 역사교육의 가치와 목적은 흔들릴 수밖에 없고, 과연 학생들에게 역사를 계속 가르쳐야 하는가 하는 의문마저 제기될 수 있다.

그러나 파팅톤은 역사 학습의 특성에 비추어 볼 때, 이러한 비판을 그대로 수용할 수 없다고 주장한다. 예를 들면 역사 수업에서 고차원적 사고 기능을 활성화하기 위해 학생의 지적 요구를 좀 더 심층적으로 분석하고 교육 목표 분류를 더욱 광범위하게 이용해야 하지만 역사 이해는 행동 목표로 측정될 수 있는 분리된 개별적인 기능의 모둠이 아니며 이러한 분류된 기능을 중시하는 것은 역사 학습의 과정이 목적을 대신하게 되는 문제점이 있다는 것이다.[14]

결론적으로 그는 학생들에게 역사를 가르치는 이유는 역사 이해를 증진시키기 위해서이며, 역사를 가르치는 이유를 외재적이고 도구적인 근거에 기반하여 정당화하는 것은 적절하지 않다고 지적한다. 그가 보기에 역사를 배운다는 것은 인간의 경험에 대한 특징적인 사고방식을 개발하는 것으로, 이러한 사고 과정 자체가 내재적인 가치를 가지고 있다.[15]

역사를 왜 가르치는가 하는 질문은 역사를 가르치는 방식과도 연결된다. 1990년대 초 이인호, 정현백 두 교수는 역사교육의 목적에 관해 여러모로 대비되는 글을 발표하였다.[16] 역사교육이 경시되고 있는 우리나라 교육 실정에 대해서 비판하고 역사교육을 강화해야 한다는 점에서는 의견을 같이하고 있으나 역사교육의 방식과 가치에 대한 의견은 사뭇 다르다.

이인호 교수는 인문교육의 토대로서 역사교육은 집단적 삶을 살고 있는 인간들의 다양한 모습을 보여줌으로써 삶의 양식의 무한한 가능성에 대한 인식을 높이고 고통과 슬픔에 대한 감수성을 확장하여 도덕적으로 올바른 선택을 할 수 있게 해야 한다고 주장한다. 즉 바람직한 인간성의 함양, 정신적 공간의 확대가 역사를 가르쳐야 하는 이유인 것이다.[17] 반면에 정현백 교수는 역사교육의 사회비판적 기능을 중시하고 인간 해방이 그 목표가 되어야 한다고 본다. 이를 위해서는 이데올로기 측면에서 비판적으로 사고할 수 있는 능력을 배양하고 역사 발전이 관념과 존재, 주체와 객체 사이의 갈등으로 채워진 변증법적 과정이라는 것을 인식시켜야 한다고 주장한다.[18] 당연히 이러한 목적과 지향을 달성하기 위한 수단과 형식도 다르다. 이인호 교수에게 설화 또는 이야기로서의 역사[19]가 적합하다면 정현백 교수에게는 사회과학적 이론과의 관련 속에서 전체 사회사적인 결정요인들을 설명하는 것[20]이 중요하다.

역사교육의 목적을 논의하는 데 빠질 수 없는 부분은 교육의 일반 목적과 역사교육의 교과적 목적과의 관계다. 이 문제에 관해서는 리(Peter Lee)와 화이트(John White)의 논쟁을 참고할 만하다.[21] 화이트는 역사 그 자체는 학교 교육과 구별되는 목적을 가질 수 있으나 학교 교과로서의 역사는 역사 연구 그 자체보다는 학교 교육의 목적을 중시해야 하며, 따라서 학교 역사는 민주 시민의 덕목을 기르는 교육의 목적에 부합해야 한다고 주장한다. 화이트에 따르면 그것은 자립적인 인간으로서 자신이 지향하는 바를 선택하는 것에 따른 가능성과 조건을 이해하고 그것의 사회적 조건과 맥락을 이해하는 것이다. 반면에 리는 역사는 내재적 가치를 가지고 있으며 다른 정치적 목적(시민 교육을 포함해서)에 이용되어서는 안 된다고 말한다. 외재적인 정치적 목적을 위해 역사가 이용될 경우 역사의 특성인 객관성과 이탈성(detachment)이 훼손된다는 것이다. 그러나 화이트는 리가 주장하는 역사의 고유한 변형적 목적(transformative aim), 즉 학생이 세상을 바라보는 방식과 그것을 통해 스스로를 변화시키는 것도 따지고 보면 개인이 속한 사회의 가치를 반영한 것이라고 반박한다. 아무리 학생 스스로 판단하는 것이 중요하다 하더라도 역사 학습을 통해 인종차별을 조장한다거나 파시즘을 주입하여 학생을 변화시키는 것은 용납될 수 없다는 것이다. 다시 말해 학생 스스로의 판단을 중시하는 가치중립적인 (것처럼 보이는) 변형적 목적이라는 것도, 시민 교육의 일반 목적에 부속하는 학교 역사의 목적(개인의 독립적 선택과 그 가능성을 기르는 것)과 크게 다르지 않다는 것이다.[22]

이상에서 살펴보았듯이 "역사교육의 목적이 무엇인가?"라는 질문에 하나의 정답을 제시하기는 어렵다. 역사교육의 목적에 대해서는 다양한 견해가 존재하기 때문이다. 그러나 한 가지 분명한 점은 역사교육의 목적이 가치 문제와 매우 민감하게 관련되어 있다는 것이다. 국가 공교육의 중요 부분으로서 역사를 학교에서 가르치고 있다는 사실은 문제를 더욱 복잡하게 한다. 역사 교과의 설정과 내용 구성은 국가 정체성의 문제와 관련되어 있기 때문에 국가적 명분과 분리될 수 없다. 예를 들어 역사교육의 내재적 가치를 내세워 학교 역사교육의 독자성이나 그 목적의 가치중립성을 확보하는 데는 한계가 있다. 적어도 국가 차원에서 교육 과정을 설정하면서 역사교육의 목적을 반국가적 사고를 고취하여 국민 분열을 부추긴다거나 우리 선조가 남긴 문화유산의 대부분이 당시 선진 타문화를 모방한 것임을 일깨워주는 식으로 기술하는 경우는 없을 것이다. 공교육의 일부로 국민국가 형성 과정에서 구성원의 소속감과 일체감을 불러일으키기 위해 마련된 자국사 중심의 역사교육이 이러한 목적을 내세운다는 것은 스스로를 부정하는 행위이기 때문이다.

2) 역사교육 목적 논의의 허실

역사교육의 목적에 대한 상이한 견해와 더불어 생각해볼 문제는 목적론 자체에 관한 논의의 허실이다. 대표적인 사례가 역사교육의 근본적인 문제점과 해결책을 목적론으로 단순화하는 것이다. 역사

교육에서 문제의식은 무엇을 가르칠 것인가에서 출발하는데 이 질문을 단순히 역사교육 목적의 하위 혹은 부속 질문으로 생각하는 것은 적절하지 않다. 왜 가르치는가의 문제와 잘 가르친다는 문제로 나누어볼 때 전자를 결정함으로써 후자의 문제가 자동적으로 해결되지는 않는다. 즉 역사교육의 목적을 정한다고 해서 가르칠 내용이 자동적으로 도출되지는 않는다. 목적을 정하고 그것에 의거하여 가르칠 내용을 구성한다는 발상은 실제로 어떤 내용을 가르쳤을 때 나타날 결과를 사전에 정당화하자는 것이다. 하지만 이렇게 되면 실제 수업 과정 중에 나타나는 (비)의도적인 교사와 학생 간의 상호작용과 의미 교환은 미리 정해진 목적에 가려 그 중요성과 가치를 제대로 인정받기 어렵다.[23] 교육 과정에서 목표의 설정이 지나치게 목표 모형의 원리에 따라 이루어져왔으며 목표 모형은 목표의 틀 속에 교과 내용을 짜맞추는 폐쇄적 과정이므로 교과의 체계나 구조를 제대로 반영하기 어렵다는 지적도 같은 맥락이라 할 수 있다.

둘째, 역사교육의 목적을 정하는 절차와 방식은 하향식의 교육 내용 결정을 전제하고 있다. 그리고 전국적인 교육 과정 수준에서 역사교과 내용 전반에 걸쳐 지향해야 할 가치를 도출하는 논의 구도에서는 역사 교실 현장과 역사 교사는 크게 고려되지 않는다. 지금의 논의 방식으로는 가능하지도 않다. 왜냐하면 실제 교육 내용이 교사와 학생에게 내면화되는 것은 개별적인 결과로서, 이를 예측하고 교육 내용과 그것이 수업에서 의미화되는 과정을 진단하거나 처방하는 것은 매우 어려운 일이기 때문이다. 따라서 흔히 논의되는 역사교육의 목적은 실제 역사 수업과는 동떨어져 있다.

더구나 목적 위주의 사고방식에서는 상황과 맥락의 개별성을 고려하지 않은 채 획일적 구도로 역사 학습을 예상하고 있다. 일단 목적을 설정하고 그것이 실제로 교육 내용으로 구성되어 그 효과가 학생들의 이해와 태도에 어떠한 영향을 미치는가를 가늠하기 위해서는 목표를 세분화하고 그 성취 여부를 평가·조사하는 시스템이 마련되어야 한다. 이는 성취도 측정 위주의 교육 현실, 전국적인 학습 혹은 수업 내용의 수준 관리를 추구하는 것으로, 사실 수준 관리라기보다는 품질 관리의 측면이 더 두드러진다고 할 수 있다. 품질 관리 모델에서는 우수한 제품을 만드는 것보다는 불량품을 최소화하는 것이 중요하다. 국가는 교사보다는 교과서를 통해서 가르칠 내용을 통제하는 것을 선택할 가능성이 높다. 가르칠 내용의 표준화와 그 내용이 제대로 학생들에게 전달되었는가를 확인하기 위한 성취도 검사는 이런 과정의 중요한 부분이다. 그리고 이 과정에서 교사는 전달자 역할을 충실히 했는지를 평가받는 존재로서 철저히 대상화된다.

셋째, 현재 우리나라 교육 과정 체제에서 역사교육의 목적을 설득력 있게 제시하여 교과의 가치를 정당화하고 이를 바탕으로 역사교과의 위치를 강화할 수 있다는 주장은 현실화되기 어렵다. 우리나라 교육 과정 개발의 논의 방식은 간단히 말하면 학문과 교과를 구별하여 교과의 특성을 정당화하면서 탈학문적 혹은 간학문적인 통합교과를 만들려고 하는 노력과 경향, 그리고 그것을 교육 과정 연구자의 전문성으로 치환해가는 방식이다.[24] 이런 입장에서는 교과는 학문의 축소판이 아니라 교육의 목적, 학생의 발달, 사회적 요구와 교육적 관점에서 선정, 조직된 것으로 시대나 사회, 학문의 변화에 따라서 그 내용이 달라진다.[25] 학습자와 사회의 요구를 분석하여 도출해낸 교육의 일반 목표를 달성할 것으로 예상되는 바를 분야별로 체계화한 것이 바로 교과이고, 교육 과정 연구자들의 임무는 교육 목표 달성에 적합한 교과의 분화와 통합, 지위, 비중, 역할 등을 판단하는 것이라 보는 것이다.[26] 따라서 "특정 교과가 그 교과 관계자들의 주장대로 교육적으로 중요한 의의가 있다면 그것을 반드시 독립적인 교과로 분리해 가르칠 필요가 있는지, 다른 교과에 통합하여 가르치면 더 나은 효과가 있는지를 판단하고, 독립적으로 가르친다고 한다면 필수로 혹은 선택으로 가르쳐야 하는지, 필수나 선택으로 가르친다고 한다면 어느 시기에 얼마나 많은 비중으로 가르쳐야 하는지를 정하는 것은 교육 과정 연구자"[27]라는 것이다.

따라서 역사라는 교과의 가치를 정당화하는 것은 교육의 일반 목표에 제대로 부합하는가의 여부를 따지는 차원이며, 교육 과정 개발 논의 절차에서 이에 대한 판단은 총론 개발을 맡고 있는 교육 과정 전문가 및 연구자들의 몫이다. 그들에게 역사학자들이 제시하는 역사교과의 가치 정당화는 '영역 이기주의'로서 통합의 지분을 겨루는 다른 영역의 주장과 별반 다르지 않게 들릴 것이다. 비록 최근 역사과가 사회과에서 분리되었으나 이것은 교육 과정 논의의 합리적 절차에 따른 합의라기보다는 정부의 정책적 판단에 따른 결정이었다.

따라서 역사교육의 목적에 관한 논의를 당연시하고 최우선의 원칙으로 받아들일 것이 아니라 논의 자체를 문제 삼을 필요가 있다. 그것은 오늘날 우리 사회에서 공교육 과정으로 역사를 가르친다는 의미가 무엇인가를 따지는 것이라 할 수 있다. 역사를 왜 가르쳐야 하는가의 문제를 가치의 대립과 갈등이 없는 진공상태에서 논의할 수는 없다. 역사에서 중요한 것은 단순히 무엇이 일어났는가, 진리를 어떻게 발견하고 전달할 것인가의 문제가 아니라 우리가 과거에 대해 아는 것은 무엇인가, 우리가 역사라고 부르는 지식을 생산하고 수용하는 것을 통제하는 규칙 혹은 관행은 무엇인가의 문제다. 서술된 역사에서 포함과 배제의 기준, 중요성에 대한 측정, 그리고 평가의 규칙은 객관적 준거가 아니라 정치적으로 산출된 관행이다.[28] 역사교육의 목적도 이러한 논의 범주 내에 있다. 이러한 의미에서 역사교육의 목적을 논의하는 방식은 하나의 정답을 찾아내는 것이라기보다는 그 자체가 쟁론의 과정이 되는 것이 오히려 바람직하다. 즉 역사교육의 목적으로 제시된 주장을 그대로 받아들일 것이 아니라 그것에 대해 비판하는 자세가 필요하다.

2. 교수 학습론

1) 교수 학습론에서 인식론으로

학교에서 역사를 가르치고 배우는 것에 관한 문제는 역사교육의 핵심 영역이다. 아무리 영역이 다양해지고 학교 교육 외의 새로운 연구 주제가 계속 등장한다 해도 역사 수업의 문제를 도외시한 역사교육이란 존재할 수 없기 때문이다.[29]

교수 학습론이라는 용어가 말해주는 바와 같이 현재 역사과 교수 학습에 관한 이론의 바탕은 교수 이론과 학습 이론이다. 교수 이론이란 가르치는 과정에 대한 이론이다. 교수 이론은 대체로 학습 과정이 일어나기 이전에 그 과정을 촉진하기 위한 방법론적 절차를 제시하고 있다. 이것은 보통 수업 모형으로 구체화된다. 수업 모형이란 실제 수업 상황을 체계적으로 재현하는 것으로서 교육 과정을 구성하고, 수업 자료를 선정하며, 수업을 실행하는 데 이용되는 계획을 말한다. 이것은 크게 계획-진단-수업-평가의 단계로 이루어진다.

교수 이론이 수업 방법에 관한 사전적 절차인 데 비하여 학습 이론이란 배운다는 것은 무엇이며, 이것은 어떻게 일어나는가를 설명하는 데 주안점이 있다. 대표적인 학습 이론으로는 행동주의 이론, 통찰 이론, 구조화학습 이론, 인지구조 이론, 인지과학 이론 등이 있다.

현재 역사교육 분야에서 교수 학습론은 주로 학교 현장에서 교사가 학생에게 역사를 가르치기 위한 수업의 모형과 방법을 가리킨다. 예를 들어 역사 학습에서 자주 언급되는 수업 방법은 탐구수업이다. 탐구란 어떤 의문이나 문제에 대한 해결이나 해답을 찾아내기 위해 체계적으로 자료를 처리하는 사고 과정을 말한다. 탐구는 문제 정의, 가설 설정, 자료 수집, 가설 검증, 결론 도출 및 적용의 다섯 단계로 이루어진다. 교사가 역사 사실을 일방적으로 전달하는 강의식 혹은 설명식 수업에 비해 탐구학습은 학생들 스스로 가설을 세우고 자료를 수집하여 결론을 도출하는 문제해결 능력을 기르는 것이다. 이러한 사고 과정을 통하여 학생들이 역사 해석의 특징을 체득할 수 있다는 것이 탐구학습의 장점으로 여겨져왔다.

그러나 이러한 교수 학습 논의는 다음과 같은 문제점을 가지고 있다. 첫째, 역사 교수 학습이라고 하면서도 그 담론의 개념과 전략은 주로 교육학과 심리학의 범주에 두는 반면, 담론의 영역과 대상으로서는 역사 수업을 다루고 있다. 이렇게 담론의 개념과 전략이 영역과 대상을 간섭하거나 규제하고 있기 때문에, 실제로 역사과 교수 학습에 관한 논의는 그 독자성을 확보하는 데 어려움을 겪고 있다. 이런 상황에서 교수 학습론은 (어떤 의미에서건 간에) 효율적으로 역사를 가르치기 위해 어떤 수업 모형이나 학습 이론을 도입하거나 이용할 것인가라는 문제에 머물러 있을 뿐, 어떠한 역사 내용을 왜 가르쳐야 하는가의 차원에서 가르치는 방법의 문제를 다루지는 않는다. 이러한 이유 때문에 담론의 개념과 전략을 이루고 있는 교육학과 심리학에서 새로운 교수 학습 이론이 나타나고 그것을 역사과에 적용하지 않는 한, 역사 교수 학습은 스스로 변화를 모색하거나 현재의 문제점을 돌파하는 계기를 만드는 데 한계를 가질 수밖에 없다.

둘째, 현재의 역사과 교수 학습론은 교사를 수업 절차와 전략을 선택하고 운영하는 존재로서 학생이 이해할 수 있도록 가르칠 내용을 전달하는 중계자로 설정하고 있다. 가르칠 내용에 대한 개별 교사의 이해 방식과 이것을 전달하기 위한 교사의 사고 과정은 그다지 중시하지 않는다. 교사가 가르칠 내용을 재구성하는 과정에서 나타나는 역사인식의 특성과 표현은 수업 전개의 핵심이다. 그러나 이러한 과정은 수업 모형과 절차상에 이미 갖추어져 있거나 자동적으로 매개되는 것으로 간주된다. 이 부분에서 교사의 역사 이해 방식과 상관없이 전달될 수 있는 학생의 역사 이해란 대체 무엇인가라는 의문이 제기된다.

셋째, 이론과 현장을 이분법적으로 나누는 데 익숙해져 있는 것도 문제다. 어떤 연구가 '현장적이지 못하다'고 할 때 현장적이란 대체 무엇이고 현장에 도움이 되는 연구는 어떤 것인가? 학교 현장의 요구에 부응하는 것이 현장적 연구라고 한다면 대체로 다음과 같은 예를 들 수 있을 것이다. 하나는 역사학의 최근 연구 성과를 연구휘보식으로 요약, 정리하는 것이다. 그것이 과연 역사 교사들에게 얼마나 활용되고 있는가 또는 활용될 수 있는가의 문제는 차치하고라도 결코 바람직한 교과교육 연구라고 하기 어렵다. 이는 현장적인 연구라기보다는 현장에 도움이 되는 자료를 제공하는 것일 뿐이다. 그리고 연구 성과를 요약, 정리하는 것은 반드시 교과교육 연구자가 가장 잘할 수 있는 것도, 할 필요가 있는 것도 아니다. 다른 하나는 수업에 바로 적용할 수 있는 수업 모델이나 방식에 대한 요구다. 실제 사례까지 포함하는 수업 지도안이 현장에서 쓸모 있다는 것이다. 그러나 수업 지도안을 제공하는 것이 교사에게 반드시 도움이 될까? 예를 들어 누군가가 극화수업의 사례를 제시하고 많은 다른 교사들은 대본을 포함한 수업 지도안 자체를 활용하는 것은 바람직한가? 극화수업에서 어떤 주제를 선택할 것인지는 물론 대본 쓰기와 극 실연을 어떻게 할 것인가, 즉 대본은 학생들이 쓰도록 할 것인지, 그렇다면 어떻게 지도할 것인지, 또한 조별 활동으로 할 것인지, 학급 단위 활동으로 할 것인지 등은 바로 교사가 생각하고 결정해야 할 부분이다. 따라서 누군가가 제공한 수업 지도안을 그대로 활용할 경우 교사는 스스로 가르칠 문제와 주제를 포착할 수 있는 기회, 수업 활동의 의미 부여와 파악에 관한 책임과 권한을 포기하게 될 수도 있다.

역사 교수 학습론이 이러한 문제점을 극복하고 새로운 전망과 방향을 제시하기 위해서는 인식론적인 시각으로 문제의 틀을 바꿔야 한다. 역사를 가르치는 문제에 접근할 때 중요한 것은 수업 모형이나 학습 방법이 아니라 교사와 학생의 문제의식이다. 교수 학습에 대한 인식론은 가르치는 행위에 대한 처방이 아니라 가르치기 위한 지식의 성격과 그것을 만들어가는 과정에 대한 성찰이다.

역사를 가르치는 것은 역사를 이해하는 것과 분리될 수 없다. 교사는 연구 활동으로 얻은 역사 지식을 학생이 이해하도록 전달하고 재생산한다. 전문 연구자와 다른 점이 있다면 역사 교사는 가르치는 방법을 궁리하는 가운데 내용을 이해하려 한다는 것이다. 이런 점에서 교수 방법에 대해 지나치게 편협한 견해는 사실상 동일한 인식 행위의 연속이라고 할 수 있는 연구, 교수, 학습의 과정을 무리하게 구분하고 분리하는 데에서 나타난 현상이라 할 수 있다. 이것은 내용에 대한 심층적인 이해로부터 가르치는 방법을 모색해 나가야 한다는 교수 내용 지식의 개념과도 상충된다. 어떻게 가르치고 배우는가 하는 것은 어떻게 이해하고 있는가의 적극적인 표현이라 할 수 있다. 이런 의미에서 교수 학습론은 그 대상과 과정에서 학생과 교사의 존재를 고려하는 하나의 인식론이라 할 수 있다. 여기에서 인식론이란 진리의 궁극적 규칙을 찾는 메타담론이 아니라 가르치고 배우는 특수한 상황에서 지식이 생성되는 조건과 과정을 이해하려는 노력을 말한다.

　이러한 인식론의 연장선상에서 가르치는 방법의 문제를 생각해볼 필요가 있다. 모든 학문 분야는 어떠한 형태로든 고유의 지식을 생성하는 과정을 학습의 주제와 절차로 제시하고 있는 셈이다. 역사과 교수 학습에서도 역사 연구의 조건, 역사 지식의 생산 절차와 양상, 그리고 그것이 수용되고 배포되는 사회현실과의 관계를 적극적으로 고려하고 이것을 역사 학습의 대상으로 포착해야 한다. 이러한 작업은 역사의 학문적 절차와 방법에 대한 비판적 탐구에서 시작된다. 이런 의미에서 가르치는 방법은 다른 분야에서 빌려오고 가르칠 내용으로 역사를 대상으로 하는 현재의 역사 교수 학습론은 이론적으로 순진하고 실질적으로 공허하다.

　역사 지식을 만들고 전달하는 과정에서 교사는 독자적인 위치에서 적극적으로 개입하는 존재다. 역사 교수 학습을 인식론적 측면에서 파악할 때 제기되는 가장 핵심적인 질문은 역사 교사는 어떻게 가르칠 내용을 문제화하는가 하는 것이다. 이러한 역사적 인식의 방향은 교사와 학생의 인지 과정을 상황, 배경과 무관한 것으로 탈가치화하고 사고 기능으로 심리화하는 것이 아니라는 전제하에서 그 사회적 맥락을 이해하는 것이다.

2) 교과 외적 역사 학습

학교에서만 역사를 가르치는 것은 아니다. 오늘날 우리는 다양한 미디어를 통해 역사를 배우고 있다. 돌아보면 우리 사회 곳곳에서 일반 대중에게 다양한 역사 커리큘럼을 제공하고 있다. TV, 영화, 신문 등의 미디어는 다큐멘터리, 드라마, 뉴스 등의 프로그램을 통해 역사를 가르치고 있으며 이들이 대중의 역사인식에 미치는 영향력은 학교 역사교육의 효과를 능가할지도 모른다. 또한 역사학도만이 아닌 일반 대중을 대상으로 역사 관련 서적들이 출판되어 역사교육에 한몫을 하고 있다. 더구나 최근에는 역사를 대상으로 하는 미디어 간의 상호작용도 늘어나고 있다. 역사소설이 영화나 TV 드라마로 제작되기도 하고 드라마의 인기에 맞추어 박물관에서 특별 전시회가 열리는 것이 그 예다.

역사가 근대 학문의 위치를 공고하게 하고 역사학자들이 연구 집단과 전공의 세분화를 통해 전문 영역을 구축하면서 일반 대중과 역사학의 거리는 멀어져갔다. 방송매체의 제작물과 역사소설류의 저작들이 역사학으로부터 유리된 대중들의 역사에 대한 수요를 채워주고 있음을 부인할 수 없다. 그러나 매우 광범위하게 벌어지고 있는 미디어의 역사교육이 대중들에게 미치는 영향이 지대할 것이라는 추측만 할 뿐, 아직까지 이에 대한 체계적인 연구나 대응은 모색하지 않고 있다.

　교과서를 뛰어넘어 대중문화가 과거의 이미지를 어떻게 받아들이는가 하는 것은 매우 중요한 문제다. 실제로 역사를 소재로 한 TV 드라마의 영향력은 대단하다. 학생들은 1회적인 '영화'보다 장기간에 걸쳐 방영되는 TV 사극이 실제 역사에 더 가깝다고 생각하는 경향이 있으며, TV 사극 속에서 영웅시된 인물을 자연스럽게 받아들인다. 그래서 학생들은 수업시간에 정말 그 사람이 그런 일을 했는지, 당시의 상황이 정말 그랬는지를 묻곤 한다. 이때 교사는 명확한 대답을 내놓기 곤란한 경우도 있다. 물론 학생들도 영화나 드라마 속 역사가 어느 정도 가공되었을 것이라고 짐작은 한다. 그렇다고 해서 드라마의 내용이 모두 꾸며낸 것만도 아니기 때문에 무조건 '허구'라고 강조할 수도 없다.

　더구나 미디어의 특성에 따라 그것이 전달하는 역사상은 매우 다양하다. 사진과 영화, 소설과 드라마는 제각기 다른 방식으로 과거를 표현하고 그 의미를 전달한다. 소설이나 영화는 분량이나 구성의 측면에서 표준화되어 있어 같은 형식을 따르게 마련이다. 또한 표현의 기법도 다르다. 분석을 위해서든 구성을 위해서든 글로 된 역사가 자칫하면 분리, 분할하여 보여줄 수밖에 없는 것을 스크린은 통합적으로 보여준다. 계급, 인종, 젠더 같은 역사 분석의 카테고리는 영화가 보여주는 인간의 삶으로 총체화되어 나타나게 되는 것이다. 이를 통한 역사 이해는 학문으로서의 역사가 제공하는 것과는 다른 감수성과 통찰력을 포함하고 있다. 매체의 다양성은 동일한 역사적 사실에 대해서도 서로 다른 아이디어를 불러일으킨다. 따라서 매스미디어 시대에 과거에 대한 지식이 어떻게 형성되었고, 그것이 과거를 이야기하는 방식에 어떻게 영향을 미치는가에 대한 이해가 필요하다. 동일한 역사 사건이라 하더라도 무엇을 통해서 접하느냐에 따라 큰 차이가 나기 때문이다. 예를 들어 6·25전쟁을 역사소설로 읽느냐, 다큐멘터리를 통해서 보느냐, 사진집을 통해서 느끼느냐에 따라 이해와 감응은 달라질 수밖에 없다. 여기에서 주의할 점은 대중문화는 특정한 사건이나 이미지를 되풀이하여 다룸으로써 역사의 특정한 부분을 매우 친숙하고 또렷한 이미지로 만들어내는 반면, 다른 부분은 낯설고 잘 알 수 없도록 만드는 경향이 있다는 것이다. 즉 미디어는 객관적으로 공평하게 과거를 전부 그대로 재연하는 것이 아니라 여러 가지 의도와 표현 방식을 통해 과거를 선택적으로 역사화한다.

사진을 예로 들어보자. 사진이 호소력을 지닌 것은 변해가는 대상의 실체를 정지시킬 수 있기 때문이다. 인쇄를 통해 과거의 사상이 텍스트화되었듯이 카메라는 렌즈를 통해서 바라본 것을 영구한 대상으로 만든다. 인쇄술의 발명이 추상적 사유의 가능성을 확장시켰으며, 대중의 읽고 쓰는 능력이 획기적으로 향상됨에 따라 과거를 새로운 방식으로 표현할 수 있게 되었듯이 카메라도 과거에 인간이 무엇을 보았는가를 알려줄 수 있다. 또한 카메라가 다루는 대상의 속성, 곧 카메라는 현실을 다룬다는 인상 때문에 사람들은 사진에 대해 친밀감을 느낀다. 사진술은 과거의 이미지들을 정확하게, 도처에 존재하게 만들어 유형(有形)의 골동품뿐 아니라 일정 부분 역사와 기억까지 대체했다. 회상이나 과거에 대한 보고서들과는 대조적으로 필름으로 포착된 순간들은 '진실'로서, 정확하게 복제될 수 있으며, 무한한 내구성을 지닌다. 사람들이 사진으로 시각적 정보를 흡수하는 데 점차 익숙해지자 사진들은 충실한 표현의 기준이 되었고, 상세한 회상의 필요는 사라졌다. 사진사들은 자신들이 사라져가

는 세계를 기록하는 역사가들이라고 자부했고, 정확하게 그것을 하기 위해 고용되었다.[30]

그러나 영상 처리의 기술이 발달하면서 사진이 역사적 커뮤니케이션에서 매우 강력한 매체가 될 수도 있지만, 쓰임새에 따라서는 심각한 문제를 야기할 수 있다는 것도 드러났다. 즉 카메라의 앵글, 노출 시간, 포착하려는 이미지에 대한 의도 때문에 사진에서 드러나는 과거에 대한 기억은 편집될 수밖에 없는 것이다. 더구나 사진이 가지고 있는 사실성은 최근의 기술 발전으로 인해 오히려 인식상의 위험과 혼란을 초래하고 있다. 포토샵에 의한 갖가지 변형을 고려한다면 사진이 있는 그대로를 보여준다는 것을 어느 누가 조건 없이 인정할 수 있을까?

사진 이외에도 역사와 관련된 영화나 만화가 만들어지면, 그것 자체가 관련된 역사 해석에 하나의 좌표나 위상을 차지하게 되고, 사람들은 과거를 다시 바라보게 된다. 미디어는 얼마나 역사적 사실에 진지하게 접근하였는가와 상관없이 그것이 다룬 역사적 사건에 주목하게 하는 강력한 파급력을 가지고 있다. 이렇게 역사를 소재로 한 다양한 미디어의 가공과 재생산의 위험성을 지적하는 목소리도 있지만, 이에 대해 역사학의 전문성을 앞세워 비판만을 가하는 것은 공허한 일이 되기 쉽다. 이보다는 학생들에게 추상적이고 압축된 문장을 통해 완성된 완벽한 '기성품'으로서의 역사를 '제공'하는 차원을 벗어나서 더욱 구체적이고 다양한 역사를 보여줄 필요가 있다.

미디어를 통한 대중적인 역사의 보급이 역사교육에 미치는 영향이 반드시 부정적이고 위험한 것만도 아니다. 역사 드라마에 관한 언급은 역사 수업에 활기를 불어넣고 학생들의 흥미를 불러일으키는 데 큰 도움이 된다. 역사를 소재로 한 '이야기'들이 대중들의 관심을 얻을 수 있는 것은 그만큼 역사에 대한 수요는 많은데 공급이 따라주지 못하고 있기 때문일 것이다. 실제로 국사와 세계사의 내용 전체를 만화로 구성한 시리즈물의 경우 초등학교 저학년을 중심으로 광범위하게 파급되어 이미 보편화되었을 정도다.

학생들은 과거의 사실들을 풍부하게 접함으로써 실제 역사와 역사 드라마와의 차이를 알고, 이에 대해 스스로 판단을 내리고 이야기할 수 있다. 또한 학생들에게 역사적 사실이 우리가 배우는 '역사'로서 자리 잡게 되는 과정을 보여줌으로써, 즉 수많은 역사 사실 가운데 어떤 것이 선택되어 역사 지식으로 자리 잡고 어떤 것은 배제되는 것인가, 그 이유는 무엇인가를 따져봄으로써 역사를 소재로 한 다양한 생산물들이 왜 그것을 소재로 채택하였고, 그것을 제작자가 어떤 의도로 어떻게 가공했는지도 스스로 생각해보게 할 수 있다.

미디어를 통한 역사의 가공과 재생산은 대중들의 수요가 존재하는 한 더욱 다양해지고 그 영향력 역시 확대될 수밖에 없다. 이에 대해 역사를 연구하고 가르치는 전문가들이 해야 할 일은 그렇게 가공된 역사를 '역사 왜곡'으로 몰아 비판하기보다는, 학생들에게 미디어의 본질적인 속성과 실제 역사와의 차이를 이해시키고, 더욱 풍부하고 충실한 역사교육을 통해 학생 스스로 비판적으로 생각하고 판단할 수 있는 능력을 길러주는 것이다.

이른바 역사를 재료로 사용한 역사의 '가공 현상'에 대하여, 그 주체와 내용을 파악하는 것은 물론이고 이것이 대중의 역사인식과 학교 역사교육 현장에 미치는 영향 및 현장 역사교육이 이에 대해 어떤 방식으로 대응해야 할 것인가에 관한 다양하고 풍부한 연구가 이루어져야 한다.

학생들이 역사를 배운다고 해서 서고에 보존되어 있는 1차 사료를 뒤적거리거나 고고학적 발굴 현장을 찾아 나서는 것은 아니다. 즉 직접 역사 지식을 생산하지는 않는다. 그 대신 다른 사람들의 해석이나 상상력을 통해서 전달된 과거의 표현을 접한다. 이러한 표현을 주의 깊게 살펴보는 것이 바로 과거를 이해하는 데 중요한 부분이다. 다른 장소, 다른 사회적 배경, 다른 상상적 관점에 입각해서 동일한 사건이라도 보는 사람에 따라 과거를 다르게 표현하는 것에 주의를 기울여야 한다. 또한 시각을 확대하여 '미디어는 과거를 어떤 방식과 기준으로 역사화하는가'[31] 하는 문제는 공적인 역사교육의 보다 현실적인 지향점을 제시해줄 수도 있다.

현대사회의 급속한 변화와 인터넷을 통한 정보화의 진전도 역사교육에 커다란 영향을 미쳤다. 역사적으로 정보 전달 방식의 변화는 인간의 사회생활에 막대한 영향을 끼쳐왔다. 문자가 발명되기 전에는 구전을 통한 신화와 설화가 문화 전수의 기능을 담당하였으며, 이 때문에 고대사회에서는 웅변과 수사학이 각광을 받았다. 문자가 발명된 이후에도 필사에 의존하는 단계에서는 지식은 특정 계층의 향유물로 여겨지다가 인쇄술이 보급되고 발달하면서 지식의 대중화가 촉진됐다. 서적의 대량 출판은 서민들의 의식을 일깨우고 문화를 보급하는 데 커다란 역할을 수행하였고, 교육에서도 변화의 바람이 불어왔다. 특히 학습 교재의 대량 생산과 보급은 국가 단위의 교육을 실현하는 데 기본적인 전제가 되었다.

같은 맥락에서 컴퓨터와 인터넷의 등장으로 의사와 정보를 전달하는 방식이 획기적으로 바뀌었다. 정보의 전달과 파급력은 그 규모와 속도에서 과거와는 비교할 수 없게 되었고, 정보의 홍수 속에서 정보의 질 관리와 개인의 정보 보호 문제가 제기되기에 이르렀다.

디지털 매체는 과거에 대한 지식을 전달하는 방법에서도 중대한 변화를 가져왔다. 그것은 이제까지의 텍스트에서 볼 수 있던 선적인 구조와는 전혀 다른 매우 유연하고 개방적인 구조를 가지고 있다. 소위 하이퍼텍스트의 형식으로 지식을 제시하는 것이다. 거기에는 무수한 통로가 있어서 이용자는 자신의 관심이나 예상에 이끌려 통로를 선택하고 조종할 수 있다. 더구나 인터넷은 다수가 자유롭게 참여하는 토론의 장인 만큼 격한 논쟁이 불붙기도 한다. 때로는 이성적인 논리보다 즉각적인 감정 대응이 이루어지는 경우도 있다.

따라서 역사 학습에서도 새로운 정보 체계에 대한 접근 능력을 배양하는 것은 물론, 과장되거나 오류가 있는 정보들을 걸러내어 이를 유용하게 쓸 수 있게 할 필요가 있다. 특히 역사교육에서 중요한 것은 인간의 생활문화와 역사 속에서 새로운 정보의 위치와 가치를 알도록 하는 일이며, 이미 만들어진 정보의 수용에 대한 올바른 태도는 물론, 정보의 생성과 전파에 관한 배경과 경로를 생각해보고 스스로 더욱 가치 있는 정보를 창출할 수 있도록 사고의 폭을 넓혀주는 일이다. 또한 인터넷 같은 미디어가 과거에 대한 인식을 어떤 식으로 형성하는가에 대한 감수성을 키울 필요가 있다. 역사교육은 이러한 미디어에 스며 있는 창조성이나 상상력은 물론이고 거기에 내재된 왜곡이나 한계에 대해서도 비판적 인식을 통해 효과적으로 이용할 수 있는 능력을 학생들이 익힐 수 있도록 해야 한다.

3. 역사적 사고와 역사의식

학생들의 역사에 대한 이해와 인식을 학습 구조와 연결하는 것도 역사교육 연구의 주요 과제다. 이에 대한 연구는 역사적 사고와 역사의식이라는 두 측면에서 진행되었다. 그리고 최근에는 기억에 관한 논의가 활성화되면서 공/사적 기억과 역사의식 간의 관계도 새롭게 규명되고 있다.

1) 역사적 사고

역사적 사고란 흔히 역사가가 역사를 연구할 때 거치는 사고 과정을 뜻한다. 학생에게 역사적 사고력을 길러준다는 말은 역사 이해에 도달하는 과정에서 학생들로 하여금 역사가처럼 사고하는 능력을 가지게 한다는 것이다. 즉 역사적 사고력은 역사 지식을 이용하여 역사 문제에 대한 가설을 산출하거나 해결 방안을 찾으면서, 사료를 수집하고 해석하며 판단함으로써 역사 이해에 도달하려는 의도적이고 복합적인 정신활동을 수행하는 인지적 조작 능력을 의미한다.

학생의 역사적 사고는 인지 발달의 측면과 관련되어 논의되는 경우가 많다. 그중에서 특히 주목할 만한 것은 피아제-필-할람 모델이라고 하는 역사적 사고의 발달 단계론이다. 1960년대를 전후하여 영국을 중심으로 필(E. A. Peel.)과 할람(R. N. Hallam)이 피아제의 인지 발달론을 역사적 사고에 적용한 것이다. 학생이 역사 자료를 다루는 능력과 관련하여 역사적 사고에는 발달 단계가 있으며, 피아제 이론에 따른 사고의 발달에 근거하여 학습 경험을 조직할 수 있다는 것이 이 주장의 핵심이다.

역사적 사고력을 피아제의 발달 단계에 연결시킨 많은 연구들은 보편적 지식 재구성의 입장에서 역사 이해를 청소년 후반기에 나타나는 형식적 조작으로 보았다. 주로 자연과학과 같은 논리적 측면에 집중하여 역사적 사고에 접근하였던 것이다. 이들은 대체적으로 역사적 사고가 합리적 사고, 논리적 사고, 과학적 사고와 같다는 입장에서 과학적 사고를 역사적 사고에 그대로 적용할 수 있다고 본다. 즉 일반적 사고를 역사교과에 적용했을 때 나타나는 것이 역사적 사고라는 것이다.

그러나 영역 고유 인지 이론(domain-specific cognition theory)에서는 각 교과나 영역은 특수한 내용으로 구성되어 있기 때문에 고유한 인식 원리, 사고 논리, 교수 방법을 가지고 있다고 주장한다. 학습의 일반적 단계가 영역에 상관없이 적용된다는 지적에 이의를 제기하면서 오히려 학습은 영역 고유의 특성을 가지고 있다는 것이다. 영역 고유 인지 이론의 입장을 지지하는 사람들은 사고에 대한 기존의 견해를 비판하면서, 각 교과나 영역의 인식 원리에 대해 다음과 같이 주장한다.

첫째, 사고는 일직선적인 단계에 따라 순서대로 일어나는 일련의 인지 기능이나 전략으로 구성되지 않는다. 실제 인지 과정에서는 여러 요소들이 상호 연관을 맺으면서 복합적으로 사고 작용이 일어난다.

둘째, 사고 기능이나 전략은 학습 내용과 관련된다. 블룸(Benjamin Bloom)이 교육 목표 분류학에서 제시하고 있는 것과 같은 일반적 사고 기능이 모든 지식 영역에 적용될 수는 없다. 때문에 실제 교과나 영역에 관련된 사고는 해당 지식 영역에 대한 이해 없이는 불가능하다.

셋째, 동일한 발달 단계의 학생들이 학습과제에 관계없이 유사한 인지 활동을 수행한다는 주장은 잘못된 것이다. 특정 인지 전략을 사용하는 것은 단순히 발달 단계에 따르는 것이 아니라, 내용 지식의 양과 구조, 그리고 사고 기능의 상호 관계의 결과다.

우리나라에서도 역사적 사고에 대한 연구가 활발하게 이루어져 역사교육의 학문적 위상을 정립하는 데 큰 몫을 하였다. 우리나라에서 역사적 사고에 관한 연구 경향은 주로 역사적 사고를 개념적으로 정의하고, 역사적 사고의 영역을 세분화·체계화하여 관련 사고 기능과 하위 영역을 분류하는 것이었다. 그리고 이를 바탕으로 학습 모델을 설정하고 학습 내용을 구성하고자 하였다.

그러나 지금까지의 논의는 사고의 기능적 측면에 지나치게 치우쳐 있어, 무엇이 역사적인 것인가에 대한 문제가 상대적으로 경시되고 있다. 더구나 역사적 사고가 고유하다고 주장하면서도 실제로는 그것을 사고 기능으로 구체화하고 있기 때문에, 역사적 내용이 사고의 대상이라는 점을 제외하면 역사적 사고 기능의 성격이 일반적 사고 기능과 본질적으로 어떻게 차별화될 수 있는지가 분명하게 제시되지 않고 있다. 즉 역사적 사고가 고유하다는 전제에 따라 설정하고 분류한 사고 기능이 역사적 사고의 고유성을 다시 일반화하고 있는 것이다.

더구나 이러한 접근에서는 역사적 사고력의 양성이 역사교육의 가치중립적 목표로 강조되는 경향도 있다. 학생들로 하여금 역사가처럼 생각하게 하는 것은 중시하는 반면, 과거 사건의 의미와 가치에 대한 평가 및 판단은 개별화된 사고의 결과로 치부한다. 이럴 경우 사고력을 중심으로 하는 학습 이론이 학습 절차를 우선시하여 학습 내용을 탈가치화하고, 교과의 인식상의 특성을 배제하는 문제점이 반복될 수 있다.

또한 이러한 논의 구도 속에서는 교사의 역할을 어떻게 규정하느냐의 문제도 중시되지 않는다. 탐구수업의 담론에서 교사의 역할과 기능이 잘 드러나지 않는 것처럼, 절차화되고 분류화된 역사적 사고의 담론에서도 교사의 역할은 별도로 규정되지 않는다. 더구나 역사적 사고의 영역과 기능의 설정 및 분류는 이미 정해져 있으므로, 교사는 당연히 이에 맞춰 학습 내용을 설정하고 배열하면 된다는 기계적이고 도구적인 생각을 하게 되고, 이러한 영역의 설정 및 분류나 이로부터 기대되는 사고 기능에 적용하기 쉽지 않은 내용들은 배제하게 된다. 이러한 현상은 역사적 사고를 기능화하고 이에 따라 학습할 내용을 적용하면 된다는 생각에서 비롯된 것으로, 사고와 내용을 역사적으로 만드는 방안이 무엇인지, 그 과정에서 교사의 역할은 무엇인지에 대해 심각하게 고민하지 않았기 때문에 나타난 결과다.

2) 역사의식

역사적 사고라는 말과 함께 역사의식도 역사 학습에서 자주 쓰이는 용어다. 역사적 사고와 역사의식의 차이가 무엇인가에 대해서는 명확하게 답하기 어렵다. 그리고 양자 사이에 개념적으로 중첩되는 부분도 있다. 흔히 역사적 사고라는 말은 역사적 비판력, 판단력, 탐구력, 문제해결 능력 등의 유사 개념과 함께 사용되고 있다. 또는 역사적 사고를 기능별로 분류하여 역사적 탐구 기능과 역사적 상상력으로 나누기도 한다. 역사적 탐구 기능에는 문제 파악 능력, 정보 수집 능력, 자료 취급 능력, 결과의 적용 능력이 포함되며 역사적 상상력은 역사적 판단력, 역사적 감정이입, 삽입으로 구성되어 있다고 본다.[32] 역사적 사고가 주로 사고 과정과 능력을 중심으로 논의되는 반면 역사성에 대한 인식(과거와 현재의 차이에 대한 인식, 그리고 역사 사건을 되돌릴 수는 없으나 그것이 현재에 이르게 된 과정과 현재의 관점에서 그 의미를 성찰할 수 있다고 하는 인식)은 주로 역사의식이라는 범주에서 논의되고 있다.

이러한 의미에서 역사의식은 역사적 인식의 바탕이 되는 존재의식이며 자아 개념이다. 따라서 역사의식은 기본적으로 자기이해로부터 출발한다. 시간의 흐름 속에서 자신의 위치, 세계와 나라, 사회 속에서 자신의 존재 가치를 발견하는 것이 역사의식의 기본이라 할 수 있다. 이를 통해 역사의 변화가 자신과 무관한 것이 아니라 자신과 자신의 삶을 구성하는 제반 환경에 관한 것이라는 생각을 갖게 되며, 나아가서는 자신이 역사 속에서 단지 미미한 존재가 아니라 역사의 변화에 중요한 역할을 할 수 있는 역사의 구성 주체라는 것을 인식할 수 있다.

이러한 역사의식에 관한 견해는 여러 가지가 있다. 먼저 역사의식을 발달 단계로 파악하는 견해가 있는데, 여기에 따르면 역사의식은 감고의식(感古意識)으로부터 성장하여 점차 고금상이 의식(古今相異意識)→변천발달 의식→인과관계 의식→시대구조 의식(시대관련의식)→발전의식으로 이어진다는 것이다.[33] 이중에서도 변천발달 의식 이하의 역사의식은 하위의식, 인과관계 의식 이상의 역사의식은 상위의식이라 하며, 역사의식은 하위의식에서 상위의식으로 발달해간다고 주장한다. 그러나 이러한 식으로 역사의식을 정형화하고 단계화하는 것은 역사의식의 발달 수준에 영향을 미치는 조건이나 과정 등을 도외시하는 문제점이 있다.

한편 역사의식을 역사에 대한 흥미나 관심, 역사 접근의 태도와 방법, 역사인식에 토대를 둔 고찰과 판단(역사적 변화, 역사에서 인간의 역할, 집단의 일원으로 인식과 연대감, 역사를 다룬다는 참가의식 고양) 등으로 나누기도 하며 역사의식의 내용에 역사적 비판의식을 추가

하기도 한다. 이러한 역사의식의 내용은 사회적 측면에서 역사의식을 바라본 것으로, 이는 아동들의 성장에 따라 자연히 발달하는 것이 아니라 생활환경이나 경험, 역사 학습을 통하여 길러지는 것으로 파악된다.

대표적인 예로 뤼젠(Jorn Rüsen)은 역사의식을 미래를 전망하는 동시에 현재를 이해하기 위해 과거를 해석하는 인간 사유의 작용이자, 역사적 사고의 특수성과 인간 문화에서 역사적 사고가 수행하는 기능을 규정하는 통합적인 정신작용이라는 의미로 파악하였다.[34] 이러한 인식을 토대로 그는 역사의식을 전통적(traditional) 유형, 전형적(exemplary) 유형, 비판적(critical) 유형, 발생적(genetic) 유형의 네 가지로 구분한다.

첫째, 전통적 유형에서의 역사의식은 시간에 따른 중요한 변화를 인정하지 않으며, 사회 구성원들이 공통의 기원을 갖고 있다는 생각을 유지시킴으로써 연대감을 이끌어낸다. 이러한 유형은 기념적인 공적 연설, 공적 기념비에 잘 나타난다. 둘째, 전형적 유형은 구체적(특정한) 사건 속에서 일반법칙을 이끌어내고 이것을 다른 경우에 적용시키고자 한다. 이러한 유형에서는 과거를 현재를 위한 교훈으로 활용한다. 셋째, 비판적 유형에서는 현재의 가치 체계를 문제화함으로써 과거를 단절적인 것으로 파악한다. 미리 규정된 자기이해 방식을 부정함으로써 정체성을 구성해 나간다. 이러한 유형은 과거의 억압적인 젠더 관계를 해체하고자 하는 페미니스트의 역사 서술에 잘 나타난다. 넷째, 발생적 유형은 변화와 발전 개념 속에서 역사에 의미를 부여하는 것이다. 이 유형에서는 시간적 변화가 도덕적 가치의 유효성에 대한 결정적인 논거가 된다. 이러한 유형의 역사의식은 인간이 스스로를 시간 속에 위치시키며 그들의 과거를 설명하는 다양

한 방식을 통합하는 관점을 제공해준다.[35]

3) 집단기억과 역사의식

최근 우리 역사학계에서 기억에 관한 논의가 활성화되면서, 기억과 역사의식의 상호 관련성에 관한 문제가 대두되었다. 특히 기억은 개인적인 것이 아니라 본질적으로 사회적이며 집단적이라는 주장이 대두되면서, 기억은 사회적으로 만들어지는 것이라는 견해가 파급되고 있다.

기억을 표현하기 위해서는 그것들을 언어화해야 한다. 그런데 언어란 사물을 단순하고도 투명하게 지칭하는 것이 아니며 그 의미와 기능은 사회적으로 결정된다. 아무리 개인적으로 떠올린 기억이라 하더라도 그 내용과 의미를 표현하기 위해서는 불가피하게 타인과의 의사소통(communication)을 구조화하는 사회적·집단적 범주를 사용할 수밖에 없다.

특정한 집단을 이루는 구성원들 간의 의사소통과 상호작용의 방식이 기억의 사회적 틀이다. 기억은 이러한 사회적 틀을 통해서 매개되며 오직 그 내부에서만 유효하다. 따라서 집단기억은 그 집단 구성원들에게 자신들을 여타의 집단과 구별 짓는 특수한 정체성을 형성한다. 집단기억은 집단 외부에 대해서는 배타적인 반면, 집단 내부에는 지속성, 연속성, 동질성의 의식을 낳는다. 그것은 집단 내의 모든 차이를 평준화시키고 변화를 은폐하는 전통으로 기능한다. 집단기억이 비록 전통의 이름으로 특정 집단에게 장기간 뿌리를 내려 지속되기는 하지만 그것은 원천적으로 상상적 이미지에 의해 매개된 것으로서 정치적인 편의에 따라 쉽게 조작될 수 있다.

이러한 집단기억과 정체성의 관계는 근대 국민국가의 성립과 근대 역사학의 탄생 간의 관계에서 잘 드러난다. 근대 국가 성립 이후 학문화된 역사는 민족국가의 구성원들에게 공통의 기억을 제공함으로써 국가 정체성 형성에 기여해왔다. 따라서 역사에 대한 국민국가의 관심은 민족사에 대한 공통의 기억을 통해 민족으로서의 정체성을 강화하고 통합을 다지려는 의지가 반영된 것이다. 국가에 의해 생산된 역사, 교육을 매개로 한 제도화된 역사를 통해 국가의 구성원들은 국가에 의해 의도된 집단기억을 갖게 된다. 이렇게 국가에 의해 제공된, 혹은 승인된 집단기억은 특별히 '공적 기억'이라 지칭할 수 있을 것이다. 이러한 집단적, 공적 기억에 대항하여 어떤 방식으로든 침묵되어왔던, 혹은 강요되거나 왜곡되었던 또 다른 기억, 역사화되지 않은 기억, 이른바 반(反)기억(counter-memory)이 등장하게 되었다.

　기억에 관한 많은 논자들은 19세기 객관성, 공정함, 과학성을 존립 기반으로 하여 성립한 역사학이 기억을 주관적이며 사적이고 임의적이라는 이유로 차별화하였다고 주장한다. 최근의 기억 논의는 학문화된 역사에 대한 반격이라는 것이다. 새롭게 등장한 기억이라는 개념은 주로 19세기 말부터 이어온 '역사는 과학이다'라는 입장, 즉 실증적인 설명을 시도하는 역사학에 대비되는 의미로 사용되고 있다. 객관적이며 공정한 것이라고 여겨졌던 역사학은 오히려 특정한 국가권력과 이데올로기를 위해 이용되었으며 이러한 목적과 의도에 적합하지 않은 기억은 역사가 되지 못하고 배제되었다는 것이다. 즉 공식화된 기억만이 역사로 인정되었으며 따라서 어떤 기억들은 공인되지 못하고 숨겨져야만 했는데, 이처럼 배제되고 은닉된 역사에 관심을 가져야 하며 동시에 기록된 역사에 대해서도 그것이 역사로서 자리 잡게 된 과정을 탐색해보아야 한다는 주장이 제기되었다.

이렇게 집단기억에 관한 논의가 활성화되면서 역사의식과 집단기억 간의 관계와 구분도 관심을 끌게 되었다. 일반적으로 역사의식은 현재의 모든 것에 대한 역사성을 이해하고, 모든 의견의 상대성을 인식하는 것을 의미하며, 전통적으로 전해져 내려오는 모든 것에 대해 반성적인 입장을 취한다. 반면 집단기억은 역사성에 대한 의식 없이 사건을 신화적 원형으로 변형하여 어떠한 종류의 모호함도 용납하지 않으려는 경향이 있는 것으로 여겨진다. 이러한 입장에서는 역사의식은 전문 역사학에서 발전한 문화적 도구로서 근대성을 특징으로 하는 사고의 특수한 형태인 데 비해 집단기억은 역사의식에 의하여 교정되고 비판되어야 할 대상으로 간주된다.[36]

그러나 역사의식과 집단기억을 반드시 대립적으로 생각할 필요는 없다. 집단기억이 집단의 정체성, 특히 국가 정체성을 형성하는가 하면 그동안 공식 역사에서 배제되어왔던 대항 기억을 발굴하는 기능도 가지고 있으므로 역사의식의 개념 속에 집단기억에 포함되는 모든 종류의 이해 방식을 포괄할 필요가 있다. 이러한 포괄적인 이해를 바탕으로 전통에 의해 강요되거나 각인된 인식과 정체성에 대한 비판적 이해를 통하여 우리는 과거의 어떠한 사건이 선택적으로 역사에 의해 공인되었으며 그것을 어떻게 문제화할 수 있는가를 검토할 수 있다.

4) 역사 서술과 역사 이해

흔히 역사는 과거, 그리고 그것에 대한 기록이라는 두 가지 의미가 있다고 한다. 그러나 과거로서의 역사는 이미 사라진 것이므로 되돌릴 수는 없으며 우리가 과거에 대해 알 수 있는 것은 남겨진 기록, 유물, 유적을 통해서다. 그중에서도 과거에 대한 기록, 남겨진 기록은 역사 연구와 역사 학습의 중요한 부분을 차지한다. 우리는 역사에 대한 대부분의 지식을 남겨진 기록, 그리고 그것을 바탕으로 한 과거에 대한 역사 서술로부터 얻는다. 그리고 남겨진 기록이라고 하는 것도 어떤 의미에서는 시간 차원을 달리한 과거에 대한 서술이라고 할 수 있다. 따라서 과거를 어떠한 방식으로 서술하는가 하는 것은 역사를 어떻게 이해하는가의 문제와 밀접하게 관련될 수밖에 없다.

특히 역사교육에서 어떠한 역사 서술을 통하여 학생의 역사 이해를 촉진할 수 있는가는 당연한 관심사다. 역사 교수 학습의 주요 통로이자 매개수단인 역사 교과서 서술이 많은 사람들의 주목을 받아 온 것도 이런 이유에서다. 역사 교과서는 보통 시간의 흐름에 따라 때로는 이야기체의 내러티브로, 때로는 분석적 설명으로 서술된다. 전자는 역사 사건의 진행과 결과를 묘사하는 부분에, 후자는 주로 사건의 의미를 해석 평가하고 더 크게는 시대의 모습과 구조를 설명하는 부분에 사용된다. 역사 교과서가 언제부터 그리고 왜 이러한 방식으로 서술되었는지는 명확하지 않다. 그보다 최근 쟁점이 되고 있는 것은 흔히 역사 서술의 전통적인 방식이라 할 수 있는 내러티브의 부활[37]을 둘러싼 논란이다.

부활이라는 용어가 말해주듯 전통적인 의미의 내러티브는 근대 역사학에서 소멸의 위기에서 재등장한 것이다. 내러티브는 20세기 중엽부터 많은 역사가들에 의해 비과학적이고 역사 사건의 원인과 결과를 제대로 설명하지 못한다고 비난받아왔다. 더욱이 사회사가 역사학의 주류가 되면서 역사가들은 사회 구조와 그것을 결정하는 물질적 조건에 대한 분석을 중시하기 시작했고 개별 사건이나 주제를 일정한 구성 형식(즉 시작과 전개, 반전, 결말)에 따라 서술하는 전통적인 내러티브는 적합하지 않은 것으로 간주하였다. 마르크시스트 이데올로기와 사회과학의 양적 방법론, 역사적 변화를 설명할 수 있는 법칙과 패턴의 추구는 학문적 역사 서술로서의 내러티브를 더욱 위축시켰다.

그러나 이러한 과학적 역사에 대한 믿음도 곧 도전에 직면하였다. 특히 비판의 표적이 되었던 것은 물질주의적 결정론이었다. 역사에서 사회 구조와 그것을 결정 짓는 물질적인 기반만으로는 설명될 수 없는 부분, 예를 들어 인간의 의지와 행위, 집단적인 관행, 가치와 이상 등이 있다는 사실을 무시할 수 없으며 오히려 이것을 해명하는 것이 중요하다는 인식이 확대되면서 내러티브에 대한 새로운 관심이 일어났다. 내러티브의 부활은 이른바 사회사의 퇴조와 문화사의 등장이라는 사학사의 흐름과도 궤를 같이하는 것이었다.

내러티브가 부활했다고 해서 내러티브의 성격과 기능을 바라보는 비판적인 시각이 사라진 것은 아니다. 오히려 서술 형식과 인식론적인 쟁점에 관한 논란은 더욱 확대되었다. 내러티브에 관한 가장 전통적이고 대표적인 비판은 내러티브가 과학적이지 못하며 설명적이지 않다는 것이다. 설명(explanation)은 원인을 밝힘으로써 일반화와 보편화를 지향하는 것인데 내러티브의 속성인 묘사(description)는 이에 미치지 못한다는 것이다. 더구나 내러티브는 마치 하나의 사건 뒤에 다른 사건이 인과적으로 일어나고 있는 것처럼 진술하며 이러한 전개 방식의 독특함 때문에 인과관계와 전후관계의 혼동을 초래한다는 지적도 있다.[38] 이에 대해 내러티브를 옹호하는 사람들은 내러티브도 설명력을 가지고 있다고 주장한다. 내러티브는 상황에 대한 묘사를 통해 사건 간의 인과적 연관성을 보여줄 수 있으며 혹은 인과적 연결이 부족하더라도 내러티브를 구성하는 항목들을 필연적인 조건으로 연결하여 사건의 계속성과 의미를 파악할 수 있도록 해준다는 것이다.[39]

내러티브를 둘러싼 좀 더 본질적인 문제는 역사 서술에서 무엇을 중시하는가 하는 것이다. 내러티브를 옹호하는 역사가는 역사 속의 인물, 그리고 그들의 의도와 행위를 드러내고자 한다. 가령 "필립 2세가 결정을 내리지 못했기 때문에 마드리드로부터의 명령이 늦게 도착하고 말았다"라는 서술 방식은 행위 주체의 의도를 중시하는 설명으로 "브라운이 돌을 던져 유리창이 깨졌다"는 것과 유사하다. 그러나 같은 사건에 대해 만약 "16세기 배들이 지중해를 건너는 데는 상당한 시간이 걸렸기 때문에 마드리드로부터 명령이 늦게 도착했다"고 서술한다면 사건을 둘러싼 구조적 요소를 중시하는 것으로, "유리가 약했기 때문에 유리창이 깨졌다"는 설명 방식과 유사하다.[40] 즉 내러티브는 구조를 설명하는 것이 아니라 개별적이고 특수한 것, 사건을 이끌어가는 행위 주체인 인간에 초점을 둔 서술 방식이라고 말할 수 있다.

그렇다면 내러티브의 부활과 뒤이은 논란은 역사 학습에 어떠한 의미를 가지고 있을까?

역사학계와 마찬가지로 역사교육 분야에서도 내러티브는 새로운 논란을 불러일으켰다. 내러티브는 역사 학습의 새로운 가능성을 제시해주었지만 그에 따른 문제점도 제기되었다. 문제의 핵심은 내러티브가 과연 학생의 역사 이해를 촉진할 수 있는가 하는 것이었다. 1980년대 중반 이후 일련의 연구 성과에 따르면 내러티브는 학생들의 흥미를 유발하는 한편 인간 행위에 대한 이해의 바탕을 마련해주는 것으로 나타났다.[41] 또한 역사소설이나 전기 같은 내러티브를 읽고 토론하는 것이 역사 서술에 대한 해석과 분석을 촉진시키며 역사적 사건에서 인간의 동기와 역할을 파악할 수 있도록 해주는 것으로 밝혀졌다.[42]

내러티브가 역사 학습에 활용될 수 있는 배경과 효과는 다음과 같다.

첫째, 내러티브는 역사가뿐 아니라 학생들에게도 친숙한 역사 서술의 형태다.

둘째, 내러티브는 역사의 고유 개념이라 할 수 있는 다른 시대, 장소, 사건들에 대한 이해를 가능하게 한다.

셋째, 내러티브는 구체적인 인간 행위와 그 의도, 결과를 다룸으로써 인간의 경험에 대한 이해를 촉진시킨다.

넷째, 아동들은 내러티브의 시간적인 전후관계를 통해 역사 사건의 인과관계를 인식할 수 있다.

그러나 내러티브를 역사 학습에 활용할 경우 나타나는 문제점도 간과할 수 없다. 학생들은 내러티브의 구성 과정에서 저자가 개입한다는 것을 깨달을 수 있지만 저자가 내린 해석의 정확성에 대해서 문제를 제기하지 않는다. 저자의 언급에 대해 '그럴 수 있다', '아마 그럴 것이다'라고 개연성을 쉽게 인정해버리고 저자의 관점과 서술의 정확성을 문제 삼지 않는 것이다. 잘 만들어진 이야기(good story)가 역사적 사건의 실체적 정확성을 압도하는 현상이 나타나는 것이다. 자의적으로 진실성을 부여하는 이러한 속성 때문에 학생들은 특히 1인칭 시점의 내러티브에서 목격자의 진실성과 화자의 권위에 대해 비판적으로 분석하지 못하는 경우가 많다.[43]

또한 내러티브가 이데올로기적이며 권위적이라는 점도 주목할 만하다. 이 점에 대해 화이트(Hayden White)는 내러티브라는 형태는 특정 문화나 집단의 중요도에 따라 사건을 서열화하려는 욕구에서 비롯된 것이므로 필연적으로 과거 권위 주체를 정당화하는 경향이 있다고 주장했다.[44] 학생들도 내러티브를 통해 역사 사건을 비판적 시각으로 파악하기보다는 도덕적 판단을 우선시하는 경향이 있다.

또 다른 문제점은 '공상적 꾸밈(fanciful elaboration)' 현상이다. 학생들이 내러티브를 활용하여 유용한 자료를 모으고 관련성을 파악함으로써 역사를 이해하려고 노력하기도 하지만 정확하지 않은 개념과 공상을 역사 사실과 뒤섞어버리는 경우도 많다는 것이다.[45]

사실 내러티브를 둘러싼 논란은 서술 형식에 관한 것만은 아니다. 이것은 사고양식과도 관련된다. 브루너(Jerome Bruner)는 인간의 사고양식을 패러다임적 사고양식(paradigmatic mode of thought)과 내러티브 사고양식(narrative mode of thought)으로 나누어 설명하고 있다. 브루너가 보기에 이 두 가지 사고양식은 현실에 대한 인식 방법에 있어 사뭇 다르다. 패러다임적 사고양식은 형식적·수학적 체계의 서술, 설명에 이용되며 범주화 혹은 개념화에 기초하고 있다. 주로 이론과 분석, 논리적 증거, 추론된 가설에 의한 경험적 발견에 적용되며 일반적인 원인을 규명하는 데 초점을 두고 있다. 그리고 맥락과 무관한 보편적 설명을 추구한다. 내러티브 사고양식은 인간의 의도와 행동 및 그 과정을 묘사하며 주로 이야기, 드라마, 역사 서술에 적용되는 것으로 행위의 맥락 속에서 인간의 의도를 서술한다. 맥락에 민감하며 특정한 설명을 모색하고 기본적으로 시간적이다.[46]

사고양식으로서의 내러티브는 앞에서 언급한 역사적 사고, 특히 학생의 인지 발달 단계에 관한 피아제 이론과 관련된다. 그중 내러티브 사고양식은 피아제의 보편적 지식 재구성에 대한 비판으로 등장한 영역 고유의 지식 재구성에 관한 이론적 바탕이 될 수 있다.

이렇듯 역사교육에서 역사 서술 방식이 차지하는 비중은 적지 않다. 역사 서술과 학생의 역사 이해 간의 상관성에 관한 연구는 역사 학습에서 매우 중요한 분야라고 할 수 있겠으나, 이미 밝혀진 내용들은 보통 사람들이 흔히 추측할 수 있는 상식의 수준을 넘어서지 못하고 있는 실정이다. 역사 서술이 학생의 역사 이해에 미치는 영향에 관한 더욱 구체적이고 유용한 사례 연구가 필요하고, 이를 위해서는 다양한 방식으로 서술된 역사 교재를 개발할 필요가 있다. 지금까지 내러티브가 갖는 약점으로 지적되어온 문제들이 다른 역사 서술 방식을 채택하는 경우에는 어떻게 나타나는지도 검토해볼 수 있다.

■ 주

1) 장언효, 〈학습전력의 측정과 지도〉, 《교육논총》 21, 2001, 68쪽.
2) L. S. Shulman, "Knowledge and Teaching: Foundations of the New Reform", *Harvard Educational Review* 57(1), 1987, p. 8.
3) ibid.
4) L. S. Shulman, "Those Who Understand: Knowledge Growth in Teaching", *Educational Researcher* 15(2), 1986, pp. 21~23. (양호환, 〈역사교과이론의 가능성과 문제점〉, 양호환 외, 《역사교육의 이론과 방법》, 삼지원, 1997, 19~22쪽.)
5) 양호환, 위의 책, 29~30쪽.
6) L. S. Shulman, op. cit.
7) 대표적인 사례는 S. Wineburg, *Historical Thinking and Other Unnatural Acts*(Philadelphia: Temple University Press, 2001).
8) S. Wilson and G. Sykes, "Toward Better Teacher Preparation and Certification", P. Gagnon and the Bradley Commission on History in Schools(eds.), *Historical Literacy: The Case for History in American Education*(New York: Macmillan, 1989), pp. 268~275.
9) S. Wineburg, op. cit.
10) 최승현, 강대현, 곽영순, 장경숙, 《교과별 내용교수 지식(PCK) 연구(Ⅱ)》, 교육과정평가원 연구보고 RRI 2008-2, 교육 과정평가원, 2008.
11) 양호환 외, 《역사교육의 이해》, 삼지원, 2002, 39~40쪽.
12) G. Partington, *The Idea of History Education*(NFER Publishing Company, 1980), pp. 10~13.
13) ibid., pp. 13~15.
14) ibid., p. 16.
15) ibid., p. 32.
16) 이인호, 〈역사는 가르쳐야 하나?〉, 《역사비평》 12(1990 가을), 1990, 144~151쪽; 정현백, 〈역사교육이 강화되어야 한다〉, 《사회와 사상》 19, 1990, 124~133쪽.
17) 이인호, 위의 글, 148~149쪽.
18) 정현백, 위의 글, 130~133쪽.
19) 이인호, 위의 글, 150~151쪽.
20) 정현백, 위의 글, 132쪽.
21) J. White, "The Aim of School History", *Teaching History* 74(Jan), 1994, pp. 7~9.
22) ibid.

23) 이와 유사한 맥락에서 김한종 교수는 교육 과정에서 목표의 설정이 지나치게 목표 모형의 원리에 따라 이루어져왔으며 목표 모형은 목표의 틀 속에 교과 내용을 짜맞추는 폐쇄적 과정이므로 교과의 체계나 구조를 제대로 반영하기 어렵다고 지적하고 이에 대비되는 것으로 과정 모형에 대해 설명하고 있다. 김한종, 《역사교육 과정과 교과서 연구》, 선인, 2006, 168쪽.
24) 김성자, 〈교육 과정 개발의 중립성과 전문성〉, 《歷史敎育》 98, 2006, 7~17쪽.
25) 함수곤, 《교육 과정의 편성》, 대한교과서주식회사, 1994, 50쪽.
26) 홍후조, 〈교육 과정학의 정체성 확립을 위한 탐구 영역의 규명과 그 정당화(Ⅱ)-교육 과정 결정의 세 요인을 중심으로〉, 《교육 과정연구》 22(4), 2004, 34~41쪽.
27) 홍후조, 위의 글, 42쪽.
28) J. Scott, "History in Crisis: The Others' Side of the Story", *The American Historical Review* 94(3), 1989, p. 681.
29) 양호환, 〈'역사교과학'의 성과와 숙제〉, 《歷史敎育》 57, 1995, 116쪽.
30) 데이비드 로웬덜, 김종원 옮김, 《과거는 낯선 나라다》, 개마고원, 2006, 573~574쪽.
31) 테사 모리스-스즈키, 김경원 옮김, 《우리 안의 과거》, 휴머니스트, 2006.
32) 김한종, 〈역사적 사고력의 개념과 그 교육적 의미〉, 양호환 외, 《역사교육의 이론과 방법》, 삼지원, 1997, 333~341쪽.
33) 김한종, 위의 글.
34) J. Rüsen, "The Didactics of History in West Germany : Towards A New Self-awareness of Historical Studies", *History and Theory* 26(3), 1987, p. 284.
35) J. Rüsen, "Historical Consciousness : Narrative Structure, Moral Function, and Ontogenetic Development", P. Seixas(ed.), *Theorizing Historical Consciousness* (Toronto: University of Toronto Press, 2004), pp. 71~78.
36) P. Seixas, "Introduction", P. Seixas(ed.), *op. cit*, p. 8.
37) L. Stone, "The Revival of Narrative: Reflection on a New Old Story", *Past and Present* 85, 1979, pp. 4~8.
38) F. Furet, "From Narrative to History as a Problem", *Diogenes* 889, 1975, p. 110.
39) W. Dray, *Philosophy of History*, 2nd edition(Englewood Cliffs: Prentice Hall, 1993), pp. 90~93.
40) P. Burke, "History of Events and the Revival of Narrative", P. Burke(ed.), *New Perspectives on Historical Writing*(University Park: Pennsylvania State Univ. Press, 1992), p. 236.
41) L. Levstik, "The Relationship between Historical Response and Narrative in a Six-grade Classroom", *Theory and Research in Social Education* 14(1), 1986, pp. 1~19.
42) L. Levstik and C. Papas, "Exploring the Development of Historical Understanding", *Journal of Research and Development in Education* 21, 1987, pp. 1~15.

43) J. Kermode, "Secrets and Narrative Sequence", *Critical Inquiry* 7, 1980, pp. 83~101.
44) H. White, "The Value of Narrativity in the Representation of Reality", *The Content of the Form*(Baltimore and London: John Hopkins University press, 1987), pp. 19~23.
45) B. Vansledright and J. Brophy, "Storytelling, Imagination and Fanciful Elaboration in Children's Historical Reconstruction", *American Educational Research Journal* 29(4), 1992, pp. 837~859.
46) J. Bruner, "Narrative and Paradigmatic Modes of Thought", E. Eisner(ed.), *Learning and Teaching the Way of Knowing*(Chicago: The University of Chicago Press, 1985), pp. 97~115.

■ 참고문헌

김한종,《역사교육과정과 교과서 연구》, 선인, 2006.
데이비드 로웬덜, 김종원·한명숙 역,《과거는 낯선 나라다》, 개마고원, 2006.
양호환 외,《역사교육의 이론과 방법》, 삼지원, 1997.
이원순 외,《역사과교육》, 한국능력개발원, 1975.
최승현, 강대현, 곽영순, 장경숙,《교과별 내용교수지식(PCK) 연구(Ⅱ)》, 교육과정평가원 연구보고 RRI 2008-2, 교육과정평가원, 2008.
테사 모리스-스즈키, 김경원 역,《우리 안의 과거》, 휴머니스트, 2006.
함수곤,《교육과정의 편성》, 대한교과서주식회사, 1994.
Burke, Peter(ed.), *New Perspectives on Historical Writing*(University Park: Pennsylvania State Univ. Press, 1992).
Dray, William, *Philosophy of History, 2nd edition*(Englewood Cliffs: Prentice Hall, 1993).
Eisner, Elliot(ed.), *Learning and Teaching the Way of Knowing*(Chicago: The University of Chicago Press, 1985).
Partington, Geoffrey, *The Idea of History Education*(NFER Publishing Company, 1980).
Paul Gagnon and the Bradley Commission on History in Schools(eds.), *Historical Literacy: The Case for History in American Education*(New York: Macmillan, 1989).
Seixas, Peter(ed.), *Theorizing Historical Consciousness*(Toronto: University of Toronto Press, 2004).
White, Hayden, *The Content of the Form*(Baltimore and London: The John Hopkins University press, 1987).
Wineburg, Sam, *Historical Thinking and Other Unnatural Acts*(Philadelphia: Temple University Press, 2001).

2장
역사학과 역사교육

이영효

I. 역사학의 특성과 쟁점

1. 역사의 의미와 역사학

1) 역사의 의미

역사학은 역사를 연구하는 학문이다. 그렇다면 '역사'란 무엇을 의미하는가? 역사란 흔히 과거 인간 경험의 총체를 말한다. 역사가 과거에 일어난 일 전체를 가리킨다고 할 때, 그것은 역사가의 현재적 인식 밖에 객관적으로 실재했던 과거를 의미한다. 과거는 그 자체로 객관적으로 존재하는 것이며 실재하는 것이다. 하지만 우리는 과거 사실 전체를 알 수 없으며, 과거의 기록이나 흔적, 즉 사료에 남겨져 있는 사실만을 과거로 인식한다. 그런데 사료의 내용은 우연이건 의도적이건 간에 이미 선택이나 편집을 거친 것이다. 따라서 역사는 과거 그 자체를 지칭하는 것이 아니라, 사료에 기록으로 남아 있는 '주어진' 과거 사실을 말한다.

다시 말해서 역사는 과거와 구분 지어 정의된다. 과거는 이미 사라져버리고 현재 남아 있는 것은 과거의 흔적뿐이다. 과거 전체가 기록으로 남아 있는 것은 아니며, 과거에 대한 어떤 기록도 과거에 일어난 사실을 그대로 재현하지 못한다. 결국 우리는 역사가의 설명과 해석을 통해 과거와 만난다. 역사가는 사료를 통해 조각 난 편린인 과거를 다시 살려내고 과거에 대한 담론을 구성한다. 그리고 이 역사 담론은 이야기의 주체인 역사가의 관점과 이데올로기가 표명된 것이다. 즉 역사는 단순히 연대, 인물, 사건을 나열하여 기록한 것이 아니라, 인간의 과거 행위에 대한 해석과 의미가 부여된 담론이다.

이처럼 역사는 단순 과거라는 객관적 실체(역사적 존재)로 정의되기도 하고, 과거에 대한 역사가의 탐구 결과(역사적 지식)로 정의되기도 한다. 과거 실체는 절대 불변이지만, 역사 담론은 상대적이며 역사가의 주관성에 따라 변한다. 과거의 사실들은 역사가의 서술을 통해 비로소 '역사적 사실'로 존재하게 된다. 광의의 역사는 과거 인간의 모든 행위인 '사건'과 그에 관해 역사가에 의해 재구성된 '사건의 기술'을 뜻한다.

2) 역사학의 특성

역사학은 인간의 과거 삶의 양상을 연구하는 학문이다. 인간 행위를 다루는 역사는 인간의 상상력을 사로잡기 때문에 역사학은 고유한 심미적 즐거움을 제공한다. 과거의 인간 행위를 통해 인간을 이해하고 인간의 삶에 도움이 되는 학문이기도 하다. 역사 연구는 몇 가지 전통과 특징을 갖고 전개되어왔다.

첫째, 역사학은 시간에 따른 과거 사실이나 사건의 변화를 탐구한다. 역사학은 시간 개념을 토대로 역사 진행과 변화의 동력, 양상,

결과를 파악하고 탐구하는 학문이다. 시간에 따른 역사의 변화는 지역이나 시기에 따라 그 속도와 양상을 달리한다. 역사 전개의 속도와 변화 및 역사의 진행 속에 나타난 다른 유형들은 시대 구분의 기준으로 작용하며, 지역 간, 문명 간 역사 발전 양상을 비교하는 토대가 되기도 한다. 즉 역사학은 역사의 전개 과정에 작용하는 힘과 그 역학의 상호작용을 시간의 변화 속에서 살피는 학문이다.

둘째, 역사학은 과거 인간 행위에 연관된 다양한 변인들을 탐구하는 학문이다. 역사 연구는 인류 역사의 태동 이후 세계 각지에서 전개된 다양한 인간 행위의 기록을 다루기 때문에, 외형적인 행위 양태뿐만 아니라 그에 영향을 미친 장기적, 단기적 요인 그리고 외면적, 내면적 요인을 연구한다. 역사 전개의 표면에 노출되었던 정치적 사건이나 사회경제 제도의 변화, 문화적 양태의 저변에는 눈에 띄지 않게 영향을 미쳐온 역사의 원동력이 존재한다. 따라서 인간의 공동체적 삶과 연관된 기후, 자연환경 등의 요소뿐만 아니라 생산력과 생산관계 등의 물적 조건, 그리고 역사적 행위 이면의 인간의 내면과 의식 또한 역사학의 연구 대상이다.

셋째, 역사학은 문학과 철학, 과학의 성격을 복합적으로 내포하고 있는 학문이다. 역사 서술은 문학처럼 이야기의 형태를 띠며, 철학처럼 인간 행위의 근원적 사상과 이념을 추구하며, 과학처럼 과거에 대한 설명과 해석을 논증하려 한다. 즉 역사는 주관성과 객관성을 공유한다. 역사적 행위의 이유나 동기, 목적 등 인간 행위의 내면에 깔려 있는 정신이나 사상을 역사의 동력으로 밝히려는 역사 연구가 있는가 하면, 역사 전개 과정의 패턴을 찾으려 하고 역사 발전의 일련의 단계와 방향 및 목적을 추적하는 역사 연구도 있다. 따라서 역사학은 스토리텔링을 위한 문학적 상상력과 인간 존재 및 인식을 사유하는 철학적 사고, 그리고 역사 전개 과정을 합리적으로 논증하려는 과학적 사고 등을 필요로 한다.

역사학의 특성은 역사 지식의 본질, 역사인식의 논리와 방법, 역사적 이해와 설명, 역사 지식의 객관성, 역사적 가치와 판단 등에 대한 관점에 따라 다르게 정의될 수 있다. 관념론(idealism)의 입장에서는 역사적 사유의 본질이 '설명'보다는 '이해'에 있다고 보고, 추체험, 감정이입, 직관적 사고, 상상적 재연(再演)을 역사 연구 방법으로 정의한다. 딜타이(Wilhelm Dilthey), 크로체(Benedetto Croce), 오크쇼트(Michael Oakeshott), 콜링우드(R. G. Collingwood) 등은 인간 행위의 내면에 깔려 있는 정신이나 사상을 중시했다. 즉 역사 행위의 본질적 동인인 과거 사람들의 사고와 사상을 통해 역사적 행위의 이유나 동기를 재사유하는 것이 중요하다고 보았다. 역사는 인간의 목적, 의도, 사상에 의해 전개된다고 보기 때문이다. 이들은 역사적 사건의 개별성과 특수성을 강조하며 일반법칙에 의해 역사 현상이나 사건을 설명하는 것을 거부한다. 즉 개별 역사적 사건은 본디 고유한 것으로 똑같이 반복되지 않기 때문에 역사 행위자의 사상적 측면을 밝히는 역사에 법칙적 설명을 적용할 수 없다는 것이다.

관념론적 역사인식은 인간 행위를 인간 의지와 의도의 산물로 정의함으로써 인간 행위에 영향을 미치는 사회경제적 요인 등 외부적 조건을 등한시한다는 비판을 받았다. 또한 역사적 행위의 합당한 이유와 동기를 파악하는 것이 가능한가의 문제가 제기되었다. 역사적 행위는 뚜렷한 사상을 가지거나 의식적으로 행해지지 않는 경우가 많으며, 전혀 추적할 수 없는 불합리한 사고나 우연한 계기를 포함하기도 한다는 것이다. 설사 역사 행위의 합당한 이유를 안다고 해도 그것은 과거 행위를 이해하기 위한 필요조건일 뿐 충분조건은 아니라고 지적한다.

한편 포퍼(K. R. Popper), 헴펠(C. G. Hempel) 등의 실증론자(positivism)들은 역사인식의 논리와 방법이 역사적 이해보다는 설명에 있다고 본다. 따라서 역사 사실을 경험적으로 검증된 일반법칙과 그 사건의 선행조건으로부터 연역하여 인과적으로 설명한다. 이들은 역사의 연구 방법이 기본적으로 과학적 방법과 같다고 보고, 역사 현상이나 사건을 논리적, 일반적 법칙을 적용하여 설명하려 한다. 즉 역사적 가치와 판단보다는 역사 지식의 객관성 및 역사 법칙과 일반화를 추구한다. 사회과학의 개념과 일반 명제 및 원리들은 역사상의 여러 사회현상을 분석하고 설명하는 도구로 적극 차용될 수 있다고 본다.

하지만 인간의 행위는 가설을 세우고 그 증거를 검증하여 법칙적으로 설명되기 어렵다는 점이 지적되었다. 역사 현상과 사건의 배후에는 현재의 역사가가 추론할 수 없는 감추어진 의도와 동기가 내재되어 있기도 하고 개연성과 우연성이 작용하는 경우도 많기 때문이다. 역사 전개를 목적론적으로 보고 역사 전개의 패턴이나 법칙을 입증하고자 할 경우, 자의적 판단이나 비약적 해석, 성급한 이론화에 의해 역사 사실의 의미를 단정할 수 있다. 또한 역사적 사실의 개별성과 독특성이 무시되고, 역사 사실들을 단순히 보편적 원리를 찾는 수단으로 여길 위험도 안고 있다.

역사적 사유의 본질과 역사 연구 방법, 그리고 역사적 객관성과 역사적 설명에 대한 이러한 상반된 관점에 따라 역사학의 성격은 때로는 문학으로 때로는 과학에 근접하게 정의되면서 논란을 거듭해왔고, 근대 이후 역사가들의 연구는 이러한 배경 속에서 전개되었다.

2. 역사학의 쟁점과 역사교육

역사의 본질과 속성에 대한 다양한 논의는 역사 교수 및 학습에 대한 이해에도 영향을 미쳤다. '역사는 과연 반복되는가', '우리는 과거 역사로부터 교훈을 얻을 수 있는가'의 문제를 비롯하여 역사의 과학적 속성과 문학적 속성에 대한 논쟁이 있었다. 역사가의 기능과 역할은 무엇인지, 그리고 역사가의 현재 인식과 존재의의에 관한 문제도 제기되었다. 또한 역사에서 시대 구분이 필요한지, 인과관계를 분석하고 감정이입을 시도하는 것이 역사 설명과 이해의 방법으로 적절한 것인지 등도 논의되었다. 역사와 역사인식을 둘러싼 논의들은 역사교육의 본질과 방법에 대한 이해와 밀접한 연관이 있다. 이 장에서는 역사학의 주요 쟁점들을 살펴보고 그것이 역사교육과 갖는 관련성 및 시사성을 살펴보기로 한다.

1) 역사의 반복과 교훈

역사는 과연 반복되는가? 랑케는 역사상의 시기는 각기 독특한 개별적 존립의의를 지니고 있으며 따라서 두 시대, 두 사회가 반복될 수 없음을 강조한다. 역사적 사건은 '일회적인 일'이며 '자기충족적인' 완결된 사실이라는 것이다. 하지만 무질서한 역사적 사실들에서도 유사성과 일반성이 발견된다. 상이한 사건, 집단, 제도가 등장하지만 그들 상호 간에는 일정의 규칙성과 유형이 드러날 수 있다. 최소한의 일반적 요인이 각 시대마다 각 사회마다 있다는 사실은 어느 정도 역사의 반복을 뒷받침해준다.

그러므로 역사에는 개별적인 반복이 아닌 유형적인 반복이 있을 수 있다. 이러한 유형적 반복은 인간성의 기본적 욕구가 시공간을 초월하여 동일하다는 전제에 기초한다. 무수한 상이한 사실들이 어떤 의미의 공통성을 갖는 것은 시공간적인 변화의 영향을 받지 않는 요소, 즉 인간의 동일한 본질 때문이다. 즉 역사의 일반성은 보편적인 인간성에서 유래한다. 예를 들어 고대인이나 현대인이나 생존과 이익을 추구하는 태도, 권력에 대한 욕구, 또는 안정을 바라는 마음 등을 똑같이 가졌다고 보는 것이다. 따라서 인간성이 근본적으로 바뀌지 않는 한 역사의 유형적 반복이 나타날 수 있다.

　역사의 반복성에 토대한 대표적인 사관은 순환사관이다. 순환사관은 일정 기간을 두고 유사한 역사적 양상이 반복되거나 근본은 변하지 않는 부분적인 변화가 있음으로써 미래를 짐작할 수 있다고 본다. 그런데 역사가 되풀이되기는 하지만 정확히 동일하게 반복되는 것이 아니라 그 위상이나 수준이 한층 발전된 양상으로 반복한다고 보는 사관이 있는데, 이를 나선형 순환사관이라고 한다. 인간은 근본적으로 동일한 본성을 지니고 있는데 그 본성이 항상 똑같은 체제를 산출하는 것은 아니며 일련의 주기 혹은 단계마다 차원이 다른 형태로 나타나는 변증법적 발전을 한다는 것이다. 이러한 나선형 순환사관은 진보사관과 접목된 사관으로, 역사는 직선적으로 진보하는 것이 아니라 나선형적인 반복을 하면서 부단한 변화와 유동을 겪는 과정이라고 본다. 예를 들어 유물사관은 순환론적인 역사관에 속하면서 그 속에 발전의 의미를 내포한 사관이다. 유물사관은 인류 역사가 생산력과 생산양식의 변화 및 생산수단의 소유 관계에 따른 계급 간의 대립이 단계적으로 발전하며 반복해온 과정이었다고 본다.

　인간의 동일한 본성 때문에 인간은 유사한 여건에서 유사한 대응을 할 것이라는 인식, 즉 역사가 똑같지는 않더라도 유사한 유형을 반복한다는 인식은 곧 역사에서 간접적인 교훈을 얻을 수 있다는 것을 시사한다. 역사의 교훈은 역사적 사실의 일반화에 입각해 있다. 역사상에 일어난 상이한 개별 사실과 사건을 하나의 일반적 경향이나 전체적 추세 속에서 동일 범주로 분류할 수 있을 때 역사적 교훈을 얻을 수 있다. 역사의 일반화는 곧 예측으로도 연결된다. 현실 세계에 대한 예상은 과거에 일어났던 일, 즉 역사의 일반적 추세와 경향에 근거해서 미래를 추측하는 것이다. 이때 과거는 변화에 대처하고 현재를 설명하는 유용한 분석 도구이자 미래에 대한 지표와 지침으로 작용할 수 있다.

그러나 역사의 반복성에는 명백한 한계가 있다. 인간성의 부분에는 고정적 요소가 있는 반면에 형성적 요소, 즉 시공간적으로 성장, 변화, 발전하는 면이 있기 때문에 인간의 내적 세계, 심리적 요인 및 도덕적 판단이 역사 형성에 작용한다. 따라서 역사의 반복은 엄밀한 동일성이 아니라 비유나 유사성의 의미를 벗어나기 어렵고, 현재까지의 역사 발전 과정을 관찰하여 장차 일어날 일을 추측하는 정도 이상의 예측은 불가능하다. 또한 역사 속에 있는 교훈은 극히 다양하고 상반된 것이기 때문에 동일한 역사적 사건에서 얻는 교훈도 각자의 가치관에 따라 달라진다. 중국의 역사가 치자(治者)의 학문이었고 유럽의 역사가 군주의 통치를 위해 존립했다면, 역사의 교훈을 결정하는 사람은 정치를 주도하는 왕이나 지배계급이었다. 이때 역사는 정치가나 지배층, 엘리트를 위한 지식으로 기능하고 그들의 행위를 정당화하는 데 이용되기도 한다.

역사의 교훈이라는 문제는 역사 지식의 효용과 관련되며 역사인식의 궁극적 목적과도 연관된다. 역사가는 자신의 역사의식을 사회와 현실의 분석에 적용하여 역사적 사실에서 유용한 교훈과 판단을 이끌어내고자 한다. 하지만 역사의 효용성은 반드시 교훈을 얻는 데 있지 않다. 역사는 인류 전체의 경험 과정을 보여주기 때문에 역사에 관한 지식은 모든 인간 집단에 필요한 지적 기반을 제공해준다. 한 개인이 겪는 경험은 시공간적으로 극히 제한된 것임에 반해 집단으로서의 인류가 겪는 역사는 광범한 다양성을 지니고 있다. 따라서 개인은 역사를 통해 자신의 경험 세계를 확대할 수 있고, 인간의 본성을 자각하거나 자기발견에 도달할 수 있으며, 독특한 심미적 즐거움을 얻기도 한다. 따라서 역사 지식의 사회적 효용에 대한 의지가 과거에 대한 성찰과 유희적 가치를 압도하게 되면, 역사적 판단이 앞서고 역사 해석에 오류와 편견이 끼어들 위험이 커진다. 역사를 통해 '교훈'을 얻는 것은 역사 탐구의 부산물이지 역사 연구의 목적은 아니다.

역사의 반복적 속성과 그에 따른 교훈을 둘러싼 논의는 역사교육에도 시사하는 바가 크다. 역사 수업은 과거 사실에서 직접적 교훈을 얻기보다, 현재와 유사한 상황과 조건에서 과거 사람들이 했던 행위를 추출하여 비교하는 안목을 배양하는 것이 우선이다. 과거의 사건이나 행위가 외양적으로 현재와 유사하게 보인다 하더라도 그 사이에 가로놓인 시간을 뛰어넘어 현재에 실질적 도움이 되는 대안을 제시하기는 어렵다. 시공간이 다를 뿐 아니라 인간의 심성과 태도도 달랐을 것이기 때문에, 과거와 현재의 상황을 시대적 배경과 함께 비교하는 작업이 중요하다. 역사 교실에서 과거 인물에 대한 평가나 사건을 통해 교훈을 전하는 활동은 과거 사회 및 현재에 대한 총체적 이해를 기반으로 이루어져야 한다. 역사의 교훈과 효용은 역사 학습의 목표가 아니라 역사 탐구 활동의 결과로 얻는 것이기 때문이다.

2) 역사의 과학성과 문학성

역사를 과거에 대한 객관적 사실 추구로 보는 입장과 주관적 역사 해석으로 보는 두 가지 대립적인 입장이 있다. 전자는 역사를 과학적인 학문으로 보는 입장으로, 역사 지식의 객관성에 대한 믿음에 근거한다. 객관성이라는 개념은 '과거의 실제에 대한 그리고 그 실제와 일치하는 진실에 대한 믿음'이다. 19세기 유럽 역사주의의 사실 숭배와 사료 중시는 객관성의 성취를 지향했다. 랑케(Leopold von Ranke)는 역사를 역사가의 마음 밖에 있는 대상이자 내적 상관관계로 이루어진 구조를 지닌 '객관적 실제'라고 보았다. 랑케는 역사 지식이 보편타당성과 객관성을 유지해야 하고 이를 위해서 역사가는 모든 종류의 편견에서 벗어나 역사 현상을 중립적으로 관찰해야 한다고 했다.

20세기 초에 역사를 과학적인 학문이라고 강조한 역사가들은 역사 연구 방법이 과학의 귀납적 방법과 동일하다고 보았다. 역사가는 과학자들처럼 가설을 설정하고 그를 뒷받침하는 역사적 사례들에 대한 엄격한 연구 절차, 즉 사료의 정확한 검증을 통해 일반화를 도출한다는 것이다. 경험적 과거 사실을 수집하고 그에 입각하여 가설을 설정한 후, 사료의 합리적 분석과 증거 검증을 거쳐 분류와 인과 법칙의 일반화에 이르는 역사 연구 및 서술의 절차는 과학적 과정을 내포한다. 따라서 역사 지식은 과학 지식처럼 보편타당성을 갖추고 예측을 가능케 한다고 보았다. 다만 그 정밀도와 정확성에서 차이가 있을 뿐이다. 객관성을 유지할 수 없는 역사 서술은 지식이라기보다 하나의 사견이나 신념에 가깝다.

과학으로서의 역사를 추구하는 역사가들은 경제학, 사회학, 지리학 등 사회과학의 주요 개념과 방법론을 과거 사회를 연구하는 데 접목시켰다. 역사학은 사회과학과 마찬가지로 인간의 행위와 활동을 연구 대상으로 삼고 가설을 이용하여 일반화를 추구한다고 보았다. 역사 연구는 과거의 개별 사실을 밝히는 데 그치는 것이 아니라 과거와 과거 사람들의 행위에 대해 일반법칙을 세우는 것으로 정의했다. 물론 역사가의 가설은 실험으로 되풀이되거나 예견력을 지닌 것은 아니지만, 과거 사실에 대한 관찰을 통해 귀납적 일반화를 할 수 있다고 보았다. 역사적 설명이 인과관계를 연역적으로 추출하고 법칙으로 일반화하여 설명하는 방식을 취해야 한다고 본 역사가들은 '포괄법칙 이론'을 제시했고, 경제사가들은 수학적 모델과 통계 분석법을 사용하여 수량화를 통한 계량분석적 설명을 시도하기도 했다.

그러나 한편에서는 역사의 가치와 본질이 전통적으로 문학, 즉 '이야기 예술(art of narrative)'에 더 가깝다고 보았다. 역사의 발전은 단일하지 않고 복수적이며, 직접적인 인과관계나 단일 법칙에 의해 규명될 수 있는 것이 아니라 복합적 요인의 상호작용의 결과라는 것이다. 역사의 문학성을 강조하는 역사가들은, 과학은 인과법칙을 추출하는 일이지만 역사는 상상력과 직관을 통한 인간 이해이며 따라서 불가피하게 주관적이고 도덕적, 윤리적인 판단까지 포함한다고 본다. 역사 서술은 일반적 개념화를 목표로 하지 않고 대신 특정의 개별적 사건들을 구체적으로 재현시키기 때문에 과학적 성격을 띨 수 없다는 것이다. 사회과학은 일반적, 추상적, 법칙적인 것에 관심이 있는 반면, 역사학은 특수성과 구체성, 개성적이고 일회적인 것에 유의하여 역사적 행위자의 가치, 태도, 신념, 동기 등에 관심을 쏟는다. 이 때문에 같은 개념이라도 역사학에서는 시대에 따라 속성이 달라지거나 사회과학과는 다른 의미로 사용되기도 한다.

과거 사실들은 역사가에 의해 선별되어 '역사적 사실'의 지위로 격상된다. 즉 역사가는 단순히 '사실의 발견자'라기보다 '의미의 탐구자'다. 그런데 역사가는 연구 대상을 직접 관찰할 수 없고, 사료의 매개를 통해서만 과거를 짐작할 수 있다. 역사가의 능력이나 그가 취급하는 사료가 제한되어 있다는 사실은 그의 객관적 인식을 불가능하게 한다. 남아 있는 사료는 불완전한데 역사가는 그 사료마저 다 읽을 수 없다. 또한 역사가는 장소, 시대, 환경에 좌우되는 존재이며 자신이 속한 국가, 인종, 계급, 종교 등에 따른 선입관의 영향을 받기 때문에 역사가의 객관성은 확보되기 어렵다. 역사가들은 과거의 사건을 부분적으로 설명할 수 있을 뿐 미래를 예측하지는 못한다.

역사적 인식에 주관이 개입하지 않을 수 없다는 문제는 근본적으로 인식 대상(과거)과 인식 주체(역사가) 사이에 있을 수 있는 대응이 불완전하기 때문에 생기는 것이다. 역사가는 과거를 전체적으로 그리고 전부 인식하지 못하는 한계를 갖고 있고 또한 역사가 자신의 관점이 현재의 위치와 밀접한 연관성을 갖기 때문에 '사라진 과거'와 '역사가가 서 있는 현재' 사이에 상호작용의 문제가 나타나게 된다. 즉 역사인식의 객관성은 제한될 수밖에 없는 것이다. 역사적 지식이 갖는 불가피한 주관성, 역사 서술에 있어서 상상력과 직관의 역할, 역사 서술의 윤리적 및 규범적 기능은 역사의 문학적 속성을 드러낸다.

또한 역사학은 추구하는 목표가 사회과학과 다르다. 역사학은 인간 행위의 특수성, 즉 개별적인 역사 현상을 이해하는 것을 목표로 하는 반면, 사회과학은 인간 행동의 유사성, 일반성에 관심을 두고 일반적 법칙이나 이론을 밝히고자 한다. 과학적 가설과 역사적 가설은 그 기본 전제와 기능이 다르다. 과학적 가설은 경험적, 귀납적 검증을 거쳐 궁극적으로 법칙, 이론, 패러다임을 수립하기 위한 것이지만, 역사적 가설은 단지 이해와 설명을 돕기 위한 편의적인 것으로 엄격성이 결여되어 있다. 사회과학에서는 가설 자체가 연구의 핵심이며 가설을 증명하기 위한 객관적 절차 및 통계적이고 수량적인 방법을 중시한다. 이에 반해 역사에서 가설은 사실의 검증을 통해 일반화되긴 하지만, 과학의 경우처럼 모든 경험적 사실과 예외 없이 일치하는 것은 아니다. 기술 방식 역시 역사는 이야기체 서술을 선호하는 반면, 사회과학은 분석적이고 이론적인 설명 방식을 이용한다.

최근에는 역사의 과학성과 예술성을 상호 보완적인 것으로 보는 절충론이 지배적이다. 역사가는 자기 나름의 관점에 따라 역사를 보지만, 사료의 엄밀한 검토와 합리적 사고방식을 전개함으로써 사실에 대한 객관적 고찰을 추구한다. 역사 연구 및 서술의 절차는 객관성과 정확성을 유지해야 하나, 분석과 해석 단계에서는 논리적 사고와 함께 직관적 통찰력을 발휘해야 한다. 역사가들은 가설의 진위를 증명하는 것보다 '전체적 종합'을 더 지향하며, 역사적 사건들의 유사성을 인정하지만 그 동일성을 인정하지는 않는다.

역사의 과학적 속성과 문학적 속성은 역사 학습의 내용과 방법에서도 중요한 의미를 지닌다. 역사 학습은 역사적 탐구 능력과 함께 직관적 상상력 및 통찰력을 기르는 것을 추구한다. 그를 위해 사료를 비롯한 다양한 역사 자료를 수업 자료로 활용하고 학생들의 역사 탐구와 해석을 돕는다. 학생들은 자료의 특성에 따라 적절한 사고와 능력을 발휘하여 분석과 판단을 하며, 자신의 관점에서 의미를 부여하여 역사적 해석을 하고 이야기 짓기를 시도한다. 즉 역사는 과학이자 동시에 문학이며, 그런 점에서 역사 교실은 역사를 통한 과학적 탐구 능력과 함께 문학적 상상력을 발휘하여 과거 사람들의 삶에 대한 이야기를 구성하는 것을 바람직한 학습 목표로 삼는다.

3) 역사가와 역사의식

역사가는 과거에 대해 의문을 갖고 문제를 제기하는 사람이다. 역사의 본질과 역사적 방법에 대해 사고와 성찰을 거듭하고, 과거의 사료 속에서 허위와 진실을 가려내기 위해 탐구한다. 이때 역사가에게 필요한 자질은 역사의식이다. 역사의식이란 과거의 사건이나 현상의 구조적 변화를 역사의 흐름 속에서 보는 관점을 뜻한다. 이는 시간적 차원에서 상이한 시대의 역사적 위치를 관찰하는 안목이다. 즉 역사의식은 시간적 과정에 따른 사물의 변화와 발전 과정을 관찰하고 그 의미를 파악하는 태도를 말한다. 역사가는 과거로 거슬러 올라가 현재의 상태에 이르게 된 과정을 알아보고 그 관계를 찾아내어 연관성을 설명하고자 한다.

또한 역사의식이란 역사의 흐름 속에 있는 자신의 위치를 깨닫는 일종의 자아의식이자 역사성에 대한 의식이다. 역사가는 각 시대의 특성과 역사적 의의를 파악하여 의미를 부여하고 역사의 흐름 속에 존재하는 인간의 위치를 자각시킨다. 즉 역사의식은 과거 이해를 통해 개인적 또는 집단적 위치에 대한 역사적 시야를 갖게 한다. 역사적 시간의 본질은 계속성과 가변성이라는 두 속성을 지니므로,

역사의식은 우리로 하여금 과거에서 현재 상황에 이르는 과정을 성찰하게 하고 그것을 통해 미래를 예상하게 한다. 과거는 단순히 '죽은 과거'가 아니라 우리의 역사의식 속에 살아 있고 현재의 삶과 결부된다.

그러므로 역사가가 과거를 이해하는 데 현재에 대한 지식과 인식은 매우 중요하다. 과거의 사료를 읽는 데 필요한 상상력은 현실과의 끊임없는 접촉을 통해 얻을 수 있다. 자신을 둘러싸고 있는 인간, 사물 또는 사건들을 관찰하는 데 흥미를 느끼지 못하는 역사가는 골동품 연구자에 가깝다. 역사에서는 죽은 자에 대한 연구와 살아 있는 자에 대한 연구가 연결되며, 역사가가 현재에 대해 갖고 있는 지식은 과거에 대한 그의 이해와 직접적인 관계를 가진다. 현재와 과거는 상호 연관되어 있으므로 현재에 대한 이해 부족은 불가피하게 과거에 대한 무지를 낳는다. 현재에 대해 아무것도 알지 못하면서 과거를 이해하려고 노력하는 것은 헛된 일이다. 현재에 대한 이해 능력이야말로 역사가의 으뜸가는 자질이다. 과거의 역사적 의미를 캐내려는 역사의식은 역사가의 현재 인식과 더불어 형성된다. 역사가의 역사의식은 현재의 사회적 요청과 시대정신의 영향을 받으며, 역사적 사실은 현재와의 관련 속에서 재음미되고 재기술된다.

역사는 궁극적으로 인간의 현재를 설명하는 것을 목적으로 한다. 그러므로 역사가의 현실적 감각이나 현실에 대한 역사적 통찰은 매우 중요하다. 역사 지식은 현재의 과제를 해결하고 대응하는 데 유용하므로, 역사가는 과거의 사실과 사건이 현재와 갖는 연관성과 의미를 규명하려 한다. 과거의 사건은 우리가 현재 살고 있는 세계와 어떤 의미에서든지 관련되어 있고 그러한 관련성 때문에 역사 지식은 살아 있는 지식으로 활용될 수 있다. 과거가 우리의 현 시대와 사회의 일부로 융합되어 있지 않다면 그 과거는 의미가 없을 것이다. 과거의 사실들은 과거 특정 시대의 형성과 발전에 의의가 있을 뿐만 아니라, 그것이 현재까지 연결되는 지점에도 의의가 있다. 수많은 과거 사실 속에서 역사가가 끄집어내는 특정한 사실만이 역사적 사실이 된다면, 그것은 그 사실이 현재까지 지속되는 생명, 즉 현재적 의미를 지니기 때문이다. '살아 있는 역사'의 의미는 역사의 지속적 의미 혹은 과거가 현재로 계속 연결되고 있다는 뜻이다.

역사가와 현재의 연관성은 역사가가 자신이 살고 있는 시대와 사회를 벗어날 수 없다는 사실에서 비롯된다. 현재는 과거의 연장이며 과거에 대한 역사가의 연구는 현재와 단절될 수 없다. 현재에 대한 역사가의 판단은 과거의 현재적 의미 탐구로 이어지고 곧 사관으로 구체화된다. 역사가의 사관은 과거에 대한 이해를 바탕으로 사회와 현실을 판단할 기준을 세우고 시대적 맥락 속에서 현상의 배후를 규명하는 역사적 판단의 토대가 된다. 역사가는 사실 왜곡이나 정치적 목적 혹은 개인적인 판단에서 비롯된 편견 등을 배제하고 역사를 현재의 인식으로까지 확장한다. 과거 탐구의 고유한 심미적 즐거움, 즉 일종의 미학적인 유희를 추구하는 역사가들이 존재하지만, 역사가의 행위란 현재와 과거를 연결하는 작업에서 실현된다.

역사의식의 함양 및 역사의 현재적 의의를 살피는 것은 역사 학습의 중요한 목표다. 학생들은 죽은 과거가 아닌 살아 있는 과거를 탐구함으로써 역사 지식을 현재 삶의 유용한 길잡이로 활용할 수 있다. 그러나 역사의 교훈을 전달하고자 하는 역사 수업과 마찬가지로 역사의 현재적 유용성을 추구하는 역사 학습 목표는 역사 내용에 대한 탐구 과정을 압도할 위험을 경계해야 한다. 역사가들이 '현재적 요청'이라는 명목으로 과거를 현재의 시각에서 '이데올로기화'하지 않기 위해 사료와 기록에 근거하여 과거 사실을 검증하는 엄밀한 비판의식을 중시하듯이, 역사교육 현장에서도 역사적 사실을 목적론이나 필연론적 입장에 따라 해석하고 학습하는 우를 범해서는 안 된다. 역사의식이나 사관 혹은 역사의 의의는 미리 정해져 있거나 혹은 정해진 방향으로 유도되는 것이 아니라, 학생 스스로의 사고와 판단을 통해 체득되는 것이다. 역사에서 교훈을 찾지 못하거나 현재에 직접 필요한 정보를 얻지 못할 수도 있다. 그렇다고 해서 역사교육의 의미가 없는 것은 아니다. 역사의식은 고정된 역사인식이 아니라 학생들이 과거 사회에 대한 의문점을 풀어나가는 과정에서 생성되고 축적되는 관점이자 안목이다. 학생들은 역사가처럼 현재에 대한 통찰력을 바탕으로 역사를 '하는' 작업을 통해 역사의식을 함양하고 더 나아가 자신의 사관을 구축할 수 있게 된다.

4) 역사에서 개인과 시대

역사적 사건이나 행위의 주체는 개인이나 집단이다. 위인 중심 사관 혹은 영웅사관은 군주나 지배자와 같은 개별 인간을 역사 행위의 주체로 본다. 역사는 위인들의 역사, 혹은 영웅들이 성취해놓은 사상과 행위의 역사로 정의된다. 외적 조건이나 제도 등의 영향력을 부인하지는 않지만, 탁월한 개인은 그러한 외부 여건에 상관없이 자신의 의지와 목적을 관철시킨다고 본다. 위인이나 영웅은 사회적 난관을 타개하고 시대를 움직임으로써 역사를 주도하고 대전환기를 마련한다.

그러나 개인의 능력보다 조직적인 사회세력 혹은 비인간적 요인들이 역사 형성 과정을 지배하고 또 역사의 방향을 결정하기도 한다. 탁월한 인물의 역할이 중요한 반면, 그러한 위인의 의지나 목적은 필연적으로 역사적 조건의 영향을 받는다. 소수의 선택받은 탁월한 개인은 시대를 지배하는 근원적인 힘의 산물이며, 따라서 그들의 위대성도 시대와 환경에 제한받지 않을 수 없다. 역사의 시대적 과제를 완수할 사명을 띤 위인을 만드는 것은 사회적 힘이다. 어떤 결정적인 역사적 사건은 위인 때문이 아니라, 그 위인 자신과 그의 환경이 함께 엮어낸 복합적 조건에 귀착된다. 아무리 위대한 개인이라 할지라도 그의 능력은 시대정신이나 사회적 현실 여건이 허용하는 한에서만 발휘된다. 아무리 위대한 사상체계나 행위라 하더라도 시대 여건이나 환경이 그에 알맞게 성숙되어 있을 때에만 비로소 실현 가능하다.

개인뿐만 아니라 개별 사실이나 사건도 사회 구조에 내포된 것이다. 따라서 사회사는 개인이 아니라 집단이나 대중의 역할에 주목하고 역사 현상 밑에 있는 심층적인 구조를 역사의 동력으로 파악한다. 역사 하부구조의 결정적 기능을 강조한 마르크스(Karl H. Marx)는 역사 과정에 대한 인간의 행위 주체성을 인정하지만 역사가 사회·경제적인 물질적 요인에 의해 필연적으로 지배를 받는다고 했다. 따라서 역사적 위인도 사회적 필요에서 파생된 불가피하고 필연적인 대응의 결과라고 보았다. 사회진화론에 따른 생물학적 결정론을 주장한 스펜서(Herbert Spencer)도 위인의 성장이 사회적 환경을 통해 결정된다고 보았다. 헤겔(Georg W. F. Hegel)은 형이상학적 결정론을 제시하여, 위인의 출현은 시대정신 또는 문명혼의 표현이며 사회나 시대의 요청에 의한 것이라고 했다. 역사를 만드는 주인공은 영웅 그 자신이 아니라 그를 불러내 소명을 부여한 '시대'라는 것이다.

결국 역사에서 개인과 시대라는 요인은 대립적인 요인이 아니라 상호 보완적 요인으로 보아야 할 것이다. 역사교육에서 개인의 역할과 시대의 기능을 다룰 때도, 인물을 탄생시킨 시대 배경과 더불어 특정한 시대를 만들어나간 인간이나 사회집단의 역할을 동시에 조명할 필요가 있다. 흔히 인물 학습에서는 위인이나 영웅뿐 아니라 사회 피지배층 등 다양한 과거 인물을 역사 이해의 대상으로 삼는데, 개인의 의도와 판단 및 행위의 결정은 그가 속해 살았던 시대 상황과의 관계 속에서 고찰되어야 한다. 물론 시대를 앞서가거나 시대의 흐름을 거스른 인물도 있고, 시대의 요구에 부응하여 소기의 목적을 성취한 인물도 있다. 하지만 개인이나 집단 혹은 시대라는 단일 요소에만 초점을 맞추게 되면 결정론으로 빠질 위험이 있으며, 따라서 다양한 역사 변인들의 역할과 상호 영향을 동시에 주목해야 한다. 역사적 인물은 독자적인 개별 인간이자 동시에 그가 생존한 시대의 사람이며, 그가 갖는 가치와 그가 생존한 시대와의 상호관계를 아는 것은 역사적 인물 및 그의 시대를 이해하는 데 다 같이 필요하다. 역사 학습은 시대의 악조건 속에서도 중요한 성취를 거둔 특출한 개인의 역할을 밝혀내고, 개인이나 집단의 의사결정에 영향을 미친 시대 상황도 읽어냄으로써 역사에서 개인과 시대의 기능을 동시에 살필 수 있어야 한다.

5) 역사의 시대 구분

시간관념은 역사를 이해하는 데 필수적이다. 우리는 시간적 연속, 계기 혹은 변화를 통해 역사를 인식한다. 시간관념 없이는 사건의 전후관계를 알기 어려우며, 한 시기의 특징과 정신을 다른 시기의 그것들과 비교하지 않고서는 역사의 과정을 파악하기 어렵다. 시간을 구분하고 각 시대별로 분류하여 역사를 쓰는 것은 역사를 쉽게 파악하고 체계적으로 이해할 수 있게 하기 위함이다. 역사는 지역, 시대 또는 주제에 따라 구분될 수 있는데, 시대 구분은 역사를 시간적 변화에 따라 분류하여 이해하는 방법이다. 역사적 시간의 본질적 특성은 지속과 변화이며, 시대 구분은 시간적 계기성과 단절적 변화에 대한 인식의 소산이다.

역사의 시대를 구분하는 대표적인 사례는 고대, 중세, 근대의 삼분법이다. 르네상스 인문주의자들은 자신들의 시대를 '새로운 시대'라고 정의하고 앞선 시대와의 단절을 강조했다. 그런데 이들은 각 시대의 동등한 존재의의를 인정하지 않고 우월한 시대와 열등한 시대로 구별했다. 그리스, 로마의 고전문화를 가장 높이 평가하고 자신들의 시대는 그 부활의 시대라고 간주했다. 중세는 서로마제국의 멸망 이후 야만과 암흑이 지배한 중간 시대라고 보았다. 고대문화가 중세로 이어지는 연속성을 부인하고 중세를 고립적인 시기로 정의했다. '새로운 시대'는 중세와 전혀 관계가 없고 오히려 그것을 뛰어넘어 고대와 직접 연결되는 시대라는 것이다. 18세기 유럽인들도 르네상스 휴머니스트들의 중세관을 계승했으며 중세의 문화적 성취를 평가절하했다. 이처럼 고대, 중세, 근대의 시대 구분은 르네상스 휴머니스트들의 시대의식과 계몽사상가들의 역사관에 의해 확립되었다.

후에 낭만주의 역사가들은 중세사회와 문화를 새롭게 발견하고 재평가했다. 중세 사료 편찬과 함께 중세에 대한 체계적인 연구를 통해 중세를 매우 창조적인 시기로 평가했는데, 중세 특유의 시대적 특징을 강조함으로써 삼분법은 오히려 확고부동한 시대 구분이 되어버렸다. 이후 르네상스 시대에 대한 평가도 엇갈렸다. 부르크하르트(Jacob Burckhardt)는 르네상스와 이전 시대의 단절을 강조하며 르네상스 문화를 근대사회의 시발점으로 확정했다. 그러나 호이징가(Johan Huizinga)는 르네상스를 새로운 시대로 보지 않고 중세의 특징들이 쇠퇴하는 '중세의 가을'로 보았다. 르 고프(Jacques Le Goff) 같은 중세 사학자들은 '장기 중세론'을 내세워 르네상스를 중세문화가 만개한 현상으로 정의했다. 중세에는 9세기 초 '카롤루스 왕조의 르네상스', 10세기의 '오토 대제 시대의 르네상스', 프랑스를 중심으로 한 '12세기의 르네상스'를 통해 고전문화 부흥운동이 계속해서 일어났기 때문에 15세기 르네상스가 특별한 의미를 지닐 수 없다고 보았다.

20세기에 들어서는 역사인식의 수단으로서 시대 구분의 가치는 인정하더라도 그 기준을 문제 삼았다. 시대 구분의 기준을 사상적 변화에 두느냐, 정치적 변화에 두느냐, 문화나 경제의 변화에 두느냐를 놓고 논쟁을 벌였다. 유럽 중세의 시작 시기에 대해서도, 서로마제국의 멸망이 곧 고대세계의 종말은 아니었으며, 로마 문화는 메로베우스 왕조와 카롤루스 왕조의 문화로 점진적으로 이행했다는 주장이 제기되었다. 피렌느(Henri Pirenne)는 프랑크 왕국의 메로베우스 왕조 말기가 중세의 시작이라고 보았다. 그는 고대문화가 지중해를 중심으로 형성되었다고 보면서, 고대와 중세 간의 시간적 경계선을 프랑크 왕국과 이슬람의 충돌에서 찾았다. "8세기 이전에는 고대 지중해 세계의 경제가 존속했으나 그 이후 지중해는 폐쇄되고 상업은 소멸되어 지중해 경제가 중단되었다"는 것이다.

그러나 삼분법이나 현대를 추가한 사분법은 서유럽이 아닌 다른 지역에 적용하기는 어렵다. 그리스를 고대의 시작으로 삼는 삼분법은 유럽사가 시작되기 훨씬 이전의 동아시아, 이집트 또는 근동의 고대사를 포괄하지 못한다. 유럽의 중세와 유사한 특징을 지닌 시기를 다른 지역의 역사에서 찾기도 쉽지 않다. 시대 구분은 획일적인 시대 인식을 초래할 위험도 있다. 예를 들어 '중세적'이란 표현을 쓸 때 유럽의 10세기와 13세기를 동일한 시기로 가정하고 획일적 동질성을 가진 시대로 파악하는 오류를 범할 수 있다. 르네상스 휴머니스트들은 1400년대를 근대라고 규정했으나, 1350년에 일어난 일이 '중세적'이고 1450년에 일어난 일이 '근대적'이라고 한다면 그것은 다만 시간 경과에 따른 명칭에 지나지 않을 것이다.

시대 구분의 의의를 인정하지 않는 역사가들은 시기 구분을 명확하게 할 수 있을 정도로 일반적인 문화적 동시성은 존재하지 않는다고 본다. 역사상의 개인, 사건, 상황을 판별할 수 있는 보편적 기준이 없기 때문에 각 시대에 전개된 개별 사실은 어떤 범주에 집어넣어 설명할 수 없으며, 설사 유형화하여 일반화하더라도 결코 만족할 만한 설명이 될 수 없다는 것이다. 시대 구분법은 심지어 단일 국가의 역사에 대해서도 명료한 기준을 설정하기 어렵고 관점에 따라 논란을 불러일으킬 수 있다. 역사 발전 자체가 복수적이므로 추상적인 시대 구분은 타당한 신빙성을 부여하는 대신 도리어 편견에 빠지게 할 위험도 있다. 예를 들어 만약 정약용이란 인물이 역사적으로 중요하다면, 그가 18세기 실학사상가에 속한 인물이기 때문이 아니라 그가 정약용이라는 사실 때문이다. 또한 '고대'의 어느 부분이 그 내용에서 '근대적'일 수 있고 현대사의 어느 부분이 어떤 의미로는 '고대적'일 수도 있다.

그렇다고 하여 시대 구분이 전혀 필요 없는 것은 아니다. 어떤 종류의 것이든 시대 구분은 역사 이해의 길잡이로서 효용적 가치를 가진다. 역사에서 설명의 일반화는 불가피하며 다양한 개별 사실들을 역사적 범주로 구분하는 것은 역사 이해에 유용하다. 역사에서 공식이나 도식은 하나의 가설이지만 역사에 대한 사고와 해석을 위한 수단이 될 수 있다. 시대 구분은 잡다한 역사 사실들에 체계와 논리를 부여하여 역사 시기의 특징을 파악하는 데 도움이 된다. 어떤 분류를 따르든 역사 구분은 입증된 역사 사실에 대응해야 하므로 사실에 의해 지탱될 수 없는 구분은 무의미하다. 역사 구분은 단순히 시간적 요인에 따라서 이루어지기보다는 특정한 정치적, 사회적, 경제적, 문화적 측면에서 설정될 수 있다. 단순히 세기, 왕조 등을 기준으로 한 구분보다 역사 흐름과 전개의 일관성에 입각하여 시대별로 역사적 의미를 부여하는 것이다.

역사 구분은 역사가의 관점에 의해 설정된 일종의 작업 가설 또는 사고의 틀이므로 역사가의 사관과도 밀접한 관계가 있다. 시대의 지배적 사상이나 흐름을 내세운 역사 구분에는 역사가의 해석과 판단이 더 크게 작용한다. '신앙의 시대', '진보의 세기', '농민전쟁 시대', '양반 사회의 성립', '부르주아 사회의 전개', '근대 혁명의 시대', '실학사상의 시대' 등이 그 예다. 즉 역사가의 시대 구분은 곧 역사적 판단이다. 역사가는 각 시기마다 특유의 경향이 있다고 해석함으로써 여러 시기로 구분한다. 일부 역사가들은 역사 과정의 반복과 순환을 믿고 거기에서 역사 구분의 합리성을 찾는다. 역사 현상이 일정한 주기 혹은 세대에 따라 반복되므로 역사 구분이 성립될 수 있다는 주기적 설명 이론이 그것이다.

역사 학습에서 시대 구분의 의의는 크다. 역사 내용을 흔히 주제, 시대, 지역, 개념, 사건, 인물 등에 따라 분류하여 학습하게 되는데, 그중에서도 시대 학습법이 널리 사용된다. 한국사를 비롯한 동양사의 시대 구분은 주로 왕조의 변천과 밀접한 연관을 갖고 이루어진다. 하지만 왕조가 바뀌었다고 해서 시대의 조류가 급격히 달라지는 것은 아니다. 역사적 변화는 단절적인 것이 아니라 연속적이고 축적되는 것이다. 따라서 변화의 시작과 끝은 항상 그 중심점(변화의 절정)으로부터 시간적 거리를 갖고 있다. 그러므로 역사 발전의 단계적 의의를 이해하기 위해서는 전환기와 과도기를 설정하여 사회적 특징을 나누는 세분된 구분이 더 타당하다. 시대를 정의하고 구분하는 여러 이론과 관점을 소개하여 학생들 스스로 시대에 대한 자신의 관점과 이해를 구축하게 하는 것도 유용한 역사 교수법이다. 삼분법이 적용되는 유럽사에서도 중세와 근대의 시발점에 대한 여러 이론이 있고 각 시대의 특성을 정의하는 관점도 다르다. 과거의 역사를 특정 시기로 나누어 이해하는 시대 인식을 위해서는 통시대적인 역사 지식과 역사적 안목이 필요하기 때문에, 시대 구분에 따른 역사 학습은 상당한 배경 지식을 갖춘 고학년에 적합할 것이다.

6) 역사 설명과 인과관계

역사 연구는 사실의 확인 및 가설과 이론으로 이루어진다. 특히 이론 수립의 목적은 과거를 설명하기 위함이다. 역사적 설명은 역사 전개 과정을 묘사하는 기술적(記述的) 설명, 일반적 개념을 정립하는 분석적 방법인 개념적 설명, 계기적인 사건들의 상호 관련성을 규명하는 인과적 설명, 가치관을 통해 역사적 교훈이나 이상을 제시하는 도덕적 설명 등으로 나누어진다. 이중 인과적 설명은 역사 사실의 원인을 묻는 것으로 원인과 결과의 연쇄관계를 추적하여 설명하는 것이다. 원인은 과거 사실이나 사건 및 행위의 동기나 이유 혹은 사건의 배경 등을 뜻한다.

역사가들의 인과적 서술에서 추출되는 특성은 다원성, 개별성, 등급성 등이다. 사건이나 행위의 원인과 결과를 연결하는 방식은 다원적이다. 역사가들이 제시하는 원인은 종류와 범주의 제한 없이 사회경제적 요인에서 심리적인 이유나 동기에 이르기까지 다양하다. 또한 원인에 대한 역사가들의 서술은 개별적인 성격을 띠고 있다. 개개의 사건은 독특하고 독자적인 원인에 의해 일어나며, 특정 사건에 대한 특정 요인이 반드시 규칙적 패턴으로 일반화되지는 않는다. 역사적 사건이나 행위를 설명할 수 있는 다양한 원인들은 그 비중과 영향력에 의해 가까운 원인과 먼 원인으로 등급이 나누어진다. 동일 사건에 여러 개의 원인을 추출한 역사가들은 상대적 중요성을 판단하여 원인 상호 간의 순위를 1차적 원인, 2차적 원인 등으로 분류한다. 사건을 불가피하게 만든 장기적인 원인과 좀 더 직접적인 촉발 원인이 구별된다. 역사가의 해석에 따라 원인들의 순위와 상대적 의의가 결정된다.

그런데 역사에서 과거 사건의 원인을 규명하고 그 비중을 비교하는 작업은 복합적 성격을 띤다. 역사적 사실이 내포하고 있는 다양성과 복잡성 때문에 원인과 결과를 연결 지어 확정하는 것은 결코 쉽지 않고, 인과관계를 지배하는 명료한 법칙을 수립하기도 어렵다. 따라서 원인에 대한 설명은 항상 개방된 상태에 있다. 개별 사건들은 독자적인 원인에 의해 일어나는 경우도 많아서 일반적 범주로 개념화하여 인과관계를 설명할 수 없을 때가 있다. 역사적 인과관계는 원인과 결과를 잇는 연결의 필연성이 희박하며 연결고리가 느슨하고 엄격하지 않다. 따라서 역사가들은 직접적인 원인을 지적하기보다 '상황 논리'나 '사건의 내적 논리' 등을 언급한다. 즉 '왜 일어났는가' 하는 인과적 접근보다도 '어떻게 일어났는가' 하는 기능적 접근을 선호한다. 역사 서술에서 경향, 추세, 패턴 등 법칙적인 인과관계의 서술이 있긴 하지만 사실상 역사인식이나 이해를 돕는 방편이다. 또한 역사가들이 사용하는 원인이라는 개념도 명확하지 않다. 원인은 영향력이나 사회세력 등과 같은 요인을 포함하기도 하고, 이유와 원인, 동기와 원인이 혼동되기도 한다.

'원인의 상대성'을 주장하는 역사가들은 원인의 비중과 직, 간접성을 밝히는 것은 해석의 문제이며 결국 역사가 개인의 가치관에 영향을 받는다고 본다. 원인이란 가능한 여러 가지 조건들 중에서 상대적으로 중요하다고 판단된 조건이라 할 수 있다. 인과관계는 '사실'이 아니며, 원인과 결과를 연결하는 것은 단순히 사고습관일 때도 많다. 즉 역사적 인과관계의 개념은 연속적인 시간 개념에 토대하여 시간적으로 선행된 조건이나 요인들을 원인으로 정의해온 관행의 산물이다. 먼 과거의 사실을 가지고 최근의 사실을 설명하려는 태도가 역사가들을 지배해온 것이다. 따라서 현재를 설명하고 정당화하기 위한 의도로 과거를 사용하거나, 계보를 설명과 혼동하고, 시간상의 전후관계를 인과관계와 혼동하는 오류를 경계해야 한다. 즉 '기원'이라는 고정관념으로 역사 전개를 지나치게 단순화하여 논의하는 경향을 버리고 원인을 임의적이고 가설적인 것으로 볼 필요가 있다.

역사 수업에서도 역사를 인과관계의 틀에 맞추어 설명하는 방식을 재고해야 한다. 역사적 사건의 발단과 배경에 이어 전개 과정과 그 결과 및 의의를 일직선적으로 정리하는 역사 수업은 자칫 그 사건이 필연적으로 발생할 수밖에 없었고 그에 합당한 원인이 있었다는 전제를 학생들에게 전할 수 있다. 그러나 역사적 사건에는 개연성이 높은 우발적인 경우도 많고 명백한 원인을 추출할 수 없는 경우도 있다. 역사적 사건이 당대와 후세에 미친 결과나 영향에 대한 평가도 역사가의 관점에 따라 상당한 편차를 보인다. 따라서 역사교육에서 인과적 설명은 역사를 이해하고 설명하는 방식의 하나이자 가설로 다루는 것이 바람직하다. 사건의 원인은 행위의 이유와 동기를 내포하며 그것은 인간의 내적 사상과 관련되는 것이므로, 명료하게 정의된 인과적 설명이라 하더라도 눈에 띄지 않은 내재적 요인들을 간과했을 수 있다. 따라서 단선적인 인과관계를 설정하기 힘든 역사적 사건들의 복합적인 배경과 후속 영향을 살피는 것이 중요하다. 역사 학습에서 인과관계적 설명의 틀에 대한 절대적 과신은 금물이다.

7) 역사 이해와 감정이입

감정이입은 역사 이해의 주된 방법으로 정의되어왔다. 콜링우드는 추체험을 통한 과거 이해의 과정에서 과거의 인물과 상황에 대한 감정이입이 일어난다고 보았다. 그것은 동감과는 다른 것으로, 현재의 역사가가 과거의 시간 속으로 자신의 사상과 사고를 투영하여 사건의 정황을 미루어 짐작하고 이해하는 과정이다. 역사가가 과거 시대의 상황으로 돌아가 당시의 시대 모습과 의식에 직면하는 것이다. 따라서 감정이입은 호기심과 상상력을 동반하며 과거 시대에 대한 배경 지식을 토대로 이루어진다. 과거 사회에 대한 사전지식이 풍부할수록 상상적 이해를 통한 감정이입은 더 잘 이루어진다.

그러나 일부 역사가는 추체험과 감정이입이 역사학의 방법으로 적절한지에 대해 회의적이다. 그들은 과거에 살았던 사람들의 상황에 감정을 이입하는 일이 가능한지 의문을 제기한다. 즉 감정이입이란 심리학적 사실이지 과거 사람들의 생각을 추적하는 도구가 될 수 없다는 것이다. 감정이입은 일종의 의사소통 과정인데, 모든 의사소통 행위에는 반드시 번역 행위가 일어나고 번역의 대상인 언어의 의미는 끊임없이 변한다는 것이다. 결국 과거에 살았던 사람들에 대한 감정이입은 불가능하며, 모든 역사는 '과거 사람들의 마음의 역사'가 아니라 오히려 '현재 역사가의 마음의 역사'라고 한다. 감정이입을 통한 역사 이해를 주장하는 사람들은 '인간 본성의 불변성'을 전제로 하지만, 그러한 인간 본질의 속성에 기대어 과거 사람들을 읽어내려는 시도는 아무런 근거가 없다. 따라서 관념론자들이 주장하는 감정이입은 역사 이해 방법으로 정당화될 수 없고, 우리는 결코 다른 시간 속으로 들어갈 수 없다고 본다. 감정이입을 시도하는 것은 기본적으로 시간 낭비이며 그 임무를 완수하는 데 반드시 이데올로기의 개입이 일어난다는 점도 지적한다.

감정이입이 본질적으로 불가능하며 오히려 이데올로기가 주입될 위험을 안고 있다는 지적은 역사교육에 시사하는 바가 크다. 역사교사들은 학생들에게 '자신이 과거 시대의 인물이 되었다고 가정하고' 역사 이해와 사고를 전개할 것을 요청해왔다. 이때 학생들은 역사 속의 인물이 처해 있던 상황에서 왜 그러한 의사결정과 행위를 실행했는가를 추측하고자 한다. 하지만 학생들이 시공간의 차이를 뛰어넘어 대부분 성인이었던 과거 인물의 감정과 사고를 이입하는 것은 쉽지 않다. 더구나 과거 인물의 행위를 '어쩔 수 없었던' 혹은 '주어진 상황에서 취할 수 있었던 최선의 선택'이었다고 볼 가능성도 높다.

특히 연극을 활용한 역사 수업이 역사적 감정이입을 체험해보는 방법으로 사용되는데, 이때 과거 인물의 배역을 맡은 학생들은 과거 인물과의 '동일시' 혹은 '공감'의 상태를 경험하려고 시도한다. 즉 과거 인물의 생각과 행동의 이유를 관객인 동료 학생들에게 설득력 있게 전달하고자 한다. 따라서 연극을 역사 수업에 활용한 후에는 연극에 출연한 학생들과 관객으로 참여한 학생들의 역사 이해를 검토하는 후속 과정이 필요하다. 과거 인물의 배역을 맡았던 학생들이 수행하고자 했던 과거 인물로의 감정이입이 가능했는지 그리고 적절했는지, 또한 이를 본 학생들의 생각은 어떠했는지를 논의하는 과정이 중요하다. 이러한 후속 과정을 통해 학생들은 역사 연극에 등장하는 인물과 심리적 견제 거리를 갖고 과거 역사를 비판적으로 볼 수 있게 된다.

그러므로 역사 수업에서 활용하는 감정이입은 그 가능성과 함께 한계를 유의할 필요가 있다. 역사적 감정이입을 위해서는 과거 인물의 입장에서 과거의 상황을 보는 것이 필요하며, 이때 행위자의 의도와 그 행위 결과 사이에는 사람들이 파악할 수 있는 합리성이 있다는 것을 전제로 한다. 또한 과거를 당시의 맥락에서 파악하기 위해서는 현재 작동하는 상황 논리가 과거에도 동일하게 작용한다는 전제가 선행되어야 한다. 하지만 의도와 행위 사이에는 기질, 성격, 성향 등의 영향뿐만 아니라 비합리적인 요인이 개입될 수 있으며, 현재의 상황 논리가 반드시 과거의 상황 논리와 일치하지도 않는다. 따라서 학생들에게 과거의 상황 속으로 들어가 과거와 '익숙해지기'를 요구하기보다, 오히려 과거 사회와 과거 사람들의 생각이 현재와는 전혀 다를 수 있다는 가정으로 접근해야 한다. 과거를 '낯설게 보게' 하는 역사 학습은 시간에 따른 인간과 시대의 변화에 대한 통찰력을 길러줄 수 있다.

II. 역사 연구의 동향과 역사교육

역사의 의미와 본질을 이해하기 위해서는 역사에 대한 연구가 어떻게 이루어져왔는지 그 역사와 전통을 아는 것이 중요하다. 인류가 역사를 연구해온 과정과 동향을 살펴봄으로써 역사의 특성뿐 아니라 역사 인식의 방법과 과정을 알 수 있다. 역사가들의 역사 연구는 고대에서부터 20세기에 이르기까지 부단한 변화를 겪어왔으며, 역사교육은 이러한 역사학의 연구 성과와 방법론을 토대로 역사인식론 및 역사 교수 학습론을 개발해왔다.

이 장에서 역사가들이 역사를 어떻게 정의하고 해석해왔으며 어떤 방법으로 연구해왔는가를 짚어보는 것은 궁극적으로 역사인식과 사고의 과정을 이해하고 역사 학습에 유용한 시사점을 얻기 위함이다.

1. 역사 연구의 전통과 역사교육

1) 중국의 전통사학

중국은 오랜 역사 편찬의 전통을 지니고 있으며 다양하고 풍부한 내용의 역사 기록을 갖고 있다. 개인이 남긴 역사 기록도 많지만 일찍부터 관에서 주도하여 많은 사서를 남겼다. 전문으로 사실(史實)을 기록하는 사관이 있었고 편찬 기구도 설치되어 있었기 때문에 이를 바탕으로 역사의 편찬이 단절되지 않고 계속되었다. 또한 후대

왕조는 선대 왕조의 역사를 일정한 체제로 편찬하는 전통을 갖고 있었다. 사관과 사가들은 있는 그대로를 직서해야 했다. 즉 역사적 사실을 대의에 따라 기록하도록 했다.

중국 통치자들이 사서의 편찬을 중시했던 것은 역사를 거울로 삼아 제왕의 정치에 도움을 받기 위함이었다. 군주들은 역사의 경험과 교훈을 시정의 모범으로 삼아 부국안민의 방법을 찾으려고 했다. 따라서 역사 연구는 과거의 경험을 중요시하는 상고주의(尚古主義) 경향을 띠었고, 역사상의 '선한 선례'를 찾아 계승하기 위한 것으로 역사를 인식했다. 역사서는 권선징악을 유도하기 위해 통치자의 공덕을 지나치게 추켜세우거나 또는 평가를 깎아내리기도 했으나 통치권을 유지하는 데 큰 역할을 했고 중국의 사학은 정치의 중요한 부분이 되었다.

중국 최초의 역사 서술은 기원전 5세기 공자의 《춘추》다. 공자는 노나라의 역사를 연대순으로 기술했는데 단순히 역사적 사실만을 전달하는 것이 아니라 대의명분을 밝혀 그것으로써 천하의 질서를 바로 세우려 했다. 이로부터 명분(名分)에 따라 준엄하게 기록하는 것을 '춘추필법(春秋筆法)'이라고 한다. 기원전 1세기 사마천의 《사기》는 기전체의 사서체제를 확립하고 통사의 저작을 시작함으로써 중국 고대사학을 확립했다. 사마천은 대일통(大一統) 관념과 화이사상에 기반하여 독자적인 역사 서술체제를 만들었다. 사마천의 인물묘사는 표현이 구체적이고 선명하며 생동감 있게 이루어져서 《사기》는 역사와 문학을 결합시킨 것으로 평가된다. 또한 사마천은 확실한 사실을 기록하는 것을 역사 서술의 원칙과 표준으로 삼았고, 고대는 서술을 간략히 하고 당대에 가까울수록 자세하게 하는 편찬 원칙을 정했다. 이로써 시대를 거슬러 올라갈수록 분량이 적고 당대에 가까울수록 기록을 많이 하는 '후금박고(厚今博古)'의 전통이 세워졌다.

중국에서 사학(史學)은 오랫동안 경학(經學)에 종속되었으며, 경서는 유교의 경전을 말하지만 문학작품이자 동시에 철학과 역사를 포함하고 있었다. 중국 역대 왕조는 통치상 경서를 중시했기 때문에 경서는 유가의 학문을 정리한 것 이상의 위치를 차지했다. 사학이 경학으로부터 독립하면서 '사학'이라는 용어가 생겨난 것은 개인의 사서 편찬 풍조가 만연했던 위진남북조 시대로 이 시기는 역사서의 전성시대였다. 수당 시대에는 황실에서 전문적으로 역사를 편찬하는 기관을 설치하여 사관(史官)제도가 정비되고 사서 편찬이 제도화되었다. 사관은 전(前) 왕조의 역사와 당대의 국사를 편찬하는 일을 맡았다. 특히 당(唐)대에 설관수사(設館修史)의 전통이 세워졌고, 관찬에 의한 사서는 왕조의 통제 아래 서술되었다. 국가가 사서 편찬을 주도하면서 개인의 역사 서술은 현저하게 줄어들었고, 사관들의 공동 저작으로 사서가 편찬되었다. 사관(史館)에서 편찬된 사서는 역사적 교훈을 후세에 남김으로써 통치의 안정과 질서를 더욱 공고히 유지하는 데 목적이 있었다.

송대에 들어 중국의 역사 서술은 통사체의 저작이 발전하면서 서술체제가 다양해지고 서술 영역도 확대되었다. 경제 기반이 확대되고 인쇄술이 발달하면서 서적 간행도 활발했다. 사학은 명분론과 화이론을 중시하는 성리학의 영향으로 윤리의 선양을 중시하고 선악을 포폄하기 위한 역사 연구가 성행했다. 송대는 사마광의 《자치통감》을 비롯하여 중국 사학사에서 가장 많은 사서가 출현하는 등 중국 전통사학의 절정기였다. 《자치통감》은 기전체 정사를 타파하고 편년체로 쓰인 대표적인 저서다. 이후 역사가들은 경서나 정사(正

史)에 구애받지 않고 인물 전기와 잡사 등을 편찬하는 등 개인의 사서 편찬이 활발하게 전개되었다.

원대는 한족 왕조를 모방하여 사서를 관수하였고, 국사를 몽골 문자로 서술한 《몽골비사》가 전해진다. 명대에는 패사잡기가 많았고 저술 수량도 많았으나 학술사상과 편찬 방법의 쇄신이 없어 한, 당, 송에 비할 바가 아니었다. 청대에는 한인의 민족 관념이 일어나는 것을 막고자 개인이 역사를 편찬하지 못하게 하고 관에서 역사 서술을 주도했다. 문자옥을 겪은 당시 지식인들은 국사를 이야기하거나 당대사를 쓰려 하지 않았고 대신 고서(古書)를 읽고 교감하며 옛 서적을 정리하는 데 힘을 기울여 고증학이 발달하게 되었다. 이들은 경서의 고증과 해석에 몰두하며 고적(古籍)에 대한 대대적인 보정과 개작 작업을 했다. 한편 장학성은 사학이 경학을 흡수해야 한다는 육경개사(六經皆史)를 주장하기도 했다.

2) 한국의 전통사학

한국의 전통사학은 삼국시대 이후 조선 말기까지의 역사인식과 역사 서술체계의 총칭이다. 고대의 역사 편찬은 강력한 왕권 확립의 토대이자 왕권 강화의 기념물이었으며, 고려 중기 이후에는 유교의 왕도정치 이념을 구현하는 수단이었다. 특히 《삼국사기》의 편찬은 유교 경전인 경학의 일부요 제왕지학(帝王之學)으로서 인간 행위의 귀감을 위한 교훈적인 학문의 출발이었다. 한국의 전통사학은 대체로 중국의 역사인식과 형태를 바탕으로 한 유교적 사관으로 어디까지나 경사일체(經史一體)의 학문이었다. 사학은 유교이념을 구현하는 지배자의 정치수단이자, 과거 사실을 교훈으로 삼아 훈계하기 위해 기록한 내용이었다.

　전통사학은 삼국시대의 역사 편찬 경험을 바탕으로 태동하였으며, 고려 초 왕권 강화 과정에서 국사 편찬사업이 본격화되었다. 현재는 전하지 않는 《구삼국사》는 고구려를 중심으로 삼국의 역사를 정리한 책으로, 고려 초의 진취적 사회 분위기를 반영한 것으로 추정하고 있다. 고려 중기 이후로는 《삼국사기》, 《삼국유사》, 《제왕운기》 등의 사서들이 간행되었다. 이규보의 《동국이상국집》에 실린 '동명왕편'에서는 고구려 시조인 주몽을 신화가 아닌 역사로 기술함으로써 민족의 전통과 뿌리를 중시했다. 몽고와의 전쟁을 거치면서 고양된 민족의식은 《삼국유사》와 《제왕운기》에서 단군을 우리 역사의 시발점으로 삼는 새로운 역사 인식을 낳았고, 그것은 조선시대까지 그대로 이어졌다. 조선시대에 들어와서는 고려대의 실록 편찬 경험을 토대로 조선 왕조의 통치이념과 문화의식을 뒷받침하는 역사서인 《조선왕조실록》을 편찬하였다. 또한 단군과 고조선에 대한 관심도 더욱 높아서 《세종실록지리지》 등에 단군신화가 수록되었다. 아울러 단군부터 고려 왕조에 이르는 통사로서 《동국통감》이 만들어져, 조선시대의 편찬사서를 대표하는 책이 되었다.

　18세기에 이르러 전통사학은 역사 서술이나 인식체계의 변화를 맞게 되었다. 각 당파별로 사찬 사서의 형태로 역사를 정리하는 것이 유행처럼 번졌으며, 기존의 서술체제나 형식에서 근본적으로 벗어난 것은 아니지만 삼한정통론의 제시, 화이론의 극복, 고증적인 역사 방법론 등은 근대사학으로 나아가는 데 밑거름이 되었다. 중국 중심의 화이관에서 탈피하여 우리나라 역사에 정통론을 적용한 이익은 단군-기자-마한(삼한)-통일신라-고려로 이어지는 삼한정통론을 내세우며 우리 역사를 자주적으로 체계화시켰다. 이익은 고금의 성패를 통치자의 재덕이 아닌 시세에 의해 결정되는 것으로 보았으며 역사 발전에서 민(民)의 중요성을 인식하기 시작했다. 정약용은 역사 발전의 원동력이 개인이 아니라 중인(衆人)이라고 보았으며 물질적 측면에서 역사의 진보를 논하였다.

역사 연구의 방법도 달라졌다. 실학자들은 전통사학의 도덕주의적 한계를 극복하기 위해 실증적 연구 방법을 도입했다. 방대한 사료를 수집하고 사료 비판을 거쳐 역사를 서술하기 시작했으며, 중국 사료의 한계를 지적하고 중국 문헌만을 존중하는 풍토를 비판하면서 국내에서 쓰인 사료에 관심을 쏟았다. 역사 연구의 대상도 확대되었다. 고대사 인식이 체계화되고 그 폭이 확대됨에 따라 한반도 중심의 역사 서술에서 요동과 만주 일대를 민족사의 무대로 확대하고 고구려의 역사 전통을 강조했다. 자주적 역사인식과 실증적 연구 자세는 전통사학을 극복하고 계몽사학 및 민족사학으로 나아가는 가교 역할을 했다.

또한 기전체와 편년체의 범주를 벗어난 기사본말체와 강목체의 역사서도 등장하였다. 본기와 더불어 기전체의 핵심을 이루는 열전은 저자의 주관이나 견해가 직접 반영되고, 교훈, 귀감을 위해 인물을 유형별로 나누어 개인적인 업적이나 잘못에 대한 평가를 담았다. 편년체는 '연대로 기록'하는 체제로 《실록》을 비롯하여 《통감》이란 명칭이 붙은 역사서에 보이는 서술체다. 하지만 한국의 전통사서들은 그 체제나 형태에서 중국의 것을 모방하되 그대로 답습하지는 않았다. 《삼국사기》의 경우 삼국의 왕을 중국의 천자와 같이 본기로 표시하였고, 열전 위주인 중국의 서술 방법과 달리 본기 중심의 특징을 갖고 있다. 김부식은 신라시대의 근친혼이나 동성혼을 중국의 예의 법속과 다른 독자적인 것이라고 강조하기도 했다.

이긍익의《연려실기술》은 주요 사건을 앞에 내세우고 내용의 전말을 기록하는 기사본말체의 역사서로, 서술 내용은 기전체 역사서의 본기와 열전 내용을 풀이한 것과 같으나 중요한 사건의 전말(원인, 과정, 결과)과 인물 평가를 담고 있다. 안정복의《동사강목》은 편년체 서술 방식을 택하고 있으나 기사본말체의 형식과 내용을 가미한 강목체 형식의 역사서다. 즉 연대적으로 서술하되 기본 줄기는 큰 글씨로 쓰고 구체적인 내용은 작은 글씨로 자세히 설명한다. 강(綱)은 국가 통치의 대강을, 목(目)은 그 실행을 위한 구체적 사례를 기록함으로써 국사의 체계성과 법통성을 부연하려는 목적을 갖고 있다.

전통사학의 특징을 정리하면 크게 세 가지다. 첫째, 교훈으로서의 역사다. 역사란 군신의 업적을 기록하는 것이며 그 목적은 후세에 교훈을 주기 위함이었다. 역사는 '정치의 거울'로서 과거 사실의 시시비비를 가려 역사 속에서 규범을 찾는 도덕주의가 본질이었다. 중국의 전통사학이 교훈과 감계를 목적으로 했듯이, 과거는 현재의 바탕이자 거울이 되는 것으로 여겨졌다. 과거의 선악 판단에 따른 교훈의 목적은 주로 군주의 선정을 위한 것이었으므로, 역사는 치자의 윤리요 지배자의 정치철학이었다. 따라서 역사는 술이부작(述而不作)을 원칙으로 했고 사실의 정확한 기록은 사관의 임무였다. 또한 군주, 명신, 장졸, 학자 등은 물론 반역, 혹리, 간신 등의 실상을 기록함으로써 포폄에 도움이 되게 했고, 기전체에서 열전의 비중을 크게 하여 인물의 공과(功過)를 강조했다.

둘째, 경학으로서의 역사다. 한국 전통사학은 과거 경험을 중시하는 복고적이며 상고적인 가치체계에 기반한다. 과거의 가치 기준과 행동규범을 존중하는 역사 서술은 유교 경전 및 경학과 분리될 수 없었고 경전은 역사 서술의 지표가 되었다. 역사의 내용이나 성격은 경전이 갖고 있는 유교적 명분이나 덕목과 같은 맥락으로 존재했고, 온고지신이나 선왕지도(先王之道)라는 명제 속에서 역사 서술이 이루어졌다. 즉 경학으로서의 역사는 독립된 학문이 아니라 유교의 일부로서 군주의 정치철학을 제공하는 정치의 바탕이 되었다. 역사 내용은 유교 경전의 정신이나 내용을 그대로 활용하고 있어 경전이 곧 역사였다. 이와 같은 경사일치의 전통사학은 유교이념을 구현하는 정치철학으로서 통치자의 정치수단이기 때문에 국가와 왕실 중심의 서술 형태를 취했다.

셋째, 자아의식으로서의 역사다. 전통사학은 중국 중심의 역사인식 체계를 갖고 있다 해도 주체적인 자아의식과 국가의식을 담고 있었고 조선 후기에 이르면 화이론에서 어느 정도 벗어나게 된다. 중국을 '천자의 역사'로서 본기로 표시하고 우리는 '제후의 역사'로서 세가로 기록하는 중국 중심의 세계관을 보였으나, 중국의 역사 서술을 그대로 모방, 계승한 것은 아니었다. 기본적인 체제, 서술 방법, 인물 평가 등에서는 중국의 원칙을 따랐으나, 독자적인 연호와 월력을 사용했다. 이처럼 전통사학은 역사를 교훈으로 보았고, 경학과 분리되지 않은 유교 정치이념의 수단으로 보았으며, 자아의식과 국가의식을 담고 있었다.

3) 유럽의 전근대사학

유럽의 역사 서술은 기원전 5세기 그리스의 헤로도토스(Herodotos)에서 시작되었다. 그는 보고 들은 그대로 서술하는 것을 원칙으로 삼아 페르시아 전쟁사를 다룬 《역사》를 편찬했다. 《역사》는 일화와 구전, 전승을 많이 담고 있어 설화적인 역사로 일컬어지며, 지중해 여러 민족의 전통과 풍습, 법률과 종교, 토지와 기후 등을 서술하여 문화사의 특징도 보였다. 투키디데스(Thukydides)는 헤로도토스가 심취했던 신화와 전설을 엄격히 배제하고 흥미보다는 진술의 정확성에 의존해야 한다는 명제를 내세워 《펠로폰네소스 전쟁사》를 기술했다. 그는 사료들을 면밀하게 조사하고 정확한 문헌 고증의 토대 위에서 역사를 서술해야 한다고 강조했는데, 이러한 사상은 후에 랑케에게 계승되었다.

그리스어로 쓰인 로마의 초기 역사서들은 주로 연대기였으며, 로마의 역사 서술은 원로원 의원이나 귀족의 특권이었다. 로마의 역사를 처음으로 라틴어로 서술한 카토(Marcus Porcius Cato)는 역사를 통해 로마의 젊은이들에게 애국심과 도덕성을 가르치고자 했다. 리비우스(Titus Livius)도 카토처럼 애국적이고 교훈적인 의도에서 로마제국의 역사를 서술하면서 로마인의 덕성을 예찬하는 등 민족적 역사 서술의 기원을 이룩했다. 타키투스(Publius Cornelius Tacitus)는 정확한 사실 확인보다 공화정에 대한 애착심과 황제권에 대한 반발심이 작용한 역사서를 기술했다. 그는 "역사학의 가장 중요한 기능은 사람들로 하여금 과거의 가치 있는 행위를 기억하고 사악한 언행들에는 비난을 쏟아 붓도록 하는 것"이라고 하면서 역사의 교훈을 강조했다. 로마인들에게 역사란 도덕을 제시하고, 시민의 덕성을 가르치며, 애국심을 증진시키는 것으로 여겨졌다.

중세 역사 서술은 근본적으로 기독교적 역사 서술이었다. 아우구스티누스(Aurelius Augustinus)가 《고백록》과 《신국론》에서 밝힌 기독교 역사철학은 중세 역사 서술에 중요한 영향을 미쳤다. 그는 역사의 주역은 인간이 아니라 신이며 역사를 신의 의지의 실현으로 보는 목적론적 역사관을 제시했다. 중세 교부들과 수도사들은 라틴어로 교회와 신앙의 역사를 기술했고, 비유와 상징을 통해 역사에 신학적인 통일성과 의미를 부여한 결과 세속적인 전망과 서술의 정확성이 희생되었다. 대신 신학적 역사관은 보편사의 형식과 이념을 역사 서술에 도입했고 일종의 직선적인 역사관을 제시함으로써 순환적 역사관을 대체했다. 13세기경부터는 속어로 기술된 '롤랑의 노래', '니벨룽겐의 노래', '아서왕 이야기' 등 기사들의 무용담과 신화적 영웅담, 산문 연대기가 성행했다. 군주들은 종종 전기 작가를 매수하거나 호의를 베풀어 자신의 업적을 찬양하는 글을 쓰게 했다. 영국과 프랑스의 연대기에는 당시 성장하고 있던 군주권과 통일적 국가 기반 형성에 따른 민족의식이 반영되었다.[1]

르네상스 시대 역사 서술은 어느 정도 신학적 편견에서 해방되었지만 성인과 순교자 및 군주들의 역사 전기와 같은 영웅숭배는 계속되었고 수사학적 문체의 위력도 큰 힘을 발휘했다. 인문주의자들은 역사를 '정치를 위한 교사'로 생각하고 정치적 교훈을 이끌어내려 했는데, 특히 마키아벨리(Niccolo Machiavelli)는 역사가 현실정치에 실용적인 것이 되어야 한다고 보고 역사를 정치사적, 민족사적으로 이해했다. 유럽의 각 지역과 민족의 정치사가 서술되기 시작하면서 '역사의 세속화'로 나아갔고, 고문서의 진위를 검토하여 전승 과정에서 왜곡된 바와 오류를 찾아내는 고증 방법도 발전했다. 하지만 역사학은 주로 문학가나 신학자의 활동 영역으로 여겨졌고 기독교적 세계관에서 완전히 벗어나지 못했으며 순환적 사관이 지속되었다.

18세기 계몽사상은 합리주의적 사고를 통해 신학적인 역사 서술을 대체했다. 역사가들은 정치사나 교회사의 피상적인 내용을 넘어 서술 분야를 확대하고, 이성과 진보에 대한 믿음을 바탕으로 역사에 있어서 인간 정신과 사상의 요소를 강조했다. 설명 방식도 사건들을 연대기적으로 서술하는 것이 아니라 포괄적인 묘사와 인과적 설명으로 바꾸었다. 볼테르(Valtaire)는 인류의 역사란 이념과 문명이 서로 충돌하면서 진행되어왔다고 생각했고, 흄(David Hume)도 사상, 도덕, 종교가 정치를 만들어가는 방식을 설명했다. 위인의 업적 및 정치 집단과 국가의 위업을 예찬하는 역사 서술이 다수를 이루었지만, 여러 민족의 풍습과 문화에 대한 관심이 높아지면서 세계사적, 문화사적 서술도 등장했다. 역사의 시대 구분에 대한 관습적 개념들도 만들어졌다. 대체로 서로마제국의 멸망까지를 고대로 보고 1453년 혹은 1492년을 중세의 종말이자 근대의 시작으로 파악하기 시작했다. 인류 역사의 진보가 나선형의 발전 과정을 거치면서 이루어진다는 인식도 등장했다.

4) 전근대사학과 역사교육

근대 이전의 역사학은 문학이나 철학과 그 성격이 명확히 구분되지 않았다. 역사가들은 역사를 신의 섭리가 구현된 것으로 보거나 일종의 도덕적 예증으로 간주했다. 인간성은 보편적이고 초역사적인 것으로 간주되었기 때문에 과거의 인물은 도덕성의 체현물이며 역사는 '선례를 갖고 가르치는 학문'이었다. 역사는 상류계층이 취미로 읽거나, 지배층이 교훈을 얻기 위해 배우는 것이었다. 우리나라를 비롯하여 중국과 유럽에서 전개되어온 역사 연구의 전통은 대체로 과거에 일어난 사실을 있는 그대로 직서하는 것을 원칙으로 삼았다. 하지만 기전체 중심의 역사 서술이나 위인과 영웅 중심의 산문적 서사시에서 드러나듯이 전근대 시기의 역사학은 다분히 인물 위주의 서술이 많았고 역사가의 주관이 개입될 여지가 컸다. 역사서와 유교 경전의 구분이 분명하지 않았던 중국과 한국뿐 아니라 유럽의 역사 서술도 후세 사람들에게 교훈을 주기 위한 도덕적 도구의 특성이 강했다.

이러한 역사학의 전통은 역사교육에도 반영되었다. 고대 그리스와 로마에서는 문법, 수사학, 논리학, 기하, 대수, 음악 등의 교과목을 가르쳤는데 문법과 수사학이 압도적인 지위를 차지했다. 고대에는 과거에 대한 정확한 연대기나 자료가 부족했으므로 역사는 중세에 이르기까지 독립적인 학문으로 자리 잡지 못했고 대학에서는 수사학의 한 부분으로 교수되었다. 중세에는 역사가 '신학의 시녀'가 되어 신의 섭리를 비유적, 도덕적으로 설명하는 데 응용되었다. 역사에 대한 세속적 인식과 실용적 교육은 르네상스 이후에 등장했고, 민족의식과 애국주의 함양이 점차 역사 서술과 역사교육의 주요 목표로 자리 잡아갔다.

유교적 교육 사조가 지배적이던 중국과 한국의 전통사회에서 모든 교육 활동은 유교적 가치관의 체득과 실천을 목표로 했고, 따라서 역사교육도 역사 그 자체의 교육보다는 경서의 가르침을 체득케 하기 위함이었다. 유교 경서는 모두 역사적 내용을 담고 있으므로 경서를 배우면 그 내용에 담긴 역사도 알게 된다. 사서 역시 역사적 사실을 후대에 전하는 데 끝나는 것이 아니라 온고지신의 의미에서 역사적 교훈과 유교 정신의 습득을 위한 교재의 성격을 띠었다. 역사를 공부하는 이유는 선현의 사상을 습득하여 이를 실천에 옮기기 위함이었다. 따라서 중국과 한국의 전근대 역사교육은 독립적인 하나의 분야가 아니라 경학 교육의 일환으로 행해진 경사일체의 교육이었다. 경서와 사서가 학문적으로 그 기능이 분화되지 못하고 경서가 역사교육의 기본 교재로 사용되었던 점이 전통 역사교육의 특징이었다.

　중국의 전통 교육은 춘추전국시대 선비를 양성하는 풍조가 성행하며 시작되었다. 공자는 《춘추》를 교육의 주된 교재로 사용하여 역사에 흐르는 정신과 의미를 훈계와 포폄으로 삼을 것을 강조했다. 한나라에 이르면 유학이 중국 전통 교육의 중심 지위를 차지함으로써 후대 봉건 교육의 기초가 된다. 교육은 유가 경전을 내용으로 삼강오행을 중시하고 봉건윤리 전파 및 치국인재 양성을 목표로 했다. 위진남북조 시대에는 사학(私學)이 번성하고 율학, 서학, 산학, 문학, 의학 등 실용학과를 가진 학교들이 세워졌지만, 경서와 사서를 통한 역사교육의 전통은 계속되었다. 수당 시기에는 과거제도가 실시되어 유학의 체계적 교육이 더욱 촉진되었고, 송대에도 유가 경전의 내용과 함께 역사교육이 이루어졌다. 요, 금, 원의 통치자들은 '한화'정책을 추진하는 동시에 중앙과 지방에 거란족, 여진족, 몽골족의 언어와 역사를 가르치는 학교를 설립하여 종족 문화 교육을 도모했다. 명, 청대에는 경서와 사서의 구분이 점차 분명해졌고, 유가 경술을 숭상하는 한편 역사의 선례를 치국에 활용하려는 교육이 시행되었다.

　우리나라는 삼국시대부터 중국의 역사서를 통해 관료 양성을 목적으로 한 교육이 전개되었다. 고구려의 경우, 귀족 자제로부터 일반 백성에 이르기까지 유교 경전과 역사서를 탐독하면서 각자의 자질을 함양했다고 전한다. 고려시대에는 과거 시험에서 역사적 교양과 경사서의 역사 지식을 묻는 문제가 출제되었다. 조선시대에 성리학적 세계관에 따라 우리의 역사를 소중화로 파악하는 역사인식이 세워지면서, 중국사를 중심으로 성리학 의식을 담은 《통감절요》나 《사략》이 역사교육의 기본 교재가 되었고 오경보다 사서가 중시되었다. 서당이 향촌사회에 널리 설치 운영됨에 따라 유교 경전 및 역사 이해의 저변이 확대되었다.

17세기에는 아동용 역사 교재로 박세무가 지은 《동몽선습》이 널리 유포되었다. 이 교재는 아동들에게 유교정신과 역사를 가르치기 위해 만든 것으로, 유학의 기본 덕목인 오륜을 설명한 부분과 역사를 담은 부분으로 나누어졌다. 역사 부분에서는 간략한 중국 역대 역사와 우리의 역사를 수록하고 있는데, 우리 역사 내용은 삼국과 고려, 조선의 왕조 변천을 간략하게 서술했으며 그 분량은 중국사의 3분의 2 정도였다. 이 책은 비록 성리학적 사관에 따라 소중화의 관념을 드러내고는 있지만, 역사 교재용으로 만들어진 최초의 책이며 단군을 한국사의 시작으로 서술하는 등 민족사 고양에 기여한 점에서 의의가 크다.

한편 실학자들은 경사일체의 관념에서 탈피하여 역사를 하나의 독자적인 학문 분야로 인식했다. 안정복은 《동사강목》에서 "우리나라 사람들이 우리 일을 소홀히 하고", "우리 땅에 살고 있으면서도 우리 일을 알지 못하는 진실로 가련한 일"을 한탄했다. 박지원, 정약용 등도 당시 역사교육용 교재로 널리 읽히던 《통감절요》와 《사략》을 읽지 말 것을 주장하면서 자국사 인식의 중요성을 강조했다.

2. 근대 역사학의 변화와 역사교육

1) 유럽의 근대사학

(1) 민족주의 역사인식

19세기 유럽의 역사 서술은 낭만주의의 영향으로 민족적 자기의식을 표출했으며 활발한 사료 수집과 편찬 운동으로 이어졌다. 낭만주의 역사가들은 프랑스 혁명 과정에서 각성된 민족의식을 바탕으로 자기 민족과 국가의 기원을 찾고 과거 역사를 충실히 해명하고자 하는 열의를 보였으며 '조국애의 역사 서술'을 낳았다. 그들은 민족의 역사에 관심을 가졌고 언어를 민족의 유대감을 표현하는 주요 요소로 여겼다. 특히 민족정신을 이루는 이념 및 민족전통을 크게 강조했는데, 민족문화가 각기 독립된 유기체로서 통일성을 갖고 독특하게 발전한다고 보았다. 이들은 민족성이란 한 민족의 예술, 문학, 법률, 제도 등의 산물이며 민족의 '타고난 자질'에서 기인하는 것이라고 생각했다.[2] 또한 유럽의 여러 민족문화가 중세 시대에 그 모습을 갖추었다고 믿고 중세를 주된 연구 대상으로 삼았다. 모든 민족과 시대가 그 자체의 고유한 가치와 의미를 부여받으면서, 중세를 '암흑의 시기'라고 불렀던 계몽사상의 '비역사적' 태도가 비판받았다. 낭만주의 역사가들은 개인의 이야기에도 관심이 많아서, 전기는 그들의 문학적 상상력을 발휘하는 좋은 무대가 되었으며 영웅 이론도 등장했다.

국가의 정치생활에 역사 관찰의 초점이 맞추어지고 유럽 전역에서 민족주의적 역사 서술이 나타난 것은 국가, 교회 그리고 개인의 문서보관소에 쌓여 있던 사료들이 역사가들에게 공개됨으로써 촉발

된 현상이었다. 유럽 각국은 민족의 자부심과 그들 상호 간의 경쟁으로 인해 민족사 사료집들을 체계적으로 정리, 분류하여 편찬했다. 민족 감정이 작용한 역사 서술은 독일에서 시작되었다. 독일에서는 민족에 대한 자부심과 애착심, 그리고 구(舊)제국에 대한 동경심과 새로운 통일국가에 대한 염원이 일어났다. 이는 독일 민족사에 관한 포괄적인 문헌 수집과 이에 대한 문헌학적 비판 연구를 낳았다. 독일의 민족사 서술은 독일사에 관한 사료 수집에서 시작되어 중세 독일제국의 장엄함을 찬양하는 이야기로 이어졌고 독일의 특수성을 강조하는 민족주의적 성격을 띠게 되었다.

프랑스인들은 독일보다 약 한 세기가 지나서 민족사 사료들을 모으고 분석하는 일에 관심을 갖기 시작했다. 특히 기조(F. P. G. Guizot)는 프랑스 역사에 관한 문헌들을 수집, 편찬하는 작업을 했으며, 민족사에 관한 지식이 시민 교육에 필요하다고 강조했다. 그는 《유럽문명사》에서 고대에서 18세기까지의 유럽 역사를 로마적, 기독교적, 게르만적 요소라는 세 가지 요소로 설명했다. 미슐레(J. Michelet)의 《프랑스사》는 프랑스의 낭만적 민족주의를 잘 보여준 저술로, 프랑스 혁명을 '인간 자유의 드라마'이며 프랑스 민중이 이룩한 고귀한 업적이라고 해석했고, 나폴레옹을 프랑스와 유럽 문명을 구원한 인물로 칭송했다.

영국의 민족주의 역사가들은 앵글로-색슨인을 정치적 재능이 뛰어난 우수한 민족이라고 강조했으며 순수한 게르만 문화와 게르만 민족에 의해 영국이 만들어졌다고 주장했다. 영국 제도들이 독일의 토대에서 발전해온 것이며 영국의 뿌리는 독일이라는 허구적 믿음까지 생겨났다. 또한 중세 연구가 활발해지고 공화국의 크롬웰과 그의 동료들의 미덕이 찬양되었으며, '명예혁명'은 세계의 자유를 구원한 것으로 평가받았다.³ 이러한 유럽의 민족주의 역사 서술은 민족 자부심을 증폭시켜 역사가들은 애국주의에 몰두하기 시작했으며, 교과서 편찬자들이 그들의 편견을 모방, 재생산함으로써 파시스트 국가와 전체주의의 등장을 초래하게 되었다.

(2) 랑케의 역사인식

19세기 후반 유럽에서는 고문서 연구학, 연대학, 고문 판독학, 금석학 사전 편집학 등과 같은 보조 과학들의 등장으로 역사 기록문의 진위를 가릴 수 있게 되었다. 따라서 역사학의 과학적 위상에 대한 믿음이 제고되었고 과학적 담론과 문학적 담론이 구분되기 시작했다. 민족 정체성을 형성하는 데 중심 역할을 했던 역사학은 전문적으로 훈련받은 역사가들에 의해 실행되는 엄격한 과학으로 전환되어야 할 필요에 직면했다. 이러한 변화를 주도했던 역사가가 바로 랑케다.

랑케에 따르면 역사학의 임무는 과거의 사실을 있는 그대로 밝히는 것이다. "역사가는 자기 자신을 죽이고 과거에 본래 어떠한 상태로 있었는가를 밝히는 것을 지상과제로 삼아야 하며, 이때 오직 역사적 사실들로 하여금 이야기하게 해야 한다"는 것이다. 랑케는 역사 연구란 사료에 남겨져 있는 역사적 사실들을 밝혀내는 것이며, 사료 비판과 문헌 고증이 역사 연구의 주된 방법이라고 보았다. 그는 문헌학 연구 방법을 역사학 연구에 도입하여 역사가들이 기록의 허위와 변조를 선별해야 한다고 했다. 즉 사료 자체의 내적 일관성 및 같은 시대에 만들어진 다른 사료와의 일관성에 근거하여 사료를 검토해야 한다는 것이다. 사료의 출처를 밝히고 사료를 기록한 사람들의 동기 및 사료가 기록된 상황, 동일한 주제를 다룬 다른 사료와의 연관성을 검토하는 내적 비판의 방법론을 제시함으로써, 랑케는 역사학을 철학이나 문학에서 독립된 별개의 학문으로 정립하는 데 기여했다.

랑케는 과거 사실은 그 자체로 전체라고 보고, 과거 사실이 개별적이고 독립적이라는 '사실의 개별성' 혹은 '사실의 개체성'을 주장했다. 모든 역사적 사실은 독자성을 갖고 있으며 그 역사적 의의는 동등하기 때문에 '사실로 하여금 스스로 말하게' 해야 한다고 보았다. 이전 시대는 이후 시대의 수단이나 과정이 되지 않으며, 각 시대는 독자적인 성격과 의의를 지니고 그 자체로 완결된 것임을 주장했다. 과거 사실에 대한 랑케의 주장은 과거 사실이 역사가의 마음 밖에 존재한다는 것에서 출발한다. 따라서 랑케는 과거를 현재의 기준으로 판별해서는 안 되고 그 자체의 맥락에서 보아야 한다고 주장했다. 사실들의 관계를 정의하는 역사가의 주관적 판단은 배제되어야 하며, 역사가는 '과거를 판단하는 것'을 삼가고 '실제 그것이 어떻게 일어났는지를 보여주는 것'에 만족해야 한다는 것이다.

이처럼 랑케는 과거 사실의 일회적인 고유한 의미를 존중하고 '사실 그대로'를 규명하려는 연구 태도, 즉 역사주의 사관을 지니고 있었다. 그의 역사인식과 역사 서술은 인식 주체의 주관성을 거부하고 엄격한 사실주의적, 객관주의적 태도의 한 모범을 제시했다.[4] 랑케의 연구 대상은 일차적으로 국가였다. 그는 국가와 국가권력을 신성시했고 루터를 독일의 위대한 민족 영웅으로 묘사했으며 프로이센의 역사에 열정을 보였다. 랑케는 낭만주의의 영향을 받아 모든 국가와 시대는 그 당시에 널리 보급되어 있는 이념의 틀, 즉 '시대정신'에 의해 지배된다고 믿었다. 그는 개인적 견해나 해석이 가미되지 않은 공적인 문헌 사료를 주로 연구하여 정치사, 외교사, 제도사에 기여했다.

하지만 랑케는 역사를 '과학이며 동시에 예술'이라고 말했다. "역사는 수집하고 발견하고 탐구한다는 점에서 과학이지만, 발견한 것과 인식한 것을 재창조하고 서술한다는 점에서 예술이다. 다른 학문은 발견한 것을 단순히 기록하는 데 만족하지만, 역사는 재창조하는 능력을 필요로 한다." 이처럼 랑케는 과학적 방법을 통한 역사만을 주장하지 않았고, 과학과 예술이 동시에 공존하는 학문으로 역사를 생각했다.

또한 랑케의 역사 서술은 역사적 사건을 일어난 순서대로 쓰는 이야기체의 형태를 띠었다. 랑케 시대의 역사학은 투키디데스처럼 신화와 사실을 구별하는 동시에, 역사는 어디까지나 이야기체로 쓰여야 한다는 고전적인 역사 서술의 전제를 계승했다. 역사가들은 역사 서술이 과거의 실제를 서술하는 것이라고 생각했고, 역사란 인간 행위의 의도를 이해하여 일관된 역사 서사를 구성하는 것이라는 기본 전제를 공유했다. 랑케 이래의 '과학적' 역사학과 역사 서술의 오래된 문학적 전통 간의 단절은 그렇게 크지 않았다.

(3) 마르크스의 역사인식

19세기 중엽에 등장한 물질주의적 역사 파악의 모델은 카를 마르크스가 마련했다. 마르크스는 "인간의 의식이 인간의 존재를 규정하는 것이 아니라 인간의 사회적 존재가 인간의 의식을 규정한다"고 했다. 그에게 헌법과 법률, 종교와 예술, 철학과 학문은 사회의 상부구조이고, 하부구조는 경제구조다. 이러한 인식을 바탕으로 '사회경제사'적 연구가 등장했고 기존의 정신사적, 정치사적 연구에 대해 대립적인 의미를 지니게 되었다. 사회경제사적 서술은 경제적 요소들의 중요성과 사회문제의 심각성을 인식하여 일어난 것으로, 결정론이나 법칙적 해석을 추종하지는 않았다.

마르크스는 1859년 《정치경제학 비판》에서 유물사관의 개요를 제시했다. 그에 따르면 역사를 근본적으로 움직이는 힘은 물질적 생산력이다. 이러한 생산력이 그 발전 단계에서 일정한 생산관계 또는 생산양식을 낳게 하고, 그것이 경제구조, 즉 근본적 토대가 되는 하부구조를 이룬다. 경제구조는 한 시대의 법적, 정치적 구조를 형성할 뿐만 아니라 정신적, 문화적 발전과 같은 상부구조를 결정한다. 생산력의 발전은 기존 생산관계 및 생산양식과 충돌하게 되고, 기존의 것을 타파하고 새로운 것을 건설하려는 계급들 간의 대립에서 필연적으로 사회혁명이 일어나게 된다. 이러한 혁명을 통해 새로운 생산관계, 생산양식이 승리를 하고 특정 사회계급이 생산수단을 장악함으로써 국가권력을 쥐게 된다. 즉 역사의 변화와 발전은 '계급투쟁'을 통해서 수행된다. 마르크스는 사건에 대한 구조의 우위를 강조하여, 모든 정치적 갈등의 배후에는 생산양식과 생산관계의 모순에 근거한 사회적 갈등이 존재한다고 역설했다.

마르크스 사후 마르크시스트 역사학은 '구조적 관점'에서 거시 역사적 주제를 추구하는 경향과 '인간의 의식과 문화'의 역할에 주목하는 문화 지향적 경향을 보였다. 구조적 마르크시즘은 마르크스의 발전 단계론 등의 개념을 이용하여 봉건제에서 자본제로의 이행 문제, 계급구조나 계급투쟁 등을 연구했고 유물론에 기초한 구조적 힘의 우위를 신봉했다. 반면 역사적 전환에 있어 의식의 역할과 민중의 능동적 참여를 강조하는 마르크시스트 사학자들은 문화의 정치적 의미를 추구하거나 인류학적 방법을 이용하여 문화현상을 분석했다. 그들은 계급이란 고정된 객관적 현상이 아니라 하나의 관계로서의 역사적 현상이며, 계급의식 또한 사상과 제도 속에서 구체화된 경험이라고 보았다. 서구 역사학에 대한 마르크스의 기여는 랑케의 일차원적인 사실주의를 극복하여 역사적 구조와 과정의 상호 관련성을 인식했다는 점이며 역사 설명의 관념론적 틀을 유물론적 틀로 대체한 것이다.

2) 중국과 한국의 근대사학

근대 중국과 한국의 역사학은 전통사학을 비판하면서 서구의 사학 이론과 방법을 도입했다. 사료와 문헌에 토대한 실증적인 연구 방법 및 다양한 학문과 연계된 방법론이 소개, 수용되고 역사서의 체계와 문자의 표현 방식도 대중화되었다. 기존의 사서 서술 형태에서 벗어난 자유로운 형식의 역사서가 등장했고, 역사 연구의 범위는 정치 위주와 지배자 중심의 틀을 벗어나 인류의 생활과 밀접한 관련을 갖는 경제, 사회, 문화, 외교 등 각 방면으로 확대되었다. 중국과 한국의 근대사학은 왕조 중심의 전통사학에서 벗어나 과거 사실의 객관적 연구를 추구했다.

중국의 양계초는 구(舊)사학을 정리하는 사학 혁명을 주장하면서 이른바 신사학을 창립했다. 그는 중국 2천 년 이래의 역사서들은 각 왕조들의 족보에 불과하며 봉건 구사학은 국가와 조정을 혼동했다고 지적했다. 양계초의 신사학은 근본적으로 통치 이익을 위해 복무한 전통사학의 변화를 요구했다. 그는 제왕장상의 가보를 내용으로 하는 영웅사관과 정치사 중심의 역사 서술 구조를 타파할 것을 주장하면서 국민을 위해 역사를 쓸 것을 제창했다. 즉 역사학은 국민의 거울이 되어 애국심을 고취시킴으로써 국민을 단결시키고 사회문명을 추진하는 학문이라는 것이다.

신사학은 인류의 역사가 과거로부터 진보와 후퇴를 거듭하며 발전해왔다고 보는 진화론을 토대로 한다. 양계초는 신사학의 연구 대상은 왕조의 교체와 한 왕조의 흥망성쇠가 아니라 인간 집단의 진화 현상을 서술하는 것이라고 했다. 그는 역사란 인류의 진화 현상과 그 보편적인 이치와 사례를 밝히는 학문이라는 명제를 제시하고 역사 발전의 인과율을 찾아낼 것을 강조했다. 봉건시대의 정사는 역사적 사실의 기계적 나열일 뿐 역사가 아니라고 하면서, 사실의 전후 인과관계와 그것이 다른 사건 또는 훗날에 영향을 끼친다는 사실을 간과했다고 비판했다. 양계초는 서양의 진화론과 역사관을 받아들여 나선형 진보관을 제시했다. 특히 경세치용의 목적에서 역사 연구의 중심을 현실생활과 밀접한 당대사로 옮겨 사람들의 현실생활에 귀감을 제공할 것을 주장했다. 방법상으로는 자연과학 및 사회과학 등의 성과와 방법을 수용하여 역사를 과학의 한 부류로 만들자고 제창했다.

한국 근대 역사학은 개항 이후 동도서기의 시대조류 속에서 싹트기 시작하여 역사의 학문적 독자성을 추구했다. 근대사학은 전통사학과 달리 유교 철학에서 독립하여 다양한 역사 연구 방법론을 도입하고, 특히 중화사관을 극복하는 데 노력을 기울였다. 개화기 역사서들은 충군애국의 국가관과 당시 풍미하던 진화론을 수용하여 저술되었으며, 갑오개혁 때 설치된 편사국은 《조선역사》, 《조선역대사략》 등의 역사서를 국한문으로 출판했다. 이 책들은 자주적 국가의식을 고취하기 위해 단군 기원을 사용했고 일반인에게 역사를 가르치기 위한 '교과서'로서의 의미를 갖게 되었다. 특히 김택영과 현채 등이 쓴 역사서는 대한제국기 역사교육과 역사인식에 큰 영향을 미쳤다. 이들은 왕조사 중심의 역사 서술에서 탈피하여 사회, 종교, 예술, 교육, 풍속 등 새로운 내용을 보충한 통사를 씀으로써 전통사학에서 근대사학으로의 길을 열었다.

3) 근대 역사학과 역사교육

19세기 유럽 역사학에 문헌학적 연구 방법이 도입되고 역사 연구가 엄격한 사료 비판을 통해 과거의 모습을 복원하는 작업으로 발전하면서, 유럽의 대학에서는 역사가를 '과학적' 방법으로 훈련하여 양성하고자 했고 역사가의 지위를 단순한 연대기 학자나 문헌학자와 구분했다. 또한 근대적 교육제도가 자리 잡으면서 역사는 법학, 철학, 문학 등과 함께 학교 교육의 주요 과목으로 등장했다. 유럽 각국에서 자국사를 기술한 역사서가 쏟아져 나왔고 그것은 민족과 국가의 전통과 업적을 강조하고 예찬하는 역사교육으로 이어졌다. 역사 교과서에서 유럽의 역사를 고대, 중세, 근대로 구분하는 삼분법이 자리 잡았고, 역사가 진보하면서 순환한다는 사관의 영향으로 현재의 역사가 인류 역사 발전의 가장 진화된 상태로 여겨졌다. 학생들에게는 연대기적 사실을 암기하고 정치적 발전의 주요 사건을 이해할 것을 요청했다.

중국은 서양 문물의 유입과 함께 최초의 신식 학당을 세우고 경세치용, 중체서용의 교육사상을 내걸었다. 인재 양성의 목표도 사대부 양성이 아니라 선진문물을 배운 인재 양성으로 바뀌었다. 역사교육은 서양 역사학의 이론과 방법론의 영향을 받았지만, 제국주의 침략의 영향 아래 반(反)식민지, 반봉건 교육의 특징을 보였다. 주로 유럽의 역사서를 번역하여 교재로 사용했으며 중국 역사 발전을 왕조

별로 정리한 교과서가 발행되었다. 서양의 진보사관이 소개되어 역사의 '발전' 개념이 역사교육에 도입되고 사료의 분석과 비판에 토대한 역사 해석이 강조되었다. 하지만 중국 역사의 위업을 예찬하는 민족주의와 애국주의 사조의 역사교육이 지배적이었다. 마르크스의 유물사관을 수용한 역사가와 역사서도 등장했지만, 연대기 중심의 왕조 정치사가 역사교육의 주된 내용이었다.

한국 전통 역사교육의 특성은 경사서를 중심으로 한 성리학적 역사인식이었으나, 역사 서술이 경학에서 독립하여 독자적인 영역으로 자리 잡으면서 민족사서 및 자국사 교육의 중요성이 부각되었다. 근대적 역사교육이 제도적으로 정착된 것은 갑오개혁 이후였다. 교육의 초점은 민족 주체의식을 일깨우고 개화문명을 수용하기 위한 문화 능력을 개발하는 것이었으며, 본국사를 국민에게 교육하도록 훈령함으로써 역사가 교육 과정상의 정규 과목이 되었다. 성균관 경학과의 교과목에는 본국사가 필수과목이 되었고 만국사 역시 정규 과목이 되었다. 1895년 소학교령이 공포됨으로써 근대 교육의 문호가 서민대중에게까지 개방되었는데, 소학교에서도 외국 역사가 교과목에 포함되었고 본국 역사는 필수과목이었다. 소학교에서 본국 역사의 교수 요지는 '국체의 대요를 알아서 국민으로서의 지조를 기르는 것', 즉 국민의 긍지를 지니고 국가 발전에 대한 자신감을 갖도록 하는 데 있었다. 역사교육의 목표는 존왕애국의 의식을 함양하고 충효의 대의에 밝은 국민을 기르는 것이었다. 기독교 학교인 배재학당에서는 《셰필드의 세계사》를 한문으로 번역하여 가르쳤으며 이화학당은 《100명의 위인전》을 역사 과목 교재로 사용했다.

갑오개혁 이후 역사교육의 의의는 첫째, 국사가 각급 학교의 필수 교과로 자리 잡았다는 점이다. 외국의 역사도 세계사적 안목을 키우기 위해 소학교에서부터 교수되었지만, 역사교육의 역점은 민족사 학습에 두었다. 둘째, 역사교육을 위한 교재가 국가기관에 의해 편찬 간행되었다. 학부에서 《조선역사》를 간행한 이래 《동국사략》과 《조선역대사략》 등의 국사 교과서와 《만국역사》, 《중일약사합편》 등의 세계사 교과서를 연이어 간행했다. 셋째, 역사교육의 목적을 '국민 지조의 함양' 및 국민정신의 진작에 두고 치자(治者)와 군주 중심의 역사, 정치사 중심의 통사 교육, 교훈적·윤리적 교육 의의를 강조했다. 넷째, 역사교육이 학교 교육을 통해서만이 아니라 신문, 잡지 등의 계몽적 언론 활동을 통해서도 진행되었다. 독립신문은 국민 계몽적 입장에서 역사교육의 사회적 전개에 큰 역할을 수행했다. 이 시기에 역사는 하나의 교과로 편제되어 역사적 교양을 길러주기 위한 독립적인 기능을 담당하게 되었고, 경사일체의 성리학적 가치관에 입각한 역사교육에서 벗어나기 위한 노력이 진행되었다.

  개화기와 한말 역사 교과서의 서술은 편년체 방식이 대부분이었으며, 현채의 《동국사략》에서 보듯이 인과관계에 입각한 근대적 역사 서술 방식인 신사체가 등장하기도 했다. 국사 교과서의 내용은 유구한 민족사의 전통과 정치적 발전을 중심으로 한 통사였고, 단군조선-기자조선-마한(삼한)-신라로 이어지는 삼한정통론을 따르는 경우가 많았다. 초등용 역사 교과서는 역사적 위인의 애국심을 본받자는 교훈적 역사관을 반영하여 인물에 대한 서술이 많았다. 충의와 충효를 기초로 하는 전근대적인 역사의식이 남아 있었지만, 이들 역사 교과서는 민족이 처한 현실을 깨닫게 하고 민족정신을 일깨움으로써 자주의식을 높이는 데 기여했다. 한편 일본인들이 저술한 《미국독립사》, 《화란말년약사》, 《애급근세사》, 《만국사기》 등 세계사 단행본들이 번역 출간되어 세계사를 이해하는 데 도움을 주었다. 세계사가 국사와 함께 근대교육에서 자리를 차지하게 된 것은 세계사 대세와 세계 문명에 눈을 떠 근대적 개화를 추진하기 위한 역사적 기반을 다지기 위해서였다. '세계 역사' 또는 '각국 역사'라는 과목은 중국사 중심의 세계사 교육에 변화를 가져왔다.

3. 현대 역사학과 역사교육

1) 유럽 현대사학

(1) 현재주의 역사인식

랑케 이후 역사학은 과학적 진리를 탐구하는 실험실로 발전했다. 역사가들은 독일식 전문 역사가 양성 제도를 통해 역사를 '서사'가 아니라 '과학'으로 바라보도록 훈련받았다. 하지만 문헌 고증과 같은 방법이 가치중립의 역사학을 낳을 수 있는가에 대해 회의적인 분위기가 일었고, 과거의 사실은 역사가의 주관적인 인식에 의해 해석된다는 주장이 제기되었다. 랑케의 저술도 객관적이기보다 수식어로 가득했고, 그가 취했던 사료는 선택적이며 협소한 것이었다. 사실을 수집하고 증거를 일어난 사건들과 관련지어 비교 검토하는 것은 과학적일 수 있으나, 사건들의 원인과 결과를 찾는 역사 서술은 과학, 상상 또는 성찰, 그리고 문학의 혼합물에 가까웠다. 이제 20세기 역사학은 랑케의 근대적 역사관에서 탈피하기 시작했다.

과거에 관한 객관적 지식의 가능성에 대해 처음 회의적 입장을 피력한 것은 이탈리아 역사가 딜타이(Wilhelm Dilthey)였다. 딜타이는 역사가란 과거를 말해주는 사실들을 수집하여 편찬해내기만 하는 존재가 아니라 정신의 세례를 통해 과거를 대변하는 존재라고 주장하면서 랑케의 역사인식에 정면으로 도전했다. 그는 자연과학의 연구 방법과 분리하여 역사학을 '정신과학'으로 명명하고, 인식 대상과 인식 주체, 즉 연구 대상과 연구자의 특이한 관계를 설명했다. 그는 '이해'를 역사학의 독특한 인식 방법으로 제시하고, "이해란 타자 속에서 나를 재발견하는 것"이라고 정의했다. 즉 인식의 주체인 내가 인식의 대상 속에 들어가 타자의 정신생활 속에 자신을 옮겨놓고 추체험하는 것을 뜻한다. 이해를 통해 얻어진 것을 재구성하기 위해서는 다시 어떤 추상적인 개념이나 범주가 필요하다. 그것이 곧 '의미'다. 역사학은 과거에서 의미 있는 것을 파악하려고 하는 것이다. 역사가는 '이해'를 통해 과거의 역사 속으로 들어가서 거기에 내재하고 있는 의미를 파악한다. 역사적 세계의 의미는 고정 불변의 것이 아니라 현재와 미래에 비추어 달라지며, 현재와 미래 또한 과거의 의미와 연관을 가진다. 그러므로 역사가는 자신을 '죽이는' 대신 자신의 지식과 경험을 더 풍부하게 할 필요가 있다.

크로체(Benedetto Croce)도 역사를 유일의 실재인 정신이 표현된 최상의 형식으로 보았다. 그에게 역사란 '하나의 정신적인 행위'이며, 따라서 역사가의 정신과 사상의 세례를 받지 않은 역사는 참된 역사가 될 수 없었다. 즉 모든 역사는 '사상의 역사'였다. 크로체는 역사가의 사유를 통해 현재에서 재구성된 사실만이 역사라고 하면서, 랑케를 위시한 19세기 전문 역사가들의 연구를 연대기 같은 '문헌학적 역사', 곧 죽은 역사에 불과하다고 보았다. 또한 크로체는 역사의 현재성을 강조하여 "모든 역사는 의식적이든 무의식적이든 현재의 관점에서 쓰인 현재적 역사(contemporary history)"라고 보았다. 역사란 본질적으로 현재의 눈을 통해 현재 문제의 관점에서 과거를 본다는 것이다. 과거는 역사가의 현재의 관심에 의해 지각되어야 비로소 역사적으로 인식된다. 역사학은 '현재의 생에 대한 관심'에서 유발되는 현재의 사상을 실천하고 현재의 과제를 해결하기 위해 필요한 것이다. 따라서 역사 서술은 변화하는 시대정신과 현재적 필요를 반영하여 언제든지 다시 쓰일 수 있다.

콜링우드(Robin G. Collingwood)는 역사가가 자신이 속한 시대, 즉 현재의 사상을 대변한다는 의미에서 모든 역사는 '현재의 역사'가 된다고 했다. 역사가는 과거 인물들의 사상과 경험을 마음속에서 다시 생각하고 재구성하는데, 이때 역사가 자신의 사상은 단순히 역사가 개인의 사상이라기보다는 그가 처해 있는 시대의 사상을 대변한다는 것이다. 콜링우드에 따르면, 인간의 역사는 행위의 역사이며 행위란 인간의 목적, 의도, 사상에 의해 실현된 것이다. 따라서 역사가는 과거 행위자의 마음속에 어떤 생각이 있었는가라는 '사고의 과정'을 재사유해야 한다. 즉 역사란 과거 행위자의 사상을 재사고하는 것이며, 과거의 모든 사건과 행위는 그 행위 주체의 동기, 심리, 목적 등을 알지 않으면 참다운 이해에 도달할 수 없다. 콜링우드는 이러한 역사 이해 방법을 재연(reenactment)이라고 명명했다. 과거 사실은 과거의 사상에 의해 이루어진 것이며 현재의 역사가는 그 사상을 재연함으로써 과거를 이해할 수 있다는 점에서 '모든 역사는 사상의 역사'라는 명제가 성립한다.

그러므로 '사상의 역사'라고 할 때 사상이란, 크로체의 경우는 역사가의 사상, 콜링우드의 경우는 역사가가 연구하고 있는 그 역사적 인물의 사상을 말한다. 크로체가 의미하는 사상의 역사는 역사가 자신의 사상이 크게 작용한다는 의미이며, 콜링우드에게는 역사가가 취급하고 있는 과거 역사적 인물의 사상을 의미한다. 크로체가 말하는 현재란 현재에 관심을 갖고 있는 역사가가 처해 있는 현재, 역사적 과제가 내재해 있는 현재라는 의미인 반면, 콜링우드의 '현재의 역사'는 역사가가 과거의 사상을 재현할 때에 현재의 사상, 경험이 크게 작용한다는 의미에서의 현재를 뜻한다.

제임스 로빈슨(James Harvey Robinson)도 역사가의 역사인식의 기점은 현재이며 역사 서술의 출발점은 역사가의 현재 인식이라고 보았다. 그는 역사가의 인식 밖에 있는 역사적 사실이란 없으며, 역사적 사실을 과거에 일어난 완결된 사실로 보는 것은 '비역사적'인 태도라고 보았다. 로빈슨은 현재의 사회적, 시대적 요청에 부응하는 역사 지식을 강조하면서 역사의 효용성을 중시했다. 그는 '일어난 그대로를 기술한다'는 랑케의 입장에 반대하여 '어떻게 현재에 이르게 되었는가'를 문제 삼아야 한다고 주장했다. 즉 역사의 본질은 변화이며, 따라서 역사가는 과거에 일어난 사실 그대로가 아니라 생성된 과거가 현재에까지 이르면서 변화하는 과정에 주목해야 한다고 했다.

카를 베커(Carl H. Becker)도 역사가가 자신의 사회적 환경을 떠나 과거를 인식할 수 없다고 보았다. 이야기를 하고 의미를 부여하는 사람은 바로 역사가이며, 역사가가 역사적 사실을 만들어낸다고 보았다. 그에 따르면 역사란 궁극적으로 현재 사람들이 그들의 관점에서 재구성하는 이야기다. 그런 의미에서 '모든 사람은 각자가 제 나름의 역사가'인 것이다. 역사가가 달라지면 역사 서술도 달라지고 다시 쓰이는 것이다. 역사적 사실의 객관적인 서술은 하나의 '고상한 꿈'에 불과하다고 그는 일축했다.

찰스 비어드(Charles A. Beard)는 랑케 사학의 내적 모순을 지적했다. 역사가의 자아 소거를 주장하는 것은 논리적으로 잘못되었다는 것이다. 오히려 과거 사실이 역사가의 마음, 정신세계로 들어올 때 역사 연구가 시작된다고 했다. 즉 과거는 현재에 살고 있는 역사가의 관심과 상황에 따라 재구성된다. 역사가들의 궁극적 목적은 사실의 발견이 아니라 과거 사건에 구조를 부여하고 가설이나 개념을 적용하는 것이다.

카(Edward H. Carr)도 과거 사실의 중요성을 판단하여 '역사상의 사실'이 되게 만드는 주체는 역사가라고 보았다. 하지만 그는 동시에 역사가의 주관적 해석도 경계했다. 그는 과거 사실의 우월성을 주장하는 랑케의 견해를 비판했지만, 역사가란 사실의 노예도 아니고 억압적인 주인도 아니라고 하면서 "역사란 역사가와 사실 사이의 부단한 상호작용의 과정"이라고 정의했다. 즉 역사란 과거와 현재와의 대화이며, 인간으로 하여금 과거 사회를 이해시키고 현재 사회에 대한 그의 지배를 증진시키는 것이 역사의 이중적 기능이라는 것이다.

(2) 사회과학적 역사

랑케의 문헌 고증을 통한 국가 중심, 사건 중심의 정치사 서술은 한 세기 동안 역사 서술의 주류를 이루었지만, 20세기 들어 소위 '사회문제'의 해결이라는 시대적 요구에 따라 정치사 일변도에 대한 관심이 퇴조하고 반발이 나타났다. 경제, 사회, 문화 등을 조망하는 전체사 및 사회구조사가 등장했고, 개별 사건들보다는 사회적 맥락과 과정, 심층 구조를 밝히는 데 중점을 두었다. 문헌 중심의 역사 연구에 인류학, 사회학, 심리학, 경제학 등 사회과학적 개념과 방법이 도입되었고, 역사가들은 일반화와 인과적 설명을 중시했다. 공적 문서 외에 개인의 사적인 자료, 유물이나 유적, 관습, 민담, 전승에 이르기까지 다양한 자료가 역사 연구에 활용되었다. 역사학의 연구 주제와 범위가 확대되었을 뿐만 아니라 역사학이 현재를 이해하고 당면 문제를 해결하는 데 기여해야 한다는 인식이 증대했다. 프랑스 아날학파의 뒤를 이어 독일과 영국에서도 사회사가 자리 잡았고 미국에서는 계량사학과 신경제사, 심리사학 등이 등장했다.

  프랑스에서는 20세기 중반부터 아날학파의 구조사가 역사 연구에서 지배적인 경향이 되었다. 아날학파는 랑케 전통을 이어받아 독일 역사학의 이론과 방법론을 그대로 추종하는 프랑스 역사학의 전통 타파를 표방하고 나섰다. 특히 사건과 개인 중심의 편협한 정치사나 사건사의 연구로 일관하는 흐름에 도전했다. 제1세대는 19세기적인 정치사적 역사 서술을 거부하는 한편 비교적 방법과 통계적 방법을 역사학에 도입한 구조사적 연구를 주장했다. 페브르(Lucien Febvre)와 블로크(Marc Bloch)가 1929년에 《사회경제사연보》를 창간한 이후 역사 연구의 새로운 경향은 제2세대인 브로델(Fernand Braudel)을 중심으로 계승되었다. 그들은 인간과 관련된 모든 학문 영역의 구분을 없애고 사회과학의 도움을 받아 필요한 자료를 발굴하고 이용했다. 브로델은 '전체사'를 지향했는데, 전체사에 통일성을 부여하는 개념으로 '장기 지속'과 '구조'를 제시했다. 장기 지속의 역사는 수 세기의 역사를 단위로 함으로써 종래의 단기간에 걸친 역사와의 결별을 뜻했고, 역사의 표면보다는 역사의 심층 내부에 지속적으로 작용하는 힘을 탐색했다. 또한 역사를 떠받쳐주는 넓은 의미의 하부구조, 즉 지리적 환경, 기후 조건, 사회경제 구조, 생물학적 여건 등을 바탕으로 역사를 구상하고자 했다. 1960년대 말부터는 보벨(Michel Vovelle), 자크 르 고프(Jacques Le Goff) 등의 제3세대가 등장하여 망탈리테의 역사, '심성' 연구로 연구 영역을 확대했다. 아날학파의 역사 서술은 대체로 지역적이거나 초국가적이었고, 직선적 시간 개념 대신에 상이한 문명들 사이에 공존하는 시간의 복수성을 인정했다. 아날 역사가들은 의식주와 같은 일상적인 물질문화에 큰 관심을 가졌고, 개인보다 집단에, 역사적 인물보다 무명의 대중에, 개인의 사상보다 집단의식이나 집단적 기억에 더 주목했다.

독일에서는 랑케의 역사주의를 계승한 드로이젠(Johann G. Droysen) 등 소위 프로이센 학파가 국가를 역사의 주체로 한 정치사를 역사 서술의 중심으로 삼았다. 그러나 급속한 산업화로 말미암아 사회계층 간의 갈등, 노동문제, 도시화 등 '사회문제'가 대두하자 국가와는 대립된 '사회'라는 개념이 정착되었고 이를 토대로 사회를 역사 발전의 주체로 보게 되었다. 또한 아날학파의 '구조사'의 영향으로 1960년대 이래 독일에서는 사회사가 일반적인 추세로 자리 잡았다. 사회사는 좁은 의미의 사회사가 아니라 정치, 경제, 예술, 이념, 종교 등 모든 분야의 역사들을 종합하여 그 관계들을 전체적으로 해명하는 '사회구조사'로 발전했다. 사회사가들은 인구사, 가족사, 도시사, 하층민의 역사, 노동운동사, 소수민족사, 민중예술사 등 다양한 영역을 연구했다.

영국의 정통 역사학은 정치사와 사상사에 관심을 두었지만, 20세기 중반 이후 영국 역사가들도 인류학 등 사회과학적 방법론을 사용하여 평범한 사람들의 역사를 발견하려는 노력을 전개했다. 종래 정치적 인물이나 사상가 중심의 역사 서술에서 탈피하여 집단적 전기, 수량화, 문화적 접근 방법 등을 통해 소위 '아래로부터의 역사'를 구축했다. 이러한 노력은 노동사에서 가장 눈부신 업적을 이루었고, 톰슨(E. P. Thompson) 등은 평범한 사람들이 사회경제적 조건에 의해 만들어진 존재가 아니라 스스로의 역사를 만들기 위해 투쟁한 주체라는 점을 강조했다. 1960년대에는 인구사와 사회구조를 연구하는 소위 케임브리지 학파에 의해 과거 각 시대의 인구 관계, 가족, 촌락, 계층, 결혼, 출생 및 사망 관계 등의 사회사 연구가 전개되었다. 아날학파 및 마르크스주의적 역사 해석의 영향으로 영국에서도 사회사 연구가 일반적인 경향으로 전개되었고 '사회 전체의 역사'를 규명하는 데 역사가들의 노력이 집중되었다.

미국에서도 랑케 사학의 편협한 정치사적 시각에 대한 비판이 대두했다. 역사가들은 역사학의 연구 영역을 확대하고 사회과학의 개념과 방법을 역사에 도입할 것을 주장했다. 2차 세계대전 이후에는 소위 '합의사학'이 통합 또는 합의의 관점에서 미국 역사를 보는 민족주의적 사관을 제시했다. 즉 미국이 다른 나라들과 달리 풍요한 물질, 봉건제도의 결여, 기회의 평등, 우수한 국민성을 갖추었기 때문에 자본주의와 정치적 민주주의를 발전시킬 수 있었고 그것을 지키는 데 조화와 합의의 단결력을 과시했다는 것이다. 하지만 수정주의 역사가들은 미국 사회 내의 갈등과 모순 등 복합적인 모습을 연구하면서 그에 정면으로 도전했다. 한편 1960년대에는 계량경제학의 이론과 방법을 경제사 연구에 적용한 신경제사가 등장했다. 신경제사는 소위 '반(反)사실적 분석(counterfactual analysis)'을 통해 과거에 실제로 일어났던 사실과 어떤 특정 조건이 결여되었을 경우 과거에 일어났으리라고 추정되는 상황을 비교하는 방법을 사용하기도 했다. 심층심리와 정신분석학적 방법을 역사 연구에 적용한 심리사학도 시도되었다. 미국의 정신병리학자인 에릭슨(E. Erickson)은 프로이트 심리학의 개념을 역사적 인물의 사상이나 업적을 해석하는 데 적용하여, 겉으로 드러난 행위뿐만 아니라 잠재된 심리를 분석했다. 예를 들어 마르틴 루터의 사춘기와 청년기 정신병리를 분석하여 종교개혁을 이끌게 된 행위의 배경을 추론했다. 또한 유럽의 사회사적, 구조사적 연구 태도를 수용한 사회사 연구도 활발하게 전개되었다.

이처럼 프랑스의 아날학파, 독일과 영국의 사회사, 미국의 신경제사 등 사회과학적 역사학은 전통적 역사 서술이 개인의 행위와 의도 및 사건에 초점을 맞추었던 것과 달리 더 광범위한 사회경제적 맥락, 즉 사회구조와 사회 변혁의 과정을 강조함으로써 역사학의 조망을 정치에서 사회로 확장했다. 역사 연구는 경제학, 지리학, 인류학과 긴밀한 연관성을 갖고 물질문화 및 일반 민중의 일상생활에 접근했으며, 1970년대에는 언어학, 기호학, 정신분석학까지 포함하는 '인간과학'의 통합이 시도되었다. 하지만 사회과학적 역사학은 근대 세계의 본질과 방향에 대해서는 낙관적이었으며, 역사의 진보와 근대 역사에서의 서구의 우월한 지위 선점을 지지했다.

2) 중국과 한국의 현대사학

20세기 중국의 역사학은 랑케 사학의 영향을 받아 사료에 대한 고증과 비판을 강조하는 실증주의로 기울면서 경학의 울타리에서 벗어나 독립하기에 이른다. 역사가들은 사학이 경사일체의 전통에서 탈피해야 하며 역사를 도덕이나 정치의 수단으로 보아서는 안 된다고 주장했다. 역사 연구가 유학의 가치체계인 충군, 애국, 권선징악에 의지해온 관행을 변화시켜야 한다는 것이다. 5·4운동 이후 시기는 중국 근대사학의 확립기로서, 애국 관념을 임무로 하는 사학 의식이 번창하여 국수주의 사학, 의고주의 사학, 실용주의 사학 등이 중국 근대 사조로 형성되었다. 국수사학은 공자를 존숭하여 경전을 독서할 것을 고취함으로써 신문화와 마르크스주의를 반대했다. 국수사학자들은 복고주의를 통해 민족문화의 특색을 지키자고 주장했으며, 민족주의를 선양하여 민족자존을 높이는 것이 역사 연구의 목적이라고 보았다. 의고(擬古) 사학은 중국의 역사상 옛 경전의 정통을 의심하여 고서(古史)와 고서의 진위에 회의를 품었고, 사학계에 있는 경학의 위엄을 제거하여 사학이 유가 경학에서 벗어나 독립된 학문이 되는 데 공헌했다.

한편 마르크스 사학은 유물사관의 역사 발전 단계설을 중국 역사에 적용하여 중국의 고대 노예제를 인정하고 상고로부터 아편전쟁 이전의 중국 역사를 원시, 노예, 봉건사회의 단계로 파악했다. 부사년(傅斯年) 등의 사료학파는 이론과 주의를 내세우는 마르크스 사학과 대립하여 사료와 고증을 중시했고 사료의 비교 정리 및 역사의 고증과 해설을 주장했다. 1930년대에는 문화사가 흥기하여 중국 문화의 특성을 탐색하고 중국 문화사를 체계적으로 연구하는 서적들이 출판되었다. 중화인민공화국이 수립된 이후에는 마르크스-레닌주의의 입장과 관점 그리고 방법을 통해 중국 역사 연구가 이루어졌다. 역사가들은 특히 한(漢)민족의 형성 시기, 역사 발전의 진정한 동력으로서의 농민전쟁, 봉건 토지 소유제, 자본주의 맹아의 시기, 시대 구분에 대한 문제에 집중했다. 하지만 문화대혁명 기간에 역사학은 정치 투쟁과 권력 장악의 도구가 되었고 사실상 역사 연구는 거의 중단되었다가, 1980년대에 들어서면서 전문적인 역사 연구가 심화되었다.

한국 근대 역사학은 일제의 식민 지배가 현실로 나타나는 상황에서 대두하여 이른바 경사일체의 전통사학에서 벗어나 학문적 독자성을 찾기 시작했다. 전통사회의 와해와 근대사회 형성이라는 시대적 변화 및 항일, 독립운동의 추진이라는 민족적 과제에 직면한 근대 역사학은 일제 식민사학의 오염도 극복해야 했다. 식민사학은 사대주의론, 정체성론, 타율성론, 당파성론, 일선동조론 등을 통해 식민통치를 정당화하려 했다. 한국 근대사학은 1930년대에 식민사학에 대항하기 위해 사회경제사학, 민족사학, 실증사학 등으로 분화 발전했다.

신채호, 박은식 등의 민족사학은 상고사의 전통을 중시하면서 민족의 정통성, 주체성, 자주성, 우월성 그리고 장구성을 강조하여 일제 저항운동의 정신적 바탕이 되었다. 민족사학은 한국사 발전의 원동력을 한국의 고유한 정신세계에서 찾았으며, 애국심과 자강정신을 통해 사회 발전을 꾀하는 사회개혁론을 주장했다. 신채호는 사료의 중요성을 강조했고 약육강식과 적자생존의 사회진화론적 견해를 제시했으며, 이민족 지배와 사회 불평등을 거부할 것을 주장했다. 1930년대에 백남운 등은 사회주의에 토대를 두고 사적 유물론의 계급투쟁론과 사회구성체론을 통해 보편사로서의 한국사 해석을 시도했다. 사회경제사학은 식민사학이 강조하던 중세 부재나 봉건사회 부재론을 비판하고 유물사관의 관점에서 왕조 중심의 역사 이해를 극복하려 했다.

같은 시기에 손진태와 이병도는 실증사학의 터전을 마련하고 한국사의 체계와 방법론을 재정립하고자 했다. 사료와 문헌의 철저한 고증과 객관적 사실 확인을 생명으로 하는 실증사학은 일제의 왜곡된 식민사관의 오류와 사회경제사관의 문제점을 극복하려 했다. '개별 사실의 엄격한 고증'은 사실 해석에서 주관을 배격하고 문헌에 입각한 사실 규명을 우선시했다. 또한 정치사 위주의 역사 서술과 중화주의를 극복하고자 했으며, 엄격한 사료 비판과 객관적 서술을 통한 민족사 서술 체계를 확립하고자 했다. 하지만 진단학회의 실증사학은 문헌 고증에 가까웠고 민족과 사회의 현실을 외면하는 역사학이라는 비판을 받기도 했으며, 개별 사실의 확인 및 과거 사실의 정리와 유형별 나열에 그친다거나 실증 결과가 지닌 역사적 의미 파악을 중시하지 않는 우를 범하기도 했다.

해방 이후 한국 역사학은 식민사학과 반식민사학(민족사학, 사회경제사학)의 갈등 속에서 실증사학을 중심으로 현대사학을 모색하기 시작했다. 그러나 민족의 분단으로 남북한은 각기 다른 이념과 정치체제 속에서 별개의 역사관을 이룩하게 되었다. 1980년대에는 사회경제사학의 영향을 받은 민중사학이 등장하여, 지배계급의 정치사 또는 엘리트 문화사 일변도의 제도권 학풍에서 벗어나 역사학의 학문적 지평을 넓혔다. 민중사학은 일반 백성의 삶과 생활 및 의식에 대한 연구를 통해 민중의 자각을 변혁의 주체로 인식하기도 했다. 20세기 후반에는 인류학, 사회학 등 사회과학의 이론을 수용하여 역사 연구에 새로운 방법론을 도입했고, 정치사, 사회사 위주에서 '신문화사' 등으로 역사 해석이나 서술체제가 다양해졌다.

3) 현대 역사학과 역사교육

유럽의 현대 역사교육은 나라마다 다른 교육 전통 속에서 발전했다. 영국이나 독일은 교육의 분권성이 강하여, 역사교육의 내용 선정이나 교수 방법 등을 지역사회, 학교 또는 교사에게 위임하는 경우가 많다. 반면 프랑스나 이탈리아의 경우는 비교적 중앙집권적이다. 유럽의 대부분의 국가에서 역사 과목은 주요 교과에 속하여 민족사 이해를 강조했다. 영국은 의회민주주의 발달을 중심으로 한 헌정사를 강조했고 이러한 휘그 역사는 앵글로-색슨의 우월과 낙관을 담은 내용이 중심이었다. 하지만 점차 역사교육의 내용 구성을 역사 발전의 사회적, 문화적 측면으로 확장했고, 학생들이 사료를 토대로 직접 역사를 탐구하는 경험을 중시했다. 20세기 중반 이후에는 유럽 각국이 자국사 중심 또는 유럽사 중심에서 광역적 현대사 중심의 원칙을 내세우며 자성적 모습을 보였다. 역사교육의 목표도 자국민의 긍지를 고양시키고 애국심과 도덕심을 주입하는 데서 벗어나, 현재 문제를 해결하고 미래를 전망할 수 있는 능력의 함양으로 재정의했다. 유럽 역사교육은 전통적인 연대사 중심의 강의식에서 학습자 중심으로 바뀌었지만, 여전히 계통적 시대사가 주류를 이루고 자국사 및 유럽사 중심의 내용 체제가 일반적이다.

중국 현대사학의 연구 범위가 확대되고 내용이 심화되는 등의 변화와 함께 역사교육도 발전했다. 경학과 과거제도가 몰락하고 각종 신식학교에 역사 과목이 설치되어 역사교육이 체계적으로 실시되었다. 초등소학의 역사 과목은 학생들에게 중국 문화의 유래 및 선정을 알게 해 충애의 근본을 기르고 선현의 발자취를 본받을 것을 요구했다. 당대사 및 세계사 교육을 중시하여 부국의 뜻을 도모하고 애국심을 고취하는 것이 역사교육의 목적이었다. 하지만 정치사 중심의 연구 전통과 민족 자존심을 고양하기 위한 역사교육은 지속되었다. 대부분의 역사 교과서는 일본 교재를 번역한 것으로《지나통사》와《동양사요》가 대표적이었다. 중화민국 시기에는 민주교육 제도를 도입하여 교육 내용에 민주정신을 담게 되었고 교육 구국론 사상이 만연했지만 봉건도덕의 이념 교육을 탈피하지 못했다. 중화인민공화국에서는 공산주의, 사회주의 노선에 따라 역사교육이 이루어졌고 유물론적 역사 진보의 인과관계를 중시하는 교과서 서술로 이어졌다.

20세기 초 우리나라의 역사교육은 민족사서와 세계사 서적 간행을 통해 민족의식을 기르는 데 주력했다. 특히 약소민족의 고난과 저항운동, 민족주의에 의한 국가 통일운동, 역사적 위인의 전기, 역사적 과오로 인한 민족적 비극 등을 다룬 세계사 서적을 통해 역사의 교훈을 얻고자 했다. 《이태리독립사》, 《이태리건국 삼걸전》, 《로마사》, 《월남망국사》, 《보불전쟁기》, 《프러시아 프리드리히 대왕전》, 《나폴레옹사》, 《비스마르크전》 등은 국권회복 운동의 정신적 기반 조성을 목적으로 쓰인 책들이었다. 이에 일제 통감부는 애국심이나 반일감정을 고취하는 역사서의 발행을 통제하고 학교 교육에서 역사를 폐지하거나 축소했다. 통감부가 금지한 교과서 중에는 소학교 독본과 역사 교과서가 가장 많았다. 《동국역사》, 《동국사략》 등의 국사교과서와 《만국사기》 등 외국사 교과서가 발행 금지되었고, 1909년에는 《미국독립사》, 《애급근세사》, 《월남망국사》 등의 세계사 교과서와 신채호의 《을지문덕전》과 같은 위인전 등 약 100종이 발매 금지되었다.

  일제 통치기에 들어서자 일본 식민지 당국은 자주독립, 국권회복을 부르짖거나, 민족문화의 창달을 논하거나, 세계사적 사례를 들어 민족의식을 자극할 수 있는 모든 역사서를 압수 폐기했다. 또 전통적인 사서로 민족사 교육이 음성적으로 행해지는 것을 막기 위해 1918년에 서당규칙을 제정했다. 그러나 각지의 서당에서는 《동몽선습》을 《동문선습》, 《동몽초학》 등으로 책명을 바꾸어가며 민족사 교육을 계속했다. 3·1운동 이후에는 유화정책을 취하여 보통학교 5, 6학년과 고등보통학교에 역사 과목을 편성했는데 일본사가 중심이었다. 한국사는 일본사의 전개 과정 중간에 정치사 위주의 일부 사실을 끼워넣는 정도였다. '박혁거세', '신라통일' 등 정치사 중심의 8

가지 항목을 간헐적으로 다루었을 뿐 체계적인 조선사 교육은 이루어지지 못했다. 중일전쟁 이후에는 조선어가 선택 과목으로 바뀌고 일본사를 국사라는 이름으로 필수화하고 황국신민으로서의 자각을 강조한 역사교육이 시도되었다.

해방 이후 각지에서는 한글 및 국사 교육을 위한 강습회가 활발하게 운영되었다. 진단학회가 간행한 《국사교본》이 널리 사용되었는데, 국사 교육은 유구한 민족사의 전통을 강조하기 위해 단군 이래의 고대사를 강조했고 민족문화를 고취하는 정치사 중심이었다.

군정기를 거치면서 역사 과목은 사회생활과에 속하게 되었고 역사교육은 초등학교 5, 6학년부터 실시되었다. 중·고등학교에서도 '우리나라의 생활', '이웃나라의 생활', '먼 나라의 생활' 혹은 '우리 문화사'와 '인류 문화사'를 배웠다. 국사 교과서는 대체로 왕조사 중심의 통사적 내용으로 구성되었는데, 민족적 자긍심의 회복과 자주적 민족의식이라는 시대 분위기를 반영하여 고대사를 중시했으며 외침을 극복한 민족 역량을 강조했다. 고대사의 분량이 전체의 60퍼센트 이상인 교과서가 많았다. 1955년에 제1차 교육 과정이 발표된 이후, 학교 역사교육은 국사를 필수과목으로 하고 왕조 중심의 시대사와 정치사를 교육했다. 역사교육의 목표로 애국애족, 반공민주, 민족의식, 경제 발전 등이 표방되었다. 1960년대 후반에는 선사시대 서술에 구석기 시대를 포함시켰고 '금석병용기 시대'로 서술하던 것을 '청동기 시대'로 고쳤으며, 조선 후기 사회 내부의 자생적 발전 상황을 포함시켰다.

1970년대에는 국사를 독립 교과로 분리하고 교과서도 국정으로 단일화하여 발간 공급했다. 주체성 확립이 국사 교육의 목표였기 때문에 민족적 자부심과 긍지를 가질 수 있도록 민족문화나 민족 전통의 우수성을 심어줄 수 있는 내용이 중시되었다. 1980년대에는 민중사관의 영향으로 국사 교과서의 전근대사가 지배층 위주로 서술된 점, 근현대사가 사회주의 계열의 민족운동을 배제한 점 등이 비판받았다. 세계사 교과서는 아시아 각국의 근대화 과정과 자생적인 노력을 강조하고 서아시아, 남아시아, 동남아시아, 아프리카의 역사를 보강했지만, 유럽사 · 중국사 중심의 역사 서술에서 벗어나지 못했다. 1990년대에 들어 역사교육은 초등학교에서는 주제 중심의 생활사, 중학교에서는 정치사 중심의 시대사, 고등학교에서는 문화 · 사상사 중심의 통사로 하되 분야사적 주제별 접근을 시도했다. 국사 교과서는 내재적 발전론에 토대하여 조선 후기 민중의 동향을 적극적으로 서술했으며 일제하 무장 독립투쟁과 사회주의 운동 등을 새로 담았다.

4. 포스트모던 역사학과 역사교육

1) 포스트모던 역사학

근대 역사학에서 역사 연구의 목적은 '과거 사실의 이해'에 있었다. 랑케 이후 근대 역사학은 세 가지 전제를 발전시켰다. 즉 역사는 실제 일어났던 사실이며, 역사가는 사료를 통해 객관적 서술을 할 수 있고, '시간적 연속'으로부터 일관된 인과관계를 이끌어낸다는 것이다. 무엇보다 역사는 과거 '실제'에 대한 진실을 탐구하는 것이었다. 역사가들은 과학과 이성이 지배하는 '보편 역사'를 기술하고, 일관된 목표를 향해 나아가는 통일적 체계라는 집합단수로서의 '역사

(history)'의 개념을 발명했다. 역사학은 인과관계의 시간적 계기성에 기초하여 객관성을 추구하는 전문적인 학문으로 발전했다. 역사가들이 사실과 가치 그리고 역사와 허구를 구분하는 근거는 사료 고증에 있었다. 엄격한 사료 비판이 역사 연구의 기본 방법으로 자리 잡으면서, 역사가들은 역사 연구의 수사학적 전통을 따르기보다 과거 현상들을 '설명'하기 위해 '구조'와 '이론'을 상정했다. 이제 역사는 '서사적 역사', '이야기로서의 역사'가 아니라 '문제 중심의 역사'로 나아갔다. 그리고 전통적 역사 연구는 사회과학적 역사 연구로 대체되었다.

그러나 20세기 후반에 이르러 역사가들은 경제적 요소에서 문화로 강조점을 전환하면서 사회경제적 결정론을 거부하고 '구조'에서 구체적이고 세분화된 '경험'으로 관심을 옮겼다. 역사가들은 거시적 역사에서 구조에 매몰되었던 개개인의 삶의 경험에 주목하여 미시사, 심성사, 일상사 등으로 연구의 관점과 영역을 확대했다. 또한 서구 역사학은 현실 자체보다 '인간이 인식하고 경험한 현실'에 관심을 둠으로써 개인의 결정과 행위가 모순과 불일치를 내포한 다면적인 것임을 보여주었다. 연구 주제도 민중의 망탈리테, 결혼과 성, 신화와 축제, 집단심리, 종교의식 등 이전에는 사소하다거나 의미 없다고 여겼던 면들로 확장되었고, 인류학적 역사학을 통해 의미와 상징의 체계를 읽어내는 해석도 중시되었다. 새로운 역사 연구 경향은 서구 중심적, 남성 중심적, 승리자 중심의 역사 서술에서 탈피하여 역사를 다양하고 새롭게 조명하는 계기를 제공했다.

더 나아가 서구 역사학계는 진리에 대한 탐구와 객관성에 대한 믿음 그리고 과거를 과학적으로 접근하려는 역사가들의 노력에 의문을 제기했다. 근대 역사상에 근본적인 문제를 제기하는 이 새로운 지적 조류는 포스트모더니즘, 탈구조주의, '언어로의 전환(linguistic turn)', 해체주의 등으로 불리었는데, 랑케 이후 뿌리내려온 근대 역사 연구의 목적과 방법을 본질적으로 회의하고 비판했다. 소위 포스트모던 역사 이론가들은 역사와 사회의 현실을 하나의 틀로써 일률적으로 설명하려는 시도, 그리고 역사를 통일되고 일관된 체계로 파악하는 접근 방식을 비판했다. 대신 역사 현실의 다양성과 차별성, 불투명성과 불확실성 그리고 모순성을 강조했다. 역사인식에 사회과학적 지식의 모델과 방법론을 적용하는 것을 비판하면서 '과학으로서의 역사'가 아니라 역사 서술의 수사학적 전통을 복구할 것도 요청했다. 이러한 주장은 세계의 객관적 질서, 그 질서를 파악할 수 있는 인간의 이성, 그리고 이성과 질서의 상응을 전제로 하는 합리주의에 대한 도전이었다. 그것은 곧 과학, 이성에 근거한 서구 문명 전반에 대한 반성이자 비판이었다. 그들은 서구 문명에 기초한 '거대 담론'을 비판하면서 어떤 문명도 우월성을 주장할 수 없다고 했다.

포스트모던 역사인식은 무엇보다 엄격한 사료 비판을 통해 과거 진실을 객관적으로 탐구하고 서술할 수 있다는 역사 연구의 방법론을 회의했다. 과거에 대한 객관적 지식의 가능성을 논의하는 것이 무의미하다고 보는 것은 텍스트인 사료가 지닌 다의성 때문이다. 포스트모던 역사 이론가들에 따르면, 언어의 의미는 일시적이고 임의적이며 유동적이어서 인간은 자신의 주관 밖의 세계를 언어적 표상을 통해 재연할 수 없다. 이러한 언어의 속성 때문에 텍스트의 의미는 다양하게 해석된다. 그런데 역사가의 주된 연구 자료인 사료는 하나의 텍스트로서, 통일되고 일관된 의미를 담고 있는 것이 아니라 복합성과 모호성, 다의성과 주관성을 지닌다. 즉 고정된 의미나 내용을 갖는 역사적 사실, 사건 혹은 실제는 존재하지 않으며 다만 과거에 대한 역사가들의 해석만이 존재할 뿐이다. 결국 복수의 의미를 지닌 텍스트, 즉 사료로부터 추출된 어떠한 서술도 엄밀한 과학성이나 객관성과는 거리가 멀다는 것이다. 따라서 '과거에 실제로 일어났던 사실'로서의 역사를 추구한다는 것은 환상에 지나지 않으며, 과거 현실을 재구성한다는 역사가들의 주장은 허구에 가깝다고 했다.

또한 포스트모던 역사가들은 역사 설명에 있어서 '계기적 인과관계' 혹은 '기원'에 대한 탐구를 망상으로 비판한다. 미셸 푸코(Michel Foucault)는 인과관계의 법칙에 따라 원인과 기원을 추적하여 의미의 통일성을 찾으려는 역사학의 방법을 무시한다. 선행하는 사건이 뒤에 오는 사건의 원인이라는 역사가들의 통념에 대한 제동으로 볼 수 있다. 푸코는 현재에 의거하여 추정될 수밖에 없는 원인에 대한 탐구는 무의미하다고 보았다. 모든 시간은 '현재'에 존재할 뿐이며, 현재로부터 독립된 과거는 없고 과거는 현재의 용어로만 해독된다는 것이다. 그는 사건의 원형을 선별하여 기원과 목적으로 정의하는 단선적인 설명 방식의 오류를 지적한다. 하나의 '기원' 대신에 여러 개의 '출발점'을 발굴하고, 불연속적인 것들을 통해 우연적 현실의 무게를 인정하자는 것이다. 역사는 일사불란한 거대 단일체가 아니라, 이질적이고 비연속적인 파열적 복합체다. 역사는 잠재된 이성의 자기구현도 아니고, 계급의식의 발현도 아니고, 한 생산양식에서 다른 생산양식으로의 단선적 진보도 아니다. 미리 정해진 기원에서 출발하여, 미리 정해진 궤도를 따라, 미리 정해진 목적지에 도달한다는 도식적 역사 이해는 서로 다른 시간대의 복잡한 중층성을 설명하지 못한다. 또한 원인의 개념은 명백히 연속적인 시간 개념에 토대를 두고 있지만 그와 같은 시간관은 억압적이고 통제적이며 세계를 바라보는 서구적 방식이라는 것이다.

　이러한 역사인식은, 역사는 역사적 '진리'를 추구하기 위해 '인과관계'의 원리에 따라 과거를 '설명'하는 것이라는 종래 인식을 뒤흔든 관념이었다. 무엇보다 '역사 서술은 과거의 실제를 반영한다'는 근대 역사학의 기본 준거를 부정한 것은 역사 지식의 가능성에 대한 심각한 도전이었다. 그것은 객관적인 세계가 따로 존재하며 그 객관적인 세계를 언어와 개념 체계를 사용해서 정확하게 표상할 수 있다는 역사 서술의 전제를 무너뜨렸다. 즉 우리에게 남아 있는 역사란 과거 사람들의 시각이 투영된 기록이지 '있는 그대로의 사실'을 기록한 것이 아니다. 따라서 우리는 이미 지나간 과거의 현실을 인식할 수 없다. 또한 역사 현실을 재구성한다는 것은 다시 현재적 관점과 시각에 의한 과거의 재단에 지나지 않는다. 결국 역사란 실제 일어났던 사건이나 과거 사람들의 삶의 투영이 아니라 단지 담론적 질서인 것이다. 여기서 담론(discourse)은 어떤 의미나 관념을 언술로 바꾸는 행위, 즉 언어를 통한 의미 표상 행위를 말한다. 그런데 푸코에 따르면, '담론'은 단순히 의사소통의 메커니즘이 아니라, 기호를 가지고 현실을 표상하는 재현 과정에서 이미 특정한 의미 체계가 작동하거나 이데올로기가 개입된 결과다. 따라서 어떠한 역사 서술도 이데올로기로부터 자유로울 수 없다고 보았다.

　담론으로서의 역사 그리고 언어로 표상된 세계가 허구라는 관점은 곧 역사의 본질을 이야기 짓기(narration), 즉 이야기체에서 찾는 논의로 이어졌다. 헤이든 화이트(Hayden White)는 역사 서술이 갖는 문학성을 강조했다. 그는 역사를 '서사'가 아니라 '과학'으로 바라보도록 훈련받는 현실을 개탄하면서, 신화와 역사 그리고 사실과 허구의 구분을 해체할 것을 주장했다. 화이트는 본질적으로 역사 서술과 창작 사이에 차이가 없다고 보았다. 다만 과거의 사실을 이야기하는 것과 창작한 허구를 이야기하는 것의 차이가 있을 뿐이며, 역사가와 소설가의 작업의 차이는 종류의 차이가 아니라 정도의 차이라는 것이다. 역사가들은 역사적 의미를 발견하거나 해석하는 것이 아니라 창조하는 일을 하고 있다고 했다. 따라서 역사는 사건들의 혼돈에 서사적 질서를 부여하여 이루어진 허구인 셈이다.

그런데 역사의 본질과 방법론에 대한 이러한 문제의식은 기본적으로 이성과 진보에 대한 신념을 토대로 세워진 근대 문명, 즉 '근대성'에 대한 비판에서 비롯된 것이었다. 소위 포스트모던 역사 이론가들은 경제적 근대화, 자유주의적 민주주의로 대표되어온 '보편 역사'의 뒤에 감추어진 정복과 억압의 실체를 드러내고자 했다. 서구의 지배와 권력의 메커니즘을 지닌 '역사'라는 '거대 서사'는 계몽 이래의 '근대'라는 기획이 만들어낸 허구라는 것이다. '거대 서사'는 단선적인 역사 발전 과정을 상정하고 서구에 의해 지배되는 단일한 역사 안에 다른 문화들을 동화시키는 서술을 의미했다. 하지만 그것은 다양한 역사적 경험과 사실들을 단순화시키고 추상화시키는 '환원주의'라고 비난받았다. 결국 서구 역사 중심의 지배담론이 그 중심적 지위를 상실해가는 한편, 지역 서사(local narrative, local text)가 서구의 문화 제국주의에 대한 저항의 내러티브로 등장했다.

'과학주의'에 대한 반성은 또한 지난 세기에 구축되어온 전문 역사가의 위상과 그 연구 작업에 대한 재평가를 초래했다. 역사 서술의 수사적 전통을 되찾을 것을 주장했던 도미니크 라 카프라(Dominique La Capra)는 질서와 일관성을 추구해온 역사서뿐만 아니라 전문적인 역사 서술을 통해 역사적 지식을 규정하는 권력을 행사해온 역사가들의 작업을 비판했다. 포스트모던 역사 이론가들은 과거를 규정하고 곧 현재를 규정했던 역사가들의 '독단과 지배'를 비난하면서, 역사를 역사가들이 만들어낸 '개념과 일반화의 제국주의'라 일컬었다. 과학적 사료 비판의 방법론에 근거한 역사가들의 전문 지식은 오히려 자유로운 사고와 상상력을 제약했다는 것이다.

'보편 지식'의 존재에 대한 회의 그리고 거대담론의 해체는 여러 가지 역사 사실과 개념 그리고 다양한 현상을 일관되게 조직하고 분석하는 규칙 체계이자 규범 체계로 작동해온 역사의 설명 틀에 대한 재고를 요청했다. 역사를 설명하는 데 사용된 근대화 이론이나 기술 결정론과 같은 이론은 하나의 신조처럼 여겨졌지만, 역사의 지속과 변화 그리고 인과관계를 하나의 사고 틀 안에 제한하는 것이기도 했다. 즉 이론은 인간의 다양한 경험을 개념화하여 질서를 구축한 것이지만, 일련의 규칙과 절차 체계 내에 사고를 한정시킴으로써 혼돈, 상상, 통찰, 영감 등을 통한 다원적 사고의 가능성을 차단한다. 따라서 역사를 설명하는 이론의 전수보다는 이론의 해체와 담론으로부터의 해방이 요청되었다.

그러나 한편에서는 소위 포스트모던 혹은 탈근대 역사인식이 능동적 사회 변동의 가능성을 부정하거나 회의하는 상대주의 혹은 허무주의적 결론에 도달할 수밖에 없다고 비판했다. 인간을 이성과 일관성을 가진 존재가 아니라 모순과 모호함의 개체로 보는 시각은 변화를 주도할 주체로서의 인간관을 약화시키는 결과를 초래한다는 것이다. 포스트모더니즘에서 말하는 '근대적 주체의 종언'은 이성적이고 자율적인 행위자로서의 선험적 주체란 하나의 허구이며 미시 권력의 산물에 불과하다고 보기 때문이다. 특히 과학과 합리성에 대한 문제 제기는 진보된 근대성을 경험해보지 못한 지역이나 국가의 전근대적 구성물들을 해체하고 극복하는 데 유용할 수 있는 개념들

조차도 폐기하고 있다는 비난을 받았다.

이러한 비판에도 불구하고 포스트모던 역사인식이 역사적 진리, 증거, 인과관계의 문제 그리고 역사적 사실과 허구 사이의 경계에 대한 의미 있는 관점을 제기한 것은 분명하다. 포스트모던 역사학의 논의는 역사가 작업의 본질과 한계에 대한 자기성찰의 기회를 제공하고 역사 연구와 방법의 새로운 영역을 개척하는 데 기여했다. 즉 역사인식의 새로운 패러다임이자 동시에 확장된 다원주의를 의미했다. 역사가들은 사료의 한계에 따른 역사적 진리 추구의 어려움을 알고 있었고 실제에 대한 인식과 표상이 실제 그 자체와는 종종 다르다는 인식을 공유해왔지만, 이제 사료 텍스트를 더욱 주의 깊게 읽고 의미 생산에 있어서 실제와 담론의 상호적 영향에 더 주목하게 되었다.

2) 포스트모던 역사교육

포스트모던 역사학의 등장으로 역사의 본질에 대한 인식 전환이 이루어졌고, 이는 곧 '역사를 가르치고 배우는 행위'의 의미와 과정을 새롭게 정의할 필요를 제기했다. 소위 '보편 지식'에 대한 회의는 인식의 주체와 대상을 구분하는 이분법적 사고로부터의 탈피를 의미했으며, 그것은 교수와 학습의 본질에 대한 근본적인 문제 제기로 이어졌다. 역사 연구에서 '객관적 역사 기술'의 관점과 총체성을 거부하는 포스트모던 역사인식은 비판적 역사교육에 대한 지각을 일깨웠다.

역사교육의 현장에서 역사란 과거를 통해 현재를 개선하고 미래에 대한 안목을 갖게 해주는 학문이었다. 역사적 기억은 자기정체성의 열쇠로서, 시간의 흐름 속에서 개인과 집단의 뿌리와 위치를 알게 하는 역할을 했다. 인간은 역사를 통해 자신을 온전히 자각할 수 있으며 자신과 공존하는 공동체에 대한 인식을 갖추게 된다고 보았다. 더 나아가 역사 지식은 민주사회의 구성원으로서 합리적인 의사 결정을 하고 공동의 핵심 가치를 공유하기 위한 것이었다. 학생들은 과거의 결정과 선택을 배움으로써 현재에 당면하게 되는 문제들에 대처할 수 있다고 믿었다. 그러한 근거에서 역사는 책임 있는 시민 의식을 함양하기 위한 학교 교육 과정의 중요한 부분을 차지했다.

그러나 포스트모던 역사인식에 따르면 역사 수업에서 '과거에 정확히 무엇이 일어났는가'를 학생들에게 가르친다는 것은 불가능하다. 학생들에게 가르쳐야 할 과거에 대한 객관적인 지식 혹은 '기본 지식'은 존재하지 않으며, 다만 현재의 관점으로 해석된 과거에 대한 담론이 존재할 뿐이다. 인류의 유산을 학생들에게 전수하여 역사의식을 함양한다는 역사교육의 목적은 그 '유산'이 정의되지 않은 구호에 지나지 않는다. 역사 교실에는 현재의 '지배적인' 관점에 의해 해석된 과거의 나열이 있을 뿐이다. 그 지배적인 관점은 '보편적' 인식으로 포장되어 사회의 가치와 규범 및 지배 문화를 형성하고 유지하는 데 공헌한다.

포스트모던 역사학은 지식과 인지 과정에 대한 인식의 전환과 맥을 같이한다. 즉 지식은 더 이상 보편 원리를 생산하는 중립적이거나 객관적인 것이 아니다. 인식자의 주관성이 그가 생산하는 지식에 영향을 미치기 때문이다. 따라서 사건은 다층적으로 해석될 수 있고 다양한 관점에서 분석될 수 있는 대상이다. 인식하는 '주체'와 그 '대상'을 구분하는 이분법적 사고는 인지 과정에 대한 잘못된 이해에서 비롯된다. 그것은 지식이 어떤 실체를 가진 것이라는 인식에 근거한다. 지식은 획득하여 저장되고 조작될 수 있는 어떤 것처럼 논의되며 그러한 '객관적' 지식은 특별한 지위가 주어진다. 이러한 '대상으로서의 지식' 개념과 반대되는 것이 '상호작용으로서의 지식' 개념이다. 즉 인식이 한 개인의 두뇌나 생각 속에서 일어나는 것이 아니라 인식 주체들 간 혹은 인식 주체와 대상 간의 상호 활동 속에서 일어난다고 보는 것이다.

이처럼 인지 과정을 주어진 지식의 수용이 아니라 지식 생성의 과정이라고 볼 때 가르치는 일은 좀 더 복합적인 현상으로 다시 정의된다. 학습이 자신의 주관적인 경험 세계를 조직하고 재조직하는 역동적인 인지 과정이라면, 교수와 학습을 미리 예측하거나 통제할 수 있다고 보는 시각은 교정되어야 한다. 학생들은 미리 구축되고 결정되어 있는 어떤 '진리들'로 인도되는 것이 아니며, 교사 또한 학생의 학습을 결정하는 것이 아니라 학습에 참여하는 존재다. 수업 계획을 세우고 미리 정해진 결과를 성취하기 위해 학생들을 관리하는 '통제 위주'의 교육은 교사의 역할을 극히 좁은 범위에 한정시키는 것이며 지식을 인식 주체와 분리시키고 교수 행위와 학습 과정을 구분하는 것이다.

역사 지식 역시 임시적인 것이며 재해석될 수 있는 대상이라고 볼 때, 모든 역사적 결론은 다른 관점과 시각에 의해 수정될 수 있고 역사 교과서 기술 역시 객관적인 것처럼 보이는 하나의 관점일 뿐이다. 교과서는 수용해야 할 역사 기술을 담고 있는 정전이 아니라 하나의 '텍스트'이자 해석 자료이며, 그 기술에 내재된 역사인식은 판단의 대상이다. 학생들은 교과서뿐 아니라 과거에 대한 여러 방식의 서술체제와 해석을 접하면서 자신의 주관적 의미와 해석의 추출 과정을 경험한다. 역사는 '의미의 구축'이며 역사 지식은 창조의 대상이다. 역사가뿐만 아니라 역사 교사와 학생들도 각자 나름의 '역사가들'이다. 학습은 학습자 자신이 스스로 과거에 대한 자신의 해석을 구축하는 적극적이고 내적인 과정이다.

　이러한 교수, 학습 과정에서 역사 텍스트를 비판적으로 읽는 것은 역사 지식 생성의 기본 활동이다. 그것은 텍스트와 서사에 관한 새로운 방식의 사고에 기초한다. 즉 역사가의 주관성을 인정함으로써 독자들이 역사 서술을 주체적으로 읽는 데 몰입하도록 돕는다. 역사 텍스트와 독자 사이의 대화를 이끄는 것은 궁극적으로 책을 쓴 저자의 생각이 아니다. 왜냐하면 책의 의미는 독자가 책을 '자기 것으로 만드는 방식'에 따라 결정되기 때문이다. 즉 텍스트의 의미는 텍스트의 저자를 초월해 있다. 텍스트는 저자의 의도로부터 독립하여 상대적 자율성을 가지는 것이다. 결국 이와 같은 '자기 것으로 만들기'를 통해서 독자는 저자가 책에서 명시한 의미의 수동적인 소비자가 아니라 저자가 명시하지 않고 숨긴 의미까지도 찾아내는 적극적인 생산자의 위치로 올라간다.

　역사 학습에서도 '비판적 읽기'와 '쓰기'의 과정이 중요하다. '비판적 역사 읽기'는 텍스트의 수용으로서의 읽기가 아니라 주체적인 독자의 창조적 해석과 자율성을 중시한다. 우리에게 알려진 것은 과거가 아니라 그것을 탐구한 역사가들의 인공적인 창작물인 '역사'일 뿐이다. 과거는 이미 지나가버렸고 역사가의 '역사'에 의해 굴절된 상태다. 따라서 비판적인 읽기 절차 없이 역사적 사실에 대한 인식은 결코 지식이 될 수 없다. 교과서를 비롯한 모든 역사서는 '비판적 읽기'를 통해 비로소 의미 있는 지식의 창출로 연결된다. 대부분의 역사 텍스트는 서술자인 '나'를 제거함으로써 역사 서술이 객관적이라는 환상을 심어주고 있지만, 텍스트의 구조와 문체에 숨겨져 있는 기존 해석의 권위를 탈피하는 읽기를 해야 한다.

텍스트의 생산, 즉 쓰기는 '비판적 읽기'와 또 다른 창조 행위이며 역사 서술의 기존 질서와 일관성에 의문을 제기하는 고도의 사고 행위다. '역사를 쓰는 것은 역사를 만드는 유일한 길'이다. 왜냐하면 과거는 현재 시점에서 계속 다시 말해지고 구성되기 때문이다. 학생들은 '비판적 읽기'를 통해 성전으로 여겨오던 역사 서술과 과거에 대한 기존의 가정들을 다시 생각하고 그들이 읽는 것에 대해 의문을 제기한다. 그리고 그러한 의문에 대한 사유는 역사 쓰기를 통해 더욱 구체화된다. 글쓰기 작업을 통해 학생들은 역사 사실과 새롭게 교감하게 되고 역사가 현재의 렌즈를 통해 걸러진 사유의 과정임을 경험하게 된다. 각 역사는 곧 역사가 자신임을 알게 되는 것이다. 결국 역사를 읽고 쓰는 것은 과거를 구경하는 것이 아니라 역사를 '하는' 것이며, 이 과정에서 역사는 '완성된 결과'가 아니라 '진행되는 것'임을 깨닫는다.

■ 주

1) 6세기에 《고트족의 역사》와 《프랑크족의 역사》가 서술되었고, 9세기에서 11세기 사이에 《샤를 대제의 전기》, 《작센의 역사》, 《콘라트 2세의 전기》 등이 저술되었다. 반면, 이슬람 역사가들은 연대기적 서술 방법을 구사했으며, 14세기에 《보편사 서술》을 쓴 이븐 할둔(Ibn Khaldun)은 사회와 문명의 기원과 발전 과정을 다룬 역사를 서술했다. 역사 발전 과정에는 통일성과 연속성이 있으며 역사가 개별적 유기체의 생명에 비유할 만큼 계속적인 변화를 겪는다는 그의 이론은, 동시대의 기독교적 역사 서술에 나타나는 정적인 혹은 종말론적인 개념들과 뚜렷한 대조를 이루었다. 그는 문명의 진화에는 정신적 요소와 물리적, 환경적 요소가 함께 작용한다는 것을 이해했다. 18세기 볼테르 시대에 이르기까지 그와 견줄 수 있는 역사가는 기독교 세계에서는 존재하지 않았다.
2) 민족의 자질론은 곧 인종의 자질론으로 이어졌는데, 고비노(Joseph-Arthur Gobineau)는 《인간종족의 불평등에 관하여》(1854)에서 인종의 자질이 역사 발전 과정을 결정하는 중요한 요소라고 주장했다. 그는 아리아 인종을 선천적으로 가장 우수한 종족으로 예찬했다.
3) 19세기 미국의 조지 뱅크로프트(George Bancroft)는 미국 혁명을 인류 문명과 자유를 위해 사심 없는 애국자들이 벌인 십자군 운동으로 정의했다. 그는 미국의 식민지 개척 과정을 압제에서 탈출한 용감한 사람들의 이야기로 묘사했고 미국의 헌법 정신을 예찬했다.
4) 랑케는 실증주의자는 아니었다. 실증주의는 구체적인 증거를 제시하면서 역사 현상들 자체의 법칙성을 근거로 설명하는 태도다.

■ 참고문헌

고국항,《중국사학사》, 풀빛, 1998.
구자억,《중국교육사》, 책사랑, 1999.
김경희,《서양교육사》, 집문당, 2002.
김기봉 외,《포스트모더니즘과 역사학》, 푸른역사, 2002.
데이비드 캐너다인 편, 문화사학회 역,《굿바이 E. H. 카》, 푸른역사, 2005.
리처드 에번스, 이영석 역,《역사학을 위한 변론》, 소나무, 1999.
마르크 블로크, 고봉만 역,《역사를 위한 변명》, 한길사, 2000.
박영진,《중국교육사상가》, 장서원, 2005.
박재문,《한국교육사》, 학지사, 2001.
서울대학교 교육연구소,《한국교육사》, 교육과학사, 1997.
성기산,《서양교육사 연구》, 문음사, 1993.
신승하,《중국사학사》, 고려대학교 출판부, 2000.
신형식,《한국사학사》, 삼영사, 1999.
안병직 외,《오늘의 역사학》, 한겨레신문사, 1998.
알베르트 레블레, 정영근 외 역,《서양교육사》, 문음사, 2002.
에릭 포너, 박광식 역,《에릭 포너의 역사란 무엇인가》, 알마, 2006.
윌리엄 보이드, 이홍우 외 역,《서양교육사》, 교육과학사, 2008.
유절,《중국사학사 강의》, 신서원, 2000.
이원순 외,《역사교육론》, 삼영사, 1983.
장덕삼,《한국교육사》, 동문사, 2003.
정선영 외,《역사교육의 이해》, 삼지원, 2001.
정혜정,《한국교육사상》, 문음사, 2005.
조동걸,《현대한국사학사》, 나남, 1998.
조지 이거스, 임상우·김기봉 역,《20세기 사학사: 포스트모더니즘의 도전, 역사학은 끝났는가?》, 푸른역사, 1999.
조지형,《랑케 & 카: 역사의 진실을 찾아서》, 김영사, 2006.
차하순,《역사의 본질과 인식》, 학연사, 1998.
케이스 벤킨스, 최용찬 역,《누구를 위한 역사인가》, 혜안, 1999.
한국교육사연구회,《한국교육사》, 교육출판사, 1991.
한국사연구회,《한국사학사의 연구》, 을유문화사, 1986.
한국사학사학회,《21세기 역사학 길잡이》, 경인문화사, 2008.
한기언,《한국교육사》, 한국방송통신대학 출판부, 1987.

3장
역사 이해와 역사교육

김한종

I. 역사 이해의 개념

1. 이해의 의미

1) 이해의 일상적 의미

우리는 일상생활이나 교육에서 '이해'라는 말을 자주 사용한다. "책의 내용을 이해할 수 있니?", "무조건 외우려고 하지 말고 이해하기에 힘써라", "내 말이 이해되니?"와 같은 말들을 어렵지 않게 들을 수 있다. 이처럼 '이해'라는 말을 쓸 때 우리는 별다른 고민을 하지 않는다. 내가 '이해'라는 말을 어떤 뜻으로 사용해야겠다고 특별히 생각하지 않으며, 상대방이 '이해'라는 말을 어떤 뜻으로 알아들을까 우려하지도 않는다. 그만큼 '이해'는 보편화된 용어다. 그렇지만 학문이나 교육에서 '이해'는 다양한 의미를 함축하고 있다.

먼저 '이해'라는 말의 사전적 의미를 보도록 하자. 국어사전에서는 '이해'라는 용어를 다음과 같이 정의하고 있다.[1]

① 사리를 분별하여 해석함.

② 깨달아 앎.

③ =양해(諒解).

④ 〈철학〉 문화를 마음의 표현이라는 각도에서 그 뜻을 파악함. 딜타이의 용어이다.

  이중 별도의 의미를 가지는 ③을 제외하면, 역사 이해와 관련하여 논의의 대상이 되는 것은 ①과 ②, 그리고 ④이다. 일상생활에서 사용하는 이해라는 말의 가장 기본적인 의미는 ②의 "깨달아 앎"이다. 이는 글을 보거나 말을 들었을 때 그 뜻이 무엇인지를 파악하는 것으로, 텍스트 내용 자체의 의미를 아는 것이다. 이처럼 다른 사람의 말을 듣거나 글을 보고 그 의미가 무엇인지 알 때 우리는 이해한다고 말한다. 이와 같은 이해는 학습의 기초가 된다. ①의 "분별하여 해석함"은 텍스트 내용을 토대로 거기에 내포되어 있는 의미를 찾는 작업이다. ②가 텍스트의 의미를 찾는 것이라면, ①은 텍스트에 의미를 부여하는 것이라고 할 수 있다. '이해'가 사물이나 현상, 그 안에 나타난 말이나 행동의 의미, 중요성이나 요점을 파악하는 정신적 과정을 총칭하는 말이라고 할 때, 그 의미는 여기에 해당한다. ④는 ①과 ②를 해석학의 학문적 표현으로 진술한 것이다.

  "책의 내용을 이해할 수 있니?"라는 질문은 보통 서술된 글이 무슨 뜻인지를 묻는 것으로, 여기에서 '이해'는 ②에 해당한다. 교사가 상담을 하면서 학생에게 "내 말이 이해되니?"라고 묻는다면, 이는 말 자체보다는 그 속에 담긴 의미를 알겠느냐고 묻는 것으로, 여기에서 '이해'의 의미는 ①이라고 할 수 있다. "무조건 외우려고 하지 말고 이해하기에 힘써라"에서 '이해'는 경우에 따라서 ② 또는 ①의 뜻으로 사용될 수 있다.

이해할 수 있는 힘, 즉 이해력은 학습에 필요한 지적 능력이면서 그 자체가 학습 목표의 중요한 범주가 된다. 예를 들어 '자신의 경험을 명료하게 만들 수 있는 능력', '개념과 범주를 명확히 하고 이를 경험에 적용하며 판단을 하고 합리적 추론을 이끌어낼 수 있는 능력'과 같은 것이다. 여기에서 이해력은 사물이나 행동, 텍스트의 의미를 파악하는 것뿐 아니라 그 방법을 아는 능력도 포함한다.

2) 이해의 해석학적 의미

"네가 이해한 대로 설명해보아라"라는 말을 생각해보자. 여기에서 이해는 설명의 전제조건이다. 이해를 하지 못하면 설명을 하지 못하거나 엉터리 설명이 될 가능성이 높다. 수학 문제의 풀이 과정을 이해하지 못한 채 답만을 외운다고 하더라도, 제대로 설명을 할 수는 없다. 이처럼 일상 대화에서 이해와 설명은 연속적인 일련의 행위라고 할 수 있다.

이러한 이해의 개념을 학문적으로 체계화한 것은 해석학이다. 해석학에서는 설명과 이해를 성격이 서로 다른 사고작용으로 명확히 구분한다. 설명이 개별적 현상을 보편적 법칙으로 환원시키는 것이라면, 이해는 사물이나 행동의 의미를 파악하는 것이다. '설명'은 자연과학의 방법이며, '이해'는 정신과학[2]의 방법이다. 설명의 대상은 자연현상이고, 이해의 대상은 인간의 행위다. 자연적 현상은 설명되어야 하고, 인간의 행위 및 그와 관련된 사회적 현상은 이해되어야 한다. 설명은 주로 사실이나 현상들 사이의 인과관계를 파악하는 데 관심을 가지며, 이해는 단어의 의미론적 영역, 행동의 동기와 거기에 내재되어 있는 사상이나 감정 등을 파악하는 데 주력한다.

라이트(G. H von Wright)는 이해가 설명과 다른 점을 두 가지 측면으로 제시한다. 첫째, 모든 설명은 이해를 촉진시키지만, 이해는 설명에는 없는 심리적 범주를 가지고 있다. 이해에는 연구 대상이 되는 현상을 만들어낸 인간의 사상이나 감정, 동기와 같은 정신적 상태가 포함된다. 둘째, 이해는 설명과는 달리 의도성과 관련이 있다. 흔히 사람들은 행위자의 목적, 신호나 상징, 사회제도나 종교의식의 중요성을 이해한다. 여기에 포함되어 있는 의도성이 이해에서는 중요하다.

이해는 대상을 관찰하는 것보다는 텍스트를 읽거나 연구하는 것과 같다. 텍스트에는 저자가 전달하고자 하는 의미가 내포되어 있다. 그렇지만 독자는 이를 자신의 문화나 관점에서 이해한다. 텍스트 내용과 유사한 것을 독자가 사전에 이해하고 있어야 텍스트를 이해할 수 있다. 텍스트와 관련된 아무런 선이해가 없으면, 텍스트를 접하더라도 그 내용을 제대로 이해할 수 없다.

2. 역사 이해의 방법

1) 역사 이해의 성격

해석학의 이해는 인간의 내면을 대상으로 한다. 과거 인간의 행위를 다루는 역사 이해도 마찬가지다. 그렇다면 역사 이해는 어떠한 특성을 보이는가? 어떤 사실을 설명하는 다음 세 가지 문장을 비교해보자.

① 주전자에 물을 넣고 끓일 때 어느 정도 시간이 지나면 뚜껑이 들썩거린다.
② 해마다 추석이나 설날이 다가오면 제수용품의 가격이 오른다.
③ 조선 초 왕권과 신권의 대립으로 왕자의 난이 일어났다.

이 세 가지 진술은 원인과 결과, 즉 인과관계를 포함하고 있다. 그러나 가만히 보면, 세 문장에 들어 있는 인과관계는 성격이 다르다. ①의 인과관계는 100퍼센트 필연적인 것이다. 여기에는 "부피가 일정한데 온도가 상승하면 압력이 증가한다"는 법칙이 내포되어 있다. ②의 진술은 의식하건 안 하건 간에 "수요가 증가하면 가격은 상승한다"는 법칙으로 설명될 수 있다. 이러한 인과관계는 ①처럼 100퍼센트 필연적이지는 않다. 그러나 수요가 증가하면 가격이 오를 가능성은 상당히 높다. 즉 ②의 인과관계는 경험적, 통계적으로 입증될 수 있는 성격의 것이다. 그런데 ③은 어떨까? ③에 일어난 사건은 그 원인으로 예견되는 여러 결과 중 하나다. 왕권과 신권의 대립이 있으면 왕자의 난과 같은 사건이 일어날 가능성은 있다. 그렇지만 두 세력이 연합하여 국정을 운영할 수 있으며, 대립이 계속되더라도 내란으로 이어지지 않을 수도 있다. 왕자의 난은 왕권과 신권의 대립이 가져올 수 있는 하나의 필연적 결과가 아니라 여러 결과 중 하나인 것이다.

역사적 사실의 인과관계는 왜 ③과 같은 성격을 가지는 것일까? 그것은 역사에서 다루는 사건이나 현상은 인간이 만들어내는 것이기 때문이다. 미천왕에서 소수림왕 대까지 고구려에서 일어난 역사적 사실을 다룬 역사 교과서의 다음과 같은 서술을 보자.

4세기 초 미천왕 때에는 남으로 대동강 유역을 확보한 후, 요동 지역으로 세력을 점차 확대해 나갔다. 그러나 그 후 고구려는 서북쪽의 전연과 남쪽의 백제의 침략을 받으며 국가적 위기를 맞았다.
이러한 상황을 극복하기 위해 소수림왕은 불교를 받아들이고 이전의 다양한 신앙을 불교 중심으로 통합하고 왕실의 권위를 높이고자 하였다. 이어 태학을 설립하여 인재를 길렀으며, 율령을 반포하여 국가 조직을 정비하였다. 이로써 고구려는 중앙 집권 체제를 더욱 강화하여 새로운 발전의 토대를 마련하게 되었다.[3]

다른 나라의 침공으로 맞이한 국가 위기를 극복하려고 소수림왕 때 고구려는 사상을 통일하고 체제를 정비하는 등 내치를 다지는 데 힘썼다는 것이다. 고구려가 군사력을 기르는 데 주력할 수도 있고, 중국 강남의 한족과 손잡을 수도 있었을 것이다. 그렇지만 고구려가 택한 방법은 국가 내부를 탄탄히 하여 힘을 기르는 길이었다. 이러한 선택은 필연적인 것이 아니라, 여러 가능한 방안 중 하나다. 이처럼 역사적 사실은 대부분 일어날 수 있는 여러 선택 중 하나다. 역사적 사실은 자연과학의 법칙에 따르는 것이 아니라 인간이 선택한 결과이기 때문이다. 그리고 그 선택은 판단, 의도, 목적, 사상과 같은 인간의 의지에 따른 것이다. 감정이나 개인적 선호도 같은 정서적 요인도 인간의 선택에 커다란 영향을 주기도 한다. 따라서 역사가 지난날 인간의 활동을 다루는 것이라고 할 때, 역사 이해의 주된 대상은 인간의 내면, 즉 그의 사고활동이다.

2) 역사 이해의 방식

이해의 대상이 달라지면, 이해의 방법도 바뀌는가? 과학철학자들은 대체로 인간의 이해와 자연과학 현상을 이해하는 방법이 본질적으로 다르지 않다고 주장한다. 예컨대 정신과 의사가 환자의 정신착란을 이해하는 것과, 역사가가 히틀러의 행동이나 그가 일으킨 사회적 변화를 이해하는 방식에는 별다른 차이가 없다는 것이다. 이 두 가지는 자신이 직접 경험하거나 체험하지 않더라도 이해할 수 있다는 점에서 같은 방식의 이해라고 주장한다.

그러나 역사학의 대상이 인간의 행위라는 것을 강조하는 역사가들은 역사 이해는 자연과학의 사고방식과 다르다고 주장한다. 특히 관념론(idealism)의 관점을 가진 역사학자들은 '이해'를 역사학의 방법이라고 본다. 이들은 역사학이 겉으로 드러난 인간의 외형적 행동과 그 결과를 다루는 데 그치는 것이 아니라 내면, 즉 정신을 다룬다고 강조한다. 역사가는 물리적 사실과 제도뿐 아니라 내적 영역, 즉 그 안에서 생활하는 인간, 그들의 믿음, 사고, 의지, 행위에 지속적인 관심을 쏟는다. 인간의 내면을 이해하는 이 같은 방식은 자연과학에서 자연현상을 연구하는 방식과는 근본적으로 다르다는 것이다. 역사 연구는 자연과학에서는 사용하지 않는 직관이나 감정이입을 필요로 한다는 것을 그 근거로 내세운다. 이들의 관점에서 보면, 정신과 의사가 환자의 정신착란을 이해하는 것은 인간 내면의 이해가 아니다. 정신과 의사는 흔히 정신착란의 원인을 뇌의 어떤 부분이 손상되었거나 기능이 정상적이지 않은 데서 찾는다. 뇌에 물리적 이상이 없으면 그 원인을 정신적 문제에서 찾지만, 이때 정신은 환자의 의도나 의지와 동떨어진 것이 보통이다. 일반 사람의 관점에서 볼 때, 정신병 환자의 행동은 그의 의도를 반영하지 못한다. 환자의 사고와 행동은 인과관계가 아닌 것이다. 그렇지만 정신과 의사는 환자의 사고와 행동 사이에 인과관계를 발견한다. 그리고 이런 사고와 행동을 유형화한다. "이런 정신적 문제가 있는 사람은, 이런 의도를 가지고 있을 때 이렇게 행동한다"는 식이다. 여기에서 환자의 정신적 문제와 행동은 유형화된 인과적 법칙이다. 그렇기 때문에 역사가들이 볼 때 정신과 의사가 환자를 이해하는 것은 '이해'가 아니라 '설명'에 해당한다.

이해가 역사학의 방법이라는 것을 받아들이더라도, 역사 이해의 형태와 절차를 보는 견해가 모두 같은 것은 아니다. 예컨대 라이트는 행위자의 의도와 상황을 보는 관점을 종합하면 역사적 행위를 이해하여 재구성할 수 있다고 하면서, 이를 '실제적 추론(practical inference)'이라고 불렀다. 라이트는 실제적 추론을 다음과 같은 삼단논법의 형태로 제시한다.

① A는 t라는 시기에 p가 일어나게 하려고 한다.
② A는 t´라는 시기 이전에 a를 하지 않으면, t라는 시기에 p가 일어날 수 없다고 생각한다.
③ 그러므로 그 시간을 잊어버리거나 행동을 방해받지 않는다면, A는 t´라는 시기가 되기 이전에 a를 하려고 노력한다.[4]

여기에서 A는 행위자, a는 행위이며, p는 a라는 행위의 결과로 A가 이끌어내고자 했던 상황이다. 이 도식은 A가 왜 a라는 행위를 했는지 설명해준다. 이러한 추론은 실제로 일어난 역사적 사실을 대상으로 하는 것이므로, p라는 역사적 사실이 일어나게 된 이유를 이해하는 방식으로 사용된다.

  이 도식을 역사적 사실에 적용하려면 인간의 행위가 합리적이어야 한다는 문제점이 지적되기도 한다. 역사적 행위는 반드시 행위자의 의도대로 이루어지는 것은 아니며, 불합리한 역사적 행위도 있으므로, 실제적 추론으로 모든 역사적 행위를 이해할 수는 없다는 것이다. 그렇지만 구체적 자료가 남아 있지 않은 한, 일반적 관점에서 합리적이라고 할 수 없는 행위를 이해하는 것은 역사 이해의 범위를 넘어서는 것이라는 반론도 가능하다.

  마틴(Rex Martin)은 행위의 목적과 수단 사이의 관계를 보는 행위자의 믿음을 밝히면 역사적 행위를 충분히 이해할 수 있다는 라이트의 주장을 반박한다. 역사적 행위를 이해하려면 당시 상황을 보는 행위자의 관점만으로는 충분하지 않다는 것이다. 마틴은 다음의 예를 통해 역사 이해의 이러한 성격을 강조한다.

> 어떤 원시인이 우연히 자신의 다리를 칼에 찔렸다. 그는 상처를 '치료'하고자 칼을 씻었다. 그러나 상처 자체는 그대로 내버려두었다. ……우리는 그 사람이 왜 칼을 씻고 상처를 그대로 내버려두었는지 이해해야 한다. 그러나 진술된 의도와 행해진 행동 사이의 관계는 전혀 명확하지 않다. 행위자의 수단과 목적을 진술하였지만, 우리는 행위를 이해하고 있지 않다.
>
> 이해를 하는 데 발생하는 이러한 문제점을 해소하려고 우리는 그 이상의 정보를 찾게 된다. 우리가 다루는 사례의 경우, 다음과 같은 인류학 지식이 그 관계를 명확히 해준다.
>
> "칼을 씻고 상처를 그대로 둠으로써 상처를 치료하고자 하는 원시인은 어떤 명확한 사실에 주목하고 있었다. 그들은 청결하게 하는 것이

대체로 상처 회복에 도움이 되고, 불결하게 하는 것은 지장을 준다는 것을 안다. 그들은 칼이 원인이고 상처가 결과라는 것을 안다. 그리고 그들은 원인의 치료가 증세를 치료하는 것보다 일반적으로 더 효율적이라는 정확한 원리를 깨닫고 있다. …… 그들은 자신에게 더 친숙한 힘에 의존한다. 그리고 최선을 다해 치료의 절차로 생각하는 주술의 절차를 밟는다. 그래서 정성껏 칼을 씻고, 기름칠을 하고, 광택을 유지한다."[5]

상처를 치료하려고 칼을 깨끗이 씻는 원시인의 행위는 자신들에게 합리적이다. 그렇지만 인류학 지식이 없으면 그 합리성을 이해할 수 없다. 우리는 칼을 씻는 것을 의학 지식이 없는 사회에서 흔히 일어나는 단순한 주술행위로 간주하기도 한다. 그러나 이는 원시인의 행위를 이해하는 것이 아니다. 이 사례에서 '상처를 치료하려고 했다'는 목적과 '칼을 씻었다'는 수단을 제시하는 것만으로 원시인의 행위를 이해한 것은 아니다. 원시인의 행위를 이해하려면 당시 상황과 관련된 인류학 지식이 필요하다. 그런 점에서 마틴은 역사적 행위를 이해하려면 행위자의 목적과 수단을 제시하는 것만으로는 충분하지 않고, 행위자의 행동과 그 의미를 사회적 상황에 비추어 이해해야 한다고 주장하는 것이다.

마틴이 라이트의 견해를 반박했다고 해서, 라이트가 제시한 역사 이해 방식이 잘못이라고 주장했다고 할 수는 없다. 역사적 행위를 이해하려면 행위자의 목적과 수단을 알아야 한다는 생각은 마틴도 마찬가지다. 다만 그것만으로는 충분한 이해가 가능하지 않다는 것이다. 이런 면에서 마틴의 주장은 라이트가 말하는 역사 이해의 방식을 부정했다기보다는 보충했다고 할 수 있다.

이들의 주장에서 알 수 있듯이 역사 이해는 맥락적 이해다. 우리는 역사적 행위를 그 행위가 일어났던 당시의 상황과 관련지어 이해한다. 그런데 당시 상황을 알려면 사료로 대표되는 역사적 증거에 의존하거나 일반적인 사람들이 받아들일 수 있는 범위 안에서 합리적으로 추론할 수밖에 없다. 그렇지만 역사 이해에서는 합리적 추론도 아무런 자료가 뒷받침되지 않은 상태에서는 할 수 없다. 관련 자료가 존재하지만 역사적 사실을 완전히 보여주지 않을 때, 그 공백을 메우는 방법으로 합리적 추론을 할 뿐이다. 그런 점에서 역사 이해는 인간적 이해이지만 증거를 바탕으로 이루어지는 사실적 이해다. 그렇지만 사료와 같은 역사적 증거는 이해를 하려는 사람이 아니라 다른 사람이 만든 것이다. 이해를 하려는 사람과 증거를 만든 사람 사이에는 시간이나 공간, 정신, 문화적 거리가 있다. 증거라는 텍스트를 매개로 이 거리를 극복할 때 역사 이해는 이루어진다. 역사가 인간에 대한 이해임을 강조하는 사람들은 텍스트를 만든 사람과 이를 읽는 사람의 이해 구조 사이에는 본질적 차이가 없다고 본다. 이 점이 역사 이해를 가능하게 해준다는 것이다.

3. 역사 이해의 이론

1) 해석학의 이해론

해석학은 의미를 탐구하는 학문이다. 애매하거나 이해하기 어렵고, 직접 와닿지 않는 말의 의미를 밝히는 것이 해석학의 주요 과제다. 해석학의 탐구 대상에는 성서와 같은 텍스트나 인간 정신이 포함된다. 해석학을 뜻하는 'hermeneutics'는 원래 신학 분야에서 성서 해석으로 시작되었다. 성서 해석학은 텍스트의 올바른 해석을 추구한다는 점에서 역사 연구와 같은 성격을 가졌다. 성서뿐 아니라 문학작품, 역사 자료, 법전 등과 같은 텍스트의 의미는 올바로 이해되어야 한다. 그 의미가 숨어 있다면 밝혀내어 원래 담겨 있던 의미대로 해석해야 한다.

해석학은 텍스트 해석에서 인간 정신을 탐구하는 정신과학으로 확대되었다. 정신과학 분야에서 해석학의 기본 과제는 이해의 문제다. 19세기 말 독일에서 일어난 정신과학 이론가들과 실증주의 철학자들 간의 논쟁에서 이해는 자연과학의 설명과 대비되는 정신과학의 중심 개념이 되었다. 이후 인간 정신을 다루는 학문의 방법으로 이해의 성격을 둘러싼 논의가 이어졌다. 그렇지만 인간 정신의 해석이 역사 연구에서 흔히 볼 수 있는 텍스트 해석과 별개의 것은 아니다. 정신과학 이론가들은 정신과학에서 해석은 역사적이며, 역사 텍스트의 해석은 거기에 담겨 있는 인간의 내면을 밝히는 것이므로 해석학의 이해 논리를 역사 이해의 성격과 같다고 보았다. 여기에서 역사 이해는 정신과학의 이해와 마찬가지로 문헌 내용 자체의 해석만으로는 충분하지 않으며, 문헌 해석은 역사 이해의 본질도 아니다. 이러한 해석학의 이해 논리는 역사 이해가 인간의 내면을 이해하는 것이라고 주장하는 역사가들의 이해 논리에 바탕이 되었다.

해석학을 문헌학에서 독립시켜 역사적 인식의 문제에 적용한 사람은 독일의 신학자이자 철학자인 슐라이어마허(Friedrich Schleiermacher, 1768~1834)였다. 슐라이어마허는 해석학을 역사인식의 문제에 적용하였다. 그리고 역사인식의 문제는 현재의 관점에서 과거의 의미를 어떻게 파악할 수 있는가 하는 문제라고 생각했다. 슐라

이어마허는 해석을 문법적 해석과 심리적 해석의 두 종류로 구분했다. 원저자와 독자가 공유하는 언어를 통해 텍스트 내용을 이해하는 것이 문법적 해석이라면, 심리적 해석은 원저자의 사상과 의미가 그의 삶에 어떻게 표현되고 나타났는가를 보는 것이다. 심리적 해석은 텍스트 내용의 문자적 의미뿐 아니라 원저자가 텍스트에서 전달하려고 했던 의미를 파악해야 가능하다. 슐라이어마허에 따르면 해석을 하려는 사람은 자신의 정체성을 원저자나 사회적 행위자와 일치시켜야 한다. 이렇게 되면 해석은 점진적으로 총체적 이해로 나아가게 된다는 것이다.

슐라이어마허를 이어받아 자연과학과 구별되는 역사 이해의 방법을 명확히 한 것은 독일의 철학자 드로이젠(Johann Gustav Droysen, 1808~1884)이었다. 드로이젠은 사고의 방법이 대상과 본질에 따라 세 가지로 나뉜다고 보았다. 첫째는 철학의 방법으로 '인식'하는 것이고, 둘째는 수학이나 물리학과 같은 자연과학의 방법으로 '설명'하는 것이고, 셋째는 역사적 사고의 방법으로 '이해'하는 것이다. 이중 명백히 대비되는 개념이 '설명'과 '이해'다. 여기에서 '설명'은 보편 법칙에 맞추어 개별적인 사건이나 현상의 인과관계를 밝히는 것이며, '이해'는 개별적 특성과 의미에 입각하여 파악하는 것이다. 자연 현상과는 달리 역사의 전개에는 인간의 의지와 행동이 커다란 영향을 미친다. 드로이젠은 역사란 인간의 힘으로 전개되는 것이므로, '인간의 힘'이 역사의 중심 개념이며 역사인식을 가능하게 해주는 근본적 요소라고 보았다. 그에 따르면 역사란 과거의 사실 자체가 아니라, 그 속에 내포되어 있는 인간 정신에 대한 지식이다. 역사는 '연구하며 이해해야' 한다. 즉 과거 사실을 연구하는 것이 기본이고 우선적으로 해야 할 일이지만, 이에 그치는 것이 아니라 인간의 내면까지 이해해야 한다는 것이다.

딜타이(Wilhelm Dilthey, 1833~1911)는 자연과학의 방법과 대비되는 정신과학의 방법으로 이해의 개념을 구체화하였다. 딜타이는 과학을 자연을 대상으로 하는 자연과학과 인간 정신을 다루는 정신과학으로 구분하였다. 자연과학은 겉으로 나타나는 여러 현상을 연구하는 데 비해, 정신과학은 내면적 체험의 이해, 즉 인간의 심리 상태를 총체적으로 인식하는 것이다. 여기에는 인간에게 일어나는 모든 것, 즉 인간이 생각하고 행동하는 것, 인간이 살아가는 목적, 개인이 모여서 살고 있는 사회의 조직, 겉으로는 관찰할 수 없는 인간의 감정까지 포함된다. 딜타이는 이해의 과정이 체험-표현-이해의 순환구조를 가지는 것으로 보았다. 체험을 겉으로 드러낸 것이 표현이다. 우리는 다른 사람의 삶을 그것이 겉으로 드러난 표현을 통해 이해한다. 이해를 할 때 우리는 다른 사람의 삶을 자신이 겪은 삶에 비추어 본다. 자신의 체험과 다른 사람의 체험이 하나가 되는 것이다. 그러기 위해서는 자신의 체험도 겉으로 표현되어야 한다. 이 과정을 통해 다른 사람의 체험이 자신의 체험 속으로 들어온다. 이해는 곧 자신의 체험이 된다. 따라서 이해는 자신의 삶을 외부로 표현하여, 겉으로 표현된 다른 사람의 삶을 파악하는 과정이다. 표현 방식이 달라지면 이해가 달라지는 것은 이 때문이다.

딜타이는 이를 '추체험(nacherleben)'이라고 했다. 추체험이란 다른 사람의 체험을 상상적으로 다시 체험하거나 재구성하는 것이다. 역사를 이해하는 과정도 정신과학의 이해와 마찬가지다. 딜타이는 역사가 다루는 대상을 정신 영역으로 보았다. 따라서 딜타이에게 정신과학과 역사학의 범위는 거의 동일시되었으며, 정신과학과 마찬가지로 역사학의 최종 목적은 정신의 탐구에 있었다. 이를 위해 딜타이가 일차적으로 관심을 쏟았던 것은 그 시대를 지배하는 인간 공통의 목적, 가치, 사유방식이었다. 그렇지만 역사를 이해하려면 개인의 생활 전체를 파악해야 한다고 딜타이는 보았다. 인간이 공유하는 사회적 경험뿐 아니라, 개인의 가치나 사고방식까지 고려해야 한다는 것이다. 이처럼 사회와 개인의 내면을 이해하는 것이 딜타이가 생각하는 역사학이었다.

가다머(Hans-Georg Gadamer, 1900~2002)는 독일 해석학의 전통을 이어받았지만, 해석학을 이해의 방법이 아니라 삶의 전체로 인식하여 실존의 문제로 다루었다. 해석학을 철학적 방법이 아니라 인간 실존의 근본적 요소를 다루는 것으로 보고, 이해 그 자체의 문제에 관심을 쏟았다. 가다머는 이해를 '현존재의 한 근원적인 실현 형태'라고 정의하여 인간 존재의 철학 전반에 적용하였다. 가다머에게 이해는 우리가 행하는 어떤 것이 아니라 존재하는 방식이다. 우리는 이해하는 존재이며, 이해는 모든 활동의 토대가 된다. 이해는 근본적으로 해석의 한 과정이다. 이런 점에서 가다머는 이해를 원초적이면서 일상적이라고 보았다. 사람은 자신의 목적을 이루고자 애쓰는 존재다. 그래서 접하는 사람이나 사물, 현상 등을 자신의 목적에 비추어 이해하려고 애쓴다. 이런 근본적 성향이 원초적 이해다. 이해는 의미나 중요성을 파악하는 것이며, 해석은 일정한 시점이나 상황에서 그것이 나타내는 바를 이해하는 것이다. 사람은 그 시점이나 상황에서 자신의 목적을 정하고, 그 목적에 비추어 사물을 이해한다. 따라서 이해는 본질적으로 해석적이라는 것이다. 그래서 가다머는 '해석적 이해'라는 말을 사용하기도 한다.

가다머는 역사성을 이해의 전제조건으로 보았다. 해석적 이해를 할 수 있는 근본적 이유는 역사적, 문화적 처지의 차이 때문이다. 우리는 이해를 하려는 대상이나 적어도 이와 유사한 것을 보는 견해를 가지고 있다. 이 선입견이 없으면 이해는 가능하지 않다. 이러한 견해를 가지게 해주는 것이 과거, 즉 전통이다. 전통은 현재의 삶에 영향을 미친다. 전통의 산물은 이해의 기반이다. 이는 전통이 이해를 구속한다는 의미가 아니라 사려 깊게 한다는 의미다. 이렇게 해서 우리가 가지게 된 선이해나 인생관을 기반으로 과거를 인식하며 다른 사회를 판단한다. 따라서 역사가는 자료의 내용 자체를 이해하거나 해석하는 데 그치지 말고, 텍스트가 전달하고자 하는 의미를 찾아내고, 텍스트에 통일적 의미를 부여해야 한다. 이처럼 텍스트를 이해한다는 것은 텍스트와 대화를 하는 것이다. 텍스트에 질문을 던지고 텍스트에서 답변을 얻는 과정을 거쳐 우리는 텍스트의 통일적 의미를 만들어낼 수 있다.

2) 역사학의 이해 논리

역사 이해의 논리는 관념론자로 구분되는 역사학자들에게서 더 구체화되었다. 선구적 인물은 이탈리아의 역사철학자인 크로체(Benedetto Croce, 1866~1952)다. 크로체는 역사학의 연구 목적과 방법이 별도로 존재한다고 하면서, 이는 자연과학적인 것이 아니라 철학적인 것이라고 주장하였다. 크로체에게 역사학의 목적은 인간 정신의 이해에 있었다. 인간 정신을 연구 대상으로 하는 학문이 역사학인 것이다. 크로체에 따르면 역사는 정신이 정신에 의하여 발전되어 온 과정이다. 모든 학문은 인간 정신의 발전 과정을 연구하는 역사학의 일부분이다.

역사적 사실은 현재 역사가의 관심에서 지각된 것이다. 따라서 모든 역사는 재구성될 수 있으며, 또 재구성되어야 한다. 즉 생의 현재적 관심으로 정신의 인식 대상이 된 것이어야 살아 있는 역사다. 크로체가 '진정한 역사는 현재의 역사', '모든 역사는 현대사'라고 한 이유는 여기에 있다. 반대로 인간 정신이 투영되지 않은 사실 그 자체는 '죽은 역사'라고 크로체는 비판하였다. 화가의 이름, 전기적 일화, 일련의 화제 등을 연대기적으로 나열한 그리스 회화사가 그 예라고 했다. 역사가의 사유를 거친 사실만이 진정한 역사다. 현대사는 현재 요구나 정신을 표현하고, 현재 과제를 해결하려는 역사가의 실천적 행위로 서술된 역사다. 따라서 모든 역사를 현대사라고 하는 것이다.

이처럼 크로체의 역사 이해 과정에서는 사료가 아니라 역사가의 정신이 우선한다. 역사가의 내적 이유가 먼저 형성되고, 여기에 맞춰 외적 이유를 지닌 사료를 수집한다. '역사가 연대기에 선행'하는 것이다.

이러한 역사 이해의 이론은 콜링우드(Robin G. Collingwood, 1889~1943)에 이르러 더욱 체계화되었다. 콜링우드도 다른 학문이나 분야와는 구분되는 역사 이해의 고유성을 강조하였다. 그는 과학이 자연계의 사건을 연구하는 데 비해, 역사적 사건은 인간의 행위라는 데서 역사학과 일반과학의 근본적 차이를 찾았다. 자연계의 사건은 '외면'만을 가지고 있지만, 인간의 행위는 '외면'은 물론 '내면'까지 가지고 있기 때문이라는 것이다.

콜링우드는 행위자의 내면을 구성하는 것을 '사고(thought)'라고 하면서, 크로체와 마찬가지로 모든 역사를 사고의 역사로 보았다. 여기에서 사고는 두 가지 의미를 가진다. 하나는 과거 행위자의 사고이고, 다른 하나는 역사를 해석하는 역사가의 사고다. 콜링우드는 자연과학적 지식은 외적 현상을 파악하는 것인 데 반해, 진정한 역사적 지식은 내적 체험이라는 딜타이의 주장에 동의하면서, 딜타이는 역사적 사고의 연구를 한걸음 진전시켰다고 평가한다. 그러나 역사 이해는 딜타이가 말하는 것과 같이 직접 체험이 아니라 역사가가 현재 속에서 인식하고 있는 것, 즉 역사가의 자기인식이라고 주장한다. 이 점에서 콜링우드가 말하는 '사고'에는 역사가의 사고가 중요한 몫을 차지한다.

그렇지만 콜링우드는 크로체와는 달리 행위자의 사고를 더 강조한다. 여기에서 사고란 행위자가 자신의 행위를 결정할 때 실제로 고려하는 것들이다. 상황의 여러 사실들에 대한 행위자의 생각, 행위를 통해 달성하려는 목적, 선택 가능한 방법에 대한 행위자의 지식, 선택을 하는 데 행위자를 망설이게 했던 문제 등 행위에서 고려할 수 있는 모든 것이 포함된다. 행위자의 사상, 즉 믿음, 목적, 원리 등에 비추어 행위의 이유를 알 수 있다면, 역사를 이해했다고 할 수 있다는 것이다.

그렇다면 행위자의 사고를 어떻게 알 수 있을까? 사건의 외면적 원인은 자연과학적 탐구, 즉 일반법칙으로 밝힐 수 있으나 내면은 그렇지 못하다. 콜링우드는 역사가가 행위자의 사상을 아는 방법은 자신의 마음속에 행위자의 사상을 재사고(rethinking)하는 것이라고 했다. 역사적 행위자의 관점에서 과거를 보아야 역사 이해가 가능하다. 역사 이해는 재사고를 통해 과거 행위를 재연(reenactment)[6]하는 것이다. 콜링우드는 재사고가 가능한 이유를 역사가 인간의 행위이며, 그 행위는 사고를 반영하고 있기 때문이라고 하였다. 인간의 사고는 당시 상황과 관련된 요인들로부터 영향을 받는다. 따라서 역사적 행위에 영향을 준 요인들을 알기만 한다면 행위자의 사고를 재사고할 수 있으며, 재연을 할 수 있다. 콜링우드는 아르키메데스의 생각을 재사고하는 사례를 통해 이를 설명한다.

아르키메데스가 비중의 원리를 발견했던 사건을 재연한다고 가정해보자. 우리는 비중의 원리를 발견했을 때 아르키메데스가 했던 생각을 별 어려움 없이 되풀이할 수 있다. 왜냐하면 당시 아르키메데스의 사고에 영향을 준 요인들이 무엇인지를 알고 있기 때문이다. 이는 아르키메데스와 관련된 자료에 나온다. 이 자료를 바탕으로 사고를 한다면, 아르키메데스의 사고를 우리의 정신 속에서 되풀이할 수 있다. 콜링우드는 이러한 방식으로 역사적 행위도 시간과 공간을 뛰어넘어 다른 사람의 사고 속에 재사고하는 것이 가능하다고 보았다. 역사 자료를 검토하면 역사적 행위자가 행위를 할 때 고려했던 요인을 알 수 있을 것이기 때문이다.

그런데 많은 역사 자료는 행위자가 고려했던 요인을 충분히 알 수 있을 만큼 결정적이지 않다. 설사 자료가 역사적 행위에 영향을 주는 요인을 충분히 담고 있다 하더라도, 인간의 행동은 다를 수 있다. 따라서 행위자의 사고를 재사고한다는 것은 "이러이러한 상황 속에서 그(역사적 행위자)와 같은 사람이라면 이렇게 했을 것이다"라고 가정하는 것이다. 그런 의미에서 재연은 역사적 행위를 상상적으로 재구성하는 것이라고 할 수 있다. 이처럼 콜링우드에게 이해의 과정은 과거 행위자의 사고를 체계적으로 재구성하는 것이다. 그런데 행위자의 사고, 즉 내적 관념에 상세한 내용을 부여하는 것이 상상이다. 그런 의미에서 역사는 과거 사건의 상상적 재구성이다. 그렇지만 실제로 상상을 하는 것은 과거 행위자가 아니라 재사고를 하는 역사가다. 그러므로 상상적 재구성은 상상 행위의 대상이 되고 있는 과거를 지금 여기에서 지각되는 대로 재구성하는 것이다. 결국 콜링우드의 재연은 '역사적 관련 증거를 토대로 행위자의 사고를 재사고하여, 역사적 행위를 상상적으로 재구성하고 인식하는 활동'이라고 할 수 있다. 여기에는 구체적으로 다음과 같은 활동이 포함된다.

- 역사 자료의 해석
- 역사적 행위자의 동기나 목적의 인식
- 역사적 행위의 비판적 평가
- 역사적 행위의 재구성

드레이(William Dray)의 역사이론은 역사적 탐구의 대상이 과거 인간의 행위, 그것도 사회적 의미를 가지는 인간의 활동이라는 인식에서 출발한다. 역사가의 기본 과제는 그러한 활동이 무엇인지를 밝히는 것, 즉 '사실을 확정짓는 것'이지만, 이에 그치지 않고 한걸음 더 나아가 이를 이해하는 데 있다. 역사적 행위자의 신념과 목적에 비추어 그가 한 행위가 합리적이었다는 것을 알 때 역사 이해는 이루어진다. 즉 역사 이해는 행위자의 동기나 믿음과 그가 한 행위 사이의 합리적 관계를 깨닫는 것이다. 이를 위해서는 역사적 행위를 행위자의 관점에서 보아야 한다.

역사적 행위를 이해하는 것은 인간의 행위가 목적을 가진 것이기 때문에 가능하다. 인간은 어떤 행동을 할 때 어느 정도 의식적 고려를 한다. 역사가가 재구성하는 것도 이러한 고려다. 물론 행위자가 충분한 고려를 하지 않고 행동하는 경우도 있다. 이는 역사가의 탐구 대상이 아니다. 역사가가 탐구하는 것은 행위자가 충분히 고려하여 행한 행위에 내포되어 있는 고려다.

드레이는 인간의 행위를 행위자의 의도에 비추어 이해하면서 이를 도식화하여 설명하였다. 드레이의 인간 행위의 설명에는 대체로 다음과 같은 내용이 포함된다.

- 행위자는 이런저런 상황에 처해 있었다.
- 그 상황에서 행위자가 달성하고자 하는 목적은 이런 것이었다.
- 행위자는 자신이 처한 상황을 이렇다고 판단했다.
- 그런 상황에서 자신의 목적을 달성할 수 있는 방법은 이렇게 행동하는 것이라고 생각했다.

그래서 행위자는 그런 행동을 했다는 것이다. 이러한 설명은 어떤 행위가 법칙에 따라 이루어진 것이라기보다는 주어진 이유 때문에 이루어졌다는 것을 보여준다. 드레이는 이런 식의 설명을 '합리적 설명(rational explanation)'이라고 하였다. 관념론자들의 생각을 이어받아 드레이의 역사 이해는 '왜(why)'가 아니라 '어떻게(how)'에 대답하는 것이다. "왜 이 일이 일어났는가?"가 아니라 "어떻게 이 일이 일어날 수 있었을까?"를 설명하는 것이 목적이다. 따라서 이 사건이 일어날 수밖에 없었던 이유(reason)를 보여주면 된다. 실제로는 그 사건이 일어나지 않았을 가능성을 없앰으로써 사건을 설명하는 방식을 취한다. 합리적 설명은 인간 행위의 원리를 보여주는 설명이다. 상황을 보는 행위자의 관점이나 행위의 동기와 실제 행위 사이의 관계를 보여준다. 따라서 합리적 설명은 해석학적 개념으로는 '설명'이 아니라 '이해'다.

3) 문화사와 역사 이해

20세기 전반 역사학계에서는 사회과학의 개념이나 연구 방법론을 받아들여 과학적 역사학을 추구하거나 사회구조를 밝히려는 연구가 활발하게 이루어졌다. 이들 연구는 사회를 구조적으로 파악하고, 사회구조가 역사와 인간의 생활에 미치는 영향에 관심을 가졌다. 그러나 20세기 중반 이후 사회구조에 관심을 두고 과학적 역사학을 추구하던 경향에서 벗어나, 역사 해석과 인간의 구체적 삶에 관심을 두는 경향이 점차 넓어졌다. 서구학계 역사학의 동향은 한국에도 소개되어 역사학과 역사교육에 영향을 미쳤다. 역사인류학, 인종지적 역사 연구, 구술사, 기억의 역사, 서발턴(Subaltan) 연구, 미시사, 일상생활사, 언어로의 전환, 신사회사, 신문화사 등은 이제 꽤 익숙한 용어가 되었다. 이와 같은 다양한 역사 접근 방식을 간단히 정리하거나 일반화할 수는 없지만, 이들 연구는 대체로 역사를 만들어내는 기본 단위인 개인의 역할에 관심을 돌렸다. 역사학에 인류학적 방법론을 도입한 인류학적 역사학은 그 산물이었다. 이와 같은 역사학의 경향은 신문화사로 대변되는데, 신문화사는 역사 이해의 새로운 접근 방식을 제시하였다.

신문화사에서는 문화현상에 내포되어 있는 의미를 과거와 현재의 대화 코드로 설정하여 문화를 통해서 역사를 바라본다. 문화적 현상에 나타나 있는 역사적 의미를 해석하여, 문화를 역사 연구의 중심 대상으로 삼고 있다. 역사 연구의 문화사적 전환이라고 할 수 있다. 여기에서 문화는 인간이 사회적 현실을 인식하고 해석하며 나아가 대응 방식을 결정하는 준거 틀이다. 그런데 신문화사가 연구 대상으로 삼고 있는 문화적 현상은 외형적으로 사회구조의 한 틀을 이루고 있거나 사회적으로 커다란 영향을 주는 사건이 아니라 넓은 의미의 문화, 즉 일상문화다. 이전까지 역사 연구에서 관심을 끌지 못했던 인간의 구체적인 생활 모습을 미시사적으로 접근하고, 일상생활을 역사 연구의 주요 대상으로 삼는 것이다. 이처럼 신문화사에서는 인간에 관심을 둔다. 사회구조를 논할 때도 구조 자체보다 구조에 대한 인간의 경험을 중시한다. 그렇지만 역사 이해에서 인간만을 강조하기보다는 인간과 구조를 구분하는 논리를 비판한다. 구조와 인간, 역사의 객관적 요소와 주관적 요소의 구분을 극복하려는 것이라고 할 수 있다.

  신문화사에서는 역사 연구에 인류학적 방법론을 채택하였다. 인류학자인 기어츠(Clifferd Geertz, 1926~2006)의 연구 방법을 역사학에 도입한 것이 대표적이다. 기어츠는 문화현상을 초시대적 구조의 문제가 아니라 역사적인 것으로 보았다. 기어츠에게 문화현상은 설명이 아니라 해석의 대상이다. 문화현상은 어떤 고정된 이론적 틀로 설명하기보다는 해명(explication)해야 하는 대상이다. 문화현상은 그 현상이 일어난 시기와 당시 사회 속에서 의미를 가지기 때문이다. 기어츠는 그 의미를 밝히고자 했다. 이러한 관점은 그의 대표적 연구인 '발리 섬의 닭싸움'에서 잘 나타난다. 그는 발리 섬의 닭싸움에서 사람들이 살아가는 삶의 의미 체계를 해석하였다. '닭싸움'에 그토록 열광하는 문화현상에서 사람들의 관습이나 생각을 읽었다. 제도나 관습이 사람들을 지배하는 것이 아니라, 그에 대한 사람들의 생각을 중시한 것이다.[7]

  이처럼 신문화사에서는 역사 연구를 일상 문화의 해명, 즉 사회적 표현들의 의미를 재구성하는 것으로 보고 있다. 그 방법으로 기어츠는 '치밀한 묘사(thick description)'[8]를 제시하였다. 치밀한 묘사는 객관적 현실을 기술하려는 것이 아니라, 문화현상을 하나의 텍스트로 접근하여 그 문화 안에 상징적으로 구현되어 있는 두꺼운 의미의 층위들을 치밀하게 기술하는 것이다.

역사 연구의 문화사적 전환에서 나타나는 또 다른 특징은 '언어로의 전환'이라는 말에서 상징적으로 나타나듯이 언어를 중시한다는 것이다. 언어를 이해의 도구로 인식하여 언어학과 문학 이론이 역사학에 도입되었다. 특히 언어학의 텍스트론은 커다란 영향을 주었다. 텍스트론에 따르면 역사 연구는 의미를 찾아내려는 것이며, 의미를 담고 있는 것은 '언어'다. 즉 언어는 단순히 현실사회를 반영하는 것이 아니라, 현실에 의미를 부여하고 규정한다. 텍스트론의 관점에서는 사료나 거기에 담겨 있는 역사적 사실은 하나의 텍스트다. 사료에 들어가는 내용의 선택에는 이미 저자의 관점이 들어가 있으며, 사료 내용의 서술은 저자의 해석에 따른 것이다. 그러므로 독자는 저자의 관점을 아무런 문제의식 없이 받아들여서는 안 되며 이를 비판적, 해체적으로 읽어야 한다. 비판적, 해체적 읽기는 자신의 관점에서 역사를 재구성한다는 것이다. 이것은 비판적 쓰기로 이어진다.

"텍스트 이외에 아무것도 없다"는 데리다(Jacques Derrida, 1930~2004)의 텍스트론은 이러한 관점을 단적으로 보여준다. 우리는 역사 텍스트가 역사적 맥락(context)에서 만들어진다고 생각해서, 텍스트의 의미를 맥락적으로 이해하려고 한다. 그렇지만 데리다가 보기에는 오히려 역사 텍스트가 역사적 맥락을 만들어낸다. 마찬가지로 역사적 맥락에 비추어 역사 텍스트를 읽는 것이 아니라, 역사 텍스트를 통해 역사적 상황을 알게 된다. 그러므로 역사를 읽고 쓰는 작업은 역사적 상황을 창조하는 것이다. 텍스트론에서 역사적 담론은 언어적 허구로, 역사적 의미를 발명하는 작업이다. 따라서 역사 연구와 이해에서 문제가 되는 것은 자료가 다루고 있는 역사적 사실의 배경을 이루는 사회적 맥락이 아니라, 자료를 표현하고 있는 작품, 즉 언어로 이루어진 텍스트 자체다. 그런데 텍스트는 언어의 속성상 다양한 의미로 해석될 수 있으므로, 독자는 의식적이건 무의식적이건 간에 자료에 일관되고 통일적인 의미를 부여하려는 저자의 의도에 빨려 들어가지 않는 '해체적 읽기'를 해야 한다는 것이다.

그렇다고 신문화사가 텍스트 자체에만 의미를 두는 것은 아니다. 치밀한 묘사는 역사적 사실 자체가 존재했다는 것을 부정하지는 않는다. 치밀한 묘사는 역사적 사실을 '발명'하는 것이 아니라 '발견'하려는 것이기 때문이다. 텍스트론을 받아들인 것은 역사적 사실을 주체적으로 읽고 해석하여 해명하고, 자신의 이야기를 해나가려는 것이다.

비록 의식적인 것은 아니었을지 모르지만, 신문화사는 한국사 연구나 역사교육에도 영향을 미쳤다. 신문화사의 관점에서 역사 연구나 교육의 소재는 거창한 역사적 구조가 아니라 구체적이고 상세한 역사적 사건이다. 미시사와 일상생활사에 대한 관심은 역사 학습의 소재와 자료를 다양하게 할 수 있다. 또한 이를 통해 민중사를 새로운 각도에서 접근할 수 있다. 종전의 사회경제사학에서 볼 수 있는 바와 같이 사회구조 속의 민중이나, 지배계급과 민중 간의 갈등과 같은 이론적이고 연역적인 거창한 논의가 아니라, 구체적인 생활 모습을 통해 민중의 삶을 조망할 수 있다. 한국사에서도 호적이나 토지대장, 재산의 분배, 재판기록과 같은 문서류,《묵재일기》·《쇄미록》·《미암일기》와 같은 일기류는 사람들의 구체적인 삶의 모습을 보여준다는 점에서 조선시대 연구의 중요한 자료로 다뤄지고 있을 뿐 아니라, 역사 수업의 자료로 활용되고 있다. 독립운동사를 연구하거나 가르칠 때 자전적 소설이나 구술 자료들이 활용되고 있는 것도 같은 경향이라고 할 수 있다. 역사 교과서를 성전이 아니라 하나의 자료로 보아야 한다거나, 교과서 내용을 절대적 진리가 아니라 하나의 해석으로 보고 자기 자신의 역사인식을 가지고 역사적 사실을 해석해야 한다는 주장이 나온 지도 오래되었다. 이런 점에서 보면, 신문화사가 역사 연구나 교육에 새로운 경향을 가져왔다기보다는 근래의 경향을 이론적으로 뒷받침했다고 할 수 있다.

그렇지만 신문화사의 역사 이해와 연구가 가지는 문제점도 지적된다. 신문화사에 대한 비판은 다음과 같이 정리할 수 있다.

첫째, 신문화사는 집단행동에 나타나는 문화현상을 일면적으로 파악하고, 문화현상 속에 나타난 사회적 통합에 초점을 맞추었다. 공동체의 통합과 질서를 밝히고, 그것이 다시 문화의 상징성을 강화하게 되는 것이다. 이 때문에 문화현상 속에 포함되어 있는 사회적 갈등을 보지 못했다.

둘째, 너무 국지적 현상에만 관심을 쏟았다. 그래서 사회 전체에 통용되는 의미의 메커니즘을 보지 못했다. 예를 들어 제국주의적 팽창으로 들어온 서구 자본주의는 오랫동안 원주민의 삶을 규정했던 전통적 의미의 그물망을 해체하거나 다른 것으로 바꾸었다. 그런데 신문화사는 서구 자본주의 영향하의 비서구인의 토착문화를 단지 원주민의 인식 틀에 입각해서 이해해야 한다고 하면서, 지역적 문화현상에 가려 있는 더 큰 의미 연관의 구조를 밝히려 하지 않는다.

셋째, 문화현상을 가지고 역사를 보았지만, 역사 속에서 형성되는 문화의 변화를 주목하지 못했다. 문화는 역사를 이해하는 코드지만, 반대로 역사는 문화를 변형시킨다. 그런데 신문화사는 역사의 흐름에 따라 문화가 어떻게 변화했는지 밝히는 데는 별다른 관심을 두지 않았다.

II. 상상적 역사 이해

1. 역사적 상상의 개념

1) 역사 이해에서 상상의 필요성

'상상'이라고 하면 우리는 흔히 눈으로 보거나 귀로 듣는 것과 같이 지각할 수 없는 대상을 머릿속으로 생각하는 모습을 떠올린다. 상상의 개념에 대해서는 다양한 견해가 있지만, 일반적으로 상상은 사물이나 현상에서 겉으로는 알 수 없는 어떤 것을 발견하거나 감각을 통하여 직접 얻을 수 없는 것을 인식하는 것을 말한다. 즉 사물이나 현상의 외면에 드러나지 않은 것을 생각하거나 나타난 모습 이상을 보는 것, 새로운 관점에서 기존과는 다른 해석을 생각해내는 것이 상상이다. 역사 이해는 자료를 토대로 한다는 점에서 기본적으로 사실을 추구한다. 그렇지만 역사를 이해하려면 상상이 필요한 경우가 많다. 역사를 이해하는 데 왜 상상이 필요할까? 그 이유로 크게 두 가지를 들 수 있다.

① 역사 자료는 역사적 사실을 그대로 말해주지 않는다.
우리는 역사적 사실을 기본적으로 사료를 통해 알게 된다. 사료는

역사 연구의 기초 자료이며, 역사교육의 내용이 되는 역사적 사실을 알려준다. 만약 사료가 없다면, 우리는 역사적 사실을 알 수 없다. 실제로 사료가 없어 역사적 사실을 알 수 없는 시기나 주제가 의외로 많다.

그런데 우리가 보고 듣고 알고 있는 역사적 사실이 사료 그대로인 것은 아니다. 사료는 본질적으로 과거 사실 중 선택된 내용만을 담고 있으며, 자연과학이나 사회과학과 같이 연구 과제에 대한 명확한 답을 제공하지 못하는 경우가 많다. 사료는 역사적 사실들을 우리가 알고 있는 것처럼 줄거리를 갖춘 이야기로 전해주지 않는다. 사료에 흩어져 있는 내용을 역사가들이 하나의 줄거리로 구성한 것이다.

예를 들어 '고구려와 수의 전쟁'을 생각해보자. 이 전쟁을 다루고 있는 책을 보면, 수나라의 중국 통일에서 시작하여 수차례에 걸친 고구려 침공이 실패로 돌아갈 때까지 전쟁이 어떻게 시작되어 전개되고 끝을 맺었는지 서술되어 있다. 그렇지만 사료에는 이와 같이 전쟁의 줄거리가 정리되어 있지 않다. 수와 고구려의 전쟁은 사료에 여기저기 흩어져 나오는 내용을 하나로 묶어서 정리한 사실이다. 그런 의미에서 우리가 알고 있는 역사적 사실이란 사료에 적힌 지나간 일들을 재구성한 것이다. 더구나 사료는 우리가 책을 통해 알 수 있는 전쟁의 전개 과정을 모두 기록하고 있지 않으며, 구체적으로 보여주지도 않는다. 전쟁의 전개 과정이 중간 중간 빠져 있기도 하다. 그런 부분은 사료에 적혀 있는 사실이 일어나려면 필연적으로 일어날 수밖에 없거나, 때로는 일어났을 것 같은 사실을 역사가의 상상으로 메워 넣은 것이다. 이처럼 사료의 내용에서 역사적 사실을 재구성하거나 얻어내는 과정에는 역사적 상상이 들어가는 경우가 많다.

② 역사는 인간의 활동이다.

앞에서 거듭해서 서술했듯이, 역사 이해는 인간의 행위를 대상으로 한다. 역사는 지나간 인간의 활동을 다룬다. 그렇지만 인간의 모든 활동이 아니라, 사회적으로 의미 있는 활동만을 다룬다. 그런데 인간의 이야기이기 때문에 역사는 자연현상을 다루는 과학과 성격이 다르며, 사회현상을 다루는 사회과학과도 성격이 다르다.

과학이 연구 대상으로 삼는 자연현상은 같은 조건이 주어지면 항상 같은 결과를 보여준다. 정도의 차이는 있지만 사회과학의 연구가 밝히려는 사회현상도 그러한 성격을 가지고 있다. 여기에서 주어지는 조건은 자연현상이나 사회현상의 원인이 된다. 그러나 역사가 대상으로 하는 인간의 활동은 이와 다르다. 같은 상황이나 조건이라도 인간은 다른 행동을 하는 경우가 많다. 사회현상을 자연현상과 마찬가지로 법칙으로 설명할 수 없는 것은 사회현상에는 인간의 의지가 작용하기 때문이다. 이 경우 역사적 사실의 원인을 상황이나 조건만으로 설명할 수는 없다. 왜 그런 행동을 했는가 하는 역사적 행위의 목적이나 이유, 동기 등을 밝혀야 한다. 그런데 이러한 목적이나 이유, 동기는 평소에 그 사람이 가지고 있는 사상이나 관점, 그리고 그 일이 일어났을 때 감정 등의 영향을 받는다. 역사적 행위의 내면도 자료를 통해 알 수밖에 없다. 그러나 인간 행위의 내면은 자료에 겉으로 명백히 나타나지 않은 경우가 많다. 이처럼 겉으로 명백히 드러나지 않은 역사적 행위의 목적, 의도, 사상을 파악하려면 상상이 필요하다. 그래서 관념론에 서 있는 역사가들은 역사 이해를 역사적 사실을 상상적으로 재구성한 것으로 보았다.

2) 역사적 상상의 성격

역사 이해에서 상상은 어떤 형태를 띠게 될까? 상상이 보거나 듣지 못한 것을 머릿속으로 그리는 것이라고 할 때, 상상한 사실 중에는 지각하지는 못했으나 실제로 일어날 가능성이 있는 것도 있고, 현실에서는 절대로 일어날 수 없는 것도 있다. 자신이 이루었으면 하고 바라는 것을 상상하기도 한다. 이처럼 사고활동에서 나타나는 상상의 형태를 퍼어롱(E. J. Furlong)은 ①상상 속에서(in imagination), ②'가정(supposal)'으로서 상상, ③상상력을 가지고(with imagination)의 세 가지로 구분한다. 각각의 의미와 그것이 역사적 상상과 어떤 관련성을 가지고 있는지 살펴보자.

① '상상 속에서'는 두 가지 의미로 사용된다. 첫째는 '현실 속에서'와 대조되는 의미다. '상상 속에서' 하는 일은 실제로 일어나지 않은 일을 머릿속으로 생각하는 것이다. 백일몽이 대표적이다. 백일몽은 머릿속으로 이미지가 이어지는 것으로, 이미지가 끊어지면 중단되는 상상의 형태다. 이러한 상상은 증거와 관련이 없으므로 역사적 상상은 아니다. 둘째는 유도되는 상상이다. 예를 들어 웅변가의 연설을 들을 때 우리는 연설 내용이 말하는 상황을 머릿속으로 그릴 수 있다. 이때 상상은 외부의 자극으로 유도되는 것이다. 역사 이해도 유도되는 상상으로 이루어지는 경우가 있다. 그렇지만 이 상상은 대개 외부가 아닌 역사가 내부에서 유도된다. 예를 들어 프랑스 혁명의 성격을 규정지으려는 역사가는 프랑스 혁명에 속하는 일련의 사건들을 상상 속에서 재구성한다. 이러한 상상은 자연적이거나 맹목적으로 이루어지는 것이 아니라, 역사가가 필요와 목적에 따라 유도하는 것이다. 역사가는 자신의 지식이나 기능을 활용하여 겉으로

드러나지 않은 이미지를 이끌어낸다. 이 때문에 상상의 결과로 얻게 되는 사건의 성격은 머릿속에 강한 이미지로 나타나게 되며, 그 이미지는 상상이 중단되더라도 사라지지 않는다.

② "'가정'으로서 상상"은 자신이 어떤 처지나 상황에 처해 있다고 가정하고, 그러한 처지나 상황에서 어떤 생각이나 행동을 할 것인지 고려하는 것이다. 가정으로서 상상은 가정된 상황을 묘사하거나 자신이 그 상황에 있는 것처럼 행동하는 형태를 띤다. 역사적 행위자의 처지라면 상황을 어떻게 이해하고, 그에 비추어 어떤 행동을 했을지 생각하는 것이다. 가정으로서 상상을 위해서는 시각을 바꾸어 자신과는 다른 믿음이나 감정, 행동 방식을 인식할 수 있어야 한다. 그래야 새로운 관점에서 이해를 할 수 있다. 역사에서 '가정으로서 상상'은 증거에 외견상 나타난 것 이상의 함축된 의미를 알게 해준다. 겉으로 드러나 있는 사실 대신에 내재적 의미로 증거를 볼 수 있게 한다.

③ '상상력을 가지고' 행동한다는 것은 정해진 틀이나 관례에서 벗어날 수 있는 능력을 의미한다. 조그만 증거에서 여러 가지 사실들을 추론하거나, 오래된 자료에서 새로운 구조를 만들어내는 것이 상상력을 가진 사람의 행동 특성이다. 역사가는 역사 해석을 위해 새로운 자료를 찾기도 하지만, 같은 자료를 새롭게 해석하기도 한다. 관점을 달리하거나 다양한 상황에 비추어 해석을 한다. 이 상상력이 뛰어날수록 새로운 역사 해석의 가능성은 높아진다.

이처럼 역사 이해에서 상상은 증거에서 사실을 밝혀내고 역사적 사실을 재구성하는 인지적 성격을 지닌 지적 활동이다. 증거를 분석하고 합리적으로 해석하여 역사적 사실을 재구성하고 과거의 상을 만들어가는 것이 역사적 상상이다. 역사적 상상을 위해서는 상황에 대한 지식이 필요하다.

역사적 상상은 없는 일을 새로 만들어내는 것이 아니라 재구성하는 것이지만, 한편으로는 창조의 성격을 지닌다. 역사적 상상으로 재구성된 과거의 사실은 실제로 일어난 일 자체나 과거의 상 전체가 아니라 역사가가 이해하는 범주다. 이 때문에 역사적 상상으로 인간의 행위를 이해할 때, 현재 인간을 이해하는 방식으로 접근하기 쉽다. 그렇지만 상상이 합리적 역사 이해를 이끌어내려면, 현재 인간을 이해하는 것과 과거 인간을 이해하는 것이 다를 수 있다는 점에도 유의할 필요가 있다.

3) 역사적 상상력의 요소

교과교육에서 사고력의 육성이 강조되면서 역사적 사고력의 성격이나 구성요소가 활발히 논의되고 있다. 역사적 상상력은 역사 이해의 특성을 잘 보여주는 역사적 사고력의 주요 영역으로 역사 학습에서도 점차 중시되고 있다. 이에 따라 역사적 상상력의 구성요소를 분류하려는 시도가 이루어지고 있다.

김한종은 역사적 상상력에 상상적 이해와 역사적 판단력이 포함된다고 보았다. 그는 역사의 상상적 이해를 구조적 상상과 감정이입적 이해로 나누었다. 구조적 상상으로는 자료에 빠져 있거나 겉으로 명백히 드러나지 않은 역사적 사실을 상상으로 메워 넣는 보간 또는 삽입과, 같은 자료라도 이전과 달리 해석하는 대안적 해석을 제시하였다. 감정이입적 이해는 행위의 동기나 목적과 같은 행위자의 내면을 상상적으로 이해하는 것으로, 해석학자나 관념론적 역사학자들이 말하는 감정이입에 해당한다. 역사 연구에서 자료를 선택하거나 내용의 신뢰성을 평가하고, 역사 서술의 형태를 정할 때 자신의 견해를 개재시키는 것이다.

이에 대해 최상훈은 역사적 상상력을 대체로 김한종이 말하는 역사의 상상적 이해와 같은 것으로 보았다. 그렇지만 역사적 판단력은 역사적 상상력에 포함될 수 있다고 하면서도, 이와는 구분되는 별개의 요소로 분류하였다. 역사적 판단력이 상상력과는 다른 특성을 지닐 뿐 아니라 역사적 사고력의 가장 높은 위치에 있고 역사 연구나 역사 학습의 궁극적 목표가 되는 중요한 하위 범주이기 때문이라는 것이다.

역사적 사고력이나 상상력의 요소를 어떻게 분류하고, 각 요소의 성격이 무엇인지는 아직도 논의할 여지가 많다. 개념들 간의 구분이 애매하거나 성격이 중복되기도 한다. 또한 역사적 사고력의 요소를 구분하려는 시도가 역사 이해의 특성을 반영하는 것이라고는 하지만, 결과적으로 심리학이나 교육학의 일반적 사고 구분 방식으로 환원되었다는 비판도 있다. 이는 역사 이해의 성격을 반영하는 역사학습을 위해 역사적 사고력 연구와 논의가 더 진전되어야 할 부분이 많음을 보여준다. 역사적 상상력의 개념, 성격, 요소의 연구는 이를 위한 하나의 단서가 될 수 있을 것이다. 이제까지 논의된 역사적 상상력의 요소와 그 성격을 살펴보기로 한다.

2. 구조적 상상

1) 구조적 상상의 개념

일반적으로 구조(structure)란 사물이나 사건, 현상을 구성하는 각 부분이나 요소의 상호관계와, 이에 의해 결정되는 전체의 성격을 의미한다. 예를 들어 사회체제(social system)의 구조는 '경제체제'와 '정치체제'라는 개념의 상호관계로 결정되며, 경제체제라는 개념의 구조는 '화폐'나 '소비' 같은 개념의 상호관계로 정해진다. 따라서 구조를 이해한다는 것은 주제나 개념을 구성하는 요소나 부분의 관계를 파악하여 그 성격을 규정짓는 것이다.

사물이나 현상의 구조는 크게 두 가지로 나눌 수 있다. 첫째는 그 사물이나 현상이 원래 가지고 있는 구조이고, 둘째는 사람들이 부여하는 구조다. 역사적 이해와 관련이 깊은 것은 역사적 사건이 처음부터 가지고 있는 구조가 아니라 역사가가 부여하는 구조다.

조선 후기 실학을 예로 들어보자. 역사가들은 조선 후기에 나타난 일련의 사회개혁론과 그 사상을 다른 학문이나 사상과 구별하여 '실학'이라 부르며, 그 성격을 규정한다. 또한 실학자들을 학문적 계통이나 사상, 주장에 따라 계파로 분류하고, 각 계파의 관계, 계파 간의 공통점과 차이점을 논한다. 그러나 실학의 개념과 성격, 계파의 분류 방식은 역사가에 따라 다르다. 실학을 수신제가치국평천하(修身齊家治國平天下)의 '경세치용(經世致用)의 학(學)'으로 규정하기도 하고, 실용·실천을 중시하는 '수기치인(修己治人)의 학(學)'으로 보기도 하며, 근대 지향적이고 민족적인 성격을 띠는 '개신유학(改新儒學)의 학(學)'으로 보기도 한다. 또한 실학자들을 경세치용학파, 이용

후생학파, 실사구시학파로 분류하기도 하고, 성호학파와 북학파로 분류하기도 하며, 중농학파와 중상학파로 분류하기도 하고, 백과전서파, 역사지리학파, 어학파로 분류하기도 한다. 이렇게 다양한 분류가 나타나는 것은 역사가에 따라 관심이나 이용하는 자료가 다르거나, 같은 자료라고 해도 해석을 달리하기 때문이다. 역사가들은 각종 자료를 해석하여 실학이라는 역사적 사건에 구조를 부여한다.

  자료에 직접 나타나 있지 않은 역사적 사건을 구성하는 요소들 간의 관계를 상상으로 이해하여 역사적 사건의 구조를 파악하는 것이 구조적 상상이다. 비코(Giambattista Vico)는 역사에서 여러 요소들 간의 관계를 통해 구조를 파악하는 것은 상상력에 의해 이루어진다고 주장하였다.

2) 보간 또는 삽입

  구조적 상상의 중요한 기능은 증거가 완전하지 못할 때, 즉 증거가 어떤 사건이나 현상을 완전하게 나타내주지 못할 때 그 증거 사이의 간격을 메우는 기능이다. 역사가는 자신이 알고 있는 지식과 당시 상황을 바탕으로 자료에 빠져 있는 부분을 메우고 역사적 사실을 구성한다. 이와 같이 증거에 빠져 있는 부분을 메우는 기능을 보간(補間, interpolation) 또는 삽입(extrapolation)이라고 한다. 역사적 사실의 전개 과정에서 자료에 앞뒤 사실은 나와 있지만 중간 과정이 빠져 있을 때, 역사가들은 앞뒤의 사실과 당시의 상황을 고려하여 자료에 나타나 있지 않은 사실이 무엇인지 추론한다. 그리고 자료에 빠져 있는 부분을 메워 하나의 역사적 사실을 완성한다. 이처럼 자료에 빠져 있는 중간 과정을 추론하는 것을 보간이라고 한다. 이에 반해 역사적 사실의 전개 과정에서 앞이나 뒷부분이 빠져 있을 때, 이를 추론하여 역사적 사실을 만들어내는 것을 삽입이라고 한다.[9] 보간과 삽입은 자료에 빠져 있는 부분을 역사적 상상으로 추론하여 메워 넣는다는 점에서 같은 성격의 사고 기능이라 할 수 있다.

보간은 역사적 사실에 연속성을 부여하며, 해석을 하고 증거에 내포된 의미를 파악하는 데 도움을 준다. 케임브리지 대학교의 유명한 고대사가였던 핀리(M. I. Finley)의 설명을 들어보자.

> 우리는 6세기 초 아티카에서 심각한 식량 위기가 있었으며, 솔론이 이를 해결하지 못한 반면, 5세기에는 소농계급이 많았는데 그들은 부유하지는 않지만 적어도 상대적으로 안정되어 있었다는 것을 안다. 그러므로 몇몇 역사가들은 참주 페이시스트라토스가 상당한 땅을 재분배했을 것이라고 추론한다.[10]

자료는 6세기 아테네에서 토지개혁을 실시했다는 명확한 증거를 보여주지 않는다. 그렇지만 역사가들은 기존에 알고 있는 6세기 초와 5세기의 역사적 사실, 페이시스트라토스가 추진했던 정책의 방향 등에 비추어 토지 문제의 해결을 위한 조처가 이루어졌을 것이라고 이해한다. 이처럼 역사가는 알 수 있는 사실을 토대로 증거에 빠져 있는 역사적 사실을 상상적으로 추론한다. 명시적 증거와 증거에 명확히 나타나 있지는 않지만 '있어야 하는 것' 사이의 간극을 메우는 데 필요한 사고 과정이 보간 또는 삽입이다. 따라서 보간이나 삽입은 증거의 여러 부분을 모순되게 해석하거나 증거와 어긋나서는 안 된다.

이런 의미에서 콜링우드는 보간을 자의적인 생각이나 공상이 아니라 선험적인 것으로 보았다. 콜링우드에 따르면 선험적이라는 점에서 역사가의 보간은 눈으로 볼 수 있는 사물이나 현상을 대상으로 하는 지각적 상상과 본질적으로 같은 성격을 띤다. 다음과 같은 지각적 상상과 보간의 사례를 생각해보자.

> 창문 밖을 내다볼 때, 바로 내 앞에 있는 세로 창살 좌우의 풀을 보게 된다. 그러나 세로 창살이 시야를 가리고 있는 곳에서도 풀이 자라고 있다는 것도 상상하게 된다. 또한 잔디의 그 부분에 잔디 깎는 기계가 있다고 상상할 수도 있다.[11]

> 전거는 우리에게 카이사르가 어떤 날 로마에 있었고, 그 후 어느 날 갈리아에 있었다는 것을 말해준다. 전거에는 그가 한 지역에서 다른 지역으로 이동하였다는 아무런 내용도 나오지 않는다. 그러나 우리는 카이사르가 이동하였다고 조금도 거리낌 없이 설명한다.[12]

지각적 상상의 사례에서 우리는 창살로 가려 있는 곳의 풀을 눈으로 직접 보지는 않았지만 그곳에 당연히 풀이 있다고 생각한다. 그런데 이처럼 생각하는 것은 창살로 가려 있는 곳에 풀이 나 있다는 것을 경험했기 때문일까? 구태여 이전에 그런 경험이 없더라도 우리는 처음부터 그렇다고 생각하게 된다. 즉 여기에서 지각적 상상은 선험적인 것이다.

콜링우드에 따르면 역사적 사실의 보간도 이처럼 선험적 상상의 성격을 띤다. 우리는 카이사르가 이동하는 모습을 자료에서 찾아볼 수 없으며, 이전에 이와 같은 경험을 하지 못했을 수도 있다. 그렇지만 카이사르가 로마에서 갈리아로 이동했다는 것을 당연하게 생각한다. 여기에서 보간은 선험적 상상에 의한 것이다.

보간이나 삽입은 주어진 상황이 장차 어떻게 전개될 것인지 예상하는 능력을 포함한다. 이는 언뜻 보기에는 새로운 사건에 역사가가 기존의 원리나 일반화를 적용하는 것과 유사하다. 그러나 원리나 일반화의 적용은 사건을 법칙의 틀에 맞추어 설명하는 것인 데 반해, 보간이나 삽입은 사실 자체를 밝히는 것이라는 점에서 차이가 있다.

3) 자료의 대안적 해석

동일한 자료를 종전과 달리 해석하거나 새로운 관점에서 해석하는 것은 상상적 역사 이해의 중요한 형태다. 우리는 역사 연구에서 '학설이 달라졌다'는 말을 자주 듣는다. 이런 일이 일어나는 것은 이제까지 알지 못했던 새로운 자료가 발견된 이유도 있지만, 대부분의 경우 기존 자료를 그전과 다르게 해석하기 때문이다. 고려 태조의 대거란 정책에 대한 다음과 같은 서술을 예로 들어보자.

> 태조의 유교시책은 대외관계에 있어서도 즉위 후에 곧 吳越의 文士인 추언규와 박암 등의 來投나 梁·唐·晉과의 遣使通好 및 3성6부제를 비롯한 중국의 인물과 제도를 수용하는 등 對中友好에서 표시된 반면, 거란에 대한 경계는 철저하여 14년에 서경에 행차할 때에는 所過州鎭 成外의 築館을 명하면서 下訴하되 "北蕃人은 人面獸心이므로 배고프면 오고 배부르면 떠나며 利를 보면 염치를 잃는다. 이제 비록 服事하더라도 向背가 無常할 것이니 所過州鎭에서는 성 밖에 築館하여 이를 대하라" 한 것이나, 거란의 사자를 海島에 유배하고 마필을 餓死케 한 것 등으로 보아 그는 華夷를 峻別하는 유교적 문화관을 분명히 했던

것이다. 이로 보면 태조의 유교적 시책은 麗史의 평처럼 '用賢良 重儒道'한 것이라고 할 수 있다.[13]

많은 역사책에서 고려 태조의 거란 배척을 정치, 군사적으로 해석하여, 고려의 북진과 거란의 팽창 정책의 대립이나 고려 태조가 당시 여러 세력을 통합하기 위해 발해 유민을 받아들이고 발해를 멸망시킨 거란을 배척한 것으로 이해한다. 그러나 여기에서는 문화, 사상적 측면에서 해석하여 화이사상에서 비롯된 것으로 이해하고 있다. 거란 배척을 정치, 군사적으로 해석하는 연구들을 별도로 언급하지 않음으로써, 다른 연구 결과를 부정하고 있지는 않다. 그러나 거란 배척이라는 역사적 사건에 화이사상이라는 성격, 즉 또 다른 구조를 부여하고 있다. 이처럼 새로운 해석을 통해 역사적 사실에 구조를 부여하는 것이 구조적 상상의 또 다른 기능이다.

3. 감정이입적 이해

1) 감정이입의 개념

말을 하거나 행동으로 보여주지 않더라도 다른 사람이 무슨 생각을 하고 있는지 알 때 우리는 감정이입을 했다고 말한다. 다른 사람이 기뻐하거나 슬퍼하는 모습을 보고 자신도 그와 같은 감정을 느끼는 현상을 가리켜 감정이입이라고 한다. 이처럼 감정이입(empathy)은 일상생활이나 여러 학문에서 다양한 의미로 사용된다. 다른 사람에 대한 관용이나 공감과 같은 태도나 성향을 나타내기도 하고, 상상력, 창조력과 유사한 정신적 능력을 가리키기도 한다. 또한 다른 사람을 대하는 능력이나 '과학적 방법'과는 대비되는 방법론적 절차나 기법을 가리키거나 과거 사람들에 대한 일련의 주장을 나타내기도 한다.

근대 학문에서 감정이입의 개념을 가장 먼저 체계화한 것은 미학이다. 미학에서는 감정이입을 감정 및 정서의 표현 수단으로 여겼다. 미학에서 감정이입은 인간의 느낌, 정서, 태도를 무생물에 투사함으로써 생명을 불어넣는 것을 뜻한다. 지각할 수 있는 대상과 나의 정서적 상태를 통합하는 체험이 감정이입이다. "자연의 풍경이나 예술 작품 따위에 자신의 감정이나 정신을 불어넣거나, 대상으로부터 느낌을 직접 받아들여 대상과 자기가 서로 통한다고 느끼는 일"[14]이라는 사전적 정의는 미학의 감정이입 개념과 유사하다.

반면 사회과학이나 심리학에서는 감정이입을 다른 사람이나 집단을 자신의 입장에서 더 잘 이해하기 위한 수단으로 여긴다.[15] 자신을 다른 사람의 처지에 놓거나 다른 사람과 처지를 주고받을 수 있는 능력이 감정이입이다. 이런 능력을 가진 사람은 다른 사람의 처지에서 세계를 보거나, 다른 사람의 처지라면 사물을 어떻게 볼 것인가를 생각할 수 있다.

감정이입적 이해를 강조하는 상당수 학자들은 감정이입을 인간의 행위를 이해하기 위한 총체적이거나 필수적 수단으로 여겼다. 예를 들어 딜타이가 말하는 이해는 '감정이입적 공동 체험'으로 규정된 심리학적 이해를 의미한다. 다른 사람을 그의 관점과 이해방식, 그리고 그가 속한 상황의 연관성 속에서 이해하고, 그 사람이 말로 표현한 것을 그의 사고와 언어방식 속에서 해석하려는 것이다. 비슷한 관점에서 일부 학자들은 감정이입이 유일한 이해 수단이 아니며 다른 사람의 처지에 놓이지 않더라도 이해가 가능하다고 보면서도, 진정한 이해를 위해서는 감정이입이 불가피하다고 주장한다. 저자의 사고방식과 작품세계를 몰라도 글을 읽을 수는 있지만 글의 내용을 깊이 있게 이해하려면 이를 알아야 하는 것과 마찬가지다.

감정이입이 인간을 총체적으로 이해하는 수단이라고 보는 경우, 여기에는 인지적, 정의적 요소가 모두 포함된다. 감정이입의 정의적 요소가 다른 사람의 정서적 상태를 경험하려는 의지라면, 인지적 요소는 다른 사람의 관점에서 상황을 이해하기 위해 정서적 상태를 식별하고 관점을 평가할 수 있는 능력을 뜻한다. 감정이입을 이처럼 보면, 이해와 관련된 광범한 행위가 감정이입적 이해에 포함된다. 다른 사람을 이해하려는 태도, 자신을 다른 사람의 처지에 투사하는 동일시(identification), 다른 사람의 관점에서 상황을 이해할 수 있는 능력, 다른 사람의 생각이나 감정에 동감을 표하는 공감(sympathy) 등이 모두 감정이입에 포함된다.

이러한 견해를 가진 학자들은 감정이입의 전제조건으로 다른 사람을 이해하려는 태도를 강조한다. 동료의식이나 감정의 공유, 다른 사람이나 집단과 자신을 동일시하는 것이 감정이입을 위해서 필수적이다. 감정이입적 이해란 다른 사람의 행동을 기억하거나 상상해서 그들이 처했던 것과 유사한 환경에서 우리 스스로 그들의 동기나 태도를 경험하고, 그들의 행동을 해석하여 우리 자신과 다른 사람을 동일시하려는 계획적 행동인 것이다. 이처럼 감정이나 정서를 동일시하는 것을 토대로 다른 사람의 동기와 목적을 재경험하여 감정이입적 이해에 도달하게 된다고 본다.

2) 역사적 감정이입의 성격

 감정이입이 인간 이해의 총체적 수단이라는 견해를 받아들여, 일부 역사학자들도 역사 이해를 하는 데 감정이입이 총체적이고 필수적인 수단이라고 본다. 감정이입이 역사 이해의 총체적 수단이라고 생각하면, 감정이입적으로 이해하려는 태도는 역사적 감정이입의 첫 단계가 되며, 역사적 감정이입에는 동일시와 공감이 포함된다. 동일시는 감정이입적 이해를 위한 필수조건이며, 감정이입의 전형적 형태가 된다. 대리 체험을 통해 역사적 상황을 자기 스스로 생각하게 되면, 탐구자는 연구 대상 인물의 행위를 설명할 수 있는 기초를 마련할 수 있다. 사람들은 카이사르가 됨으로써 카이사르가 왜 루비콘 강을 건넜는지 이해하며, 시칠리아 사람을 이해하려면 그 자신이 먼저 시칠리아 사람이 되어야 한다.

 그러나 감정이입이 역사 이해의 중요한 수단이라는 것을 인정하면서도, 많은 역사가들은 감정이입으로 모든 역사를 이해할 수 있다거나 감정이입을 역사 이해의 총체적 수단으로 보지는 않는다. 역사적 상상과 감정이입이 동일한 것은 아니며, 감정이입을 했다고 해서 역사적 상상력의 요소를 모두 갖추었다고 보지도 않는다. 예를 들어 레프(Gordon Leff)는 역사가의 상상력을 과거의 헌장, 선언, 논쟁, 화폐를 당시 통용되었던 대로 만드는 것처럼, 증거의 의미를 부활시키는 것이라고 주장한다. 이는 감정이입만으로 해결될 수 없다. 인간의 행동에는 동기뿐 아니라 상황도 영향을 미치는데, 과거 행위자와 동일시를 하더라도 이를 알 수 없기 때문이다. 이런 관점에서는 역사를 감정이입적으로 이해하려면 당시 상황을 알아야 한다. 역사적 행위를 이해하려면 행위자의 사상이나 감정, 동기의 이해와 함께 행위가 일어난 상황에 대한 맥락적 지식이 필요한 것이다. 물론 행위자의 내면을 아는 것과 맥락적 지식은 서로 긴밀하게 관련되어 분리할 수 없다. 역사적 행위의 이해는 상황에 대한 객관적 지식을 바탕으로 해야 한다는 것이다. 여기에서 감정이입은 상황에 대한 맥락적 지식을 바탕으로 역사적 행위를 상상적으로 이해하는 것이다.

감정이입을 역사 이해의 주요 수단으로 보는 관점에서 감정이입적 역사 이해는 정의적 성격보다는 인지적 능력이 강조된다. 리(P. J. Lee)는 감정이입을 힘(power), 성취(achievement), 절차(process), 성향(disposition)으로 보는 견해가 있다고 하면서, 각각의 견해가 역사적 감정이입과 어떻게 관련되는지 논의하였다. '힘으로서의 감정이입'은 증거와는 관련이 없거나 증거에서 추론할 수 없는 어떤 특별한 힘으로 역사적 행위를 이해하는 것이다. '성취로서의 감정이입'은 행위자가 믿고 가치롭다고 여기며 느끼고 얻으려고 했던 것을 아는 것으로, 행위자의 믿음을 받아들이고 감정의 영향을 고려하는 것을 의미한다. 행위자의 생각에 반드시 공감하거나 행위자의 감정을 그대로 느낄 필요는 없다. '절차로서의 감정이입'에서는 감정이입을 행위자나 사회집단이 믿었던 것이나 그 가치를 아는 절차, 즉 다른 방법과 구별되는 특별한 발견 수단으로 취급한다. '성향으로서의 감정이입'은 감정이입을 다른 사람의 관점을 고려하려는 성향이나 경향으로 여긴다. 리에 따르면 '힘으로서의 감정이입'은 역사 이해에 별다른 역할을 하지 못하며, '절차로서의 감정이입'은 감정이입을 증거와 관련이 없는 특별한 발견 수단으로 여기기 때문에 '힘으로서의 감정이입'으로 환원될 가능성이 있다. 따라서 역사적 이해와 관련이 있는 것은 '성취로서의 감정이입'과 '성향으로서의 감정이입'이다. '성취로서의 감정이입'은 감정이입적 역사 이해의 인지적 측면, '성향으로서의 감정이입'은 정의적 측면이라고 할 수 있다. 감정이입적으로 이해하려는 성향을 가지는 것은 역사적 감정이입의 전제조건이다. 역사적 감정이입을 위해서는 역사적 믿음과 목적 사이에는 사람들이 파악할 수 있는 합리성이 존재한다는 것을 인정해야 하는데, 이러한 전제가 '성향으로서의 감정이입'이다. 즉 '성향으로서의 감정이입'은 역사적 행위가 합리적이라고 생각하는 태도다. 그러나 성향으로서의 감정이입은 감정이입적 이해를 하는 데 필요한 전제조건이지만, 그 자체가 감정이입적 역사 이해는 아니다. 따라서 역사적 이해와 본질적으로 가장 밀접한 관련이 있는 것은 성취로서의 감정이입이다. 역사에서 성취로서의 감정이입은 증거에 토대를 둔 상상적 재구성으로, 역사적 행위자가 마음속에 가지고 있던 믿음, 목적, 가치를 파악함으로써 이루어진다. 이는 다른 사람의 감정이나 정서를 받아들인다는 정의적 의미가 아니라, 자료를 토대로 다른 사람의 감정을 상상하는 인지적 능력이다. 여기에서 재구성은 넓은 의미로는 추론이지만, 형식적으로 엄격한 추론은 아니며, 직관에 의존하기도 한다.

역사적 감정이입의 인지적 성격을 강조하는 사람들은 감정이입적 이해와 공감(sympathy)을 다른 것으로 본다. 역사에서 감정이입은 다른 사람의 믿음, 가치, 목표, 목적에 동의하거나 이를 수용할 것을 요구하지 않는다. 공감은 통상 두 가지 의미를 가지고 있다. 첫째는 어떤 사람의 감정이나 정서를 공유하는 것, 둘째는 그러한 감정을 적절하다고 느끼는 것이다. 공감은 첫 번째 단계를 거쳐서 두 번째 단계에 이르렀을 때 형성된다. 감정이입적으로 역사를 이해하면서 오늘날 우리가 느끼는 것과 똑같이 과거 사람들도 느꼈다고 상상할 수도 있다. 그러나 과거 사람들은 오늘날과는 다른 가치관이나 태도를 가지고 있었으며, 과거 사람들 사이에서도 여러 가지 시각이 있었다는 것을 이해하고, 때로는 그들이 우리와는 전혀 다르게 생각했다고 상상할 수 있어야 감정이입이 가능하다. 자신이 공감하는 과거 사람들의 행위뿐 아니라 자신의 관점과는 다른 행위를 대상으로도 역사적 감정이입을 할 수 있다.

스토클리(David Stockley)는 역사에서 감정이입을 공감과 혼동해서는 안 된다고 주장한다. 역사적 행위를 감정이입적으로 이해하는 것은 공감을 하지 않고도 가능하며, 공감은 오히려 감정이입적 이해를 방해할 수도 있다는 것이다. 리는 공감을 감정이입적 이해의 중심으로 삼는 것은 두 가지 측면에서 논리적으로 불가능하다고 지적한다. 첫째, 역사가는 잘못이라고 생각하는 믿음을 공유할 수 없으며, 역사적 행위자가 무엇을 알고 있는지 종종 잘못 인식한다. 둘째, 역사에서는 정서도 인지적 기초를 가지고 있다. 예를 들어 나라의 장래를 위해 선거에서 자신이 승리해야 한다고 생각한 정치가의 정책이 잘못이라고 생각하는 사람들은 선거에서 승리한 정치가가 장밋빛 미래를 제시하더라도 그의 승리감과 희망을 공유할 수 없다.

이런 관점에서 공감과 마찬가지로 동일시도 역사적 감정이입과 구별하며, 동일시를 역사적 감정이입에 필요한 요건으로도 보지 않는다. 역사 이해의 독자성을 강조한 밍크(Louis Mink)는 역사적 사실의 이해는 분석적 방법이 아니라 그 사건을 말해주는 '모든 사실을 함께 살펴보고' 개괄적으로 판단해야 가능한데, 여기에 필요한 것이 감정이입이라고 주장한다. 역사적 사실을 많이 알수록 감정이입 능력이 더욱 필요하다. 역사 이해에 필요한 능력은 감정이입에 의한 개괄적 판단이므로, 루비콘 강을 건넌 카이사르의 결정을 이해하기 위해 반드시 카이사르가 될 필요는 없다고 밍크는 말한다. 자료를 바탕으로 당시 상황을 파악하고 역사적 행위를 이해할 수 있으며, 역사의 감정이입적 이해도 이 범주에 속한다는 것이다.

이상에서 살펴보았듯이 역사에서 감정이입적 이해는 기본적으로 인지 능력에 속한다. 그러나 감정이입적 역사 이해가 전적으로 인지적 성격만을 가지는 것은 아니다. 우리는 동일한 역사적 행위를 달리 이해하기도 한다. 특히 역사적 평가가 엇갈리는 사실의 경우 이런 현상이 자주 나타난다. 이 경우 자신의 호불호에 따라서 이해가 달라지곤 한다. 예를 들어 고려 말 이성계의 위화도 회군을 생각해 보자. 이성계가 위화도에서 군대를 돌린 이유를 어려움에 빠진 고려 사회와 농민의 처지를 고려했기 때문이라고 생각할 수도 있고, 권력을 장악할 목적 때문이었다고 볼 수도 있다. 물론 두 가지 이해가 반드시 모순되는 것은 아니지만, 이성계의 행위를 이해할 때 보통 이두 가지 중 하나에 초점을 맞춘다. 그런데 이성계에게 호감을 가지고 있는 사람은 위화도 회군의 동기를 전자로 생각하며, 이성계를 싫어하거나 이성계에게 희생된 최영을 좋아하는 사람은 후자로 생각하는 경향이 있다. 이성계나 최영에 대한 선호도가 위화도 회군이라는 역사적 행위를 감정이입적으로 이해하는 데 영향을 미치는 것이다. 이렇게 볼 때 역사의 감정이입적 이해는 기본적으로 자료와 맥락적 지식을 바탕으로 한 인지적 성격의 사고활동이지만, 개인의 정서가 개입되는 정의적 성격도 가진다고 할 수 있다.

3) 역사적 감정이입의 단계

감정이입이 역사 이해의 한 방식이라고 할 때, 감정이입적 이해에 도달하려면 일련의 사고 과정을 거쳐야 한다. 이 사고 과정은 일정한 단계로 나뉘게 마련이다. 각 단계에서는 특정한 사고활동이 이루어진다. 역사적 감정이입은 맥락적 이해를 바탕으로 인간의 내면, 즉 동기나 믿음, 사상 등을 이해하는 것으로, 감정이입적 역사 이해에는 다음과 같은 사고활동이 포함된다.

① **역사적 사실의 재연**: 역사적 사실이 왜 일어났는지 특별히 고려하지 않은 채 사실 자체를 충실하게 재구성한다.
② **상황의 맥락적 재구성**: 역사적 사실을 당시 상황에 비추어 파악하고 재구성한다. 역사적 사실이 일어난 이유를 맥락적으로 이해할 수 있다. 그러나 행위자의 내면을 충분히 고려하지는 않는다.
③ **관점의 감정이입적 재구성**: 역사적 행위를 한 사람의 관점을 파악하고 설명하려고 한다. 행위자의 믿음이나 동기와 같은 내면을 이해하려고 하지만, 그와 같은 행위가 일어나게 된 역사적 상황의 맥락적 이해는 충분하지 않다.
④ **역사적 사실의 감정이입적 재구성**: 역사적 상황을 맥락적으로 이해하고 행위자의 관점을 감정이입적으로 재구성하여, 역사적 사실을 감정이입적으로 이해한다.

위의 사고 과정 중 ①은 ②~④에서 행해지는 이해의 대상이 되는 역사적 사실을 명확히 하는 것이다. 그리고 ②와 ③의 사고활동을 종합하여 ④의 사고활동에 도달한다. 이렇게 볼 때, ①~④는 서로 이어지는 일련의 사고 과정으로, 역사를 감정이입적으로 이해하는 과정이라고 할 수 있다.

그렇다면 역사의 감정이입적 이해는 실제로 어떤 모습을 보일까? 기존의 연구를 종합하면 감정이입적 역사 이해는 대체로 다음의 다섯 단계로 나눌 수 있다.

[단계 1] 감정이입적 이해를 하려고 하지 않는다.
과거 사람들이 왜 그런 행동을 했는지, 그들의 처지에서 이해하려고 하지 않는다. 자신의 견해나 관점에서 벗어나는 과거의 사실이나 행위를 불합리한 것으로 여기며, 과거 사람들의 사고방식에는 결함이 있다고 생각한다. '과거 사람들은 어리석어서', '우리만큼 지식을 갖추지 못했거나, 학문이나 과학이 발달하지 못해서', '미신을 믿어서' 그런 행위를 했다고 간주한다.

[단계 2] 고정관념에 의한 감정이입
역사적 행위를 감정이입적으로 이해하려고 한다. 그렇지만 그 시대나 사회에 대해 기존에 가지고 있던 고정관념으로 이해를 한다. '신분제 사회여서', '하늘을 두려워해서' 그렇게 했다는 식이다. 이 때문에 자기중심적 사고에 머물러 합리적 이해에 이르지 못하는 경우가 많다. 관습, 종교, 자연현상 등이 자주 나타나는 고정관념이다. 예를 들어 삼국이나 고려, 조선에서 가뭄이 심할 때 기우제를 지냈던 사실을 이해한다고 하자. 기우제는 비가 오게 해달라고 비는 것이지만, 기우제를 지낸 것은 비를 비는 것뿐 아니라 다른 목적도 있다. 또 다 같이 하늘에 비는 것이지만, 기우제를 지내는 이유와 종묘사직에 제사를 지내는 이유가 반드시 같지는 않다. 그런데 이 단계의 감정이입에서는 이 두 가지를 모두 '당시에는 하늘을 두려워했기 때문'이라고 이해한다. 고려 사회를 이해하는데, 토지제도인 전시과를 시행한 이유도 신분제 사회였기 때문이라고 생각하고, 음서제도도 신분제 사회를 유지하기 위해서라고 이해하며, 향·부곡·소의

운영도 신분제 사회의 성격을 보여주는 것이라고 받아들인다. '신분제 사회'라는 것으로 당시의 많은 사회제도를 이해하는 것이다. 그렇지만 종묘사직에 제사를 지내는 것이 반드시 하늘을 두려워했기 때문만은 아니며, 향·부곡·소의 운영은 신분제 유지보다는 국가나 조정에서 필요한 물품을 확보하는 데 주안점이 있었다.

[단계 3] 일상적 감정이입

역사적 행위를 특정 상황과 관련된 증거에 비추어 이해한다. 그러나 이 증거는 비슷한 상황에 언제나 적용될 수 있는 것으로, 그 행위가 일어났던 상황에만 특별히 적용되는 것은 아니다. 각 시대에 기우제를 지내는 행위에 대해 왜 그런 방식이나 절차로 기우제를 지냈는지에 관심을 두지 않고, 그저 '민심을 수습하려고' 기우제를 지냈다고 이해하는 것이다. '민심을 수습하려고'라는 행위의 동기는 삼국이나 고려, 조선, 그리고 현대에 이르기까지 모든 기우제에 공통적으로 적용될 수 있다. 그렇지만 이런 식의 이해는 각각의 기우제가 왜 그런 식으로 진행되었는지 맥락적으로 보여주지 못한다. 이 단계의 감정이입에서는 행위의 이유를 오늘날의 관점이나 증거로 이해하는 경우가 많다. 우리가 역사를 보는 방식과 당시 사람들이 보는 방식, 우리가 아는 것과 당시 사람들이 아는 것을 구분하지 않는다. 이 때문에 시대착오적 이해가 나타나기도 한다.

[단계 4] 제한적 역사적 감정이입

역사적 행위를 당시 상황과 관련된 증거로 이해한다. 과거 사람들의 믿음이나 목적, 가치 등을 고려하여 그들의 행위를 이해한다. 행위가 일어난 맥락에 관심을 쏟는다는 점에서 역사적 감정이입이라고 할 수 있다. 그렇지만 특정 요인에 주목하여 과거 사람들이 그런 행위를 하게 된 이유를 파악한다. 따라서 여러 요인을 종합하여 폭넓은 맥락적 이해를 하지 못한다. 위의 사례에서 고려시대에 기우제를 지내는 행위는 농업사회, 재난 대책, 풍수지리설과 민간신앙, 국왕과 관리들의 업무 등 여러 가지 역사적 사실이 복합적으로 작용하여 이루어진 것이다. 이 단계의 감정이입적 이해에서는 역사적 행위에 영향을 준 이러한 요인을 고려하지만 이중 어느 하나 또는 일부에 초점을 맞추어 이해한다.

[단계 5] 맥락적 역사적 감정이입

역사적 행위를 당시 사람들의 관점이나 상황에 비추어 이해한다. 상황을 맥락적으로 이해하는 동시에, 과거 사람들의 내면을 고려한다. 역사적 행위에 영향을 준 여러 요인을 종합하여 맥락적으로 이해하는 것이다. 위에서 예로 든 사례의 경우, 고려시대 기우제를 지낸 목적뿐 아니라, 그와 같은 방식이나 절차로 기우제가 진행된 이유를 당시 사회에 비추어 이해한다. 어떤 종류의 상황을 바라보는 과거와 오늘날의 관점이 다를 수 있다는 것을 알고, 자신의 관점뿐 아니라 과거 사람의 관점에서 역사적 행위를 이해하려고 노력한다.

여기에서 제시한 다섯 단계 중 실제로 감정이입적 이해가 나타나는 것은 단계 2부터 단계 5까지 네 단계다. 이러한 감정이입적 이해를 학습자의 사고와 관련지어보자. 단계 1에서는 감정이입적 이해와 관련된 특별한 사고활동은 일어나지 않는다. 그렇지만 단계 1에서도 역사적 사실의 재연은 나타날 수 있다. 단계 2에서는 상황의 맥락적 재구성이 이루어질 수 있다. 그러나 역사적 행위자의 내면에 대한 이해는 나타나지 않는다. 단계 3은 행위자의 믿음이나 동기를 고려하므로 관점의 감정이입적 재구성이 가능하지만, 역사적 행위를 맥락적으로 재구성하지는 못한다. 상황과 관점의 감정이입적 재구성을 종합한 역사적 사실의 감정이입적 재구성은 단계 4와 단계 5에서 이루어진다. 이중 역사적 행위에 영향을 준 여러 요인을 종합하여 맥락적으로 이해하는 단계 5가 역사적 상황을 충분히 고려한 감정이입적 이해라고 할 수 있다.

  이와 같은 역사적 감정이입의 단계는 사고 능력의 수준이 아니라 감정이입적으로 이해를 하는 과정이다. 모든 감정이입적 역사 이해가 이런 단계를 거치는 것은 아니지만, 대체로 각 단계의 이해는 다음 단계의 이해를 위해 필요하다. 고정관념에 의한 감정이입은 역사적 사실의 올바른 이해를 방해할 수도 있다. 그러나 어느 정도 역사적 지식을 가지고 있거나 교사의 적절한 지도가 있다면 고정관념에 의한 역사 이해는 다음 단계의 이해로 나아갈 수 있다. 일상적 감정이입은 역사 학습에 기본적으로 필요하다. 학생들은 선지식이나 익숙한 경험에서 감정이입적 이해를 이끌어내는 경우가 많기 때문이다. 일상적 감정이입은 감정이입적 이해 활동이 포함되는 수업을 통해 역사적 감정이입으로 이어질 수 있다.

4) 감정이입적 역사 이해 비판

  이상에서 보았듯이 역사 이해의 독자성을 주장하는 사람들은 감정이입이 역사를 이해하는 중요한 수단의 하나라고 본다. 그렇지만 감정이입적 역사 이해 이론을 비판하는 견해도 있다. 감정이입을 역사 이해의 주요 수단으로 받아들이는 사람들도 역사적 감정이입이 아직까지 이론적으로 체계화되지 못했다는 점을 지적한다. 상상과 감정이입, 공감, 동일시 등의 개념이 통일성을 가지고 사용되지 못하고 있으며, 역사적 감정이입의 단계도 애매하거나 자료로 확실히 뒷받침되지 못하고 있다는 주장이 그러한 예다.

근본적인 비판은 감정이입으로 역사를 이해하는 것이 가능하지 않다는 주장이다. 감정이입적 역사 이해의 가능성을 둘러싼 논의는 역사인식에 대한 견해의 차이에서 비롯된다고 할 수 있다. 감정이입적 역사 이해는 같은 자료를 바탕으로 할 때 과거 행위자의 의도나 동기를 이해할 수 있다는 것을 근거로 한다. 그러나 비판자들은 그러한 이해가 과연 가능한지에 대해 의문을 제기한다. 이들은 현재 사회에서 살고 있는 역사가는 과거 행위자의 마음을 이해할 수 없다고 주장한다. 외형적으로 비슷한 요인을 접하더라도, 과거 행위자와 오늘날 역사가가 그 상황을 바라보는 방식은 서로 다르다고 본다. 역사가와 과거 행위자가 서로 다른 문화 속에서 살아가고 있기 때문이다. 즉 역사가와 역사적 행위자는 서로 다른 정신 코드를 가지고 있다는 것이다.

텍스트론의 관점에서 역사를 감정이입적으로 이해하는 것이 가능하지 않다는 비판도 있다. 텍스트론에서는 자료를 동일하고 확정적인 정보의 제공자가 아니라 하나의 텍스트로 보아야 한다고 주장한다. 역사 자료는 그것을 만든 사람의 해석이 들어가 있는 하나의 텍스트다. 역사 자료에 담겨 있는 역사적 사실은 과거에 일어났던 일 그대로가 아니라 자료를 만든 사람이 해석한 역사적 사실이다. 이런 이유로 역사 자료는 그것이 다루는 역사적 사건에서 행위자가 고려했던 요인을 그대로 담을 수 없다. 감정이입적 역사 이해가 가능하려면 역사가가 자료를 통해 역사적 행위자와 같은 상황 속에 들어가야 하고, 그들이 생각하고 행동을 할 때 고려하는 요인들을 접해야 한다. 그러나 이는 원천적으로 불가능하다는 것이다.

남아 있는 자료를 바탕으로 한 역사 이해도 그것을 읽는 사람의 해석을 거치는 텍스트다. 자료를 읽는 것이 이러한 성격을 가지고 있다는 관점에서 보면, 저자의 의도나 텍스트의 표현 틀에 얽매이기보다는 자신의 관점과 해석에 따라 역사를 이해해야 한다. '비판적 역사 읽기', '해체적 역사 읽기'를 해야 한다는 것이다. 이런 관점에서는 역사적 행위자의 처지에서 역사적 사실을 해석하는 감정이입적 이해는 의미가 없으며, 역사적 행위자와 동일한 추체험은 가능하지 않다. 동일한 상황을 다룬 같은 자료를 접하더라도, 보는 사람에 따라 역사 이해는 달라지게 마련이며, 그것이 역사 이해의 본질적 모습이기도 하다.

텍스트론의 관점에서 역사적 감정이입의 성격을 보여주는 맥락적 이해의 가능성을 부정하기도 한다. 맥락적 이해를 하려면 역사적 행위가 일어난 당시 상황을 알아야 한다. 그렇지만 우리는 당시 상황이라는 컨텍스트를 자료를 통해 알 수밖에 없다. 그 자료는 만든 사람의 관점이나 해석이 들어가 있는 텍스트다. 이처럼 극단적 텍스트론의 관점에서는 모든 자료가 텍스트이며 컨텍스트는 존재하지 않는다. 이런 논리에서 맥락적 이해는 가능하지 않으며, 자연히 맥락적 이해를 전제로 하는 역사적 감정이입도 성립하지 않는 것이다.

대표적인 포스트모던 역사학자로 꼽히는 젠킨스(Keith Jenkins)는 역사 이해에서 감정이입이 불가능한 이유를 네 가지 제시한다. 이 중 두 가지는 철학적 문제이고, 두 가지는 실천적 문제다.

첫 번째 철학적 문제는 과거 사람들의 마음을 이해하는 것이 가능하지 않다는 것이다. 젠킨스는 철학자들이 오랫동안 절친하게 지내던 사람들의 마음속으로 들어가는 것이 불가능하다는 결론을 내렸다고 말한다. 하물며 시·공간적으로 멀리 떨어져 있는 전혀 모르는 사람들의 마음속으로 들어갈 수 있느냐는 것이다.

두 번째 철학적 문제는 첫 번째의 연장선상에 있다. 모든 의사소통에는 반드시 해석이 포함되는데, 이 해석은 과거가 아니라 현재의 관점에서 구성될 뿐이라는 것이다.

첫 번째 실천적 문제로 역사가는 이론적으로 모든 종류의 인식론, 방법론, 이데올로기적 가정 속에서 연구 작업을 한다는 점을 든다. 이와 같은 역사 만들기와 관련된 실천적 문제들을 제거하고 '과거를 과거답게' 만들 수는 없다는 것이 젠킨스의 주장이다.

두 번째로 젠킨스는 우리가 역사적 인물에 감정이입을 할 수 없다는 점을 든다. 젠킨스는 감정이입이 수업을 하는 교수의 마음과 같다고 한다. 역사적 사실을 이야기하면서 교수는 콘텍스트 속에서 역사적 행위를 보라고 말한다. 여기에서 교수가 말하는 콘텍스트는 역사적 행위가 일어난 당시의 상황이다. 그렇지만 강의를 듣는 학생들이 실제로 역사적 행위를 보는 콘텍스트는 역사적 상황이 아니라 자신이 참석한 수업의 경험이라는 것이다.

역사적 감정이입에 대한 젠킨스의 비판은 감정이입적 이해가 다른 사람의 마음을 그대로 이해하는 것을 전제로 한다. 즉 역사적 행위를 이해할 때 과연 우리가 행위자의 생각을 그대로 감정이입할 수 있느냐는 것이다. 그렇지만 역사의 감정이입적 이해는 역사적 행위자가 합리적으로 행동했다는 것을 전제로 한다. 우리가 가까이 지내던 사람의 마음을 이해하지 못하는 것은, 그가 보통 때 보이던 행동과 다른 생각을 마음속에 가지고 있는 경우다. 감정이입적 역사 이해는 우리가 합리적으로 이해할 수 있는 범위의 생각을 전제로 한다. 물론 역사적 행위 중에는 우연히 일어났거나, 상식적으로 이해하기 힘든 이유 때문에 일어난 것도 있을 수 있다. 그렇지만 이러한 사실은 역사 이해의 범위에서 벗어나는 것이다. 감정이입적 역사 이해는 합리적으로 이해할 수 있는 범위 내에서 이루어진 행위를 대상으로 한다. 그런데 젠킨스는 상당 부분 거기에서 벗어나는 행위를 이해할 수 없다는 이유를 들어 감정이입적 역사 이해가 불가능하다고 비판하는 것이다.

III. 역사 해석과 판단

1. 역사 해석

1) 역사 해석의 개념

이해와 해석은 서로 구분하기 어려운 개념의 용어다. 이해와 해석은 둘 다 사물이나 현상의 의미를 파악하는 것이며, 이해는 본질적으로 해석적이다. 가다머가 이해를 해석의 한 과정으로 본 것은 이 때문이다. 이해가 사물 또는 현상의 의의(significance)나 중요성(importance)을 파악하는 것이라면, 해석은 어떤 기점이나 상황에서 그것이 나타내는 바를 파악한다. 즉 해석은 어떤 기점이나 상황에서 자신의 목적에 비추어 이해하는 것이다.

텍스트를 해석한다는 것은 텍스트의 의미를 밝히는 것이다. 여기에서 의미는 언어가 표현하는 대상을 가리키기도 하고, 이와 관련된 체험을 뜻하기도 한다. 텍스트를 해석하는 보편타당한 방법은 없다. 텍스트는 그 속에 의미를 담고 있지만, 이를 발화(發話)라는 형태로 나타낸다. 같은 의미를 다른 사람에게 전달하려는 텍스트라고 하더라도 표현 형식에 따라 표면적으로는 달리 보일 수 있으며, 전달력에서도 차이가 나타난다. 이런 점에서 역사 텍스트의 해석은 보통 두 가지 방법으로 이루어진다. 하나는 일반화에 의한 해석으로, 텍스트의 주요 주제와 주장을 통해 일반적 개요를 제시하는 것이다. 다른 하나는 텍스트의 발화력(發話力)을 확인하는 것으로, 텍스트의 언어적 기능에 주목하는 것이다. 하나의 텍스트는 서로 다른 몇 가지 언어적 기능을 가지고 있는 경우가 많으며, 이중 어떤 것이 가장 설득력 있다고 하기는 어렵다.

역사 해석은 역사적 사실을 역사의 흐름 속에 자리매김하고, 역사적 사실에 의미를 부여한다. 역사 해석은 대체로 두 단계를 거친다. 첫 번째는 텍스트의 기본적 의미(basic meaning)를 정하는 것이고, 두 번째는 전체적 의의(significance)를 밝히는 것이다. 전체적 의의는 텍스트 저자의 믿음이나 태도, 그가 살았던 사회와 관련이 있다. 해석적 역사는 구조적으로 중요하다고 생각되는 요소가 무엇인가 하는 관점에서 역사적 상황이나 사실을 서술한다. 여기에서 구조적으로 중요하다고 생각하는 것은 역사가가 관심을 가지는 문제다. 이러한 해석적 역사 서술은 각각의 요소로 구성되는 전체가 명백하고 부분적으로 모순이 없어야 한다.

텍스트 해석은 이 두 단계를 거치지만, 거꾸로 텍스트 해석에 따라 그 기본적 의미가 정해지기도 한다. 특히 텍스트의 기본적 의미가 명확하지 않거나, 텍스트를 자신이 선호하는 해석에 맞춰 이해하려고 할 때 더욱 그렇다. 텍스트의 맥락이나 작가를 잘 알지 못할 때는 정확한 읽기를 하는 것이 텍스트의 기본적 의미를 정하는 믿을 만한 방법이면서, 텍스트의 전체적 의의를 밝히는 데 도움을 줄 것이라고 가정한다. 텍스트의 기본적 의미는 전체적 의의와 잘 들어맞을 수 있다고 보는 것이다. 그러나 텍스트의 전체적 의의는 보는 사람이나 관점에 따라 달라질 수 있다. 이 때문에 전체적 해석이 어떤 텍스트의 기본적 의미를 정하는 믿을 수 있는 방법이 되지는 못한다. 텍스트의 기본적 의미는 전체적 해석에 의존하지 않고도 정할 수 있다. 학자들은 보통 어떤 텍스트의 기본적 의미에 동의하더라도, 전체적 의의에는 동의하지 않는 경우도 많다.

대부분의 역사 서술에는 역사가의 해석이 곁들여 있다. 1991년 공포된 영국 국가 교육 과정에서는 역사교육 목표의 세 영역 중 하나로 역사 해석을 제시하였다. 모두 10개 수준으로 구성된 목표 중 첫 번째는 "이야기는 실제로 존재했거나 가공 인물에 대한 것일 수 있음을 이해한다"는 것이며, 가장 높은 수준은 "역사를 가능한 한 객관적으로 만들려고 시도할 때 부딪히는 쟁점에 대한 이해를 보여준다"는 것이다.[16] 여기에는 역사 해석이 역사적 사실의 본질적 성격을 바탕으로 하는 것이라는 생각이 깔려 있다. 역사 서술은 지난날 일어났던 사실의 전달뿐 아니라, 그 사실이 당시 사회나 역사의 전개 과정에서 가지는 의미를 내포한다.

조선 후기 신분제 변동을 예로 생각해보자. 우리는 현재 남아 있는 호적과 같은 자료에서 조선 후기에 양반이 급속히 늘어나고 노비가 줄어들었음을 알 수 있다. 이것은 역사적 사실이다. 그러나 이렇게 서술하는 데 그치지 않는다. 역사책에서는 으레 신분제 변동이 "신분 이외에 경제력이 사회적 지위를 결정하는 중요한 요인이 되었다"거나, "봉건적 사회질서가 해체되어가고 있음을 보여주는 중요한 지표다"라는 식으로 의미를 부여한다. 이와 같은 서술은 역사가가 지난날 일어났던 일을 해석한 결과다.

역사가들은 이런 해석을 할 때, 어느 한순간에 나타나는 상황이 아니라 일정 기간 지속되는 맥락에 비추어 역사적 사실에 구조를 부여한다. 역사적 사실의 의미는 어느 한순간에 결정되는 것이 아니라 상당 기간 역사적 흐름에 비추어 파악해야 하기 때문이다. 따라서 역사 해석은 보통 그보다 먼저 또는 뒤늦게 일어난 다른 사건과의 관계를 고려하여 이루어지게 된다.

역사 해석은 관심을 가지고 있는 사건을 집중적으로 다룬다. 다른 역사 이해와 마찬가지로 증거에 토대를 두며, 연구의 진행 과정에서 이루어진다. 해석적 역사 서술은 역사적 증거에 모순이 있어선 안 되며 전체적으로 그 의미가 명백해야 한다. 만델봄(Maurice Mandelbaum)은 역사가는 역사 서술을 할 때 다루는 사건들과 관련하여 구조에서 가장 중요하다고 생각하는 특정한 상황을 묘사한다고 했다. 사건을 상세히 이해하기 위해 배경을 캐는 것이 아니라 사태 자체를 해석하려는 의도에서 이러한 작업을 한다는 것이다. 만델봄은 이를 해석적 구조를 가진 역사 서술로 보았다. 만델봄의 견해대로하면 역사가의 주변 임무는 여러 가지 사건들의 설명이나 연구를 단순히 계기적으로가 아니라 어떤 생활의 특정한 양상을 서술하여 나아가는 것이라고 할 수 있다.

역사 해석은 다양한 시각에 입각하여 제시되며 수시로 수정되기도 한다. 역사 해석은 사실에 매우 가까운 경우가 있는가 하면, 개인의 주관적 견해가 상당히 들어간 의견인 경우도 있다. 역사 해석은 절대적이거나 고정적이지 않고 역사가의 관점에 따라 달라질 수 있다는 것을 깨닫는 게 중요하다.

2) 역사 해석의 형태

해석이 의미를 밝히는 것이라고 할 때, 해석의 형태는 어떤 의미를 밝히려고 하는 것인지와 관련이 있다. 월시(W. H. Walsh)는 역사의 의미(meaning of history)와 역사 속의 의미(meaning in history)를 구분하였다. '역사의 의미'는 역사의 개념, 역사학의 의의, 역사 지식의 효용성과 같은 철학적 의미를 뜻한다. '역사 속의 의미'는 지난날 역사의 흐름 속에서 존재했던 역사적 사실의 의미를 뜻한다. 역사 해석은 주로 후자를 밝히는 것이다. 그렇지만 전자에 대해 역사가가 가지고 있는 생각은 역사 해석에 상당한 영향을 미친다.

역사 해석은 크게 개괄적 해석과 맥락적 해석, 두 가지로 나눌 수 있다. 개괄적 해석은 역사적 사실을 이해하거나 설명하는 데 필요한 전체적 특징을 일반적으로 서술하는 것이다. 맥락적 해석은 역사적 사실에 당시 상황과 관련지어 의미나 의의를 부여하는 것이다.

개괄적 해석은 핵심 아이디어를 언급하는 것이라고 할 수 있다. 선개념이나 선입견 없이 어떤 주제를 면밀히 검토하여, 자신이 발견한 것과 관련이 있으면서 이를 설명하는 데 도움이 되는 일반적 서술을 할 수 있는데, 이때 일반적 서술이 개괄적 해석이다. 개괄적 해석은 자료가 보여주는 역사적 사실들 사이의 관계에 관심을 둔다. 이 관계가 일정한 패턴을 가지고 있을 때, 개괄적 해석은 자료의 여러 요소를 하나의 구조로 연결 짓는다. 역사가는 자료의 내용을 새로 면밀히 분석하여 역사적 사실에 구조를 부여하기도 하지만, 역사적 사실의 주요 경향을 제시하는 정도에 그치기도 한다. 때로는 어떤 역사적 사실을 체계적으로 기술하는 방식으로 패턴을 찾고, 이를 하나의 해석으로 제시하기도 한다.

역사가들은 체계적이면서도 높은 수준의 일반성으로 역사적 사실을 서술하는 수단으로 개괄적 해석을 한다. 예를 들어 전쟁사 서술에서 전쟁의 모든 국면을 서술하는 대신, 주요 인물이나 그들 사이에 일어난 갈등에 초점을 맞출 수 있다. 전쟁의 전개 과정이나 결과는 전쟁에서 주역을 맡은 인물들에 따라 달라진다. 인물들에게 초점을 맞추어 전쟁을 서술한다면, 이들의 구체적 생각이나 행동에 전쟁의 성격이라는 높은 수준의 일반성을 부여하는 것이다. 이는 전쟁의 일반적 개념을 가지고 설명할 때는 가능하지 않다. 전쟁의 주요 인물이 생각하고 행동했던 것을 구체적으로 기술해야 한다. 이처럼 주요 인물을 상술하여 전쟁에 일반적 구조를 부여하는 것이 개괄적 해석의 한 가지 형태다.

맥락적 해석은 말이나 글이 아니더라도 만들어진 맥락에서 텍스트가 이야기하려는 의미를 밝히는 것이다. 해석을 하는 사람이 보기에 텍스트의 의미가 무엇인지 진술하는 것이다. 즉 텍스트가 어떤 질문에 답하고 있는지, 텍스트가 가지고 있는 관점이 무엇인지, 텍스트가 강조하거나 무시하려는 당시 삶의 방식이 무엇인지, 텍스트가 발견한 것을 제대로 보고하고 있는지 등을 진술하는 것이다.

2. 역사적 판단

1) 역사적 판단의 개념

판단은 사물의 진위, 선악, 아름답고 추함 등을 직관적이거나 상상적으로 결정하는 사고 작용이다. 블룸은 내적 준거나 외적 준거에 의해 진술, 고증, 증명 등이 정확한지 평가하는 것을 판단이라고 하였다.

역사 판단은 개연성(probability)과 신빙성(plausibility), 확실성(certainty)의 단계를 거친다. 역사적 사실을 판단할 때 우리는 '그것이 실제로 어떠하였다'는 생각을 하게 된다. 그렇지만 처음 떠올리는 이런 생각은 역사적 사실의 실체에 대한 여러 가지 가능성 중 하나다. 이 단계의 판단은 개연성이다. 그런 다음 우리는 가지고 있거나 확인할 수 있는 증거를 토대로 자신의 판단이 맞는지 점검한다. 개연성을 관련된 상황이나 알려져 있는 사실을 토대로 판단하며, 가지고 있는 정보와 일치하는지 검토한다. 그 결과 개연성은 신빙성이 된다. 그렇지만 신빙성이 있어 보이는 사실들이 모두 참인 것은 아니다. 관련된 자료를 충분히 모아서 자신의 판단을 재검토하고, 그 판단을 받아들일 수 있을지 결정한다. 그렇게 해서 내린 판단은 역사적 사실의 최종적 해석이 되며, 자신의 역사인식으로 굳어진다. 확실성을 가지고 역사적 판단을 하는 것이다.

크로체는 역사적 판단이 개별적 사실의 판단이라고 보았다. 크로체에게 역사적 판단은 개별적 사실과 일반적 개념을 연결시키는 것이다. 따라서 개별적인 역사 사실의 판단이라고 하더라도, 거기에 의미를 부여하고 일반적 개념으로 이해하려 한다는 점에서 철학적 사고를 내포한다.

한편 와츠(D. G. Watts)는 판단을 논리적 사고와 연상적 사고가 통합된 가장 높은 수준의 사고로 제시하였다. 와츠는 지적 능력을 가진 성인의 판단에 포함될 수 있는 요소를 다음과 같이 제시한다.[17]

① 어떤 충고가 유용한지 알 수 있게 해주는 준학문적(sub-academic) 수준의 광범한 구체적 지식
② 개성, 관용, 인간관계 등에서 나타나는 정의적 영역의 많은 기능을 포함
③ 결정적 증거 없이 결론을 내리고 판단을 하며, 어떤 상황의 가능성을 보고, 육감이나 직관을 활용할 수 있는 능력
④ 대부분의 학술적 과제에서는 필요로 하지 않는 몇몇 운동 요소. 예컨대 신체적 과업을 수행하고, 장비를 다루고, 그것의 효용성을 평가하고, 그것을 사용하는 데 수반되는 신체적 문제를 파악하는 능력
⑤ 지각과 공간 기능, 좋은 눈, 형태·크기·시간 및 거리, 사물들 사이의 관계, 상황에 대처할 수 있는 신체적 능력의 사전 인식
⑥ 이러한 구체적 상황에서 논리적으로 생각할 수 있는 실천적 능력

와츠가 말하는 판단이란 인지적, 정의적, 심리운동적(신체적) 영역을 종합한 사고 능력이다. 즉 역사적 판단에는 지각적 기능, 구체적 상황에 대한 숙지, 합리적 사고와 연상적 사고, 심상(imagery)의 사용, 추측이나 육감, 있을 수 있는 일을 추리하는 능력 등이 포함된다. 그러나 역사적 사고에서 심리운동적 영역은 별다른 의미를 갖지 않으므로, 역사적 판단은 인지적 능력과 정의적 능력을 종합한 것이

라고 할 수 있다.

2) 역사적 판단의 기능

역사는 인류와 그들의 문제, 행동의 동기, 원인과 결과를 보여준다. 이 과정에서 역사 연구는 다른 어떤 학문 분야보다 자연스러운 판단을 필요로 할 때가 많다. 역사가는 연구 과정에서 여러 가지 판단을 한다. 설명과 해석을 통하여 중요하고 유의미한 판단을 하는 것이다.

연구 주제와 자료의 판단은 역사 연구에서 흔히 나타난다. 어떤 문제가 연구할 가치가 있는지 판단하여 연구에 들어간다. 그리고 어떤 자료가 연구 목적을 이루는 데 유용한지 판단하여 선택을 한다. 만약 연구에 이용할 수 있는 사료가 여럿 있다면, 그중 어느 것이 더 중요하고 덜 중요한지 판단하여 주 자료와 보조 자료로 삼는다.

역사적 판단의 또 다른 기능은 역사적 사실과 역사 서술을 연결시켜주는 것이다. 자신이 이해한 역사적 사실을 어떻게 하면 효과적으로 전달할 수 있을지 결정하는 것이 역사가의 판단이다. 이는 단순히 역사적 사실을 밝히는 것이 아니라, 그것을 알맞게 표현하는 능력이다. 따라서 역사 서술은 역사적 사실 자체는 아니며, 역사적 사실에 대한 역사가의 해석과 동일한 것도 아니다.

역사를 이해하려면 다른 시대와 상황에서 사람들이 사용한 언어의 의미와 함의를 밝힐 수 있어야 한다. 이중 중요한 것은 편견을 가리는 일이다. 편견을 밝히는 것은 책이나 글이 작성된 역사적 상황과 저자의 동기를 이해하고, 감정적이고 비유적인 언어를 인식하는 것이다. 많은 단어가 가치 판단을 포함한다. 언어도 그 자체의 역사를 가진다. 단어는 그 자체의 형식을 가지지만, 의미가 변하고 새로운 아이디어 및 태도가 다양하게 결합된다. 다른 시기 사람의 생각은 의미와 용법의 이러한 변화를 인식해야 이해할 수 있다.

　판단 행위는 어떻게 반응해야 하는지 배우지 않은 상황에 직면했을 때 나타난다. 이 때문에 역사적 판단은 정답에 가까운 것이거나 최종적이지 않은 것이 보통이다. 필(E. A. Peel)은 판단이 이제까지 배운 것으로는 적절한 대답을 할 수 없는 상황이나 최종적인 하나의 정확한 대답을 할 수 없는 상황에서 이루어진다고 하면서, 서로 다른 기준을 만족시키는 여러 가지 응답이라고 했다. 역사적 상황이나 현상을 서로 달리 파악하여 다양한 의견이 제시될 수 있다는 것이다. 이러한 과정을 거치면서 기본적으로 증거에 들어맞는지 확인하게 되므로, 역사적 판단은 본질적으로 주관적인 것은 아니다. 다만 역사적 판단에는 자연과학과 같이 명백한 객관성이 결여되는 것이 보통이며, 어느 정도 인간의 정서적 상태에 의존하는 경우도 있다.

　역사적 판단은 다른 학문이나 교과와 같이 전문적 용어에 의존하지 않고 일상적 언어로 표현되는 경우가 많으며 상식적 사고와 밀접한 관련을 가진다. 일반적인 탐구력과 같은 사고 능력은 역사적 상황이나 현상, 자료를 대할 때 도움이 된다. 그렇지만 역사적 판단을 하는 데는 상식적 사고나 일반적 탐구력과는 다른 사고 기능을 필요로 하는 경우도 있다. 이는 역사적 판단이 겉으로 명확히 드러나지 않는 사실을 바탕으로 하는 경우도 있기 때문이다.

3) 가치 판단

　역사적 판단에는 도덕적 가치가 개입되기도 한다. 중요한 역사적 행위에는 도덕적 문제가 포함되는 경우가 많은데, 역사가는 이를 분석하고 평가한다. 우리는 어떤 역사적 사건을 이야기할 때 그것이 바람직한 것이었는지 아니었는지를 생각하며, 인물을 떠올릴 때 긍정적이거나 부정적이라고 평가하는 경우가 많다. 여기에는 역사적 사건이나 인물을 바라보는 개인의 가치 판단이 들어가게 마련이다.

그렇다면 역사학에서 역사적 사건이나 인물을 도덕적으로 판단하거나, 역사교육에서 학생들이 긍정적이거나 부정적으로 인식하도록 가르치는 것이 바람직할까? 이는 역사 연구에 가치가 개재될 수밖에 없는지 여부와, 역사교육에서 가치를 가르치는 것이 바람직한지, 만약 가치 교육이 필요하다면 어느 정도 비중을 두어야 한다고 생각하는지와 관련이 있다.

많은 역사가들은 역사적 사실이나 인물에 대해 도덕적 판단을 하는 것을 꺼린다. 가치 판단이 역사 이해를 왜곡시키거나 올바른 판단을 방해할 수 있다고 생각하기 때문이다. 역사적 사실에 가치를 부여하려면 도덕적 판단을 해야 하는데, 이는 역사 연구의 객관성을 저해할 우려가 있다는 것이다. 버터필드(H. Butterfield)는 삶이 전적으로 도덕의 문제이지만, 도덕적 결론을 내리는 것은 역사가의 일이 아니며, 역사가의 본래 임무는 사건의 관찰 가능한 상호관계 연구라고 주장했다.

역사 연구는 도덕적 판단을 피해야 한다고 생각하는 역사학자들은 역사가 가능한 한 객관적이어야 한다는 점에서 역사교육은 가치 교육과 거리를 두어야 한다고 주장한다. 가치 교육은 역사가 아니라 주로 윤리나 도덕에서 맡아야 한다는 생각이다. 이처럼 역사 연구나 교육에서 도덕적 판단을 삼가야 한다는 주장의 논거는 대체로 다음과 같이 정리될 수 있다.

첫째, 도덕적 판단은 선악을 구분하는 것인데, 이는 역사가의 임무가 아니다. 역사가는 개인적 선호를 개입하지 않은 채 진리만을 추구해야 한다.

둘째, 가치가 개입되는 역사적 판단을 하려는 것은 역사 탐구에 지장을 준다.

셋째, 인간은 최종적인 도덕적 판단을 할 능력이 없다. 인간이 하는 도덕적 판단은 정치적 판단이거나 사소한 것이거나 도덕적 판단을 가장한 판단에 지나지 않는다.

역사교육의 목적은 도덕적 가치관의 형성에 있지 않다. 역사가는 상황의 압력과 인간 자유의 한계를 의식하여 개인에 대한 도덕적 판단을 주저한다. 그렇지만 많은 역사학자나 역사교육자들은 역사적 사실이 가치 판단과 엄격히 분리될 수 없으며, 도덕심을 함양하고 가치를 배우는 것이 역사교육의 중요한 목적 중 하나라고 생각한다. 역사 학습을 통해 다른 사람의 가치를 배우고, 자신과는 다른 사람의 가치를 존중해야 한다는 것이다. 이들은 역사가 과거 사람들의 행동이나 생각을 다루는 것이므로, 역사적 행위자의 가치 판단을 확인하고, 왜 그런 가치를 선택했는지 검토하는 것이 역사교육의 중요한 부분이 될 수 있다고 본다. 역사는 도덕의 문제이며, 역사적 사실을 보는 가치관을 세우는 것이 역사교육의 필수 요소라는 관점이 깔려 있다.

역사학이나 역사교육에서 가치 판단의 문제를 둘러싼 상반된 주장 가운데 어느 편이 타당한지 논하는 것은 복잡한 철학적 문제일 것이다. 그렇지만 역사적 사실에는 가치가 내재되어 있으며, 역사교육이 가치 교육의 성격을 포함하고 있다는 것은 부인하기 어렵다. 역사적 사실은 과거에 일어난 일이지만, 거기에는 이미 행위자의 가치가 깃들어 있다. 또한 역사 연구가 과거에 일어났던 일을 기술하는 것뿐 아니라, 이를 설명하거나 해석하는 것이므로, 그 속에는 역사가의 가치관이 들어가게 마련이다. 따라서 역사 이해를 위해서는 역사적 행위자와 역사가의 가치 판단을 고려해야 한다. 역사를 이해하는 것이 학습자의 더 나은 도덕적 판단을 이끌지는 않는다고 해도, 역사적 사실을 이해하려면 어느 정도 도덕적 판단이 필요한 것이다. 역사학과 역사교육의 이러한 성격을 고려할 때, 가치중립적이고 몰가치적인 역사 연구나 교육은 가능하지도, 바람직하지도 않다. 따라서 문제가 되는 것은 가치 판단을 하는 방법과 바람직한 가치가 무엇인가 하는 점이다.

근래 사회에서는 상대적 가치관, 다원적 가치관이 강조되고 있다. 역사학에서도 이런 가치관을 가지고 있어야 역사인식의 폭이 넓어지고 다양한 시각에서 역사를 바라볼 수 있다고 지적한다. 그럴 때 다른 사회와 문화를 이해하는 데 도움이 되며 현대사회에서 부딪히는 많은 갈등을 해소하거나 완화시킬 수 있다는 것이다. 이런 관점에서 보면 역사교육에서 가치 판단을 하게 할 때, 학생들에게 자신의 판단이 하나의 견해라는 점을 알게 해야 한다.

Ⅳ. 역사 이해와 역사 수업

1. 역사 학습에서 이해의 의의

1) 생생하게 다가오는 역사 수업

역사를 가르칠 때 교사들이 하는 고민 중 하나는 "어떻게 하면 재미있게 역사 수업을 할 수 있을까?" 하는 것이다. 물론 역사 수업이 재미만을 추구하는 것은 아니다. 하지만 재미없는 역사 수업의 가장 큰 문제점은 학생들에게 와닿지 않는다는 것이다. 학생들은 수업에서 다루는 내용이 자기와는 관계없는 이야기라고 여겨 별다른 재미를 느끼지 못한다. 그렇다면 학생들이 자신의 이야기라고 느낄 수 있게 한다면, 흥미를 끌면서도 의미 있는 수업이 되지 않을까?

역사적 사실의 성격에 비추어, 역사 이해를 추구하는 수업에서 그 가능성을 찾을 수 있다. 원래 역사는 인간의 삶을 다룬 것이다. 역사 수업의 내용이 인간의 삶을 느낄 수 있게 하는 것이라면, 학생들의 흥미를 불러일으키고, 의미를 줄 수 있을 것이다.

역사 수업에서 다루는 역사적 사실을 학생들 자신의 삶으로 느끼게 하기 위한 가장 좋은 방법은 학생들이 그 인물이 되게 하는 것, 즉 체험을 하게 하는 것이다. 실제의 역사적 상황 속에서 과거 인물이 되어 행동을 한다면, 그것이 바로 역사이고 학생 자신의 삶이 될 것이다. 그렇지만 이는 근본적으로 불가능하다. 과거에 일어났던 역사적 상황은 실제로는 다시 일어나지 않는다. 학생들은 그 역사 속 인물이 될 수 없으며, 역사적 상황을 되풀이할 수도 없다. 어쩔 수 없이 학습의 대상이 되는 역사적 사실이 일어났던 것과 비슷한 상황을 인위적으로 설정해놓고, 과거 인물의 입장이 되어서 어떤 행동을 해보거나 왜 그런 행동을 했을까를 추측해보는 수밖에 없다. 역사 수업에 추체험이나 감정이입과 같은 이해의 과정을 도입한다면 역사적 사실은 학생들에게 좀 더 생생하게 다가갈 수 있을 것이다.

2) 학습자의 상상력 자극

우리가 알고 있는 역사적 사실은 사료에 나타나 있는 내용을 토대로 재구성을 한 것이고, 여기에는 상상이 들어간다. 그렇다면 학생들에게 이러한 과정을 되풀이하게 하는 것은 어떨까? 그러면 학생들은 역사적 사실에 대해 좀 더 접근하고, 이를 의미 있게 받아들이지 않을까?

역사를 재구성한다는 것은 인간이 살아가는 하나의 이야기를 쓴다는 것과 같다. 그리고 그 이야기 속에는 겉으로 드러난 행동뿐 아니라, 그런 행동을 하면서 고려하고 갈등했던 사람들의 생각이 들어간다. 재구성된 역사적 사실에는 등장인물의 내면이 녹아 있는 것이다. 그렇지만 이는 엄밀히 말하면 역사적 인물 자신의 생각이나 행동이 아니라, 역사가가 재구성한 생각이나 행동이다. 그러기에 십자군 원정에 나선 유럽 제후나 기사들의 행동과 생각은 역사책에 따라 달라지며, 광해군의 통치와 사고방식에 대한 상반된 평가가 존재하는 것이다. 그런 의미에서 사료를 바탕으로 한다고 하지만, 역사를 재구성하는 일은 글을 쓰는 문학적 행위와 성격을 같이하는 면이 있다.

이야기를 구성하고 인간의 내면을 표현하는 것은 역사보다 문학이나 예술에서 훨씬 더 두드러진다. 그렇다면 자료에 나타나 있는 역사를 상상적으로 재구성하는 작업은 실제로 문학이나 예술활동과 같은 성격의 것일까?

그런데 문학작품에 나타나는 인간의 내면은 그것이 실제로 일어났거나 일상 사회에서 가능한지 여부는 별로 중요하지 않다. 오히려 실제로 일어나기는 어려운 극적인 반전이나 우연에 의해 전개되는 작품일수록 구성이 치밀하다는 평가를 듣기도 한다. 역사의 경우는 그렇지 않다. 역사의 재구성은 기본적으로 사료의 내용을 토대로 한다. 상상이 들어가는 것은 사료에 명확히 나타나 있지 않거나 빠져 있는 내용이다. 이 경우에도 쓰는 사람 마음대로 상상해서 구성하는 것이 아니라, 이미 알고 있는 역사적 사실이나 당시의 상황 등을 토대로 하여 합리적으로 생각해보았을 때 실제로 일어났을 법한 이야기를 만들어내는 것이다.

2. 역사교육 목표로서 역사 이해

1) 이해와 이해력

이해는 언제나 교육의 주요 목표로 생각되어왔다. 수업 지도안에서 목표를 진술할 때 이해의 영역을 구분하기도 하고, 교육 목표 분류학에서도 이해가 하나의 영역으로 구분되어 있다. 그러나 교육 목표로 제시되는 이해는 사용되는 용도에 따라 그 의미가 서로 다르다.

먼저 수업 지도안의 목표 진술을 생각해보자. 우리는 수업 지도안의 단원 목표에서 지식 또는 지식·이해, 기능, 태도를 구분한다. 여기에서 이해는 진술되어 있는 학습 내용이 무엇인지 파악하는 것이다. 예를 들어 《(고등학교 국사) 교사용 지도서》에서 '고대인의 자취와 멋'이라는 주제의 학습 목표 진술을 보자.

① 고대 문화의 특징을 삼국 시기와 남북국 시기로 구분하여 이해한다.
② 고대의 고분과 고분 벽화, 건축과 탑을 통하여 우리 문화의 형성 과정과 변화를 이해한다.
③ 문화재가 생생한 시대적 산물임과 동시에 민족정신의 반영임을 이해하고 소중하게 여기는 태도를 갖게 한다.[18]

책에서는 겉으로 구분하고 있지 않지만, ①은 지식·이해, ②는 기능, ③은 가치·태도 목표로 제시한 것으로 보인다. 여기에서 지식과 이해는 거의 비슷한 성격을 지닌 지적 활동이다. 한국교육과정평가원이 개발한 국가 수준 교육 성취도 평가 연구[19]의 목표 분류 중 '이해'도 지식·이해의 성격을 가진다. 한국교육과정평가원은 사회과 성취 기준의 행동 영역을 이해, 문제해결, 의사소통 및 참여, 가치·태도의 네 가지 영역으로 나누었다. 이중 '이해'는 '지식의 이해'를 뜻하는 것으로 한정 짓고 있다. 여기에서는 지식을 성격에 따라 사실에 관한 지식, 개념에 관한 지식, 이론 및 일반화에 관한 지식으로 나누었다. 이중 어느 지식이 중요한지는 학문의 성격과도 관련되므로 일률적으로 이야기할 수 없다고 하면서, 역사 지식의 이해를 다음과 같이 설명한다.

역사의 경우는 사실에 관한 지식, 사실들의 인과관계에 관한 지식, 사실의 변천에 관한 지식, 여러 사실들의 관련에 의해 구성되는 역사적 상황에 관한 지식 등이 보다 중요하다. 이러한 역사적 지식에 대한 이해는 역사적 자료를 해석한다던가, 역사적 상황을 상상하여 재구성한다던가, 구체적 역사적 상황 속에서 당시 사람들은 어떠한 것을 문제로 삼았으며 그것을 어떻게 해결하려고 하였는가를 인식하는 데 있어서 기초가 된다.[20]

그런데 고등학교 국사의 평가에서는 '역사적 상황에 관한 지식'을 독립된 목표 영역으로 분류하였다. 그리고 평가 범주를 역사적 사실과 개념에 대한 지식, 역사적 자료에 대한 해석, 역사적 상황에 대한 이해, 역사적 문화에 대한 인식과 해결, 역사적 사실의 평가와 태도의 다섯 가지로 나누었다. 이중 '역사적 상황에 대한 이해'를 다음과 같이 설명한다.

> 역사적 상황이란 말은 낯익은 개념은 아닐 것이다. 역사적 상황은 고정화된, 따라서 죽어 있는 역사적 사실을 다룰 때는 등장하지 않는 개념이다. 역사적 상황은 주로 어떤 인간 혹은 인간 집단이 어떤 역사적 행위 혹은 역사적 결단을 앞에 두고 있을 때, 그들의 정신 내부에서 행위 혹은 결단과 관련해서 판단의 변인이라고 인식되는 역사적 사실들로 구성된다.[21]

학습에서 '이해를 하라'는 말을 할 때, 이해의 의미도 여기에 해당한다. 우리는 구체적인 역사 사실을 기억하는 것이 아니라, 사회의 성격을 파악하거나 사회 흐름을 아는 것을 흔히 '이해한다'고 말한다. 여기에서 이해는 사고력보다는 지식에 가깝다. 블룸(B. S. Bloom)은 교육 목표 분류학 인지적 영역의 첫 번째 영역인 지식(1.0)

의 하위 범주로 '경향이나 순서에 관한 지식'(1.22)을 구분하였는데, 그 사례로 제시하고 있는 것 중에서 역사에 해당하는 것을 보면 다음과 같다.

- 지난 50년간 미국 정부의 경향에 관한 지식
- 그리스 문화가 현대에 미친 영향에 관한 지식
- 군국주의와 제국주의가 얼마나 중요한 세계대전의 원인이었는가를 아는 일
- 전 세계 사람들을 점차 독립하게 만든 과거 및 현재의 대세에 관한 지식

개별적인 사실들을 단편적으로 외우는 것이 아니라 역사의 흐름을 이해해야 도달할 수 있는 목표다. 그렇지만 연구나 학습을 위해 자료의 형태를 바꾼다거나, 분석이나 해석을 하여 구조를 밝히고 의미를 부여하는 등의 사고활동을 필요로 하지는 않는다. 단지 자료 내용이 전달하는 의미를 충실하게 파악하면 된다. 그런 의미에서 지식에 가까운 목표다.

이처럼 교육 목표로 제시되는 이해(understanding)는 자료의 내용이 무슨 뜻인지 아는 것으로, 학습 내용을 소재로 능력을 발휘하는 기능(skill)과는 구분되는 지식에 가까운 성격의 것이다. 이에 반해 알고 있는 것을 종합하여 사실에 의미를 부여하는 것을 '이해(comprehension)'라고 하였다. 여기에서 말하는 '이해'는 지적 능력을 뜻하므로 '이해력'이라고 하는 편이 좋겠다. 이하 이 장의 서술에서도 이런 의미의 '이해'는 '이해력'이라고 서술하여 '이해(understanding)'와 구분하기로 한다.

블룸은 '이해력'을 지식(knowledge)과 구분하여 지적 기능(intellectual skill)이라고 하였다. 블룸은 이해력을 "자료에 포함되어 있는 그대로의 전언을 해득하는 능력"이라고 규정한다. 텍스트의 의미를 글자 그대로 파악하는 것이라는 뉘앙스를 풍긴다. 그렇지만 해득을 하려면 자료를 자기 마음속이나 행동을 통하여 자신에게 더욱 의미 있는 다른 형태로 바꾸어야 한다고 말한다. 여기에서 알 수 있듯이 '이해력'은 단순히 자료 내용이 전달하는 의미를 글자 그대로 이해하는 것을 넘어서는 행위다. 미국의 《역사표준서 National Standard for History》에서는 역사 이해력(historical comprehension)을 다음과 같이 설명하고 있다.

> 이해력을 가지고 이야기, 전기, 자서전을 읽으려면, 학생들은 상상적으로 읽고, 내러티브가 감추어놓은 관련 인물이나 집단의 인간성, 예를 들면 그들의 동기와 의도, 가치관, 이념, 희망, 의심, 공포, 장점과 단점 등을 염두에 둘 수 있는 능력을 발달시켜야 한다. 역사 내러티브를 이해하려면 또한 당시 사람들의 눈과 경험을 통하여 역사적 관점, 과거를 자신의 말로 서술할 수 있어야 한다. 과거 사람들의 문헌, 일기, 편지, 논쟁, 예술작품, 공예품 등을 연구하여, 과거를 단지 오늘날의 용어와 가치로 판단하지 않고 사건이 말해주는 역사적 맥락을 고려함으로써 '오늘날의 관점'에서 벗어날 수 있도록 학습해야 한다.[22]

역사적 사실을 전달하는 내용 그대로 이해하거나 오늘날의 관점에서만 파악하는 것이 아니라, 당시 사람들의 관점이나 의도, 텍스트 저자의 관점을 파악하고, 당시 상황을 고려하여 맥락적으로 이해하는 것이 《역사표준서》가 말하는 역사 이해력이라고 할 수 있다.

2) 역사 이해력의 요소

이해력은 가장 기초적인 지적 기능이므로 교육 목표로 중시되었다. 이해력이 어떤 기능을 내포하는지에 대해서도 다양하게 제시되었다. 블룸은 자신의 교육 목표 분류학에서 이해력의 요소를 번역(translation), 해석(interpretation), 삽입(extrapolation)의 세 가지로 제시하였다. 번역은 어떤 자료를 다른 언어나 용어, 형태로 바꾸어놓는 능력을 뜻한다. 해석은 어떤 자료를 아이디어들의 구성체로 보고, 이를 다루는 능력을 포함한다. 자료를 새로운 아이디어의 구성체로 재구성하는 것이 해석이다. 추리, 개괄, 요약 등이 해석에 해당하는 행위라고 블룸은 말한다. 이와 같은 해석 활동은 언어 학습에서 흔히 볼 수 있지만, 역사 이해에서도 나타난다. 우리는 역사적 사실을 다룬 텍스트를 읽고서, 그 사실이 당시 사람들에게 어떤 영향을 주었을지 생각하고, 그 사건의 성격을 규정짓기도 한다. 그 사건이 다른 사건에 어떤 영향을 미쳤는지 분석하거나 역사의 전개 과정에서 가지는 위치를 부여하기도 한다. 이러한 활동은 자료의 내용을 단순히 파악하는 것을 넘어서서 추리와 개괄을 필요로 한다.

이보다 더 특징적인 역사 이해의 성격을 보여주는 것이 삽입이다. 블룸은 삽입을 "의사소통 자료에 서술된 경향, 추세 또는 조건들을 해득하고 이에 입각해서 추정을 하거나 예언을 하는 것"으로 규정한다. 이는 저자가 설정한 제한을 넘어서 자료를 확장, 해석할 수 있어야 하며, 거기에 표현된 생각을 원래의 자료 내에는 분명히 표현되어 있지 않은 사태나 문제에도 적용할 수 있는 능력을 의미한다. 블룸은 삽입에 해당하는 목표로 다음과 같은 예를 들고 있다.

① 나타난 진술로부터 직접 삽입하여 작품의 결론을 내리는 능력
② 결론을 내리고 그것을 효과적으로 진술하는 능력(자료의 한계를 인식하고 정확하게 추리하며, 성립할 수 있는 가설을 세우는 능력)
③ 경향의 계속을 예언하는 기능
④ 자료에 빠진 곳을 보간하는 기능
⑤ 자료에 기술된 일련의 행동 결과를 추정하거나 예언하는 기능
⑥ 부정확한 예언을 하게 할 요인을 민감하게 깨닫는 능력
⑦ 결과의 예언과 가치 판단을 구분하는 능력

블룸이 말하는 삽입은 광범한 이해 능력을 포괄하고 있다. 그러나 일반적으로 자료에 명백히 나타나 있지 않은 내용을 기존의 자료에 나타나 있는 것을 토대로 미루어 짐작하는 능력이라고 할 수 있다. ④와 같이 역사 자료에 빠진 곳을 보간하는 것은 역사학에서도 자주 제시되는 이해의 형태다. 블룸의 교육 목표 분류에서 삽입은 이해의 하위 영역으로, 번역 및 해석을 토대로 하는 가장 높은 수준의 이해력이다. 이처럼 삽입을 이해력으로 보는 것은 역사적 상상을 역사적 이해로 보는 견해와 통한다. 그러나 블룸에게 이해는 지식-이해-적용-분석-종합-평가라는 위계를 이루고 있는 인지적 영역의 한 단계이며, 이해는 지적 기능 중 가장 낮은 수준의 것이다. 삽입은 이해 중 가장 높은 수준이지만 지적 기능 전체에서는 낮은 수준으로, 상위의 지적 기능을 위한 토대일 뿐이다.

콜담(J. B. Coltham)과 파인즈(John Fines)는 블룸의 교육 목표 분류학을 적용하여 역사 교육 목표를 분류하였다. 콜담과 파인즈가 제시한 역사교육 목표의 요소 중 이해나 이해력에 해당하는 것은 상상(imagining, A3.)과 이해(comprehension, C4.), 번역(translation, C5.),

삽입(extrapolation, C7.), 판단과 평가(judgement and evaluation, C9), 통찰(insight, D1.), 합리적 판단(reasoned judgement, D3)이다. 각 요소가 어떤 성격을 가진 목표인지 살펴보면 다음과 같다.

- **상상**: 기술된 자료나 초상화와 같은 증거에서 접하는 사람들의 처지가 되어보려고 하는 학습자의 능동적 노력
- **이해**(comprehension): 자료를 표면적이거나 글자 그대로 조사한 결과. 인지적으로 깊이 있게 다루지 않고 직접적으로 관찰된 특징에 주목하고, 그 결과로 자료의 일반적 특징을 이해(understanding)
- **번역**: 어떤 형태의 정보를 다른 형태로 바꾸는 능력
- **삽입**: 검토하고 있는 증거에 토대를 두고 있지만 겉으로는 드러나지 않은 어떤 아이디어를 파악하기 위해 이미 알고 있는 것을 사용하는 인지적 활동
- **판단과 평가**: 추론 틀을 사용하여 자료를 판단하고 적절한 준거로 자료를 평가. 준거를 가지고 자료의 성격을 비교하거나 결론을 검토
- **통찰**: 인간이 관심을 가진 어떤 상황에 직면했을 때, 의지를 가지고 그것을 조사하고 이해하려는 행위. 단순히 의지를 가지고 하는 행위가 아니라, 그 의지에 따라 인간의 상황을 이해할 수 있는 능력
- **합리적 판단**: 합리적 판단을 위해 적절한 모든 곳에 증거를 적용. 자료의 편견이나 문제점 확인

콜담과 파인즈의 목표 분류에서 A는 정의적 영역, B와 C는 인지적 영역이다. D에서는 다시 정의적 성격을 강조한다. 각 요소 중 '상상'은 감정이입과 공감에 해당하며, '상상'이라는 목표를 거듭 달성하면 '통찰'로 발전한다고 보는 점에서, '통찰'도 감정이입적 이해에

해당한다. 이렇게 볼 때, '상상'이 감정이입의 정의적 측면에 초점을 맞추었다면, '통찰'은 인지적 목표까지 포함한다. '이해(comprehension)'는 실제로는 이해력보다는 이해(understanding)에 해당하며, 삽입은 블룸의 교육 목표 분류 중 '삽입'과 같은 것이지만, 역사가의 보간과 통하는 목표라고 할 수 있다.

역사 이해에 대한 콜담과 파인즈의 견해는 몇 가지 문제가 있다. 가장 큰 문제점은 역사교육의 목표를 단순히 인지적 영역과 정의적 영역으로 분류하였다는 데서 비롯된다. 블룸의 교육 목표 분류학에 맞추어 역사교육의 목표를 두 영역으로 구분할 경우, 모든 역사교육 목표는 인지적 영역이나 정의적 영역, 둘 중 하나에 속해야 한다. 콜담과 파인즈가 말하는 '상상'과 '통찰'의 중요한 요소는 감정이입이다. 그런데 심리학이나 미학과 같은 사회과학에서는 감정이입의 정서적 측면이 강조된다. 이 때문에 콜담과 파인즈도 '상상'이나 '감정이입'을 정의적 측면으로 구분한 것으로 보인다. 그러나 이런 분류는 역사적 감정이입의 특성을 제대로 반영하지 못하는 것이다. 역사적 감정이입에서도 정의적 측면, 즉 감정이입을 하려는 태도는 필요하다. 그러나 역사적 감정이입은 기본적으로 인지적 능력이다. 역사교육의 목표를 분류하면서 감정이입의 정의적 성격을 강조함으로써, 콜담과 파인즈는 감정이입, 공감, 관여(involvement), 동일시라는 말을 혼용하여 사용하고 있다. 과거 인물과 자신을 동일시하고, 과거 상황에 몰입하려는 태도는 역사적 감정이입을 위해 필요하다. 하지만 역사를 상상적으로 이해하려면 여기에 머물러서는 안 된다. 또한 공감을 역사교육의 목표로 설정하기도 힘들다.

또 하나는 '이해'나 '이해력'이 포괄하는 범주와 계열성의 문제다. '이해(comprehension, C4)'에서 보듯이, 콜담과 파인즈는 이해와 이해력의 개념을 혼용하고 있으며 번역, 삽입, 판단과 같은 개념들을 별다른 관련성 없이 나열하고 있다. 그리고 감정이입에 해당하는 '상상'과 '통찰', 판단이 들어가 있는 '판단 및 평가'와 '합리적 판단'이 본질적으로 성격은 같으면서 수준의 차이를 보이는 동일한 발달선상의 목표라고 하면서도 별개 목표로 제시하고 있으며, 그것도 영역을 달리하여 분리하고 있다.

이처럼 교육 목표 분류학의 목표 요소들은 역사 이해의 성격을 제대로 반영하지 못하고 있다. 블룸의 목표 분류에서 감정이입이 빠져 있다든지, 콜담과 파인즈의 목표 분류에서 역사적 감정이입을 정의적 성격을 지닌 것으로 파악하고 있는 것이 그 예다. 이와 같은 문제점은 교육 목표 분류학이 특정 교과의 지적 능력이나 기능을 토대로 한 것이 아니기 때문에 특별히 역사 이해의 성격에 관심을 기울이지 않은 결과라고 할 수 있다.

3. 역사 이해를 위한 역사 학습

1) 사료를 활용한 역사 이해

역사가들이 역사를 이해하는 방식은 사료의 해석에서 가장 잘 나타난다. 이와 마찬가지로 학습자는 사료를 활용하는 학습을 통해서 역사 이해의 과정을 밟을 수 있다. 역사 학습에서 사료는 몇 가지 측면에서 학생들의 이해력을 기르는 데 도움을 줄 수 있다.

사료는 학생들에게 역사적 사실을 이해하려는 태도를 길러줄 수 있다. 학생들은 사료 내용에 호기심을 느끼며, 사료를 읽거나 해석을 하면서 역사 학습에 능동적으로 참여할 수 있다. 역사 이해를 위해서는 능동적, 개방적으로 생각하는 자세가 필요하다. 사료에 포함되어 있는 역사적 사실은 대개 다양한 해석이 가능하므로, 학생들의 능동적, 개방적 사고 태도와 상상력을 자극할 수 있다.

학생들은 스스로 역사를 해석할 수 있는 기회를 가져야 하며, 다른 한편으로는 합리적이고 사실적으로 역사를 이해할 수 있는 능력을 갖출 필요가 있다. 양자의 균형이 역사적 사실을 이해할 수 있는 조건이다. 사료는 이를 위한 기회를 제공한다. 학생들은 사료를 분석하고 상상력을 동원하여 해석함으로써, 역사를 이해하려는 태도와 역사 이해에 필요한 지적 능력을 기를 수 있는 기회를 얻게 된다.

역사 이해 능력을 기르기 위해서는 역사의 본질과 역사가의 사고 방식을 인식하는 것이 필요하다. 역사는 과거를 재구성하고, 이를 생생한 당면 연구 과제로 만드는 지속적인 재생 활동이다. 사료에 들어 있는 역사적 사실의 의미에 대한 연역, 합리적 추리, 상상을 통해 무엇이 일어났는지 재구성하는 것이 역사가의 주된 연구 방법이다. 역사가들은 사료를 읽고 해석하면서 다른 사람의 경험을 간접적으로 경험하고 역사적 사실을 이해한다. 경험의 범위를 더욱 확대하고 다른 시대와 장소에 사는 사람들을 이해하는 능력을 증진시킨다. 학생들은 사료를 읽고 해석하면서 초보적 수준이나마 이러한 역사가의 연구와 사고 과정을 경험할 수 있다.

역사 학습에서 사료는 학습 과제의 해결을 위한 자료로 활용된다. 역사가가 사료를 어떻게 해석했는지 알고, 이를 바탕으로 학습자 스스로 사료를 해석하여 당시 상황에서 역사적 행위자가 가졌던 생각을 이해하며, 설득력 있게 과거 상황을 재구성할 수 있다. 학생들에게 사료를 주고, 그 내용을 보면서 학습 과제를 해결하게 하는 방식은 이제 역사 수업이나 평가에서 너무 익숙하다. 대학 수학능력 시험의 문항은 기본적으로 이런 형식이며, 역사 교과서의 학습 활동도 대개 이런 식으로 이루어진다. 역사 교사가 수업에서 사료를 활용할 때도 마찬가지다. 학생들은 사료를 보면서 어떤 상황에서 개인이 활용할 수 있는 선택의 정도를 확인하고, 과거 인간 행위의 토대가 되었던 가치나 태도를 추측한다. 사료에 나타나는 다른 사람의 관점을 이해하고, 자신과는 다른 처지에 있거나 다른 생각을 가진 사람의 관점을 고려하게 된다. 역사적 행위의 의도를 이해하는 것은 인간의 정서적 상태를 이해하는 것이 아니라 증거를 파악하는 것이다. 자료에 내재되어 있는 역사적 사실의 의미를 얼마나 치밀하게 해석할 수 있는지 여부가 역사적 행위자의 내면을 파악하는 데 열쇠가 될 수 있다. 학생들은 사료를 해석하고, 거기에 담긴 역사적 의미를 추론하면서 과거 인간의 행위를 이해한다.

사료는 학습 과제를 해결하는 자료뿐 아니라, 배경 정보가 될 수도 있다. 사료는 학습 과제를 해결하는 데 필요한 정보를 제공하기도 하지만, 관련된 역사 지식을 포괄적으로 담고 있는 경우가 많다. 사료를 활용하여 아편전쟁을 학습하는 수업을 구상한다고 생각해보자. 아편을 금하는 청 정부의 명령, 아편전쟁을 둘러싼 영국 내 논란, 난징 조약의 내용 등을 수업에 활용할 사료로 우선 떠올릴 수 있다. 이들 사료는 '아편전쟁'이라는 학습 과제와 직접 연결된다. 그렇지만 영국의 제국주의적 팽창, 공업 발전, 영국 사람들의 차 마시는 습관, 은의 세계적 유통, 중국의 정치 상황 등을 알 수 있는 사료를 포함시키는 것도 생각해볼 수 있다. 이러한 역사적 사실은 아편전쟁이 왜 일어났으며, 역사의 전개 과정에서 어떤 의미를 가지고 있는지 생각하는 배경 지식이 된다. 학생들은 사료를 해석하면서 과거의 상황과 그것이 사람들에게 어떤 영향을 주었는지 추론할 수 있다. 역사는 과거의 사실을 바탕으로 하므로, 이해력을 높이려면 다루고자 하는 역사적 사실의 배경 지식이 필요하다. 배경 지식은 개별적인 역사적 사실을 이해하기에 앞서, 당시의 상황을 전체적으로 그리는 데 도움을 준다. 사료의 내용은 학생들에게 맥락적 지식을 제공하여, 학생들이 역사를 자의적으로 이해하는 것을 막고 학습 과제를 해결하는 데 도움을 준다. 사료는 학생들이 역사적 상상을 하는 과정에서 잘못하면 비역사적인 이해가 일어나는 문제점을 보완할 수 있게 해준다.

학생들의 역사 이해력을 기르기 위해서는 자료의 내용과 효율적인 제시 방법이 중요하다. 자료의 제시 형태가 다양할수록 좋으며, 수업 방법이 사료의 성격과 학생들의 이해 수준에 적합해야 한다. 학생들이 다룰 수 있는 사료의 범위, 양, 난이도는 학생들의 사고 발달 정도에 따라 정해진다. 역사 수업에 활용하는 사료는 학생들의 이해를 돕는 데 필요한 것이어야 하며, 학생들이 이를 창의적으로 사용할 수 있는 분위기를 조성해야 한다. 결과가 명확히 알려지지 않은 역사적 문제를 담고 있거나 여러 가지로 해석할 수 있는 자료가 효과적이다. 흔히 학습 활동으로 사료를 주고 "― 을 알아보자"라든가 "― 을 생각해보자"라는 과제를 제시한 다음, 곧이어서 그 답을 설명하는 경우를 볼 수 있다. 예를 들어 단군신화나 고조선의 8조법을 사료로 제시하고, 거기에 나타난 고조선 사회의 성격을 생각해보자는 과제를 흔히 볼 수 있다. 그런데 곧바로 단군신화는 유이민 집단인 환웅족이 토착 집단인 곰족과 결합했다는 역사적 사실을 보여준다거나, 고조선은 농경사회였으며, 사유재산제가 발달하고 노비가 존재했음을 알 수 있다고 설명하는 식이다. 그럴 경우 학생들은 사료의 내용에서 역사를 이해하려고 하기보다는 서술된 내용의 역사를 그대로 받아들이게 된다. 사료가 학생들의 역사 이해를 자극하는 기능을 하지 못하는 것이다.

　학생들이 공감할 수 있는 주제를 선정하는 것은 이해를 하려는 태도를 기르는 방법이 될 수 있다. 그러나 학습에 활용할 자료를 여기에 한정시켜서는 안 된다. 학생들이 싫어하는 인물이나 학생들의 경험과는 상이한 가치관이나 세계를 다룰 때 역사 이해의 폭이 더욱 넓어질 수 있다. 다양한 관점이 공존하는 역사적 사실을 다룰 때 배경 정보로 사용되는 사료가 어느 하나의 관점을 뒷받침하는 내용을 담고 있으면, 학생들이 역사를 이해하는 폭은 좁아질 수 있다. 또한 너무 세세한 내용을 담는 데 그치면, 단순한 지식을 얻는 데 머물거나 학생들의 역사적 상상력을 저해할 수도 있다. 따라서 역사 이해의 배경 지식으로 제공되는 사료는 당시 상황을 전체적으로 보여줄 수 있는 내용을 담은 것이 좋다. 2차 사료를 텍스트로 사용할 경우 선집이나 참고자료의 형태로 제시하는 방법도 있다.

　그러나 배경 정보가 너무 광범위하고 포괄적일 경우 역사적 사실을 체계적으로 파악하기 어려워 오히려 혼란을 줄 수 있다. 이런 점을 고려하여 쉐밀트(D. Shemilt)는 배경 정보가 2차 사료로 제시되어야 한다고 주장한다. 배경 정보를 얻는 데 2차 사료만을 사용해야 할 필요는 없겠지만, 일반적으로 역사적 사실을 이해하는 데 필요한 배경 정보는 개괄적이면서 너무 구체적이지 않아야 한다는 점을 고려하면, 2차 사료나 편집된 1차 사료를 이용하는 편이 좋다는 의미로 받아들일 수 있을 것이다. 이에 비해 맥락적 지식을 얻는 데는 1차 사료와 2차 사료가 모두 이용될 수 있다. 맥락적 지식은 학습 과제와 직접 관련된 자료를 해석하고 평가하는 데 도움을 준다.

2) 추체험이나 감정이입을 통한 역사 학습

 역사가 과거 인간 행위의 이유나 목적, 동기 등을 탐구하는 것이라고 할 때, 우리는 어떤 방법으로 이를 밝힐 수 있을까? 사실 과거의 인물이 왜 그런 행동을 했는지 정확히 알 수 있는 방법은 없다. 타임머신을 타고 과거로 돌아가거나 자기장을 통해 과거로 시간 이동을 해서 물어볼 수도 없는 노릇이다. 또 설사 물어볼 수 있다고 해도 그 대답을 그대로 믿을 수 있을지도 의문이다. 역사적 행위자들이 자신의 행동에 대해 설명한 기록이 남아 있는 경우도 있지만, 역사가들은 그 말을 그대로 믿지는 않는다. 따라서 남아 있는 자료나 당시의 상황 등을 토대로 행위자의 생각을 짐작할 수밖에 없다. 그러기 위해서는 역사적 행위자가 그랬듯이 학습자도 당시의 문제를 자신의 것으로 받아들여야 한다.

 역사 수업에서 다루는 역사적 사실을 학생들 자신의 삶으로 느끼게 하기 위한 가장 좋은 방법은 학생들이 그 인물이 되는 것, 즉 체험을 하는 것이다. 그러나 실제로 학생들이 역사적 인물이 되어 과거에 일어났던 일을 그대로 체험하는 것은 불가능하다. 따라서 학습 대상이 되는 역사적 사실이 일어났던 것과 비슷한 상황을 인위적으로 설정해놓고, 과거 인물의 입장이 되어서 어떤 행동을 해보거나, 역사적 인물이 왜 그런 행동을 했는지 추측할 수밖에 없다. 이때 역사적 인물이 되어서 어떤 행동을 하는 것을 추체험, 역사적 인물이 왜 그런 행동을 했을지 추론하는 것을 감정이입이라고 할 수 있다. 추체험은 당사자의 처지에서 역사적 상황 속에 들어가는 것이고, 감정이입은 제삼자의 처지에서 생각하는 것이다. 그렇지만 역사 이해에서 추체험이 실제 체험은 아니기 때문에 이 두 가지는 명확히 구분되지 않거나, 또 구분할 필요가 없는 경우도 많다.
　추체험적 이해를 필요로 하는 역사 수업에는 대체로 다음의 세 가지 활동이 포함된다.

　　① 역사적 상황의 맥락적 이해
　　② 역사적 행위의 의도나 목적에 대한 이해
　　③ 학습 활동의 표현

　①의 역사적 상황의 맥락적 이해는 대개 자료를 통해서 이루어진다. 따라서 추체험에 입각한 역사 학습에서는 보통 사료와 같은 역사적 자료를 활용하게 마련이다. ②의 측면은 보통 역사적 행위자의 내면, 즉 사고에 대한 학생들의 재사고로 이루어진다. 여기에서는 역사적 행위의 감정이입적 이해와 같은 활동이 포함된다. 추체험적 역사 수업의 기법은 실제로는 ③의 측면에 따라 달라진다. 추체험적 역사 수업에서 학습 활동의 표현은 연기나 글쓰기, 토론 등을 통해 이루어진다. 연기의 형태를 띠는 것으로는 극화 학습, 역할극, 시뮬레이션 게임 등을 생각할 수 있다. 역사신문 만들기나 모형 만들기 등과 같은 제작 학습도 추체험적 역사 수업의 방안이라고 할 수 있다.
　감정이입적 이해를 필요로 하는 대표적 활동은 글쓰기다. 역사 글쓰기는 기본적으로 역사적 사실을 바탕으로 자신의 역사 이해를 글로 나타내는 것이다. 따라서 역사 글쓰기는 사실에 들어맞아야 한다는 점에서 객관성을 추구한다. 그렇지만 글의 형태에 따라 상대적으로 사실에 충실해야 하는 글쓰기가 있는 반면, 학습자의 창의성이 상당 부분 들어가는 글쓰기가 있다. 상소문 쓰기와 같은 형식의 역사 글쓰기는 전자에 해당한다. 상소문은 당시 사회의 관심사나 해결해야 할 문제들에 대해 자신의 의견을 제시하는 글이다. 이때 상소에서 논의의 대상이 되는 사회적 문제는 실제로 일어난 사실이어야 학생들에게 생생하게 다가간다. 물론 상소를 하는 사람도 실제 상황을 바탕으로 자신의 주장을 펼치게 된다. 따라서 실제 일어난 상황에 충실해야 한다. 후자의 예로 역사 일기 쓰기를 들 수 있다. 역사 수업에서 역사 일기를 쓰라고 했을 때, 서술하는 구체적인 인물이나 상황을 역사적 사실에서 가져올 수도 있지만, 가공의 인물과 상황을 만들어낼 수도 있다. 예를 들어 "자신이 구석기인이라고 가정하고, 하루 동안 겪었던 일을 일기로 써보자"라는 과제를 생각해보자. 학생들은 등장 인물이나 상황을 모두 가공으로 만들어 일기를 쓸 수 있다. 다만 일기의 내용이 구석기 시대라는 역사적 상황에 모순되면 안 된다.

그러나 추체험이나 감정이입을 통한 역사 수업을 어렵게 만드는 것은 이론적 문제보다 절차상의 번거로움이나 실제 수업에서 부딪힐 수 있는 현실적인 여건 때문일 것이다. 이런 형태의 역사 수업은 자료의 활용과 함께 학생의 적극적인 활동을 필요로 한다. 이 활동이 원활하게 이루어지기 위해서는 학생들의 능동적인 참여와 함께 교사와 학생, 학생과 학생 간의 호흡도 잘 맞아야 한다. 학생들은 자신의 역사 이해를 글이나 연기 등으로 표현해야 하는데, 이것은 교사나 학생들에게 상당한 부담으로 작용하기도 한다. 수업 활동에 필요한 시간의 문제도 추체험이나 감정이입이 들어가는 역사 학습을 어렵게 만드는 요인이다. 이러한 수업은 다른 방식의 수업보다 더 많은 시간을 필요로 하며, 소요되는 시간을 조정하기도 어렵다. 실제로 이러한 방식의 수업 사례를 보면, 수업시간에 미처 다 끝내지 못하고 과제로 완성하게 하는 일이 흔하다. 때로는 수업시간 두 시간을 붙여서 진행하는 경우도 볼 수 있다. 역사신문 제작 수업의 경우, 신문 제작은 모둠을 구성해서 과제로 내주고, 수업시간에는 제작 과정이나 제작된 신문의 내용, 신문 제작자들이 생각했던 주안점 등을 발표하는 형식을 띠는 경우가 많다. 이는 수업시간 안에 역사신문의 제작 활동을 끝내기 어려운 여건을 고려한 수업 방식이다. 그러나 '역사신문 제작 수업'의 주된 학습 활동이 신문 제작에 있다고 할 때, 이는 수업 외적으로 이루어지는 과제의 성격을 띤 역사 학습이라고 할 수 있다. 이 경우 수업의 목표가 무엇인지 불분명해질 가능성도 있다.

■ 주

1) 네이버 국어사전(http://krdic.naver.com/).
2) 독일어로는 Geisteswissenschaften, 영어로는 human science 또는 human studies 라고 쓴다. 좁은 의미로는 인문학을 가리키지만, 넓은 의미로는 인문학과 인간을 연구 대상으로 하는 사회과학을 포괄한다.
3) 국사편찬위원회 · 국정도서편찬위원회, 《중학교 국사》, 교육인적자원부, 2008, 33~34쪽.
4) Georg Henrik von Wright, *Explanation and Understanding*(Ithaca, New York: 1971), p. 107.
5) Rex Martin, *Historical Explanation: Re-enactment and Practical Inference*(Itacha, New York: Cornell University Press, 1977), p. 88.
6) 콜링우드의 reenactment는 재연(再演), 재현(再現), 재역(再役), 추체험(追體驗) 등으로 다양하게 번역된다. 사고의 결과를 가리킬 때는 재연, 과정에 초점을 맞출 때는 추체험으로 번역하는 게 바람직하다는 견해도 있다. 그렇지만 아직까지 널리 받아들여지는 일반적 견해가 있는 것은 아니다. 이 글에서는 '재연'으로 통일하였다.
7) 발리 섬 남자들이 닭싸움에 전념한 이유를 대체로 다음의 두 가지로 해석하였다. 첫째, 닭싸움은 남성의 권위를 상징한다. 경제적 이득을 얻는 데 목적이 있는 것이 아니라 우승을 통해 사회적 위신을 높이고 상징적 권력을 획득하려는 것이다. 둘째, 씨족 공동체와 부락 공동체의 정체성을 함양하는 행사였다.
8) thick description은 '치밀한 묘사' 또는 '두꺼운 묘사'로 번역된다. '두꺼운'은 원어가 가지고 있는 함축성과 이중적 의미를 살리기 위한 표현이지만, 이 글에서는 이해의 편의를 위해 '치밀한 묘사'라는 용어를 선택하였다.
9) 엄밀히 규정하여 삽입은 '내삽(interpolation)'과 '외삽(extrapolation)'으로 구분할 수 있다. 여기에서 '내삽'이 이 글의 '보간'에 해당한다. 그렇지만 '내삽'과 '외삽' 이라는 단어는 성격이 강하고 자연스럽지 못하므로, 이 글에서는 '보간'과 '삽입' 이라는 용어를 사용하기로 한다.
10) M. I. Finley, "Generalizations in Ancient History", Louis Gottschalk(ed.), *Generalization in the Writing of History*(Chicago: The University of Chicago, 1963), p. 30.
11) R. G. Collingwood, *The Principle of Art*(Oxford: At the Clarendon Press, 1938), p. 136.
12) R. G. Collingwood, *The Idea of History*(Oxford: Oxford University Press, 1961),

p. 240.
13) 윤남한, 〈유학의 성격〉, 《한국사 6(고려): 고려 귀족사회의 문화》, 국사편찬위원회, 1983, 226쪽.
14) 네이버 국어사전(http://krdic.naver.com/).
15) 심리학에서는 보통 empathy를 '공감', sympathy를 '동정'이라고 번역한다. 이 글에서는 empathy를 감정이입, sympathy를 공감으로 통일하였다.
16) 이처럼 목표를 세 영역으로 구분하고, 각 영역마다 10개 수준의 목표 진술을 제시하는 방식은 1995년 개정 국가교육과정에서는 사라졌다. 각 영역의 구분 없이 7단계의 목표를 개요만을 제시하는 형태로 바뀌었다.
17) D. G. Watts, "Environmental Studies, Perception and Judgement", *General Education* 16(spr. 1971), pp. 20~21.
18) 국사편찬위원회·국정도서편찬위원회, 《(고등학교 국사) 교사용 지도서》, 교육인적자원부, 2003, 35쪽.
19) 김명숙 외, 《국가수준 교육성취도 평가 연구 II : 사회·수학 영역 예비문항 개발 및 현장 적용 연구》, 한국교육과정평가원, 1999.
20) 김명숙 외, 위의 책, 101쪽.
21) 김영규 외, 《국가교육과정에 근거한 평가 기준 및 도구개발 연구-고등학교 국사》, 한국교육과정평가원, 1998, 13~14쪽.
22) National Council for History in the Schools, *National Standards for History* (California: UCLA, 2006), p. 63.

■ 참고문헌

김기봉, 《역사란 무엇인가를 넘어서》, 푸른역사, 2000.
김기봉 외, 《포스트모더니즘과 역사학》, 푸른역사, 2002.
김영환 편, 《서양의 지적 운동》 II, 지식산업사, 1998.
김한종, 〈역사 학습에서의 상상적 이해〉, 서울대학교 대학원 박사학위 논문, 1994.
김한종 외, 《역사교육과 역사인식》, 책과함께, 2005.
안병직 외, 《오늘의 역사학》, 한겨레신문사, 1997.
양호환 외, 《역사교육의 이론과 방법》, 삼지원, 1997.
임희완, 《역사학의 이해》, 건국대학교 출판부, 2000.
정선영 외, 《역사교육의 이해》, 삼지원, 2001.
정항희 편저, 《서양 역사철학 사상론》, 법경출판사, 1990.
조한욱, 《역사로 보면 문화가 달라진다》, 책세상, 2000.
차하순, 《새로 고쳐 쓴 역사의 본질과 인식》, 학연문화사, 2007.
최상훈, 〈역사적 사고력의 학습 및 평가〉, 서울대학교 대학원 박사학위 논문, 2000.
Burke, Peter, *What is Cultural History*(조한욱 역, 《문화사란 무엇인가》, 길, 2005).
Cannadine, David, *What is History Now*(문화사학회 역, 《굿바이 E. H. 카》, 푸른역사, 2005).
Collingwood, R. G., *The Idea of History*(rev. edn.)(Oxford: Clarendon Press, 1993).
Coreth, Merich, *Grundfragen der Hermeneutik - Ein philosophischer Beitrag*(신귀현 역, 《해석학》, 종로서적, 1985).
Department of Education and Science, *History in the National Curriculum*(HMSO, 1991).
Dickinson, A. K., Lee. P. J.(eds.), *History Teaching and Historical Understanding* (London: Heinemann Educational Books, 1978).
Dickinson, A. K., Lee. P. J. and Rogers, P. J.(eds.), *Learning History*(London: Heinemann Educational Books, 1984).
Dray, William, *Laws and Explanation in History*(Oxford: At the Clarendon Press, 1957).
Jenkins, Keith, *Rethinking History*(최용찬 역, 《누구를 위한 역사인가》, 혜안, 1999).
Iggers, George, *Geschichtswissenschaft im 20. Jahrhundert*(김기봉 · 임상우 역, 《20세기사학사 -포스트모더니즘의 도전, 역사학은 끝났는가》, 푸른역사, 1999).
McCullah, C. Behan, *The Truth of History*(London: Routledge, 1998).
National Council for History in the Schools, *National Standards for History*(California:

UCLA, 2006).

Portal, Christopher(ed.), *The History Curriculum for Teachers*(London: The Palmer Press, 1987).

Seiffert, Helmut, *Einführung dis Wissenschaftstheorie*(전영삼 역,《학의 방법론》Ⅱ, 교보문고, 1994).

Walsh, W. H., *Philosophy of History*(이진표 역,《역사철학입문》, 열음사, 1987).

4장
역사적 설명과 역사교육

정선영

I. 역사적 설명의 개념

1. 설명의 의미와 필요성

설명(explanation)이란 잘 알지 못하는 것, 혹은 이해가 잘되지 않는 것을 명확히 밝혀주는 것을 말한다.[1] 즉 자신이 알고 있는 정보나 지식을 바탕으로 이해하기 어려운 사실을 다른 사람이 알기 쉽게 말하거나, 혹은 글로 써주는 것이 바로 설명이다.

일상생활에서 설명은 어떤 사물이나 현상의 특징을 밝혀주거나, 어떤 사실 또는 사건의 발생 원인이나 진행 과정 등을 다른 사람에게 알려주거나 이해시킬 필요가 있을 때 흔히 사용된다. 예를 들어, 특정 질병의 징후와 치료 방법, 대학 입시의 주요 사항, 지구 온난화의 원인, 정치권력의 변동 과정 등을 다른 사람이 이해할 수 있도록 말해주는 것은 모두 설명에 속한다.

설명은 또 어떤 말이나 주장이 갖는 의미나 그 정당성을 밝혀야 할 필요성이 있을 때 사용된다. "당신의 말이 무엇을 의미하는지 설명하시오", "당신 주장의 논리적 근거를 설명하시오" 라는 요청을 받았을 때 자신의 말이나 주장이 내포하고 있는 의미나 정당성에 대해 그럴듯한 이유를 밝히는 것이 설명인 것이다.

학교 수업에서도 설명은 일상적으로 행해지는 필수적인 절차라고 할 수 있다. 왜냐하면 학교에서 가르치는 모든 과목에는 그 과목 나름의 특수한 개념이나 내용 체계가 포함되어 있는데, 이것들을 학생들에게 이해시키기 위해서는 반드시 설명의 과정을 거쳐야 하기 때문이다. 예를 들어, 과학시간에 조수 간만의 차가 왜 발생하는지를 학생들에게 이해시키려는 교사는 중력의 법칙을 이용한 과학적 설명의 과정을 밟아야 한다. 또 경제 과목에서 희소성의 개념이 무엇인지를 학생들에게 이해시키려는 교사는 인간의 욕망에 비해 욕망 충족의 수단이 양적, 질적으로 부족하다는 것을 입증하는 여러 가지 사례를 들어 희소성의 개념을 설명해야 한다.

역사 과목에서도 설명은 중요한 의미를 가진다. 왜냐하면 역사 수업의 내용들은 온통 설명해야 할 사실들로 가득하며, 설명은 사실이나 사건을 이해시키기 위해 필수적으로 거쳐야 할 과정이기 때문이다. 단순한 개념에 대한 설명에서부터 인과관계에 대한 설명에 이르기까지 역사 수업의 상당 부분은 설명을 통해 이루어진다.

예를 들어, 고려의 정치체제를 이해하기 위한 수업을 전개할 경우에 교사는 우선 고려의 정치구조가 어떻게 이루어졌으며, 그 특징이 무엇인지를 설명해야 한다. 이때 설명을 효과적으로 하기 위해서 교사는 고려의 중앙관제를 통일신라 및 중국의 정치체제와 비교하기도 하고, 더 나아가 오늘날의 중앙 관서들이 담당하는 역할과 기능을 살펴봄으로써 고려의 중앙 관서들이 담당했던 업무가 무엇인지 추론하기도 한다. 한편 고려 전기에 일어났던 거란족의 침입에 대해 공부하는 경우에 교사는 거란족 침입의 원인, 과정, 결과 등으로 나누어 차례대로 설명하게 된다.

이와 같이 교사는 역사 수업을 전개하면서 역사적 사실의 구조와 특징, 사건의 원인과 전개 과정 및 결과 등을 학생들에게 이해시키기 위하여 수많은 설명의 과정에 관여하게 된다. 그리고 이 과정에서 다양한 설명의 방식이 동원된다.

교사의 설명이 효과를 거두기 위해서는 그 내용이 학생들의 이해 수준에 맞아야 하고, 관심과 흥미를 유발할 수 있어야 한다. 설명의 내용이 지나치게 어렵거나 쉬울 때, 또는 별다른 관심이나 흥미를 주지 못할 때 학생들은 설명에 대해 거부 반응을 나타낼 가능성이 크다. 설명 방법도 매우 중요하다. 같은 내용이라 하더라도 어떠한 설명 방법을 사용하느냐에 따라 설명의 효과는 크게 달라질 것이기 때문이다. 수업의 주제에 맞는 적절한 설명 방법은 수업의 효과를 크게 높일 수 있다.

2. 역사 설명의 이론 논의

사람들이 일상생활에서 자유롭게 사용하는 설명의 개념을 역사 철학자들은 매우 엄밀한 개념 규정을 거쳐서 사용한다. 역사적 설명에 대한 개념 규정에 있어서 역사철학자들은 두 가지 대립적 견해를 보이고 있다. 하나는 역사적 설명이 자연과학과 같다는 주장이고, 다른 하나는 자연과학과 다르다는 주장이다. 전자를 실증주의(positivism)라고 하고, 후자를 관념론(idealism)이라 부른다.

실증주의자들은 모든 학문에 동일한 방법론적 기준을 적용하려고 했다. 그리하여 인문학, 사회과학, 자연과학에서의 설명은 논리적으로 차이가 없다고 주장한다. 인간이나 자연의 세계에서 일어나는 모든 현상은 일반법칙 아래 묶어서 설명할 수 있다는 것이다. 이러한 실증주의의 원조는 19세기의 콩트(A. Comte)와 밀(J. S. Mill)에게로 거슬러 올라간다.[2]

이러한 실증주의자들의 주장을 반대하는 이론이 관념론(觀念論)으로, 19세기 말과 20세기 초에 활동한 드로이젠(J. G. Droysen), 딜타이(W. Dilthey), 크로체(B. Croce), 콜링우드(R. G. Collingwood) 등이 대표적이다. 이들은 실증주의의 방법론적 일원론을 거부하면서 자연과학과 역사학의 차이를 강조했다. 드로이젠은 설명과 이해를 구분하면서 자연과학의 목표가 자연현상을 설명하는 데 있다면, 역사학의 목표는 역사에서 발생하는 현상을 이해하는 데 있다고 했다. 이러한 방법론적 이원론은 딜타이에 의해 완전한 체계를 갖추게 되었다. 딜타이는 이해의 방법이 사용되는 모든 학문 영역을 가리켜 정신과학이라고 불렀으며, 이를 자연과학과 구분하였다.

2차 세계대전을 전후해서 실증주의는 새로운 모습으로 재등장했다. 새로 나타난 실증주의를 20세기 이전의 실증주의와 구분하기 위하여 신실증주의, 혹은 논리실증주의(論理實證主義)라고 부른다. 이를 대표하는 사람은 포퍼(K. R. Popper)와 헴펠(C. G. Hempel)이다. 이들에 따르면 일반적으로 설명은 설명될 것을 일반법칙과 선행조건들로부터 연역함으로써 이루어진다. 포퍼는 한 사건을 인과적으로 설명한다는 것은 어떤 특수한 진술들, 즉 선행조건들과 함께 하나 혹은 그 이상의 보편적 법칙들로부터 그 사건의 진술을 연역하는 것을 의미한다고 주장했다.

과학철학자였던 헴펠은 실증주의적 설명 이론을 가장 명료하게 제시한 사람으로 유명하다. 그는 특히 자신의 이론을 실증주의와는 전혀 어울리지 않는 주제인 역사학에다 적용하여 실증주의가 내세우는 방법론적 일원론을 증명하려고 했다. 헴펠에 따르면, 역사학을 포함하여 모든 학문에는 단 하나의 설명 방식만이 존재할 뿐이다. 모든 현상은 선행조건과 일반법칙으로부터 연역함으로써 설명할 수 있다는 것이다. 포퍼나 헴펠의 설명 논리는 나중에 포괄법칙(包括法則) 모델이라고 불리게 된다.

역사적 현상까지 포괄법칙 모델로 설명하려는 실증주의적 논리는 역사가나 역사철학자들로부터 반발과 논쟁을 불러일으켰다. 대표적으로 드레이(W. H. Dray), 밍크(L. O. Mink), 패스모어(John Passmore), 앳킨슨(R. F. Atkinson) 등을 들 수 있다. 이들은 역사가들의 설명 가운데 일반법칙을 이용하여 역사적 현상을 설명하는 사례는 거의 찾아보기 어렵다고 하면서, 역사가들은 사실상 포괄법칙에 따른 설명을 하지 않는다고 주장한다. 또한 이들은 역사의 독특성 및 자율성의 관점에서 포괄법칙 모델에 반대한다. 역사가는 특수한 사건들의 특수한 성격을 나타내는 데 관심이 있기 때문에 일반법칙에 따른 설명을 하지 않는다는 것이다. 특히 패스모어는 역사가는 사회과학자들과는 달리 느슨한 일상 용어적 개념을 사용하며, 상식 수준의 가설을 수립한다는 것을 근거로 역사적 설명이 일상적 설명에 가깝다고 했다. 또 역사적 설명은 인과관계를 따라가는 경우가 많지만 대부분의 경우에 일반화나 개념화를 하는 대신 개별적 사실의 독자성을 다양하게 표현한다고 주장하면서 포괄법칙 모델에 대한 반대 입장을 분명히 하고 있다.[3]

헴펠의 이론을 가장 철저하게 비판한 사람은 드레이였다. 그는 역사적 설명이 일반법칙에 전혀 의존하지 않는다고 주장하였다. 그리고 포괄법칙을 가지고 인간의 행동을 설명하는 것은 인간의 행위를 제약하는 새로운 결정론이라고 주장하면서 포괄법칙 모델을 전면 거부했다. 그 대신에 드레이는 행위자의 신념, 동기, 목적과 그의 행위 사이의 연결을 나타내는 설명을 강조했다. 역사가가 할 일은 행위자의 행동이 합리적인 이유에 따라 이루어진 것이며, 그것은 당시 상황에서 적절하고 합리적인 것이었음을 밝히는 것으로 충분하다고 그는 주장하였다. 그는 이러한 설명을 합리적 설명이라고 불렀다. 그러나 그는 19세기와 20세기에 등장한 관념론자들과는 달리 감정이입적 방법을 받아들이지 않았다는 점에서 순수한 관념론의 계열에 속하는 철학자라고 보기는 힘들다.

드레이의 합리적 설명이 나온 이후에도 많은 역사철학자들이 여러 가지 설명 이론을 내세웠지만 대개는 헴펠과 드레이의 설명 이론을 보완하거나 아니면 양자의 절충을 시도한 이론이라고 할 수 있다.

3. 역사적 설명의 성격

역사적 설명은 역사를 서술하거나 가르치는 과정에서 일상적으로 이루어지는 활동이다. 역사가나 역사 교사는 역사적 용어를 정의하는 일에서부터 복잡한 인과관계를 해명하는 일에 이르기까지 자기가 알고 있는 것을 다른 사람에게 전달하거나 이해시키기 위해 설명에 의존하는 경우가 많다. 헤로도토스가 오랜 탐구를 거쳐 페르시아 전쟁이 일어나게 된 배경과 유래를 사람들에게 설명하기 위해 《역사》라는 책을 쓴 이래 역사적 설명은 역사적 탐구의 본질적 과정의 하나인 동시에 탐구 결과를 다른 사람에게 알려주는 중요한 수단으로 자리 잡았다.

역사 교육에서 설명은 여러 범주에 걸쳐서 다양한 방식을 통해 이루어진다. 수업시간에 교사들이 흔히 이용하는 설명 방식은 다양하다. 역사적 개념이나 용어에 대해 정의를 내리는 설명, 역사적 사례를 이용한 설명, 역사적 인물이나 사건 혹은 문화나 시대를 서로 비교하는 비교적 설명, 알고 있는 사실을 통하여 모르는 사실을 추론해내는 유추적 설명, 공통적인 속성을 지니는 사실이나 사건들을 일반적인 개념 아래 함께 묶어 설명하는 총괄적 설명, 역사적 사실의 인과관계를 살펴보는 인과적 설명 등이다. 역사 교사는 수업시간에 주제의 성격에 맞는 다양한 설명 방식을 이용할 수 있다.

역사적 설명의 본질적 성격을 잘 드러내는 설명은 어떠한 사건의 인과관계를 논리적으로 살펴보는 설명이라고 할 수 있다. 역사가나 역사 교사들이 설명을 하면서 일반적으로 염두에 두는 것은 바로 역사적 사건의 원인과 결과를 따지는 문제이기 때문이다. 예를 들어, 로마제국의 멸망을 다룰 때 가장 역점을 두고 설명하는 것은 로마제국의 멸망 원인이며, 프랑스 혁명의 발생을 다룰 때 가장 역점을 두고 설명하는 것은 프랑스 혁명의 원인이라고 할 수 있다. 철학적인 관점에서 역사적 설명의 문제를 다루고 있는 역사철학자들이 집중적으로 분석하고 있는 주제 역시 인과관계에 관한 설명의 문제였다.

인과관계를 대상으로 한 설명과 관련하여 가장 쟁점이 되는 사항은 과학적 설명의 도입에 따른 문제다. 비판적 역사철학자들은 인과관계를 대상으로 한 역사적 설명에서 일반법칙을 도입하는 문제와 관련하여 오랫동안 격렬한 논쟁을 전개해왔는데, 이러한 논쟁은 과학적 설명의 도입을 반대하는 진영에게 다소 유리하게 전개된 것이 사실이다. 그렇다고 해서 역사적 설명에서 과학적 설명의 도입이 불가능하다고 단정 지을 수는 없다. 과학적 설명의 도입 문제를 둘러 싼 논의는 현재 진행형이며, 과학적 설명의 논리가 내포한 유용성은 여전히 부정할 수 없는 사실로 남아 있기 때문이다.

역사 수업의 현장에서는 일반적인 설명 방식뿐 아니라 역사철학자들이 내세우는 좀 더 철학적이고 논리적인 형태의 설명 방식에도 관심을 가질 필요가 있다. 역사철학자들의 논쟁 과정에서 크게 부각된 설명 방식으로는 역사적 사건을 법칙적으로 설명하는 과학적 설명과 인간의 행위를 분석적으로 설명하는 합리적 설명 등이 있다. 이러한 설명 방식들은 학생들의 인식 능력을 높이는 데 크게 기여할 것이므로 역사 수업에서 적극 활용하면 좋을 것이다.

역사적 설명은 흔히 역사적 이해와 대립된 개념으로 사용된다. 특히 관념론자나 해석학자들은 일반적으로 이해와 설명을 엄격히 구분하여 사용한다. 역사적 설명이 주로 인과관계를 과학적으로 입증하는 데 초점을 맞춘다면, 역사적 이해는 역사적 행위의 이유를 직관, 추체험, 감정이입 등의 방법을 통하여 파악하는 데 초점을 맞춘다는 것이 이들의 주장이다. 그러므로 설명의 성격을 분명히 하기 위해서라도 설명과 이해를 구분할 필요가 있다.

그렇다면 역사적 설명은 실증주의 및 관념론의 이론과 어떤 관계에 있는가? 물론 설명을 강조하는 것은 실증주의 이론이고, 이해를 강조하는 것은 관념론의 이론이다. 특히 과학적 설명은 전적으로 실증주의 이론에 속한다고 할 수 있다. 그러나 과학적 설명을 제외하면 대부분의 설명 방식들은 실증주의와 관념론 중 어느 한쪽에 속한다고 보기 어려운 경우가 많다. 또 실증주의보다는 관념론에 더 가까운 설명 방식도 있다. 예를 들어, 역사적 행위자의 목적 및 동기를 밝힘으로써 행위자가 그러한 행위를 하게 된 이유를 설명하는 합리적 설명은 관념론적 요소가 짙게 배어 있는 설명 방식이라고 볼 수 있다. 이렇게 볼 때, 역사적 설명에는 실증주의와 관념론의 요소들이 다 같이 작용한다고 할 수 있다.

한편 역사적 설명은 일반사회나 지리와 같이 사회과학 계열의 과목들에서 행해지는 설명과 유사한 점이 많으면서도 본질적으로 큰 차이가 있다. 역사적 설명은 일반사회나 지리 과목과 같이 인간의 사회적 현상을 설명하는 것이며, 그러한 현상을 설명하기 위해 일반사회나 지리에서 사용하는 개념이나 일반화를 이용하는 경우가 많이 있다. 그러나 일반사회나 지리 과목에서 이루어지는 설명이 주로 그 학문 영역의 중요한 개념이나 원리 또는 법칙을 발견하거나 이해시키는 데 초점을 맞춘다면, 역사적 설명에서는 역사의 구체적 사실들의 원인, 전개 과정, 결과 및 의의 등을 설명하는 데 초점을 맞춘다고 할 수 있다. 또한 일반사회나 지리 과목의 설명에서 이용하는 개념이나 일반화들이 학문적으로 엄밀하게 정의된 것들이 많은 데 비해 역사에서 이용하는 개념이나 일반화는 좀 더 느슨하게 정의되는 상식 수준의 것들이 많다는 점도 큰 차이라고 할 수 있다.

II. 일반적 역사 설명

역사 수업시간에 교사는 학생들의 이해를 돕기 위하여 여러 가지 설명 방법을 사용한다. 개념과 용어의 설명, 총괄적 설명, 비교적 설명, 유추에 의한 설명, 인과적 설명 등이 그것이다. 이러한 설명 방식들은 비판적 역사철학자들이 제기한 좀 더 철학적인 설명 방식들, 즉 과학적 설명이나 합리적 설명, 그리고 성향적 설명과 구분하기 위하여 일반적 역사 설명이라는 범주 아래 묶어서 설명하고자 한다.

1. 개념과 용어의 설명

역사 교사는 학생들이 잘 이해하지 못하는 어려운 개념이나 용어의 의미를 알기 쉽게 해설해주어 학생들의 이해를 돕는다. 예를 들어 절대왕정에 관한 수업에서 먼저 절대주의의 개념을 설명한 후 절대주의와 연관된 개념이나 용어인 왕권신수설, 관료제, 상비군, 중상주의, 중금주의, 무역 차액주의 등을 차례로 설명하는 것이다.

역사 수업에서 개념과 용어의 설명이 중요한 이유는 역사에는 학생들이 이해하기 어려운 추상적 개념이나 용어가 많기 때문이다. 예를 들어, 조선의 경제정책을 다루는 한국사 수업에서 교과서를 펼쳐 보면 수많은 개념이나 용어들이 나타난다. 농본주의, 과전법, 수조권, 직전법, 수취체제, 정남, 군역, 요역, 공납, 농장, 병작반수, 시전상인, 난전, 장시 등등. 이러한 개념에 대한 설명이 부족할 경우 역사 학습은 어렵고 추상적인 용어들의 나열이라는 비난을 면하기 어렵다. 이렇게 볼 때 개념과 용어의 설명은 역사적 설명 중에서도 가장 기본적인 설명 방식이라고 할 수 있다. 역사 교사는 수업시간의 상당 부분을 이러한 개념이나 용어를 설명하면서 보내게 된다.

역사에서는 여러 종류의 개념들이 등장한다. 호족세력, 양반사회, 봉건사회, 절대주의, 시민혁명 등과 같이 역사의 구체적인 사실과 관련된 개념도 있고 문화, 가치, 권력, 불경기, 신분 등과 같은 사회과학적 개념, 그리고 변화, 발전, 인과관계, 시대, 증거 등과 같이 역사의 본질과 관련된 개념도 있다. 이러한 개념은 시대에 따라, 사람에 따라 다른 의미로 사용된다. 또한 우리가 일상적으로 쓰는 개념들 가운데에도 학자들이 일치된 정의를 내린 개념은 찾기 어렵다. 우리는 각자 나름대로 개념에 대한 정의를 내리고 그것을 사용하곤 한다. 이렇게 볼 때 역사가나 역사 교사들이 사용하는 개념들은 사회과학자들이 이용하는 개념에 비해 엄밀성이나 정확성에서 크게 떨어진다고 할 수 있다.

개념이나 용어를 설명하려는 교사는 어떤 역사적 사실들 가운데 공통적인 현상을 찾아내어 이상적인 형태의 설명 모델을 만들고 그 설명 모델에 따라 설명을 하게 된다. 예를 들어 봉건제도에 관한 설명을 하면서 "봉건제도란 봉신이 주군에게 신서(臣誓)와 충성의 맹서를 하고, 주군이 봉신에게 봉토를 수여하면서 서로 계약을 맺고 주종관계를 이루는 제도"라고 설명하는 것이다. 물론 중세 유럽의 국가나 지역 가운데는 이러한 설명 모델에 부합되지 않는 봉건제도를 가진 국가나 지역도 있을 것이다. 그러나 역사 교사는 이러한 국가나 지역의 차이는 일단 배제한 채 주군과 봉신, 신서와 충성, 봉토, 계약 관계 등 봉건제도의 기본적인 속성을 중심으로 하는 봉건제도의 이상적인 모델을 설정하고, 그러한 모델을 가지고 봉건제도가 무엇인지 설명하는 것이다.[4]

개념과 용어에 관한 설명을 효과적으로 하는 방법 중의 하나는 개념의 내포적 정의와 외연적 정의를 이용하는 방법이다. 예를 들어, 시민혁명을 설명하면서 "시민혁명이란 절대왕정을 타도하고 법률상 자유와 평등을 누리는 시민사회를 건설하기 위해 시민계급이 주체가 되어 일으킨 혁명"이라는 식으로 개념의 속성을 중심으로 한 내포적 정의를 내린 다음 "이러한 시민혁명에는 영국 혁명, 미국 혁명, 프랑스 혁명 등이 포함된다"라는 식으로 외연적 정의를 곁들이는 방식이다. 교사는 또 개념의 의미를 알기 쉽게 설명하기 위하여 개념의 속성과 관련된 여러 가지 사례나 비유들을 적절하게 활용할 필요가 있다. 예컨대, 시민혁명의 의미를 설명하기 위하여 우리나라의 4·19혁명과 6월 민주항쟁, 혹은 소련의 붕괴 후에 동유럽 각국에서 파도처럼 퍼져나갔던 수많은 민주 혁명의 사례들을 적절하게 이용할 수 있을 것이다.

역사적 사고력의 발달 단계를 연구하는 학자들은 역사적 개념의 이해 정도가 곧 역사적 사고력의 발달 수준을 의미한다고 주장한다. 따라서 역사적 설명에서 중요한 개념들의 이해를 돕기 위한 여러 가지 전략을 구사하는 것은 매우 의미 있는 활동이 될 것이다. 개념에 대한 설명은 역사에서 복잡하고 추상적인 개념에 대한 이해를 촉진시켜서 학생들로 하여금 역사적 내용을 쉽게, 또 체계적으로 이해할 수 있게 해준다. 또한 학생들의 역사적 사고력을 촉진시키는 효과도 거둘 수 있다.

그러나 개념이나 용어에 대한 설명에서 유의할 점은 개념이나 용어를 올바르게 정의하기가 쉽지 않다는 것과 개념이나 용어의 의미는 시대나 사람에 따라 달라질 수 있다는 것이다. 예를 들어, 중세 유럽의 봉건제도를 좁은 의미로 보느냐 넓은 의미로 보느냐에 따라 봉건제도의 개념 설명은 달라진다. 더 나아가 중세 유럽과 중국 및 일본의 봉건제도를 서로 비교하는 수준으로 설명이 확대된다면 봉건제도의 설명은 훨씬 더 어렵고 복잡하게 된다. 또한 절대주의라는 개념만 하더라도 그것의 봉건적인 성격을 강조하는 사람과 근대적인 성격을 강조하는 사람에 따라 개념 설명 자체가 크게 달라질 수 있다. 한국사의 경우에도 마찬가지다. 예를 들어, 족장사회, 연맹왕국, 고대국가 등 고대사회의 정치와 관련된 개념이나 용어들은 아직도 정확한 정의를 내리기가 쉽지 않으며, 귀족, 양인, 백정 등 신분에 관련된 용어들도 시대나 학자에 따라 설명이 달라지곤 한다. 그러므로 개념과 용어 설명에 대한 난점들을 인식하고 개념이나 용어가 내포하는 의미에 대해 좀 더 정확한 정의를 내릴 필요가 있다.

2. 총괄적 설명

역사가는 특정한 역사적 사건을 설명할 때 문제의 그 사건이 그 시대에 진행되고 있었던 일반적 움직임의 한 부분으로 이해될 수 있다고 말하면서 설명을 시작하는 경향이 있다. 예를 들어, 1936년에 히틀러가 라인란트를 점령한 사건을 설명하면서 히틀러가 권력을 장악한 후 추구해온 침략적 정책들, 즉 군비 축소의 거부, 국제연맹으로부터의 탈퇴, 오스트리아 합병, 주데텐란트 합병 등과 관련시켜 설명하는 것이다. 이때 이와 같은 일련의 사건들은 '자기주장과 영토 확장'이라는 개념 아래 묶어 설명할 수 있다. 이렇게 역사가가 서로 관련 있는 일련의 사건들을 설명하면서 적절한 개념 아래 그 사건들을 한데 묶어서 설명하는 것을 월시(W. H. Walsh)는 총괄(總括)이라고 불렀다.[5]

총괄은 목적이나 정책이 유사한 역사적 사건들은 서로 본질적으로 관련되어 있으며, 이렇게 관련된 사건들은 한데 묶여서 어떤 전체를 형성한다는 관념에 근거를 두고 있다. 따라서 총괄적 설명을 하려는 역사가는 그 시대의 지배적인 이념이나 정책이 무엇인지를 찾아내고, 이러한 이념이나 정책을 공유하고 있는 사건들을 탐색하며, 그 사건들 사이의 연관관계를 조사하게 된다. 그리고 이러한 이념이나 정책과 연관시켜 그 시대의 일반적인 동향을 파악하며, 이를 바탕으로 그 시대의 사건들을 함께 묶을 수 있는 개념을 구성하게 된다. 이러한 과정을 밟으면서 역사가들은 그들이 탐구하는 사건들에 관한 전체상을 만들어낸다고 할 수 있다.

총괄적 설명은 인간의 목적, 동기 및 의도를 가지고 인간 행위를 설명하려고 한다는 점에서 합리적 설명과 같다. 그러나 합리적 설명이 개별적인 인간 행위에 중점을 두는 데 비해 총괄적 설명은 개별적인 인간 행위 자체보다는 그 행위 때문에 발생한 사건들이 그 시대의 일반적 움직임 속에 어떻게 위치하는가에 중점을 둔다. 그러므로 총괄적 설명에서는 어떠한 인간 행위가 초래한 사건과 다른 사건들 사이의 관련성을 찾아내고, 일정한 개념 아래 그 사건들을 한데 묶는 과정에 관심을 가진다.[6] 예를 들어, 15세기 이탈리아에서 발생한 문학가와 예술가들의 인간중심적인 문화 운동을 르네상스라는 개념 아래 한데 묶어 설명하거나, 19세기에 프랑스를 비롯한 유럽의 여러 나라에서 시민의 자유와 권리를 쟁취하기 위해 일어난 모든 운동을 자유주의 운동으로 묶어 설명하는 것이 그러한 경우다.

총괄적 설명은 사건의 인과관계를 법칙적으로 설명하는 데에는 관심이 없고, 그 사건의 성격을 밝히는 데에만 관심을 가진다는 점에서 실증주의자의 설명 방식과 구별된다. 또한 총괄적 설명은 여러 사건을 묶기 위해서 일정한 개념 아래 사건들을 분류하는 데 초점을 맞춘다는 의미에서 개별적인 인간 행위에 대한 재사고(再思考)를 강조하는 관념론자의 설명 방식과도 구분된다.

총괄에 의한 설명 방식은 역사 학습에서 광범하게 이용될 수 있다. 우리가 역사 교과서에서 흔하게 볼 수 있는 중요한 주제들, 예를 들어, 절대주의, 시민혁명, 자유주의와 민족주의 등 서양사에서 흔하게 볼 수 있는 개념들이나 한국사에서 나타나는 실학 운동, 개화와 보수의 갈등 등의 개념 아래 관련 사건들을 포섭하여 설명하는 방식은 모두 총괄적 설명에 속한다. 학생들은 총괄을 통해 특수한 사건을 일정한 이념이나 동향과 관련시켜 이해하게 되며, 그 사건을 상호 관련된 전체의 일부로 파악하게 된다. 이것은 학생들로 하여금 사건들 간의 관계를 좀 더 의미 있게 알 수 있게 해준다. 또한 총괄은 특정한 이념이나 정책 혹은 동향을 중심으로 잡다한 사건들을 묶고, 이를 통하여 사건들에 의미를 부여하는 과정에 참여하게 함으로써 학생들의 역사적 사고력을 향상시키는 데 기여할 수 있다. 더 나아가 총괄은 사건들을 종합, 분류하거나 자료를 정리하는 과정을 통하여 역사 학습의 구조화에 이용될 수 있다.

총괄적 설명은 이념이나 정책 혹은 지향점을 공유하는 사건들에만 적용이 가능하며, 동일한 시기나 지역에서 일어난 사건들이라 하더라도 그러한 요소들을 공유하지 않는 사건들에는 적용할 수 없다. 그러나 학생들 스스로 그러한 요소들을 공유하는 사건들을 발견하는 것은 쉬운 일이 아니며, 때로는 총괄의 과정에서 자의적 기준이 동원되기가 쉽다. 또한 총괄적 설명은 '그 사건은 왜 일어났는가?' 보다는 '그 사건의 성격은 무엇인가?'라는 문제에 더 관심을 갖는 설명 형태이므로, 인과관계의 분석에 초점을 맞추는 역사적 설명의 본질에서 다소 벗어난 설명 방식이라는 한계가 있다.

3. 비교적 설명

역사가나 역사 교사는 어떤 역사적 사건의 성격을 파악하기 위하여 그 사건을 성격이 비슷한 다른 역사적 사건과 비교하는 경우가 많다. 예를 들어, 프랑스 2월 혁명의 성격을 파악하기 위하여 그 전의 7월 혁명이나 프랑스 대혁명과 비교하는 식이다.

역사 연구에서는 비교의 사례들을 흔히 찾아볼 수 있다. 토인비(Arnold Toynbee)가 28개의 문명을 비교적으로 고찰하여 '도전과 응전'을 문명 성장과 몰락의 요인이라고 설명한 것이나, 브린턴(Crane Brinton)이 영국, 미국, 프랑스, 러시아 혁명을 서로 비교하면서 이들이 모두 격렬한 계급적 대립과 지식계급의 이반 및 정부의 재정 적자 심화 등의 공통점을 갖고 있었다고 지적하는 것이 대표적이다.

이와 같이 비교적 설명은 각각 다른 시대, 국가, 문명, 지역에서 일어난 두 가지 이상의 사실이나 사건들을 비교하면서 유사성과 차이성을 밝히고, 이를 통하여 그 사실이나 사건들의 성격을 분명하게 알려주기 위한 설명 방식이다. 비교적 설명은 역사적 사실 및 사건만이 아니라 인물, 종교, 문화, 시대 등 다양한 영역에 걸쳐 행해질 수 있다.

역사 연구에서 비교 분석의 방법을 선호하는 역사가들은 밀(J. S. Mill)의 일치법과 차이법을 활용하는 경우가 많다. 일치법이란 설명의 대상이 되는 모든 사례들에서 나타나는 공통적 요인을 현상의 원인으로 간주하는 방법이다. 반면 차이법은 두 개 이상의 사례에서 대부분의 요인은 비슷하면서도 어떤 결정적 차이점이 있을 때 그 차이점을 현상의 원인으로 파악하는 방법이다.[7] 예를 들어, 유럽의 중세 후기에 나타난 도시들은 대부분 상업의 부활, 상인과 수공업자의 대두, 길드의 발생, 자유와 자치권의 확보 등의 공통점을 갖고 있기 때문에 이러한 요인들이 중세 도시의 일반적 특색으로 간주될 수 있다. 그러나 북유럽의 도시들이 봉건귀족을 배제했던 반면에 남유럽의 도시들은 봉건 귀족과 상공업자의 공존을 추구했다는 점에서 차이가 난다. 이러한 차이점은 중세의 도시들을 북유럽형과 남유럽형으로 나누어 설명하는 기준이 되고 있다.

비교적 설명은 서양사 분야의 학습에서 다양하게 활용되고 있다. 예를 들어, 이탈리아와 북유럽의 르네상스를 비교하면서 두 지역의 르네상스가 다 같이 휴머니즘 정신의 추구, 개인주의적 경향, 고전으로의 복귀 등을 추구했으나, 이탈리아의 르네상스가 세속주의 정신이 강하고 교회 비판에 소극적이었던 반면에 북유럽의 르네상스는 성서 원전 연구에 관심을 갖고 교회 비판에 적극적이었다고 설명하는 것이다. 그 밖에도 그리스와 로마 문명의 비교, 중세 시대 각국 봉건제도의 비교, 서유럽과 동유럽 절대왕정의 비교, 각국 시민혁명의 비교, 각국의 자유주의와 민족주의의 비교, 제국주의의 비교 등은 서양사 학습에서 비교적 설명이 활발하게 이루어지는 주제들이다.

동양사에서도 주나라의 봉건제도와 서양 봉건제도의 비교, 중국의 각 시대별 지배 엘리트나 문화의 경향 비교, 동양 각국의 근대화 과정의 비교 등이 활용되고 있다. 한국사에서는 삼국의 비교, 고려와 조선 왕조의 비교, 실학의 각 학파 비교, 개화파와 척사파의 비교 등이 이용될 수 있다. 좀 더 시야를 넓혀 고려의 무신 정권과 일본의 무사 정권의 비교, 조선의 노비와 아메리카 노예의 비교 등도 비교적 설명의 대상으로 활용될 수 있을 것이다.

비교적 설명의 목적은 비교 대상의 유사점과 차이점을 밝히고, 그 원인을 규명하며, 이를 통하여 비교 대상을 더욱 폭넓게 이해하는 데 목적이 있다. 비교적 설명을 통해 학생들은 왜 그러한 유사성과 차이성이 발생했는가에 대해 사고하고 탐구하는 능력을 기르며, 비교의 대상이 되는 사실이나 사건의 성격을 깊이 이해할 수 있게 된다. 그러나 비교적 설명을 할 때는 비교의 대상에 대한 선입견을 갖거나 우열의 판단을 하지 않도록 유의해야 한다. 예를 들어, 세계의 각 종교를 비교하면서 특정 종교에 선호의 감정을 나타내거나, 두 문명을 비교하면서 우열을 가리는 것은 매우 위험한 일이다. 과거에 서양의 학자들이 세계 문명사를 서술한다고 하면서 암묵적으로 서양과 동양 문명에 대한 우열의식을 드러내곤 했던 것이 좋은 사례다.

4. 유추에 의한 설명

비교적 설명에는 서로 비슷한 성격을 갖고 있는 두 개의 사실 중에서 어떤 하나는 잘 알고 있고, 다른 하나는 잘 모르고 있을 때 두 개의 사실을 서로 비교하여 잘 모르고 있는 사물의 실상을 추리해내는 방식이 있다. 예를 들어, 고대사회의 특수한 관습을 이해하고자 하는 인류학자는 오늘날에도 아프리카나 남아메리카의 밀림 깊숙한 곳에 존재하는 원시사회의 모습을 관찰하고 이로부터 고대사회의 특수한 관습을 추론해내게 된다. 이것은 고대의 원시사회나 현대의 원시사회가 시간적으로는 멀리 떨어져 있지만 기본적으로는 동형적(同形的) 구조를 갖고 있다는 사실을 토대로 고대사회의 모습을 추리한 것이다.[8] 이러한 비교 방법이 유추(類推)를 이용한 설명 방식이다.

유추란 두 개의 사물이나 사건들 가운데 그중 하나에 관해서 알고 있는 사실을 토대로 거의 알지 못하는 다른 것에 대해서 추리를 하는 설명 방식을 말한다. 유추는 사회생활에서 다각적으로 활용되고 있다. 예를 들어, 어떤 환자의 병을 치료하는 의사는 과거에 그 환자와 비슷한 병세를 나타냈던 다른 환자의 치료 경험을 토대로 현재 환자의 병이 어떻게 진행될 것인가를 예측하고, 이에 맞추어 적절한 처방을 내릴 수 있다. 이 의사는 자기가 알고 있는 과거의 치료 경험을 바탕으로 새로운 환자의 치료 방법에 대한 유추를 한 것이다.

유추에 의한 설명을 할 때 교사는 학생들에게 친숙한 사물이나 일반적 경험 혹은 역사적 사례를 바탕으로 학생들이 잘 알지 못하는 역사적 사실을 추리하는 식으로 설명을 이끌어낸다. 예를 들어, 끈질긴 생명력을 갖고 온갖 역경을 극복하며 자라는 야생화와 민주주의를 서로 비교하면서 민주주의가 험난한 과정을 밟아 발달했음을 추리해낼 수 있다.

이와 같이 유추는 새롭게 이해하고자 하는 사건이 그와 유사한 기존의 사건과 함께 공유하는 동형 또는 유사성의 관계를 이용하는 것이다. 이때 그 사건에 관한 기존의 지식이나 경험에 해당되는 것을 기반 사례라고 하며, 기반 사례를 이용하여 새롭게 이해하고자 하는 사건을 표적 사례라고 한다.[9]

역사적 설명에서 유추는 광범하게 이용된다. 역사 수업시간에 교사는 학생들이 잘 모르는 사건을 설명하면서, 학생들이 익숙하게 알고 있는 사실을 토대로 사건의 성격이나 진행 상황을 좀 더 쉽게 설명하는 경우가 많다. 예를 들어, 로마 공화정 말기에 외국에서 값싼 농산물을 수입한 것이 로마의 자영 농민층의 몰락을 재촉한 중요한 요인임을 설명하기 위해서 교사는 오늘날 값싼 농산물의 수입으로 초래된 농민 생활의 어려움을 기반 사례로 활용할 수 있다. 또한 1929년 미국 월가의 주가 폭락 사태로 시작된 경제공황이 세계경제에 미친 영향을 설명하기 위하여 교사는 오늘날에도 가끔 재연되는 월가의 주가 폭락 사태가 우리나라를 비롯한 전 세계 주식시장에 미치는 영향에 관한 사실을 기반 사례로 활용할 수 있다.

역사적 설명에서 유추가 필요한 이유는 무엇인가? 그것은 학생들이 배우는 역사적 사실은 이미 지나가버린 과거의 사실로, 학생들이 직접 관찰하거나 경험할 수 없기 때문이다. 그러므로 생소한 역사적 사실들을 학생들에게 좀 더 쉽게 이해시키기 위해서는 학생들이 이미 알고 있는 사실이나 익숙한 경험을 통해 새로운 역사적 사실에 대한 추리를 하도록 유도할 필요가 있다. 유추를 활용함으로써 교사는 새로운 역사적 사실들에 대한 학생들의 관심과 흥미를 유발할 수 있으며, 이를 통해 학습효과를 높일 수 있다. 또한 유추에 의한 설명에서는 역사적 사실들의 비교, 대조, 분석 등의 고차적 활동이 요구되는데 이를 통해 학생들의 역사적 사고를 촉진시킬 수 있다.

역사 수업에서 유추를 이용한 설명이 효과적으로 이루어지기 위해서 교사가 유의해야 할 점은 다음과 같다.

첫째, 유추는 학생들에게 친숙한 경험으로부터 출발해야 한다. 역사 수업에서 유추에 의한 설명을 도입하는 이유는 학생들이 이미 알고 있는 기존의 지식이나 경험을 기반 사례로 삼아 학생들이 이해하기 어려운 표적 사례를 이해하기 위해서라고 할 수 있다. 그런데 기반 사례 자체가 학생들이 잘 모르는 사실이라면 표적 사례에 대한 이해는 처음부터 불가능하다고 할 수 있다. 따라서 교사는 유추에 의한 설명을 도입하기에 앞서서 유추의 대상이 되는 사건들과 관련된 학생들의 선행학습 정도를 파악하고 있어야 한다.

둘째, 교사는 유추의 대상이 공통적으로 갖고 있는 성격을 잘 파악해야 한다. 역사적 설명에서 이용하는 유추는 역사에서 등장하는 새로운 사건과 과거의 익숙한 사건 사이에 존재하는 동형 또는 유사성에 기초하여 두 사건을 서로 관련짓는 것이다. 그러므로 교사는 두 사건 사이의 공통점이 무엇인지 올바르게 파악하고, 이것을 학생들에게 분명하게 제시할 수 있어야 한다. 예를 들어, 현대의 민주정치에 대한 경험과 지식을 바탕으로 아테네 민주정치의 특징을 유추할 때에는 먼저 현대의 민주정치와 아테네 민주정치 사이에 존재하는 유사성에 관심을 가질 필요가 있다. 두 정치 사이에 존재하는 유사성은 한마디로 민주정치 그 자체다. 이러한 유사성에 대한 인식을 바탕으로 우리는 아테네 민주정치도 현대의 민주정치와 마찬가지로 주권 재민의 원칙, 언론 및 집회를 통한 시민들의 의사 표현, 다수결의 원리 등이 적용되었으리라고 유추할 수 있다.

셋째, 교사는 유추의 대상이 갖고 있는 차이점에도 관심을 가져야 한다. 왜냐하면 두 사건 사이의 차이점에 대한 지식을 토대로 우리는 새로운 사건이 내포한 고유한 특징이 무엇인지 유추할 수 있기 때문이다. 아테네 민주정치의 특징을 살펴보는 역사 수업의 경우에 학생들은 아테네 민주정치의 특징을 나타내는 여러 가지 사실을 학습하면서도 그러한 사실들이 왜 아테네 민주정치의 특징적인 모습이 되는지 제대로 이해하지 못하는 경우가 많다. 그러나 아테네 민주정치와 현대 민주정치의 차이점, 즉 아테네의 직접 민주정치와 현대의 대의제 정치, 아테네의 불평등한 참정권과 현대의 평등한 참정권 등을 비교하는 설명을 통하여 학생들은 아테네 민주정치가 내포한 독특한 성격과 문제점이 무엇인지 이해할 수 있다. 이것은 현대의 민주정치와 아테네 민주정치의 차이점에 대한 지식을 바탕으로 아테네 민주정치의 특징을 유추한 것이라고 할 수 있다.

5. 인과적 설명

역사가와 역사 교사에게 설명의 가장 핵심적 부분을 차지하는 것은 인과관계를 이용한 설명이다. 역사적 설명이란 어떤 사건의 인과관계를 밝히기 위한 설명이라고 할 정도로 역사적 탐구에서 인과적 설명은 중요한 비중을 차지하고 있다.

물론 인과적 설명에다 별다른 가치를 두지 않는 사람들도 있다. 예컨대, 포스트모더니즘 계열에 속하는 역사가들은 역사적 사실의 객관성을 부정하는 입장이기 때문에 인과적 설명의 중요성을 인정하지 않는다. 그러나 대부분의 역사가들은 여전히 역사적 사건의 원인을 밝히는 일을 가장 중요한 연구 작업으로 보고 있다. 또 어떤 사건의 원인 규명이 빠진 역사적 설명이 과연 어떤 의미가 있을지를 반문해보면 역사적 탐구에서 인과적 설명은 여전히 큰 비중을 차지한다고 할 수 있다.

그런데 인과적 설명을 하다 보면 제시된 원인이 과연 필연적이라고 단정 지을 만한 근거가 무엇인지를 반문하게 된다. 즉 어떤 사건이 왜 일어났는지를 설명하려면, 결과에서 거슬러 올라가서 그 결과를 가져온 필연적인 원인과 조건들을 함께 찾게 되는 것이다.[10] 예컨대, 프랑스 혁명의 참다운 원인을 알기 위해서 혁명의 원인으로 대부분 지적하고 있는 구제도의 모순이 과연 프랑스 혁명의 원인이라고 볼 수 있는 필연적인 근거가 무엇인가를 묻게 되는 경우가 바로 그것이다. 이러한 질문은 은연중 "구제도의 모순과 같은 상황이 조성되면 어디서나 혁명이 일어날 수 있다"라는 법칙을 상정하는 것이라고 할 수 있다. 왜냐하면 이러한 법칙이 상정되지 않고서는 구제도의 모순 때문에 프랑스 혁명이 일어났다는 것을 보증할 수 없기 때문이다. 이와 같이 인과적 설명에서 필연적 원인을 추구하는 노력은 자연스럽게 일반법칙을 찾게 되는 결과를 낳는다.

인과관계를 법칙으로 환원하여 설명하려는 경향은 18세기 영국의 철학자인 흄(David Hume)에 그 뿌리를 두고 있다. 흄에 따르면, A라는 사건과 B라는 사건 사이의 인과적 연결의 주장은 B가 반드시 A를 따른다는 법칙에 근거를 두고 있다. 흄의 인과율(因果律)은 원인과 결과 사이의 필연성을 강조하는 것으로 이러한 필연성을 보장해주는 것이 곧 일반적 법칙이다. 흄의 이론은 그대로 실증주의자들이 내세우는 과학적 설명의 기반이 되었다. 실증주의자들은 처음부터 모든 설명은 인과적 설명이라는 점을 강조하며, 더 나아가 역사적 설명도 과학적 설명과 똑같은 논리적 절차와 구조를 갖기 때문에 인과관계를 법칙적으로 설명해야 한다고 주장한다.[11]

그러나 역사가들의 상당수는 인과적 설명의 필요성을 인정하면서도 법칙적 설명의 논리를 그대로 받아들이는 문제에 대해서는 회의적이다. 이들은 역사학의 특성상 역사적 설명에서 원인과 결과를 이어주는 필연적인 근거를 확보하기가 어렵다는 점을 내세우며, 인과적 설명은 실증주의자들의 주장과는 달리 훨씬 더 다양하고 신축성이 있다는 점을 강조한다.[12]

인과관계에 관한 설명에서는 먼저 원인의 다양성과 복수성을 파악하려는 노력이 필요하다. 왜냐하면 역사적인 사건들 가운데 한두 개의 원인만으로 발생하는 사건은 거의 없기 때문이다. 또한 역사적 사건의 원인들은 그 사건의 배경을 이루는 상황적 원인과 그 사건을 촉발시키는 작용을 한 직접적 원인으로 나눌 수 있다. 예를 들어 1차 세계대전의 상황적 원인으로는 제국주의, 영국과 독일의 해군력 경쟁, 3B정책(베를린, 비잔티움, 바그다드를 연결하는 독일의 팽창 정책)과 3C정책(카이로, 케이프타운, 콜카타를 연결하는 영국의 팽창 정책)의 대립, 발칸 반도에서 범슬라브주의와 범게르만주의의 대립 등을 들 수 있다. 반면에 1914년 6월 28일에 일어난 '사라예보의 총성'은 1차 세계대전의 직접적 원인이라고 할 수 있다.

인과적 설명은 역사 수업시간에 널리 활용되는 설명 방식이다. '로마제국이 멸망한 원인은 무엇인가?', '갑신정변이 일어난 원인은 무엇인가?' 등 원인에 대한 설명이 역사 수업에서 일상적으로 이루어지기 때문이다. 수업시간의 상당 부분이 역사적 사건의 원인을 탐구하는 데 소요되는 셈이다. "역사는 곧 원인에 대한 해답이다"라는 카(E. H. Carr)의 말처럼[13] 인과적 설명은 역사 학습에서 가장 기본적인 설명 방식이라고 할 수 있다.

인과적 설명을 통하여 학생들은 역사적 사건을 그 배경과 관련시켜 더욱 깊이 이해할 수 있으며, 인과관계가 역사적 탐구의 중요한 과제라는 사실을 인식하게 된다. 그리고 원인과 결과의 관계를 따져보는 가운데 역사적 탐구력을 향상시킬 수 있으며, 인과관계의 의미와 성격에 대한 성찰을 통하여 역사의식의 수준도 높일 수 있다. 더 나아가 학생들은 원인의 다양성 및 상대성에 대한 인식을 통하여 역사 해석의 다양성을 깨닫게 된다.

인과적 설명에서는 역사가 혹은 역사 교사의 관점이나 가치관이 개입된다는 사실에 유의할 필요가 있다. 수많은 원인들을 상황적 원인과 직접적 원인으로 분류하고, 그것들을 다시 중요한 원인과 그렇지 않은 원인으로 나누는 과정에서 역사가나 역사 교사의 개인적인 역사관이 작용하는 것이다. 또한 인과적 설명에서 유의할 점은 어떤 역사적 사실의 원인에 대해 학생들이 갖고 있는 선개념(先槪念) 또는 오개념(誤槪念)을 점검하고 필요한 경우에는 이를 수정해야 한다는 것이다. 예를 들어 고구려의 멸망 원인을 말하면서 여러 가지 원인들을 무시하고 연개소문의 아들들 간의 골육상쟁만을 말하는 경우가 그것이다. 이와 같이 어떤 역사적 사건에 대하여 어느 한두 개의 원인을 절대시하는 풍조는 원인의 다양성 및 복수성에 대한 인식을 통하여 수정되어야 할 것이다.

III. 과학적 역사 설명

역사적 설명에 관한 논의에서 최대의 쟁점이 된 것은 역사적 설명에서 일반법칙을 도입하는 것이 가능한가의 문제였다. 이것은 결국 과학적 설명 논리의 수용에 따른 문제라고 할 수 있다. 특히 역사교육의 현장에서 과학적 역사 설명의 논리를 도입하는 문제를 진지하게 검토하기 위해서 우리는 먼저 과학적 역사 설명의 논리와 구조를 상세하게 살펴볼 필요가 있다. 과학적 역사 설명은 주로 현대 실증주의를 대표하는 헴펠(C. G. Hempel)의 이론에 기반을 두고 있는데, 여기에는 연역적-법칙적 설명, 귀납적-확률적 설명, 발생적 설명, 설명 스케치가 있다.

1. 연역적 - 법칙적 설명

실증주의자들은 일반적으로 설명은 설명될 것을 초기 조건과 일반법칙으로부터 연역함으로써 이루어진다고 보고 있다. 여기에서 설명될 것은 피설명항(被說明項, explanandum), 초기 조건과 일반법칙은 설명항(說明項, explanans)이라고 부른다.

헴펠에 따르면, 어떤 특정한 시기와 장소에서 어떤 특정한 종류의 사건 E가 왜 발생했는가에 대한 설명은 ① 어떤 시기와 장소에서 어떤 사건 $C_1, C_2, \ldots, C_n$의 발생을 나타내는 일련의 진술들과 ② 일반적 법칙들 $L_1, L_2, \ldots, L_r$로부터 논리적으로 연역될 수 있다. 이것을 도식으로 나타내면 다음과 같다.[14]

① $C_1, C_2, \ldots, C_n$
② $L_1, L_2, \ldots, L_r$
───────────────
③   E

여기에서 ①과 ②는 설명항이고, ③은 피설명항을 나타낸다. 그리고 ①은 그 사건의 초기 조건(condition)을 나타내는 진술이고, ②는 일반법칙(law)이며, ③은 발생되는 결과(effect)를 나타낸다. 한편 설명항과 피설명항을 구분하는 경계선은 후자가 전자로부터 연역된다는 것을 나타낸다. 이러한 구조를 가진 설명을 연역적-법칙적 설명이라고 한다.

예를 들어보자. 실내 온도에서 가장자리까지 물로 채워진 비커 속에 얼음 덩어리가 떠 있을 때 우리는 얼음이 녹으면서 비커 속의 물이 넘칠 것이라고 생각할 수 있다. 그러나 실제로는 물의 수위가 변하지 않은 채 그대로 있는 것을 볼 수 있다. 이것은 어떻게 설명될 수 있을까? 여기에서 초기 조건은 "물로 채워진 비커 속에 얼음 덩어리가 떠 있다", "그 물은 실내 온도를 유지하고 있다" 등이고, 일반법칙은 "0도 이상의 온도와 대기 압력에서 얼음은 동일한 무게를 가지는 물로 변한다", "고정된 온도의 압력에서 무게가 같은 물의 양은 부피에 있어서도 또한 같다" 등과 같은 아르키메데스의 원리다. 그리고 이와 같은 초기 조건과 일반법칙으로부터 비커 속의 얼음 덩어리가 녹으면서도 물의 수위가 변하지 않는 사실을 연역할 수 있다.

자연현상에 관한 설명은 대부분 연역적-법칙적 설명의 논리로 가능하다. 예를 들어, 숟가락 자루가 유리잔 속에 있는 물에서 구부러지는 모양에 관한 설명은 굴절의 법칙 아래 연역적으로 포섭되고, 자유낙하는 갈릴레오의 자유낙하 법칙 아래, 그리고 행성운동은 케플러의 법칙 아래 연역함으로써 설명될 수 있다.

여기에서 설명항 속에 제시된 사실이 피설명항에 제시된 사실과 논리적 관련성을 갖는 것은 일반법칙이 있기 때문이다. 그러므로 일반법칙에 의존하여 설명하는 것은 연역적-법칙적 설명에서 본질적인 부분이라고 할 수 있다. 이러한 일반법칙은 설명을 이끌어내는 데 충분조건을 제공해주기 때문에 포괄법칙(covering law)이라고 부르기도 한다.

실증주의자들은 역사에서의 인과적 설명도 연역적-법칙적 설명의 특수한 형태라고 말한다. 그러므로 역사에서 한 사건을 인과적으로 설명한다는 것은 그 사건의 초기 조건들과 함께 일정한 보편적 법칙들로부터 그 사건의 발생을 연역하는 것을 말한다. 예를 들어, "루이 14세가 왜 국민의 신망을 받지 못하고 죽었는가?"라는 질문을 받을 때 실증주의자들은 루이 14세의 여러 가지 실정과 관련된 초기 조건을 열거하고, 곧이어 "통치자는 그의 정책이 국가 발전에 해를 끼치게 된다는 사실이 알려질 때 신망을 잃는다"라는 일반법칙을 제시함으로써 루이 14세가 국민의 신망을 받지 못하고 죽은 이유를 설명하게 된다.

역사 수업시간에 교사는 명시적이든 암시적이든 일반법칙에 의존하여 역사적 사실을 설명하는 경우가 많이 있다. 예를 들어, 신항로의 발견 이후 유럽에 나타난 가격 혁명을 설명하면서 교사는 자연적으로 "통화량이 적정 수준 이상으로 많아지면 인플레이션이 초래된다"와 같은 경제학적 법칙에 의존해야 한다. 프랑스 혁명 당시의 아시냐 지폐의 남발에 따른 인플레이션 현상을 설명할 때에도 마찬가지의 원리가 적용된다. 또한 1929년에 미국에서 일어난 경제공황의 원인을 설명하면서 교사는 지나친 증권 투기, 과잉 투자, 과잉 생산, 수요 감소 등을 제시하게 되는데, 이것은 경제학의 법칙에 의존하는 설명 방식이라고 할 수 있다.

역사 교사는 특정한 자연조건과 관련된 역사적 사건을 설명하면서도 일반법칙에 의존하는 경우가 많이 있다. 예를 들어, 나폴레옹 군대의 러시아 원정의 실패를 설명하는 교사는 누구나 러시아의 초토작전, 식량 부족, 혹독한 기후 등 주로 러시아의 자연조건을 강조하게 된다. 여기에서 적용할 수 있는 일반법칙은 "심한 추위와 굶주림에 시달리는 군대는 정상적인 전투를 수행하기 어렵다"와 같은 일반화다.

연역적-법칙적 설명에서 이용되는 일반법칙들은 보통 역사학 자체보다는 다른 사회과학 혹은 자연과학의 법칙으로부터 빌려온 것들이다. 역사 교사는 그들의 수업에서 경제적 변화를 설명할 때에는 경제학적 법칙, 집단적 행동을 설명할 때에는 사회학적 법칙, 심리적 동기를 설명할 때에는 심리학적 법칙, 인구의 변화를 설명할 때에는 인구의 법칙을 이용하여 역사적 현상을 설명하게 된다.

　연역적-법칙적 설명은 사회과학적인 법칙이나 자연현상에 관한 법칙을 이용하여 역사적 사실의 제시만으로는 이해하기 어려운 복잡한 사건들의 인과관계를 논리적으로 이해할 수 있게 해준다. 또한 초기 조건과 일반법칙으로부터 사건의 결과를 연역하는 과학적 설명의 과정은 역사적 사고의 한 측면인 과학적 사고력의 신장에 도움이 될 수 있다. 그리고 과학적 설명의 원리는 역사 수업에서 자주 활용되는 탐구학습에서도 유용하게 활용될 수 있다. 과학적 설명의 과정에서 이용되는 법칙은 탐구학습의 가설로 이용될 수 있으며, 탐구학습에서 이용되는 가설이나 일반화는 그대로 과학적 설명에서 이용되는 법칙으로 전환될 수 있기 때문이다.

　다만, 역사적 설명에서 연역적-법칙적 설명의 논리를 도입하는 문제에 대해서는 다음과 같은 비판이 제기되고 있음을 인식할 필요가 있다.

　첫째, 역사가들이 제시하는 실제의 역사적 설명 가운데는 포괄법칙을 찾아보기 힘들다는 것이다. 헴펠도 역사적 설명에서는 경험적 증거와 일치하는 법칙을 형성하기가 매우 어렵기 때문에 역사적 설명은 무언중에 당연한 것으로 인정받는 법칙들에 의존할 수밖에 없다고 말한 바 있다. 실증주의자들이 법칙적 진술의 사례로 들고 있는 것들이 사실은 상식적 수준의 일반화나 확률성이 낮은 수준의 법칙에 그치고 있는 이유는 바로 이 때문이다.[15]

　둘째, 역사적 설명에서는 초기 조건과 일반법칙으로부터 사건의 결과를 직접 연역해내기가 어렵다는 것이다. 왜냐하면 인간의 역사적 행위는 자연과학에서와 같이 결정론적인 과정에 따라 전개되는 것이 아니며, 여러 가지 변수들을 고려해야 하기 때문이다.

  셋째, 역사의 독특성 및 자율성의 관점에서 과학적 설명에 반대하는 사람들도 있다. 역사가는 어떤 사건을 설명할 때 그 사건의 일반성보다는 특수성에 더 관심이 있다. 예를 들어 역사가는 프랑스 혁명을 설명할 때 혁명의 일반적 성격에 관심이 있는 것이 아니라, 프랑스 혁명이 갖는 특수한 성격에 더 관심이 있는 것이다.

2. 귀납적 – 확률적 설명

  귀납적–확률적 설명은 연역적–법칙적 설명과 달리 전제가 주어졌을 때 설명되어야 할 사건이 필연적으로 발생한다는 것을 보여주는 것이 아니라, 그것이 발생할 가능성이 매우 높거나 혹은 거의 확실하다는 것을 보여주는 설명 방식이다. 예를 들어, 연쇄상구균에 감염된 존스라는 사람이 회복된 이유가 페니실린을 맞았기 때문이라고 대답하는 사람이 있다고 했을 때 그가 마음속에 갖고 있는 생각은, 페니실린을 맞으면 반드시 병이 치료된다는 일반법칙이 아니라, 페니실린을 맞으면 병이 치료될 가능성이 높다는 일종의 확률적 법칙이라고 할 수 있다. 그의 생각을 도식화해보면 다음과 같다.

  ① 존스는 연쇄상구균에 감염되어 페니실린 주사를 맞았다.
  ② 연쇄상구균에 감염된 사람이 페니실린을 맞았을 때 회복될 가능성은 거의 1에 가깝다.
  ③ (그러므로) 존스가 회복될 가능성은 대단히 높다.

위에서 ①, ②는 설명항이고, ③은 피설명항이다. 그리고 ①은 초기 조건에 관한 진술이고, ②는 확률적 법칙이며, ③은 결과를 나타낸다. 그런데 위의 설명은 연역적-법칙적 설명과 달리 설명항으로부터 피설명항이 자동적으로 연역되지 않는 것이 특징이다. 즉 초기 조건과 법칙으로부터 '환자는 회복되었다'라는 방식으로 결과를 도출할 수 없다. 다만 높은 확률성을 가지고 환자의 회복 가능성을 말해줄 뿐이다. "연쇄상구균에 감염된 사람이 페니실린을 맞았을 때 회복될 가능성이 1에 가깝다"는 통계적 법칙은 존스가 회복될 가능성에 대하여 높은 확률성을 부여해주지만, 그 자체로부터 존스의 병이 반드시 낫는다는 것을 보장해주지는 않기 때문에 존스의 병이 어떻게 될지는 정확하게 예측할 수 없다.[16]

확률적 형태의 법칙은 "조건 A가 B와 같은 종류의 조건에 의해 수반될 확률성은 어떤 특수한 값 P를 가진다"고 진술한다. 이러한 확률적 법칙은 수많은 사례들을 대상으로 한 귀납적 추론에 의해 얻어진 법칙이다. 확률적 법칙이 적용되는 설명은 일기예보에서 보듯이 그것이 일어날 가능성이 몇 퍼센트라는 식으로 진술되기도 하지만, 일반적으로는 '대단히 높다' 혹은 '거의 확실하다'라는 식으로 진술된다. 이와 같이 귀납적-확률적 설명은 연역적-법칙적 설명과 다른 논리적 형식을 갖고 있다고 할 수 있다.[17]

그러나 귀납적-확률적 설명도 비록 확률적 법칙이기는 하지만, 연역적-법칙적 설명과 마찬가지로 주어진 현상을 법칙 아래 포섭함으로써 설명하는 방식이기 때문에 과학적 설명에 포함된다. 과학에서는 통계역학, 양자론, 유전이론 등의 분야에서 볼 수 있듯이 귀납적-확률적 설명 방식이 적용되는 사례들을 많이 볼 수 있다.

역사적 설명에서는 연역적-법칙적 설명보다 귀납적-확률적 설명이 이용될 가능성이 더 높다. 인간의 역사적 행위를 대상으로 삼는 역사학에서는 연역적-법칙적 설명에서 내세우는 확실한 일반법칙을 적용하기가 쉽지 않기 때문이다. 또한 역사에서 사용되는 언어나 법칙이 느슨하고 개방적이며 다수의 예외를 허용하는 것도 연역적-법칙적 설명보다 귀납적-확률적 설명의 적용 가능성을 높이는 이유 가운데 하나다.

이러한 귀납적-확률적 설명의 논리를 적용한 역사적 설명의 사례를 제시하면 다음과 같다.

① **(초기 조건)** 17세기 영국에서 청교도는 그들의 종교적 신념 때문에 박해를 받았다.
② **(확률적 법칙)** 만일 한 집단의 사람들이 그들의 종교적 신념 때문에 박해를 받는다면 그들은 그 종교를 자유롭게 믿을 수 있는 지역으로 이주할 가능성이 매우 높다.
③ **(결론)** 청교도들은 신세계로 이주할 가능성이 매우 높았다.

위의 설명에서는 초기 조건과 법칙으로부터 청교도들이 신세계로 이주했다는 결과가 자동적으로 연역되지는 않는다. 다만 초기 조건과 법칙은 청교도들의 이주 가능성에 대하여 높은 확률성을 제시해 줄 뿐이다.

역사에서 귀납적-확률적 설명을 이용하는 경우에 지적되는 가장 큰 문제점은 역사에서 어떤 사건이 일어날 확률이 1에 가깝다거나, 0.90의 확률이 있다는 식으로 정확한 통계적인 확률을 제시하기 쉽지 않다는 것이다. 역사가가 제시할 수 있는 확률적인 법칙은 기껏해야 '일반적으로', '자주', '보통'과 같은 부사를 사용하거나, 혹은 '가능성이 높다', '경향이 있다'와 같은 서술어를 사용하여 확률의 수준을 표현하는 정도에 불과하다. 이러한 경우에 역사적 사건이 일어날 확률이 어느 정도인지 우리는 정확하게 파악할 수 없다. 예를 들어, 청교도의 신대륙 이주에 관한 설명에서 종교적 박해를 받은 사람들이 다른 곳으로 이주할 가능성이 정확히 어느 정도가 될지 우리는 거의 알 수 없는 것이다. 그러므로 역사적 설명에서는 이러한 한계점을 인식하는 범위 내에서 확률적인 법칙을 이용할 필요가 있다.

3. 발생적 설명

발생적 설명(發生的 說明)은 어떤 사건의 기원과 전개 과정을 설명하는 방식으로, 두 개 이상의 사건들의 연속적인 진행 과정을 설명할 때 이용된다. 이 설명에서는 어떤 사건의 과정이 최종 단계에 이를 때까지 그 과정의 각 단계를 차례로 묘사함으로써 그 현상을 설명하게 된다. 발생적 설명은 시간적으로 앞선 사건과 뒤의 사건들 사이에 연속성이 있다는 것을 강조하는 설명이며, 시간의 순서에 따라 먼저 나타난 사건은 자동적으로 뒤에 나타난 사건을 설명한다고 말하고 있다.

발생적 설명이 과학적 설명의 조건을 갖추려면 사건들의 연결 과정을 나열하는 것만으로는 충분하지 않고, 각 단계 사이의 논리적인 연결을 보장해주는 어떤 법칙이 필요하다. 그럴 때에만 후속 단계는 그 전 단계 때문에 일어났다고 할 수 있기 때문이다. 그러므로 역사적 사건의 발생을 과학적으로 설명한다는 것은 일반적 법칙에 의해 어떠한 역사적 사건이 이전의 사건들과 인과적으로 연결되었음을 보여주는 것을 의미한다.

발생적 설명의 과정을 보면, ①최초 단계의 내용을 설명한다. ②법칙을 제시하며 다음 단계의 내용과 연결 짓는다. ③추가로 보충될 내용을 제시한다. ④제2단계의 내용을 설명한다. ⑤법칙을 제시하며 다음 단계의 내용과 연결 짓는다 등의 순서로 진행하면서 최종 단계에 이르는 것이 특징이다. 이와 같이 발생적 설명은 최초의 단계부터 최종 단계까지 전 과정에 걸쳐서 하나의 법칙이 이용되는 것이 아니라, 단계가 바뀔 때마다 다른 법칙과 추가적인 내용이 이용된다는 점에서 연역적-법칙적 설명과 차이가 있다.[18]

역사 수업에서도 발생적 설명은 다양하게 활용될 수 있다. 특히 하나의 사건과 다음의 사건들이 인과적인 관계를 맺으며 계속 연결되어 큰 역사적 흐름을 형성하는 혁명이나 전쟁을 설명하는 경우에는 발생적 설명이 유용하게 활용될 수 있다. 영국 혁명의 전개 과정에 대한 다음의 설명을 통하여 발생적 설명의 특징이 무엇인지 찾아보자.

> 1603년에 엘리자베스 여왕의 사후 즉위한 제임스 1세와 찰스 1세는 왕권신수설의 주장, 의회의 승인 없는 과세, 청교도의 탄압 등을 통하여 의회와 충돌하게 되었다. 특히 찰스 1세는 완고한 국교주의자인 대주교 로드를 등용하여 청교도에 대한 탄압을 강화하고, 11년간 자의적인 전제정치를 감행하였다. 그러나 스코틀랜드의 장로교도들의 반란을 계기로 국왕이 다시 의회를 소집하자, 국왕과 의회의 대립은 한층 심해졌다. 이 과정에서 왕당파와 의회파가 대립하여 영국은 내란에 돌입하게 되었다. 내전의 결과 뛰어난 전술과 탁월한 영도력을 가진 크롬웰의 전승에 힘입어 의회파가 승리하였다. 내전에서 승리한

의회파는 다시 정치적, 종교적 문제를 둘러싸고 온건파인 장로파와 급진파인 독립파로 분열되었다. 그러나 크롬웰이 이끄는 독립파가 강력한 군사력을 바탕으로 장로파를 숙청하고 정권을 장악하여, 공화정을 수립하였으며, 찰스 1세를 처형하였다. 크롬웰은 잔부의회마저 해산하고, 청교주의에 입각한 엄격한 독재정치를 감행하여 국민의 불만을 샀다. 크롬웰이 죽자 영국에는 다시 왕정이 복고되었다. 그러나 새로 국왕이 된 찰스 2세와 제임스 2세는 가톨릭 부활 정책과 전제정치를 꾀함으로써 의회와 다시 충돌하게 되었다. 이에 의회는 네덜란드 총독 윌리엄과 그의 부인인 메리를 공동 왕으로 추대하고, 혁명을 일으켜 성공하게 되었다. 이것이 바로 명예혁명이다. 명예혁명 후 절대왕정은 완전히 타도되고, 의회 중심의 입헌군주제가 확립되었다.

위의 설명은 ①제임스 1세와 찰스 1세의 전제정치 → ②국왕과 의회의 대립 → ③내란의 발생과 의회파의 승리 → ④의회파의 분열 → ⑤독립파에 의한 정권 장악과 국왕 처형 → ⑥공화정의 수립과 크롬웰의 독재정치 → ⑦크롬웰의 사망과 왕정 복고 → ⑧찰스 2세와 제임스 2세의 가톨릭 부활 정책과 의회와의 대립 → ⑨명예혁명 등으로 나누어 영국 혁명이 일어난 순서에 따라 전개되고 있다. 그런데 가만히 보면 영국 혁명의 각 단계는 앞의 단계와 서로 고리처럼 연결되어 있으며, 앞의 사건은 뒤의 사건의 원인 구실을 한다는 것을 알 수 있다.

위의 설명에서 각 단계가 인과관계를 가지는 것은 이를 연결해주는 법칙이 존재하기 때문이다. 이를테면 ①과 ② 사이에는 "의회가 존재하는 나라에서 국왕의 자의적인 전제정치는 국왕과 의회의 대립을 초래한다"는 것과 같은 법칙, ③과 ④ 사이에는 "경쟁 세력을 물리치고 독점 세력을 구축한 당파는 내부 분열을 겪기 쉽다"는 것과 같은 법칙, 그리고 ⑤와 ⑥ 사이에는 "혁명에서 정권을 잡은 급진파는 극단적인 정치를 실시할 가능성이 높다"와 같은 법칙이 내포되어 있다.

발생적 설명에서 특정한 역사적 사건에 포함되어 있는 수많은 사건들이 하나의 동일한 이야기로 연결되는 것은 앞의 단계의 사건들과 뒤의 단계의 사건들이 원인과 결과로서 서로 연결되어 있기 때문이다. 그리고 최종적으로 설명해야 할 역사적 현상은 이러한 발달적 계열의 마지막 단계로 제시된다. 위의 영국 혁명에 관한 설명에서 절대왕정의 타도와 입헌군주제의 성립이 제임스 1세로부터 시작된 국왕과 의회의 대립 과정의 마지막 단계로 제시된 것은 바로 그와 같은 경우에 속한다고 할 수 있다.

발생적 설명은 복잡한 역사적 사건을 몇 개의 단계로 구분하고, 인과관계를 중심으로 각 단계의 사건들을 서로 연결시키는 방식으로 설명을 전개함으로써 역사적 사건에 대한 학생들의 논리적, 분석적 이해 능력을 높일 수 있다. 그리고 역사적 사건을 그 기원에서부터 최종 단계까지 발달적 계열의 선상에서 파악하게 함으로써 학생들에게 인과관계의 복합성을 깨닫게 하고, 이를 통하여 학생들의 역사의식을 촉진할 수 있다. 또한 발생적 설명은 일반법칙을 이용하여 각 단계별 사건의 발생을 정당화함으로써 학생들의 과학적 사고력의 신장에 기여할 수 있다.

그러나 발생적 설명의 가장 큰 문제점은 설명의 각 단계마다 적절한 법칙을 제시하기가 쉽지 않다는 것이다. 발생적 설명에서는 설명의 각 단계마다 법칙이 필요하기 때문에 하나의 역사적 사건을 설명하기 위해서는 여러 종류의 법칙을 동원하게 된다. 특히 프랑스 혁명이나 1차, 2차 세계대전과 같이 수많은 사건들이 중첩되어 일어나는 복잡한 역사적 사건을 설명할 경우에는 더 많은 법칙을 동원해야 하는데, 하나의 사건을 설명하기 위해서 각 단계마다 적절한 법칙을 동원하는 것은 현실적으로 거의 불가능하다. 그러므로 발생적 설명에서는 설명의 각 단계마다 법칙을 제시하기보다는 이를 암시적으로 가정하는 경우가 대부분이다.

4. 설명 스케치

과학적 설명의 필요성을 주장하는 사람들은 완전한 설명과 불완전한 설명을 구분한다. 완전한 설명이란 설명항이 일반법칙과 초기조건을 내포하고 있고, 그러한 설명항으로부터 피설명항이 자동적으로 연역되는 설명을 말한다. 반면에 불완전한 설명이란 설명항에서 법칙 자체가 생략되어 있거나, 설명항으로부터 피설명항이 자동적으로 연역되지 않는 설명을 말한다.

일반적인 설명에서는 법칙을 생략하는 일이 많다. 예를 들어, "버터 덩어리가 뜨거운 프라이팬 속으로 집어넣어졌기 때문에 녹았다"는 설명에서는 일반법칙이 생략되어 있지만, 이를 문제 삼는 사람은 거의 없다. 이처럼 일반적인 설명에서는 무언중에 당연한 것으로 생각되는 법칙을 생략한다. 특히 역사를 포함하여 인문학이나 사회과학에서의 설명들을 보면 일반법칙을 생략하는 경우가 대부분이다. 이러한 설명에서는 적절한 일반법칙을 찾기가 어려울 뿐 아니라 일반법칙이 너무 상식 수준의 것이어서 굳이 제시할 필요성을 느끼지 못하기 때문이다. 무엇보다 역사적 설명에서는 역사의 특수성에 대한 강조 때문에 일반법칙의 제시를 의도적으로 피하기도 한다. 이와 같이 이유가 무엇이건 간에 일반법칙이 생략된 설명을 생략적 설명이라고 한다.

또한 역사를 포함하여 인문학이나 사회과학에서는 설명항에서 일반법칙을 제시한다고 하더라도 그것이 피설명항에서 제시된 결과를 충분히 설명하지 못하는 경우가 많다. 이와 같이 법칙을 보충했음에도 불구하고, 설명항으로부터 피설명항이 자동적으로 연역되지 않고, 부분적으로만 설명력을 갖는 설명을 부분적 설명이라고 한다.

예를 들어, 프랑스 혁명의 발발에 관한 설명에서 프랑스 혁명 직전 프랑스에서 있었던 일련의 사건들, 즉 국민의회의 선포와 헌법 제정 결의, 국왕의 군대 집결, 네케르의 해임과 평민들의 분노 등 혁명 발발의 초기 조건만 제시되어 있고, 일반법칙이 생략되어 있다면 그것은 생략적 설명에 속한다.

그런데 여기에다 "지배자가 국민의 요구를 묵살하고, 국민을 무력으로 탄압하려고 하면 폭동이 일어나기 쉽다"와 같은 일반법칙을 추가한다고 하더라도, 이것만으로 "1789년에 파리의 민중들은 바스티유 감옥을 습격했다"는 피설명항이 자동적으로 연역되지 않는다. 이와 같이 설명항에 초기 조건과 일반법칙이 포함되어 있음에도 불구하고, 사건의 원인을 충분히 설명하지 못하고 부분적으로만 설명하는 것을 부분적 설명이라고 한다. 설명항으로부터 피설명항이 자동적으로 연역되지 못하고, 보충적인 설명을 필요로 하는 경우라고 할 수 있다.

설명항 속에 어떠한 법칙이나 일반화의 제시가 생략된 설명이나 부분적으로만 설명하는 방식을 헴펠은 '설명 스케치(explanation sketch)'라고 불렀다.[19] 역사에서 제공되는 대부분의 설명은 완전한 과학적 설명이 되지 못하고 설명 스케치에 속한다고 할 수 있다.

설명 스케치는 설명에서 초기 조건과 법칙의 제시가 분명하지 않고, 단지 과학적 설명을 대충 묘사하는 수준에 그치고 있기 때문에 붙여진 이름이다. 그러나 설명 스케치가 비과학적인 설명 방식이라고 단정 지을 수는 없다. 왜냐하면 생략적 설명에다 적절한 일반법칙을 보충하고, 부분적 설명에다 또 다른 초기 조건이나 일반법칙을 추가하는 방식으로 설명 스케치의 부족한 부분을 채워 넣는다면 그러한 설명은 과학적 설명이 될 수 있기 때문이다. 헴펠이 역사적 설명의 대부분은 설명 스케치에 속한다고 말하면서도 그것을 과학적 설명의 범주에서 다루고 있는 것은 바로 이 때문이다.

IV. 인간의 행위 설명

역사적 사건은 인간 행위의 결과다. 따라서 인간의 행위에 대한 설명은 가장 기본적인 역사적 설명의 형태라고 할 수 있다. 행위 설명은 역사적 사건을 일으킨 사람들이 어떠한 이유로 그러한 행동을 하였는가를 설명하는 방식이다. 인간의 행위를 설명하는 방식에는 합리적 설명과 성향적 설명이 있다.

합리적 설명은 과학적 설명의 논리에 반대하면서 나타난 이론으로 인간의 행위를 그가 가진 목적이나 동기에 비추어 설명한다는 점에서 과학적 설명과는 거리가 먼 이론이지만, 성향적 설명은 인간 각자의 행동 패턴 속에 숨어 있는 일정한 성향에 근거하여 그의 행동을 설명한다는 점에서 법칙을 중시하는 과학적 설명의 범주에 속하는 이론이라고 할 수 있다.

1. 합리적 설명

인간의 역사적 행위를 설명한다는 것은 어떠한 상황에 처한 역사적 행위자가 그러한 행위를 하게 된 이유가 무엇인지를 밝히는 것을 말한다. 그 이유를 파악하기 위하여 우리는 그 사람이 처했던 당시의 상황을 알아야 할 것이며, 나아가서 그러한 결정을 하게 된 목적이나 동기를 살펴볼 필요가 있다. 이와 같이 행위자가 처했던 상황과 행위자의 목적과 동기 및 행위자의 행동들 사이의 연결을 세우고, 이를 통하여 행위자의 행동이 그 당시의 상황에서는 합리적이었음을 밝히는 설명을 합리적 설명이라고 한다. 즉 합리적 설명은 역사적 행위자의 행동이 합리적인 이유에 따라 시작된 것이며, 그것은 그 당시 상황에서는 적절한 것이었음을 밝히기 위한 설명 방식이다.[20]

합리적 설명에서 어떠한 역사적 행동은 특수한 상황에 처해 있는 역사적 행위자가 어떠한 목적과 동기를 가지고 있을 때 '해야 할 일(the thing to do)'임을 의미한다. 그러므로 합리적 설명에서 가장 중요하게 고려해야 할 사항은 행위자가 처한 상황과 그의 목적 및 동기라고 할 수 있다.

이에 대하여 합리적 설명의 대표적 이론가인 드레이(W. H. Dray)가 제시한 설명 모델은 다음과 같다.

① A는 C유형의 상황에 있었다.
② C유형의 상황에서 할 수 있는 일은 X였다.
③ 그러므로 A는 X를 수행했다.

이와 같은 합리적 설명의 목표는 어떤 역사적 행위가 어떤 법칙과 일치해서 행해진 것이라기보다는 일정한 이유 때문에 행해졌다는 것을 보여주는 데 있다. 여기에서 행위의 이유를 밝힌다는 것은 행위자의 목표와 그 앞에 놓인 대안들 가운데서 어느 하나의 대안을 선택하게 된 동기 및 배경을 밝히는 것을 말한다. 또한 그것은 행위자의 선택이 그와 같은 상황에서 적절한 것이며, 그가 마땅히 '해야 할 일'임을 보여주는 데 있다. 이때 행위자가 어떠한 행동을 선택한 이유는 어디까지나 행위자의 관점에서 볼 때 바람직한 이유여야 하며, 그 행동의 적절성 여부는 어디까지나 그가 직면했던 상황과 관련해서 평가되어야 한다. 따라서 현대인이 볼 때는 비합리적인 것으로 평가될 수 있는 역사적 행위도 당시의 상황과 행위자의 관점에서 바라볼 때에는 합리적인 행위로 간주될 수 있다.

다음과 같이 드레이가 제시한 합리적 설명 사례를 통하여 역사적 사건에 대한 합리적 설명의 과정을 살펴보기로 하자.

1688년에 영국 의회와 결탁한 오렌지공 윌리엄이 영국을 침략할 당시 프랑스는 네덜란드에 대한 군사적 압력을 철수함으로써 윌리엄의 영국 침략을 용이하게 만들었다. 이것은 루이 14세의 가장 큰 실수로 알려져 있다. 그러나 어떤 역사가는 이러한 철수가 루이 14세의 치밀한 계산에 따른 것임을 밝히고 있다. 윌리엄이 영국에 상륙할 경우 내란과 전쟁이 오래 계속될 것이며, 루이 14세는 이 틈을 타서 손쉽게 유럽을 정복할 수 있을 것이라고 기대했던 것이다. 이러한 루이 14세의 추산은 그 사건과 관련해서 결코 불합리한 것이 아니었다. 그것은 단지 예기치 않은 새로운 형태의 혁명(명예혁명)의 발발에 의해 무산되었을 뿐이다.[21]

현대인의 관점에서 볼 때 위의 설명에서 나타난 루이 14세의 행위는 결코 합리적인 것으로 간주하기 어렵다. 그러나 합리적 설명의 관점에서 볼 때 루이 14세의 행동은 결코 불합리한 것이 아니었다. 왜냐하면 루이 14세의 철수 행위는 그의 목표와 그가 처했던 상황에서 볼 때 나름대로 적절한 측면을 내포하고 있기 때문이다.

이와 같은 루이 14세의 의사결정을 드레이의 합리적 설명 모델에 따라 공식화해보면 다음과 같다.

① **(목표)** 루이 14세는 윌리엄과 메리가 영국에 상륙했을 때 영국에 내란이 발생할 것을 예측했다. 그리고 영국의 내란이 계속되는 틈을 타서 유럽을 정복하려고 했다.
(상황) 영국 의회에서 네덜란드 총독 윌리엄과 그의 부인인 메리를 공동 왕으로 추대했다. 윌리엄과 메리는 영국 의회의 요청을 받아들이려고 했다. 그러나 윌리엄과 메리는 네덜란드에 대한 프랑스의 군사적 압력을 두려워하고 있었다.
② **(이러한 목표와 상황을 고려했을 때)** 루이 14세가 할 수 있는 일은 네덜란드에 대한 군사적 압력을 철수하는 것이었다.
③ 그러므로 루이 14세는 네덜란드에 대한 군사적 압력을 철수했다.

합리적 설명의 관점에서 볼 때, 행위자는 행동에 대한 결정을 내리기 전에 상황 속에 내포된 여러 가지 기회와 문제들을 고려하게 되며, 목적을 달성하기 위해 가능한 대안들 가운데서 자신의 이익을 최대한 보장하는 대안을 선택한다. 따라서 행위자의 행위를 설명하기 위해서는 그의 목적뿐 아니라 그가 파악한 대안들과 각 대안 하나하나에 대한 이해 득실을 추산해야 한다. 가장 바람직한 대안은 무엇이며, 실제로 선택한 대안은 무엇인지를 검토해야 한다. 이렇게 볼 때 합리적 설명의 과정은 다음과 같이 세분화할 수 있다.

① 목표의 진술
② 배경 상황의 진술
③ 그러한 상황에서 목표를 달성하기 위해 행위자가 선택할 수 있는 가능한 대안적 행위들의 추산
④ 각 대안적 행위들이 초래할 결과 및 부작용에 대한 계산
⑤ 각 대안적 행위들 가운데서 가장 바람직한 행위의 추산
⑥ 행위자가 실제로 선택한 대안 및 그것이 초래한 결과의 검토

갑신정변을 일으킨 김옥균 등 개화당의 행위 과정에 위의 도식을 적용해보면 다음과 같다.

① 개화당은 사대당과 청의 세력을 축출하고 개화당이 중심이 된 자주 독립 국가를 세우려는 뚜렷한 목적을 갖고 있었다.
② 그런데 당시는 청의 노골적인 간섭 정책, 사대당의 압박과 개화당의 세력 약화, 김옥균의 차관 도입 노력의 실패 등 일련의 사태로 인하여 개화당의 위기의식이 고조되는 상황에 있었다.
③ 이러한 상황에서 개화당이 선택할 수 있는 대안으로는 크게 평화

적인 방법과 무력적인 방법, 두 가지가 있었다.

④ 그러나 사대당이 실권을 장악하고 개화당을 거세하려는 움직임이 강화되어 평화적인 방법의 사용은 사실상 불가능했다. 반면에 청불전쟁의 발생으로 인한 청군 병력의 감축, 일본 공사의 개화당 지원 약속 등 개화당이 정변을 일으킬 경우에 성공할 가능성이 높아졌기 때문에

⑤ 개화당은 무력을 동원하여 정변을 일으키는 방향으로 선회하게 되었으며,

⑥ 마침내 1884년 10월 17일에 정변을 단행하게 되었다.

이러한 합리적 설명 방식에 대해서는 다음과 같은 비판이 제기되고 있다.[22]

첫째, 어떤 행동이 주어진 환경에서 행위자가 해야 할 적절한 일이라고 해서 그 행위자가 반드시 그와 같은 방식으로 행동했다는 것을 보증하는 것은 아니라는 것이다. 왜냐하면 A와 같은 행위가 행위자가 해야 할 적절하고 합리적 행위임에도 불구하고, 실제의 역사적 행위자는 B와 같은 행위를 할 가능성도 있기 때문이다. 또 역사적 행위자는 그 당시의 상황에 비추어 보더라도 전혀 이해하기 어려운 비합리적인 행위를 했을 가능성도 얼마든지 상정할 수 있다.

둘째, 합리적 설명은 목적이나 동기가 분명히 제시되어 있는 개인적 행위에는 적용될 수 있으나, 목적이나 동기를 정확하게 파악하기 어려운 개인적 행위나 집단적 행위에는 적용하기 곤란하다는 것이다.

이와 같은 문제점을 갖고 있음에도 합리적 설명은 역사교육에서 활용될 때 다음과 같은 효용성을 가질 수 있다.

첫째, 합리적 설명은 자연과학적인 방법과 차별화되는 새로운 방법으로 인간의 행위에 대한 설명을 추구함으로써 역사적 설명에서 인간 행위의 중요성에 대한 관심을 고양시킬 수 있다.

둘째, 합리적 설명은 인간의 역사적 행위에 대한 합리적 설명을 추구한다는 점에서 역사교육의 목적, 내용, 방법의 통일성을 기했다고 할 수 있다. 합리적 설명의 논리를 도입한 역사교육에서는 학습의 목적 자체가 어떠한 역사적 인물이 일정한 행위를 하게 된 이유를 밝히는 데 있으며, 학습의 내용도 그 역사적 인물이 직면했던 상황, 그의 목적이나 동기, 혹은 행동의 과정을 밝히는 내용으로 구성된다. 수업 방법도 그 역사적 인물이 일정한 행동을 선택하게 된 이유와 과정을 상세하게 분석하고 탐구하는 방식으로 전개된다. 이와 같이 합리적 설명의 논리를 도입한 역사교육에서는 역사적 인물이 어떤 행위를 하게 된 합리적 이유를 밝히는 데 초점을 맞추기 때문에 목적, 내용, 방법의 통일성을 추구한다고 볼 수 있다.

셋째, 합리적 설명의 과정은 역사교육의 목표로서 중시되고 있는 의사결정 능력의 신장을 위한 학습의 과정으로 이용될 수 있다. 역사적 행위자의 의사결정의 과정을 알기 위해서 우리는 행위자의 목적과 동기 및 상황을 알아야 하고, 그가 선택할 수 있었던 여러 가지 대안들과 실제로 선택한 대안에 대해 알아야 하는데, 이것은 그대로 합리적 설명 이론과 연결되기 때문이다.

넷째, 합리적 설명의 과정은 그대로 역사교육에서 인물 학습의 과정으로 활용될 수 있다. 오늘날 인물 학습에서는 교사의 일방적인 주입을 통한 설명보다는 학생 스스로 역사적 인물이 그러한 행위를 하게 된 동기나 목적, 상황을 분석적으로 고찰하게 하는 활동을 중시한다. 이러한 행위 결정 분석의 방법은 그대로 합리적 설명의 이론에서 빌려올 수 있다. 특히 합리적 설명은 뚜렷한 목적을 가지고 의식적으로 행동하는 행위자의 행동을 잘 설명해준다는 점에서 목적의식이 분명한 역사적 인물의 행위에 대한 학습에 유용하다.

2. 성향적 설명

유리가 돌에 맞았을 때 왜 깨어지는가를 질문받았을 때 우리는 보통 "유리는 깨어지기 쉽기 때문"이라고 대답한다. 이것은 유리의 성향적인 속성을 지적한 것이다. 이와 같이 어떤 물체의 성향적 속성을 지적함으로써 그 물체의 변화를 설명하는 것을 라일(Ryle)은 성향적 설명(性向的 說明)이라고 불렀다.[23]

개인의 행위와 관련된 성향적 설명은 개인의 신념, 가치, 태도, 개성, 성격적 특징 등 그가 평소 갖고 있는 일반적인 성향을 근거로 개인의 어떤 결정이나 행위를 설명하는 방식이다. 예컨대 권력욕, 명예욕, 정복욕 등의 성향을 가진 행위자들에게서 일반적으로 나타나는 행동 유형을 보고 그들의 행위를 추론 또는 설명하는 방식이 성향적 설명이다.[24] 이러한 설명 방식은 인간의 행위는 의식적인 목적이나 동기와 같은 합리적인 이유보다는 특정한 방향으로 행동하려는 인간 자체의 성향에 의해 결정된다는 인식에 근거를 두고 있다.

성향적 설명은 개인이나 집단의 성향이 내포한 어떤 규칙성을 전제하고 있다는 점에서 어느 한 개인 혹은 집단의 성향에 대한 일반화를 수립하려는 시도로 간주될 수 있다. 예를 들어, "디즈레일리는 야심적이었다"라는 진술은 디즈레일리 개인의 성향에 대한 일반화다. 이러한 일반화는 다시 "만일 디즈레일리가 지도자의 위치에 오를 수 있는 기회를 만난다면 그는 그것을 놓치지 않을 것이다"라는 형태의 일반화로 확대될 수 있다. 그것은 더 나아가 "야심적인 정치가들은 지도자의 위치에 오를 수 있는 기회를 만난다면, 그들은 그러한 기회를 놓치지 않을 것이다"라는 식으로 정치가의 일반적인 성향에 대한 법칙으로 발전할 수 있다.

헴펠은 성향적 설명이 과학적 설명의 자격을 얻기 위해서는 인간의 성향에 대한 일반법칙을 도입해서 성향적 설명의 미비점을 보충해야 한다고 주장한다. 즉 어떤 사람이 왜 그렇게 행동했는가를 설명할 때 단순히 "그 사람은 그러한 성향을 갖고 있었다"는 식의 설명만으로는 부족하고, "그러한 성향을 가진 사람은 누구나 그와 같은 상황에 처하면 그런 식으로 행동한다"는 일반법칙을 도입해서 설명을 보충해주어야 한다는 것이다.[25] 이와 같이 단순한 성향적 진술에 인간의 성향에 대한 일반법칙을 첨가하게 되면 그 설명은 과학적 설명과 별 차이가 없게 된다.

성향적 설명의 원리는 역사 수업에서도 광범하게 이용될 수 있다. 예를 들어, 루이 14세의 베르사유 궁전의 건축이나 주변 국가들에 대한 침략 정책을 설명하면서 태양왕의 위세를 나타내고자 하는 그의 과시욕이나 허영심을 가지고 설명한다거나, 로베스피에르의 이상주의적이고 광신적이며 비타협적인 태도를 언급함으로써 공포정치를 설명하는 방식은 모두 성향적 설명에 해당된다.

물론 이러한 성향적 설명은 한국사의 경우에도 광범하게 적용될 수 있다. 앞에서 언급한 갑신정변을 다시 예로 들어보자. 합리적 설명에서는 개화당의 의도와 목적 및 상황을 검토하고, 다시 이것을 개화당이 선택 가능했던 여러 가지 대안들과 관련짓는 방식으로 개화당이 갑신정변을 일으킨 이유를 설명하는 것이 일반적이다. 그러나 성향적 설명에서는 개화당이나 개화당의 중심인물들이 가진 성향에 맞추어 개화당이 갑신정변을 일으킨 이유를 설명하게 된다. 그리하여 "개화당의 중심인물들은 성급한 의욕을 가진 급진적 성향의 청년들이었다"와 같이 개화당의 중심인물들의 성향에 주목하여 설명을 하게 된다. 위에서 언급한 상황에서, 그러한 목적과 동기를 가진 개화당이 갑신정변을 일으킨 것은 그 중심인물들이 급진적 성향을 가졌기 때문이라는 것이다. 그런데 성향적 설명에서는 개인이나 집단의 성향을 지적하는 데 그치지 않고, 그러한 성향을 인간의 보편적 성향에 관한 일반화로 연결시키려고 한다. 예를 들어 "성급한 의욕을 가진 급진적 성향의 젊은이들은 정변과 같은 정치적 비상수단도 불사한다"와 같은 일반화다. 이러한 일반화는 인간의 성향에 관한 일종의 법칙이라고 할 수 있으며, 헴펠의 주장에 따르면 이러한 법칙이 추가될 때 갑신정변이 발생한 이유를 더욱 정확하게 설명할 수 있게 된다.

그 밖에도 우리나라 역사에서 성향적 설명의 방식은 다양하게 적용될 수 있다. 예를 들어, 개항 이후에 일어난 사건들을 개화파와 척사파의 대립과 갈등을 중심으로 설명하는 방식이나, 해방 이후 전개되었던 정치가들의 활동을 좌익 세력과 우익 세력으로 나누어 설명하는 방식 등이 그것이다. 이와 같이 특정한 역사적 인물이나 집단의 행위를 설명할 때 그 개인 혹은 집단의 성향으로부터 나타나는 행동 유형을 가지고 그들의 행위 결과를 추론할 수도 있고 또 그것을 설명할 수도 있는 것이다.

이러한 성향적 설명은 학생들에게 인간의 역사적 행위가 합리적이고 의도적인 목적이나 동기뿐 아니라 무의식적인 습관이나 태도, 혹은 개인의 성격적 특징에 의해서도 결정된다는 사실을 상기시켜

주고, 그와 같은 인간 행위의 또 다른 요소들에도 관심을 갖게 해준다. 그리고 인간의 행동은 그가 속한 사회의 관습이나 규범 혹은 전통에 의해서도 큰 영향을 받는다는 사실을 인식하게 해준다. 또 역사 교과서뿐 아니라 현실 사회 속에서 흔하게 거론되는 보수파와 진보파 혹은 우파와 좌파의 대립이 과거 역사뿐 아니라 미래의 역사에도 큰 영향을 미칠 수 있다는 사실을 인식하고, 객관적이고 균형 잡힌 의식이나 태도를 갖기 위해 노력하는 자세를 갖게 할 수 있다.

그러나 성향적 설명은 인간의 가치관이나 태도 혹은 성격적 특징에는 일정한 패턴이 있다는 것을 가정하고, 인간의 역사적 행위를 지나치게 도식화시켜 설명한다는 데에 문제가 있다. 인간의 행위는 개인의 성향을 포함한 여러 요인들이 복합적으로 작용하여 결정된다. 또 일정한 성향을 갖고 있다고 할지라도 언제나 그러한 성향에 따른 행동을 하는 것이 아니라, 시기나 장소에 따라 얼마든지 다른 행동을 보여줄 수 있다. 사람은 때때로 주변 상황의 요구나 개인의 반성적 힘에 의해서 자신의 성향에 맞지 않는 행동을 할 수도 있다. 예를 들어 급진적인 성향을 가진 정치가가 여론의 압력 때문에 보수적인 정책을 채택하는 경우가 바로 그런 경우다. 그러므로 수업시간에 성향적 설명 방식을 도입할 때에는 이러한 문제점을 충분히 고려하여 적절한 수준에서 이용해야 할 것이다.

■ 주

1) 정선영 외, 《역사교육의 이해》, 삼지원, 2001, 61쪽.
2) G. H. 폰 리히트, 배철영 역, 《설명과 이해》, 서광사, 1994, 24~25쪽.
3) 차하순, 《역사의 본질과 인식》, 학연사, 1988, 194~195쪽.
4) 양병우, 《역사의 방법》, 민음사, 1989, 88쪽.
5) W. H. Walsh, *Philosophy of History*(New York: Harper & Row Publishers, 1967), p. 59.
6) 최상훈, 〈역사 학습에서 총괄의 이용〉, 양호환 외, 《역사교육의 이론과 방법》, 삼지원, 1997, 163쪽.
7) 김용학, 〈비교사회학의 방법과 주요 쟁점들〉, 한국비교사회연구회 편, 《비교사회학: 방법과 실제 Ⅰ》, 열음사, 1992, 29~30쪽.
8) 이 경우의 유추는 원시시대 사람들과 현대의 사람들은 오랜 시간적 차이에도 불구하고 사고하는 모습이나 생활방식의 기본 틀에는 큰 차이가 없다는 인식에 바탕을 둔 것이다.
9) 김명숙, 〈역사적 사고력 함양을 위한 유추의 활용 가능성 탐색〉, 《역사교육》 83, 2002, 6~7쪽.
10) 양병우, 위의 책, 125쪽.
11) 인과관계에 대한 과학적 설명에 대해서는 G. H. 폰 리히트, 배철영 역, 위의 책, 63~67쪽 참조.
12) 이에 대해서는 차하순, 위의 책, 198~202쪽 참조.
13) E. H. Carr, 곽복희 역, 《역사란 무엇인가》, 청년사, 1996, 133쪽.
14) C. G. Hempel, *Aspects of Scientific Explanation*(New York: The Free Press, 1965), p. 249.
15) 이에 대해서는 정선영, 〈역사 수업에서 과학적 설명논리의 적용〉, 양호환 외, 《역사교육의 이론과 방법》, 132~133쪽 참조.
16) C. G. Hempel, *ibid.*, p. 381.
17) 귀납적 - 확률적 법식은 통계적인 법칙에 의존하기 때문에 통계적 설명이라고도 한다.
18) C. G. Hempel, *ibid*, pp. 447~453.
19) C. G. Hempel, *ibid.*, pp. 416~424.
20) 드레이가 헴펠을 비판하면서 자기의 합리적 설명 이론을 상세하게 전개한 내용은 William Dray, *Laws and Explanation in History*(Oxford University Press,

1957)에 수록되어 있다.
21) William Dray, *ibid*, p. 122.
22) 합리적 설명에 대한 비판은 정선영, 〈W. Dray의 합리적 설명의 논리와 역사교육에서 그 활용〉, 《교육연구논총》 28권 3호, 2007, 228~232쪽 참조.
23) G. Ryle, *The Concept of Mind*(London: Hutchinson, 1949), p. 88.
24) 김환길, 〈역사철학의 행위설명이론과 역사교육에의 적용〉, 양호환 외, 《역사교육의 이론과 방법》, 200쪽.
25) 성향적 설명에 대해서 헴펠이 제시한 설명 도식은 다음과 같다.
- (행위자) A는 C와 같은 상황에 있었다.
- A는 합리적으로 행위하려는 성향이 있었다.
- 합리적으로 행위하려는 사람은 누구나 C와 같은 상황에 처하면 변함없이(또는 높은 확률로) x라는 행위를 한다. C. G. Hempel, "Explanation in Science and in History ", in W. H. Dray(ed.), *Philosophical Analysis and History*(New York: Harper & Row, Publishers, 1966), p. 118.

■ 참고문헌

강신택, 《사회과학연구의 논리》, 박영사, 1992.
김명숙, 〈역사적 사고력 함양을 위한 유추의 활용 가능성 탐색〉, 《역사교육》 83집, 2002.
김한종, 《역사수업의 원리》, 책과함께, 2007.
김환길, 〈역사철학의 행위설명이론과 역사교육에의 적용〉, 양호환 외, 《역사교육의 이론과 방법》, 삼지원, 1997.
양병우, 《역사의 방법》, 민음사, 1988.
양호환, 〈역사교과 교육이론의 가능성과 문제점〉, 양호환 외, 《역사교육의 이론과 방법》, 삼지원, 1997.
정선영, 〈역사 수업에서 과학적 설명논리의 적용〉, 양호환 외, 《역사교육의 이론과 방법》, 삼지원, 1997.
정선영 외, 《역사교육의 이해》, 삼지원, 2002.
차하순, 《역사의 본질과 인식》, 학연사, 1988.
최상훈, 〈역사 학습에서 총괄의 이용〉, 양호환 외, 《역사교육의 이론과 방법》, 삼지원, 1997.
E. H. 카, 곽복희 역, 《역사란 무엇인가》, 청년사, 1996.
G. H. 폰 리히트, 배철영 역, 《설명과 이해》, 서광사, 1994.
H. I. 브라운, 신중섭 역, 《새로운 과학철학》, 서광사, 1988.
R. 하레, 민찬홍 외 역, 《과학철학》, 서광사, 1989.
W. H. 월쉬, 김정선 역, 《역사철학입문》, 서광사, 1983.
Dray, W. H., *Laws and Explanation in History*(London: Oxford University Press, 1970).
Hempel, C. G., *Aspects of Scientific Explanation*(New York: The Free Press, 1965).
──────, 'Explanation in Science and in History', in W. H. Dray(ed.), *Philosophical Analysis and History*(New York: Harper & Row, Publishers, 1966).
Stanford, Michael, *An Introduction to the Philosophy of History*(Oxford: Blackwell Publishers Ltd, 1998).
Walsh, W. H., *Philosophy of History*(New York: Harper & Row, Publishers, 1967).

5장
역사적 사고

송상현

I. 역사적 사고의 성격

최근 뇌과학의 발달로 사고의 메커니즘이 일부 밝혀지고 있다. 예컨대 좌뇌와 우뇌가 하는 역할이 다르다거나 사고 과정에서 뇌의 일정 부분이 하는 역할이 관찰되기도 하였다. 그러나 사고의 본질이나 본성은 가까운 장래에 규명되기 어려운 인류의 난제 중 하나임에 틀림없다.

1960년대 이후 심리학의 초점은 행동에서 마음(mind)으로 넘어간다. 인간의 마음에 대한 연구는 두 가지 관점에서 진행되었다. 하나는 마음을 컴퓨터 정보처리 과정과 같은 논리적 사고로 보는 이른바 컴퓨터 메타포의 관점이고, 다른 하나는 문화가 마음을 구성한다는 전제하에 마음의 본질을 의미의 구성으로 보는 내러티브적 사고의 관점이다.[1] 두 관점의 가장 두드러진 차이는 사고의 보편성과 다원성에 대한 입장이다.

보편론자는 인간의 인지 과정은 누구에게나 동일하며 지각이나 기억, 인과 분석, 분류, 추론 과정도 동일하다고 생각한다. 이들은 인간의 사고를 논리학의 형식에 따라 진전되는 컴퓨터 정보처리 과정에 비유한다. 이 경우 사고의 과정은 사고의 내용과 무관(contentfree)하며 동일하게 이루어진다고 본다. 반면에 다원론자는 사람에 따라 그리고 사고 대상에 따라 인지 과정이나 추론 과정이 동일하지 않다고 본다. 이들은 인간의 사고를 각 지식 영역의 특정한 지식 체계를 따르는 것으로 보거나 마음의 본질적 작용은 의미를 구성하는 것으로서 그 성격이 다양하다고 본다. 즉 인간의 사고는 논리학의 형식에 따르는 사고와 구별되는 특성을 가지며 사고의 내용에 의존적(content-dependent)이라는 것이다.

역사적 사고에 대해서도 일반적인 사고와 같다고 보는 보편론의 입장과, 역사는 인간의 내면을 다루는 학문 분야이기 때문에 일반적 사고와 본질적으로 다르다고 보는 다원론의 입장이 있다. 현재로서는 두 견해 중 어느 쪽이 타당하다고 단정하기 어렵다. 이런 견해의 차이는 역사적 사고의 양면성을 반영한 데서 나온 것이거나 선후의 문제에 불과한 것일 수도 있고 역사적 사고의 진행 과정에서 어떤 지점을 주목하느냐에 따른 결과로 볼 수도 있기 때문이다.

그런 점에서 보면 역사적 사고에 대한 와츠(D. G. Watts)의 견해[2]가 주목된다. 와츠에 따르면 역사적 사고는 의식적인 논리적 사고와 상상, 직관에 토대를 둔 연상적 사고라는 두 계통의 사고가 동시에 작동한다. 의식적인 논리적 사고는 피아제류의 사고 논리를 따르고, 연상적 사고는 상상, 직관, 창조성의 요소로 설명되는 사고 논리를 따른다. 이런 주장은 아동이든 성인이든 대부분의 인지 과정은 이미지와 개념을 동시에 혼합하는 성격을 가진다는 데 근거를 두고 있다. 지적인 사고는 합리적인 사고와 연상적인 사고 요소가 혼합된 결과라는 것이다. 그는 성인의 사고에 대해 다음과 같은 모델을 제시한다.

상상적(imaginative) ←—— 사고(thinking) ——→ 실재적(realistic)

와츠는 이 모델이 상상적인 사고와 실재적인 사고를 배타적인 것으로 분리하고 있어서 사람은 항상 상상적인 사고를 하거나 아니면 실재적 사고를 하는 것으로 보게 한다는 점에서 문제가 있다고 지적했다. 이 모델은 사람은 반드시 예술가가 되거나 과학자가 되어야만 한다는 것을 함축하고 있다는 것이다. 그래서 그는 사고의 두 요소를 결합하는 대안 모델을 고안하여 다음과 같이 제시하였다.

표 1_ 역사적 사고 모델

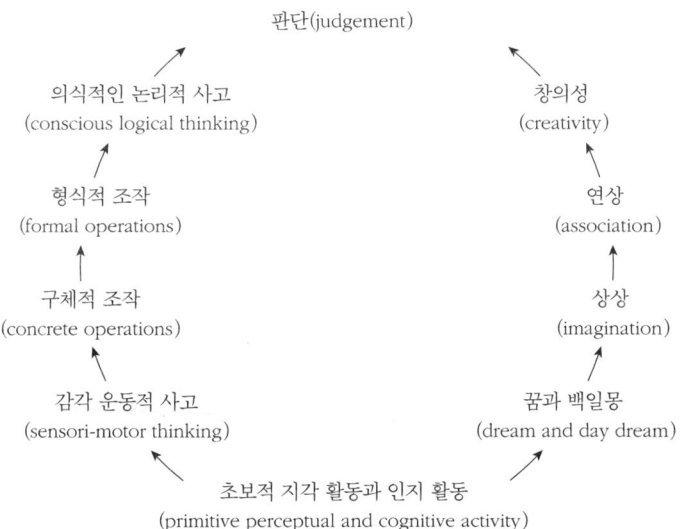

이 모델에 따르면 역사적 사고는 초보적인 지각, 인지 활동에서 출발한다. 초보적인 인지 활동은 논리적 사고의 경로로 단계별로 진

행되고(감각-운동적 사고→구체적 조작→형식적 조작→의식적인 논리적 사고→판단), 초보적인 지각 활동은 연상적 사고의 경로로 진행된다(꿈과 백일몽→상상→연상→창조력→판단). 이처럼 역사적 사고는 두 경로의 사고가 혼합되어 진행되며 최종적으로 판단을 내리게 되는 사고다. 이 모델은 역사적 사고가 논리적이고 합리적인 사고와 상상적 사고 계통인 연상적 사고, 두 가지 성격을 동시에 가지고 있다는 것을 보여준다.

역사적 사고를 기술할 때 우리는 통상적으로 일반적인 사고와 대비되는 측면을 강조하는 경향이 있다. 와츠가 지적한 지각적, 연상적 측면이나 브루너(J. Bruner)가 제시한 내러티브적 사고의 측면에 주목하여 역사적 사고를 규정하려는 경우가 많다. 흔히 역사적 사고의 특성은 과거의 사건 뒤에 숨어 있는 사람들의 사상을 추체험하는 사고이며, 사건의 유사성보다 개별성, 다양성에 관심을 두는 사고라고 규정하는 경우가 많은데 이것도 사고의 지각적, 내러티브적 측면을 강조한 것이다. 이런 경향은 역사적 사고의 특징을 강조한다는 측면에서 당연한 것이기는 하지만 그렇다고 해서 역사적 사고의 인지적 측면을 무시하거나 일반적 사고와는 전혀 다른 사고라고 단정할 수는 없다. 역사적 사고는 일반적 사고의 범주에 들어가는 사고 요소를 가지고 있으면서 동시에 그런 범주에 속하지 않는 역사적 상상이나 직관적인 방법을 사용하는 사고 요소도 가지고 있기 때문이다.

그 밖에 역사적 사고가 가진 유별난 특성은 시간성(temporality)이 개입되는 사고라는 점이다. 역사적 사고는 원칙적으로 현재의 규범이나 가치를 과거에 투사하기보다는 본래의 가치, 관점, 맥락을 통해 그 시대에 대해 사고하는 것이다. 하지만 인간은 시간에 매여 있는 존재이기 때문에 사고에서 현재는 물론 미래의 국면을 반드시 수

반하게 된다. 역사에서 현재나 미래에 대한 고려가 없다고 한다면 과거는 향수로 환원되어버리고, 과거에 대한 고려가 없다면 미래는 인간 경험의 보고인 과거로부터 어떤 이점도 취할 수 없게 된다. 이처럼 역사적 사고는 과거와 현재 그리고 미래를 오가는 시간성을 가진 사고이며 시간의 흐름을 중심축으로 한 변화는 물론 과거, 현재, 미래의 상호 의존성에 대해 아는 것을 포함하는 사고다.[3] 역사적 사고의 이런 측면은 역사교육에서 중요한 의미를 가진다.

지금 단계에서 역사적 사고의 성격을 단정하기는 어렵다. 다만 잠정적으로 역사적 사고란 논리적 사고와 연상적 사고, 패러다임적 사고와 내러티브적 사고의 양면성을 가지고 있는 사고이며, 시간성이라는 특징적 범주를 바탕으로 그 안에서 전개되는 계속성과 변화를 추구하는 사고라고 규정할 수 있을 뿐이다. 그러므로 역사적 사고에 대한 논의 역시 이러한 역사적 사고의 양면적 성격에 따라 전개되어 온 것은 당연한 귀결이다.

II. 역사적 사고의 이론

역사적 사고에 대한 이론은 피아제 이론의 적용과 비판, 그리고 영역 고유 인지 이론과 내러티브, 구성주의적 인식론 등 다양하게 분화되어 전개되어왔다. 여기서는 이들의 복잡다기한 논의를 큰 틀에서 둘로 나누어 검토하고자 한다. 하나는 사고의 구조적 측면에 주목하여 모든 학문 영역에 보편적인 사고를 전제하는 보편론의 입장이고, 다른 하나는 역사 영역에서의 지식의 역할에 주목하여 특수한 사고를 전제하는 다원론의 입장으로 나누어 검토하고자 한다. 전자는 영역 중립(domain neutral) 인지 이론으로서 피아제 인지 발달 이론을 중심으로 논의가 이루어져왔고, 후자는 영역 고유(domain specific) 인지 이론으로 역사적 사고의 특수성을 중심으로 논의가 이루어져왔다.

1. 영역 중립 인지 이론

영역 중립 인지 이론의 기초이자 핵심을 이루는 것은 피아제의 인지 발달론이다. 여기서는 먼저 역사적 사고 이론의 기초가 되는 피아제 인지 발달론의 개요를 살펴본다. 이어서 역사적 사고 논의의 핵심을 이루는 피아제-필-할람 모델의 내용을 서술하고, 이 모델에 앞서 도입된 것으로 역사적 사고라는 용어 대신 역사의식이라는 용어로 이루어진 논의도 소개하고자 한다. 마지막으로 역사적 사고와 관련된 분류 능력과 시간 개념에 대한 논의를 살펴볼 것이다. 여기에서 논의되는 내용은 피아제의 인지 발달론에 기초하고 있으며 역사적 사고 논의의 바탕이자 출발점이 되고 있는 것들이다.

1) 피아제 인지 발달론

피아제 인지 발달론의 요점은 인간의 인지 활동은 스스로 지각한 환경에 대한 조직 활동이며, 그에 대한 적응이라고 보는 것이다. 그것은 새로운 지식의 구성으로 표시되는 변화를 통해 일어나는 지적 발달의 모습을 내재적, 본원적으로 규명한 것으로 평가된다. 피아제의 이론은 엄밀히 말하면 심리학이 아니라 경험적인 근거에 입각한 인식론으로서 철학적 인식론의 문제인 '지식이란 무엇인가'라는 물음을 '지식은 어떻게 성장하는가'라는 물음으로 바꾼 것이기 때문이다.[4]

(1) 도식, 동화, 조절, 평형 개념

피아제는 도식, 동화, 조절, 평형의 개념으로 인지 활동을 설명한다.[5] 도식(schema)이란 환경에 적응하는 구조(structure)의 하나로서 생물학적 구조에 상응하는 인지적 구조를 말한다. 구성적 인식론에서 바라볼 때 도식은 개념 또는 범주(category)라고 할 수 있다. 도식은 어떤 사실을 공통된 특성에 따라 군(group)으로 조직하는 지적 구조로서 자극을 일관된 방법으로 반복 분류하는 심리적 현상이다. 성장하면서 도식은 유아기 때의 반사적 활동에서 점차 정신적 활동으로 분화된다.

동화(assimilation)란 외부에서 들어오는 지각이나 자극, 사건을 이미 가지고 있던 도식에 통합하는 인지 과정을 말한다. 동화 과정에서 도식은 주어진 자극에 따라 풍선처럼 변화하지만 그 변화는 질적인 것이 아니라 양적인 것이다. 반면에 조절(accommodation)은 새로운 자극에 대해 이를 동화해낼 수 있는 도식이 마련되어 있지 않을 때 일어난다. 이때 아동은 새로운 자극을 받아들일 수 있는 도식을 새로 만들거나, 자극에 알맞게 이미 있던 도식을 변형시킨다. 따라서 조절은 도식의 질적인 변화인 셈이다. 유기체는 외부 자극에 대해 스스로 동화하거나 조절하여 동화하려고 애쓰게 되는데 그 결과 나타나는 인지적 균형 상태를 평형(equilibrium)이라고 한다. 사고 기능과 환경의 새로운 요구 사이의 불균형이 평형화를 가져오는 것이다. 이처럼 피아제는 사고의 발달이 조절과 동화의 과정을 통해 평형 상태로 나아가는 것이 누적되면서 이루어진다고 보았다.

요컨대 동화와 조절과 평형은 인지 구조, 즉 도식의 변화와 발달을 가져오게 하는 인지적 활동이다. 여기에서 동화는 양적 변화를 통한 도식의 성장으로 귀결되고, 조절은 질적 변화를 통한 도식의 발달로 귀결된다는 점이 중요하며 그 동력은 평형 개념에서 나온다는 것이 피아제 인지 발달론의 요체다.

(2) 조작과 사고 단계

피아제 인지 발달론은 사고의 발달에 일정한 단계(stage)를 설정한다는 특징이 있다. 여기에서 단계는 지적 능력의 질적이고 발전적인 변화를 가리키는 개념으로서, 아동이 육체적, 사회적, 정신적 발달에서 어떤 점에 도달하였는가를 나타내는 지표다. 감각운동기(0~2세), 전조작기(2~7세), 구체적 조작기(7~11세), 형식적 조작기(11~15세)의 네 단계로 진행된다.

조작(operation)은 논리적으로 사고하는 것으로, 지각보다는 추리에 의존하는 성향을 말한다. 전조작기는 지각적 활동의 영향을 많이 받는 시기이면서도 상징적 기능을 통해 사고를 내면화하기 시작하는 시기다. 이 시기의 아동은 자기중심적이어서 소통을 하지 못하며, 반성할 줄 모른다고 한다. 따라서 새로운 자극에 대해 조절보다는 동화하는 경향이 강한 시기다.

전조작기의 아동은 시각적 상응이 이루어질 때만 같은 것으로 보거나 사물의 변환(transformation)에 무감각하다고 한다. 그것은 보존(conservation) 능력이 결여되어 있기 때문이다. 보존은 물질의 양이 형태나 위치의 변화에 관계없이 같다는 것을 개념화한 것이며, 보존 능력은 사물의 외형적 모습이나 어느 순간에 보이는 사건의 상태가 아닌, 그 본질을 파악할 수 있는 것을 의미한다. 보존 능력을 가지게 되면 자기중심적 사고에서 벗어날 수 있고, 가역적 조작을 할 수 있게 된다. 그리고 지각과 추론 사이에 갈등이 일어났을 때, 지각이 아닌 추론을 토대로 판단할 수 있게 된다.[6]

구체적 조작과 형식적 조작은 논리적 조작 능력과 관련된다. 논리적 조작 능력이란 가역성을 비롯하여 사물을 위계적으로 구성하거나 포섭 관계를 이해할 수 있는 분류(classification) 능력, 사물의 변화에 따라 일련의 요소를 정확히 배열할 수 있는 계열화(seriation) 능력, 변화의 인과관계를 파악할 수 있는 능력 등이다. 구체적 조작기에 이른 아동은 추리과정에서 논리적 조작을 할 수 있게 된다. 이 시기의 아동은 사고와 지각이 서로 부딪칠 경우 지각적 판단보다는 인지적, 논리적 결정을 내릴 수 있다. 그러나 이 아동은 가설적이거나 순수 언어적인 문제에는 논리를 적용하지 못한다.

형식적 조작과 구체적 조작의 차이는 사고 대상의 구체성과 추상성의 처리 능력에서 나타난다.[7] 구체적 조작 단계에서는 구체성에 의존하기 때문에 직접 경험할 수 있는 구체적 세계를 대상으로 현재 활용할 수 있는 직접적인 정보만을 토대로 추리(reasoning)할 수 있다. 반면에 형식적 조작 단계로 들어서면 구체적인 정보뿐만 아니라 장차 활용 가능한 증거도 고려하여 가능성을 검토하며, 명제와 가설을 사용하여 추리할 수 있게 된다. 즉 이 두 단계의 구별은 가설-연역적 추리의 가능성 여부에 달려 있다고 할 수 있다. 가설-연역적 추리는 실제로 입증된 사실이 아니라 가설인 전제에서 결론을 연역해내는 추리다. 가설-연역적 추리 능력을 가지게 되면 가설에 대해 전적으로 마음속에서 상징적으로 추리할 수 있으며 논리적인 결론을 연역할 수 있게 된다.

구체적 조작과 형식적 조작은 추리 과정에서 다룰 수 있는 요인의 숫자에서도 차이가 나타난다. 구체적 조작 단계에서는 한 번의 조작에 하나의 요인만을 고려할 수 있을 뿐이다. 그러나 형식적 조작 단계에서는 주어진 여러 요인을 동시에 고려하며, 그것을 조합할 수 있다. 이 단계에서는 사건이나 사물의 군을 다룰 수 있으며, 이를 분류하거나 추상적으로 일반화할 수 있다.

피아제 인지 발달론의 특징은 발달 계열을 고정적인 것으로 본다는 점이다.[8] 즉 발달은 직선적으로 이루어지며 그 순서는 바뀔 수 없다고 본다. 또한 어느 단계를 뛰어넘는 경우도 있을 수 없다. 발달은 일련의 단계를 연속적으로 거치게 되며 한 단계는 다음 단계를 위한 준비 과정이다. 새로운 발달 단계는 이전 단계를 기반으로 성립되며 이전 단계와 통합된다. 이 과정에서 앞 단계의 지식은 다음 단계의 지식에 포섭됨으로써 사라진다. 새로운 단계의 지식은 앞 단계의 지식이 확대 발전되는 것이 아니라 그것을 대치한다.

피아제 인지 발달론에서 단계가 설정되고 각 단계의 해당 연령이 제시되었다고 해서 아동들 사이에 발달의 차이가 있다는 것을 부정하는 것은 아니다. 같은 연령이라도 발달의 정도는 크게 다를 수 있다. 제시된 각 단계의 연령은 표준적인 나이로 전형적인 평균 아동의 시기를 나타낸 것이다. 이런 차이가 존재하는 이유는 환경적, 유전적 요인 때문인데 이것이 인지 발달에 중요한 역할을 한다고 본다. 아동의 연령이 높아지고 발달이 진행될수록 유전의 역할은 줄어들고 환경의 역할이 커진다. 특정한 사고 과정이 나타나는 나이는 자연적인 것이 아니라 문화적 경험의 산물이라는 것이다.[9]

2) 피아제-필-할람 모델

이상에서 살펴본 피아제의 인지 발달론은 논리적 사고의 전형으로서 역사적 사고를 설명하는 데 많은 기여를 하였다. 피아제의 논의를 역사적 사고에 도입한 대표적인 학자는 필(E. A. Peel)과 할람(R. N. Hallam)이다. 그래서 이들의 주장을 피아제-필-할람 모델이라 부른다. 이 모델에서 가장 주목한 문제는 피아제의 인지 발달 단계가 역사적 사고의 발달에도 나타나는가 하는 점과 아동의 역사적 사고력의 발달 단계는 과학 등 다른 교과에서와 같은 연령에서도 발생하는가 하는 점이었다.

이 모델의 주장은 다음과 같이 요약된다. 첫째, 피아제가 제시한 사고 발달 단계는 역사적 사고력의 발달에도 적용되는데, 역시 전조작기→구체적 조작기→형식적 조작기의 단계를 거친다. 둘째, 역사적 사고력의 발달 단계를 특정 연령과 연결 짓는 것에 대해 일부 비판적인 지적이 있지만 전반적으로 피아제 이론에 입각한 분석의 틀은 역사적 사고를 분류하고 평가하는 데 적용할 수 있다. 셋째, 역사적 사고에서 각각의 단계는 점진적 발달의 일부로서 순차적으로 일어나며, 그 이상의 지속적 발달이 일어나기 위해서는 평형으로 나아가는 과정이 작용되어야 한다. 넷째, 역사적 사고의 발달은 다른 교과의 경우보다 느리게 나타난다. 대체로 16세 이전의 아동은 형식적 조작 수준에 도달하지 못한다. 이 시기의 아동들은 역사적 자료를 활용하고 분석하는 데 '변화', '발전', '원인', '증거'와 같은 개념을 사용하지 못하고, 역사적 사건에 대해 가설을 세우고 검증하지 못하며, 특수하거나 구체적이지 않은 역사적 문제를 사고하는 데 어려움을 겪는다.

이 모델이 역사교육 연구에 기여한 점은 역사적 사고 논의에 과학적인 방법을 도입했다는 것이다. 무엇보다도 가치론적 차원의 역사교육을 실증적이며 계량적인 차원으로 전환시키는 역할을 했다고 평가된다.[10] 예컨대 피아제 이론의 틀을 적용하여 역사적 사고를 구체적으로 규명했다는 점과 역사적 사고의 발달을 위해 필요한 교육 방안을 구체적으로 모색했다는 점은 높이 평가되는 부분이다. 무엇보다도 이 모델은 사고 구조나 사고 기제와 같은 개념이 역사적 사고 논의의 출발점이 되고 있다는 점에서 그리고 사고의 단계를 구분하는 아이디어를 제공했다는 점에서 큰 의미가 있다.

(1) 역사적 사고의 구조와 기제
　필은 피아제의 평형 개념을 역사적 인과관계와 관련시켜 설명한다.[11] 즉 역사적 인과관계와 학생들의 역사적 사고는 모두 평형에 이르는 구조라는 점에서 동일하다는 것이다. 우선 그는 길든 짧든 아동의 시간 개념이 역사를 이해하는 과정에서 도움을 주는 것이 명백하다고 말하고, 역사를 시간적 면모에 주목하여 설명한다. 그가 보기에 역사적 변화는 변화 기간 중에 작동하는 인간 세력(forces) 사이의 안정된 균형 상태 속에서 일어나는 인과적 추이의 연속을 말한다. 따라서 그가 보기에 역사의 요체는 시간의 경로 속에서 인간 세력들 사이의 균형과 그것의 변화로 이루어진다.[12]
　여기서 역사적 인과관계는 평형 상태의 유지와 관련하여 두 가지 가능성을 가지고 있다. 하나는 평형 상태를 유지할 가능성이고, 다른 하나는 변화가 일어날 가능성이다. 예컨대 노동자와 사용자 사이에는 기본적으로 평형 상태의 유지 혹은 변화라는 두 가지 가능성이 존재한다. 만약 임금 인상 요구가 노동 시간의 연장이나 더 효율적인 작업으로 인상분만큼 보상된다면 평형은 유지된다. 그러나 임금 인상 요구가 이를 보상할 만큼 고용 조건 등에 변화가 나타나지 않을 때 인과적 변화가 일어난다. 이 인과적 변화는 평형으로 귀결되어 다른 차원의 안정 상태가 유지된다.

　이 점에 주목한 필은 역사적 인과관계에서 나타나는 평형 상태의 유지 혹은 변화가 피아제가 말하는 사고에서 동화와 조절을 통한 인지적 평형 상태를 이루는 구조와 일치한다고 보았다.[13] 이 같은 주장은 사고의 기제(mechanism)와 구조(structure)를 구분하였기 때문으로 보인다. 그가 사고의 기제로 지목한 것은 설명, 상상, 추론이고, 사고의 구조로 지목한 것은 역사적 평형과 시간적 변화(temporal change)다. 역사에서 새로운 인과적 변화가 일어나지 않는 경우를 사고에서의 동화에, 새로운 변화가 일어나는 경우를 조절에 비유한 것으로 볼 수 있다. 그리고 역사에서의 인과적 변화를 이해하려면 인과적 변화의 구조를 알 수 있어야 한다고 주장했는데, 이는 인과적 변화의 구조와 사고에서 나타나는 평형 구조의 유사성을 염두에 둔 것이라고 볼 수 있다. 그러나 이런 주장은 인지 구조와 역사적 변화의 구조를 착종하고 있다는 비판을 받기도 한다.[14]

　요컨대 역사적 사고는 사고의 구조 측면에서 역사 속에서 인간 세력들 사이의 균형이 깨져서 일어나는 인과적 변화가 다른 차원의 균형으로 귀결되는 구조를 이해하는 사고로서, 인지적 균형 상태(평형)를 추구하는 사고다. 사고의 기제 측면에서는 상상이나 추론, 설명을 말하며, 그 가운데 특히 설명은 성숙한 역사적 사고의 특징적인 모습이다.

(2) 기술적 사고와 설명적 사고

필은 아이디어를 역사 이해에 활용하는 방식을 두 가지로 나누었다. 하나는 아이디어를 형성함으로써 경험을 조직하는 방식이고, 다른 하나는 새로운 경험을 설명하기 위한 가능성으로 기존의 아이디어를 활용하는 방식이다. 가능성으로서의 기존의 아이디어를 활용하는 경우 그는 피아제의 조작적 사고 개념을 참조하여 역사적 사고를 기술적 사고(descriptive thinking)와 설명적 사고(explanatory thinking)로 나누어 제시하였다.

여기에서 기술(description)은 사전에 독자적으로 획득한 경험이나 아이디어를 참조하지 못하는 것으로서, 사건을 관련시키는 것에 불과하거나 현상의 일부만을 포함하는 것이다. 예컨대 우리가 자동차 기어 변속을 이야기할 때 기계적 원리라는 아이디어를 가지고 접근하는 것이 아니라 손과 발의 연속 동작으로 이야기하는 것이 기술이다. 역사에서 예를 든다면 히틀러의 등장을 언급하고자 할 때 단순히 1920년대 후반과 1930년대 전반의 사건을 현상적으로 거론하는 것이 기술이다.

반면에 설명(explanation)은 상상력과 어떤 현상의 세부적인 것들이 관련되는 독립적인 아이디어를 활용하는 것을 말한다. 예컨대 기어 변속을 이야기할 때 기계의 이점과 속도 비율이라는 아이디어를 참조하여 기어의 작동에 접근하는 것이 설명이다. 역사에서 예를 든다면 히틀러의 등장을 언급하고자 할 때 그 이전이나 동시대의 사회적, 국가적, 국제적인 세력을 통해 서술하거나 히틀러라는 한 남자의 개인적이고 심리적인 요인을 통해서 서술하는 것이 설명이다. 이 때 기계의 이점이나 속도 비율 혹은 사회적, 국가적, 국제적 세력 혹은 개인의 심리 요인과 같은 아이디어는 가능성이나 가설로 취급된다. 그리고 학생들이 이런 아이디어와 텍스트 자료를 연관시키는 과정은 그 아이디어를 수용 혹은 수정하거나 거부하는 것으로 이루어진다.

기술과 설명을 알기 쉽게 설명한 예는 한 관찰자가 낯선 행성에 접근하여 물물 교환을 하고 종이나 금속 조각을 교환하는 사람들을 보았을 때의 상황을 가정한 경우다. 이런 상황에서 관찰자는 미래에 일어날 수 있는 것을 잘 예언(기술)할 수 있을 것이지만 만약 그가 화폐, 가치, 교역에 대한 아이디어를 불러낼 수 없다면 우리는 그가 무엇이 진행되고 있는지 설명하는 능력이 없는 것으로 볼 수 있다고 필은 말한다.[15] 즉 종이나 금속 조각을 주고 물건을 가져간다고 현상적으로 파악하는 것은 기술이며, 화폐 개념을 도입하여 상품의 교역 사태로 파악하는 것은 설명이라는 것이다. 필은 여기에서 도입되는 개념을 앞에서 말한 아이디어와 같은 의미로 소개하고 있다. 즉 역사 이해라는 것은 현상이나 사건을 기술할 수 있을 뿐만 아니라 독립적이고 기존에 가지고 있던 개념을 통해 설명할 수 있어야 한다는 것이다.[16]

이렇게 볼 때 기술적 사고는 사건이나 현상의 각 부분들을 서로 연관시키기는 하지만 직접적 내용이나 주어진 자료에 근거하는 귀납적 방법에 의존하여 이루어지는 사고라고 할 수 있다. 반면에 설명적 사고는 직접적 증거 외의 아이디어나 개념, 일반화를 도입하여 그것들이 상황에 영향을 미칠 가능성을 고려하는 연역적 과정을 포함한다. 구체적으로 설명적 사고는 '이것이 왜 이렇게 되었는가?', '개념적 기초는 무엇인가?', '그것의 예는 무엇인가?', '그것은 어떤 상황에 적합한가?'라는 질문에 대답하는 것이다. 그는 설명적 사고가 대표적인 역사적 사고양식이며 그것이 나타나는 시기는 13~15

세라고 보았다.

필은 설명적 사고를 하는 설명자(explainer)의 문제 해결 과정을 제시하고 있다. 그 과정은 ①여러 가지 가능한 설명의 **상상**, ②학습 중인 문제를 해설(account)하기 위해 하나 이상의 설명을 **선택**, ③원치 않는 대안의 체계적인 **제거**, ④문제된 자료와 관련하여 가설로부터의 **연역과 추론** 등이다. 이 가운데 대안의 체계적인 제거나 연역과 추론은 청소년기 후반기에 나타난다.[17] 그것이 가능하려면 학생은 안정된 상태를 이루는 모든 요소를 알고 있어야 하고 다른 아이디어가 준비되어 있어야 하는데, 그 시기가 청소년 중기 이후라고 보았다.

그러나 실제로 역사 속에서의 기술과 설명 개념이 앞에서의 서술처럼 엄격하게 구분되는 것은 아니다. 필은 기술이라고 하더라도 문장 속에 개념 자료를 포함하고 있는 텍스트 자료에 의존해야 하기 때문에 외부 개념 없이 기술하는 것은 불가능하다는 것을 인정하고 있다. 그 때문에 그는 설명의 범위를 크게 설정하고, 그중 한쪽 극단이 기술이고 다른 극단은 역사적 변화를 해설하기 위한 개념적 지식의 적용이라고 하였다.[18] 그럼에도 그가 기술과 설명을 구분한 이유는 학교에서 역사나 텍스트 자료가 포함된 모든 학습을 논의하는 데 유용하기 때문이라고 밝히고 있다. 결국 그가 기술과 설명을 구분한 것은 학생의 역사적 사고를 분석적으로 설명하기 위한 방편이었다는 것을 알 수 있다.

역사적 사고에 대한 필의 주장이 가지는 의미는 기술적 사고를 구체적 조작기에, 설명적 사고를 형식적 조작기에 상응시킴으로써 피아제의 인지 발달 이론을 역사학에 적용했다는 점과 분석을 통해 역사적 사고의 구조를 밝혔다는 점에서 찾을 수 있다.

(3) 역사적 사고에서의 구체적 조작과 형식적 조작

할람은 11~16세 아동 100명을 대상으로 '메리 튜더', '노르만의 잉글랜드 정복', '아일랜드 내전'에 관한 자료를 제시한 다음, 한 자료당 10문항씩 모두 30문항의 질문을 하고 그 답변을 분석하였다. 그 결과 피아제가 아동의 사고를 구분하는 데 사용했던 반응의 형태가 역사 문제에 대한 중등학교 학생의 반응에서도 그대로 나타난다는 것을 확인하였다. 그리고 연령이 높아짐에 따라 아동의 전조작적 사고는 점차 감소하며, 역사에 대한 구체적 사고는 대체로 12.4~13.2세에 가능하다는 사실도 밝혀냈다. 그러나 형식적 사고는 16.2~16.6세에 나타난다고 보아 역사 문제에 대해 아동은 일반적으로 기대보다 낮은 수준에서 추리한다고 주장하였다.[19]

그는 전조작적 사고의 특징으로 ①제공된 정보를 문제에 결부시키지 못하고, ②한 가지 특징에만 고립되어 중심화하며, ③전환적 추론(transductive reasoning)[20], 즉 관련된 모든 요인의 고려 없이 단지 한 요소에서 다른 요소로 옮겨가는 것 등 세 가지를 들고 있다.[21]

구체적 조작 단계에서는 조작된 답변을 하지만 텍스트 속에 직접적으로 명백하게 제시된 것에 의존해서 답변하는 능력을 가진다. 이에 비해 형식적 조작 단계에서는 연결의 다양성을 인식할 수 있다. 즉 가능한 설명들을 마음속에 그려보면서 어느 것이 진실인지를 논리적 분석을 통해 찾아내는 것이다. 이때 아동은 가설을 설정하고 자료에 근거하여 가설을 확증하거나 부정한다. 그리고 가능성에 전념하면서 실재와 가능성 사이를 드나들면서 결론을 추구하게 된다.[22]

역사에서 형식적 조작 단계는 다른 과목에 비해 늦게 나타난다는 것이 할람의 주장이다. 그 이유는 첫째, 역사적 사고의 대상이 과거

여서 직접 경험할 수 없고, 또한 과거는 증거를 기반으로 재생되는 것이어서 학생들에게는 어려운 과제이기 때문이다. 학생들의 입장에서 볼 때 증거는 불완전하거나 왜곡되었을 가능성이 있고, 더욱이 도덕적 이념이나 갈등이 그 속에 포함될 수도 있는데, 이러한 것들은 초·중등학생으로서는 파악하기 어렵다. 역사에서 다루는 과거 인간의 행위가 아동이 직접 경험하는 세계와 멀리 떨어져 있을 뿐만 아니라 성인조차 당황할 수 있는 추론 및 도덕적 갈등에 직면할 수 있기 때문에 발달 단계가 늦어지는 것이다.[23]

둘째, 역사적 사건에는 시간관념이 포함되어 있기 때문에 다른 교과보다 느릴 수밖에 없다. 역사적 사건에 포함되는 시간의 범위는 학생들의 이해 범위를 넘어서는 경우가 많기 때문이다. 필이 인용한 연구에 따르면 과거, 현재, 미래를 포함하여 경험한 시간이 마음속에 현존하면서 행위나 변화에 영향을 주는 시간의 범위는 5~6세에는 어제, 오늘, 내일 정도이고, 10~11세에는 세 계절 정도, 청소년기에는 3~5년 정도의 범위라고 한다.[24] 그러나 역사교육에서 다루는 역사 속의 시간은 몇 백 년이나 몇 천 년을 다루는 것이어서 청소년들에게 어려울 수밖에 없다. 그래서 필은 시간의 간격을 메우기 위해 학생의 이해를 도울 수 있는 모든 수단을 활용할 것을 강조하면서 그것이 구체적일수록 좋다고 지적했다.[25]

셋째, 역사적 개념은 언어로 표현되는데 그것도 아주 추상적 어휘로 표현되기 때문에 학생들은 이 과제를 어려워할 수밖에 없다는 것이다. 형식적 조작 능력이 발달하기 이전에는 관련 사물과 직접 접촉해야 정확한 지식을 가질 수 있어서 다른 사람이 쓴 글만 보고 뭔가를 알아내기는 어렵다. 특히 역사 용어는 이미 알고 있거나 일상적으로 사용되는 것이라고 해도 학생들이 알고 있는 의미와는 다른

경우가 많아서 더욱 그렇다.[26]

넷째, 역사 학습에 관련된 증거는 성인의 활동에 관한 것이기 때문이다. 아동은 자신의 경험 내에서만 자료를 다룰 수 있을 뿐인데, 성인의 활동을 재구성할 만큼 충분한 경험을 가지고 있지 못하다. 나아가 과거 인간의 행위와 결과에 투영된 사고방식이나 의도까지 다루어야 하는 만큼 이는 청소년들에게 쉽지 않은 일이다. 따라서 필은 역사교육에서 첫 번째로 요구되는 것이 성인의 활동과 학생들의 경험 사이의 간극을 메워주는 일이라고 강조하였다.[27]

(4) 유추의 활용

이 모델에서 형식적 조작 능력을 기르는 방법으로 제시한 유추(analogy)의 활용은 역사교육에 각별한 의미가 있다. 유추는 친숙하지 않은 것을 친숙한 것과 연결시켜 역사적 사고를 돕는 방법이다. 즉 새롭게 학습되어야 할 역사적 사실에 대한 이해와 추론 및 문제 해결을 좀 더 용이하게 하기 위하여 이미 알고 있는 지식이나 경험 중에서 이 역사적 사실과 유사성을 가지고 있는 것과의 관계를 활용하는 것이다.[28]

유추는 교사가 가져야 할 지식 혹은 능력 가운데 핵심적인 것이다. 그리고 유추는 역사 자체는 물론 수업 경험이나 학생에 대한 상당한 이해 기반이 있을 때 가능한 것이다. 역사 수업에서 유추의 활용이 쉽지 않다는 것은 경력 교사의 수업에서 유추가 빈번하게 등장하지만 교생 수업에서는 거의 찾아볼 수 없다는 점에서 확인된다.[29] 유추의 도입은 학생들이 자발적으로 유추를 하려 하지 않기 때문에 어렵고 교사의 예상과는 달리 엉뚱한 유추가 일어날 수 있어서 신중할 필요가 있다.[30]

역사교육에서 유추는 대체로 비역사적 사례를 활용하는 경우와 역사적 사례를 활용하는 경우로 나눌 수 있다. 비역사적 사례를 활용하는 경우는 청교도 혁명 당시 영국의 내전을 설명하는데 지친 권투 선수와 힘이 있는 젊은 권투 선수와의 승부 사례를 활용하거나 "터키는 유럽의 환자다"와 같은 은유를 활용하는 경우 혹은 "민주주의의 발달은 야생화와 같다"와 같은 유추다. 이런 유추는 속성을 비교하는 것이기 때문에 고차원적 사고를 돕는 데는 한계가 있다.[31]

역사적 사례를 활용하는 경우는 예컨대 통일신라 말의 상황과 고려 건국이라는 사례를 활용하여 고려 말의 상황과 조선 건국을 설명하는 것이다. 두 역사적 사례 간의 유추는 학생들이 두 사건의 공통적인 현상을 배울 수 있다는 장점이 있다. 예컨대 지배층의 부패와 타락, 토지와 조세제도의 문란, 농민 생활의 피폐, 새로운 종교나 사상의 수용, 새로운 정치세력의 등장 등이 왕조 말의 상황이라는 것을 학습할 수 있다. 나아가 이런 공통 현상 이외에 각각의 특수성에 기인한 차이점까지도 학습할 수 있는 기회가 된다. 따라서 유추에서 역사적 사례를 활용하는 경우 단순한 암기 위주의 역사교육에서 벗어나 역사의 구조에 대한 이해를 심화시킬 수 있는 장점이 있다.

유추를 활용할 경우 유의해야 할 것은 우선 적절한 유추와 학생에게 친숙한 것을 선택해야 한다는 점, 잘못되거나 부정적 인식의 위험성을 사전에 검증해야 한다는 점, 공통점 이외에 특수성에 주의를 기울여야 한다는 점 등이다.[32] 일반적으로 역사적 사고력 함양을 위해 유추를 활용하는 것은 다른 학문 영역에서의 유추보다 훨씬 더 주의를 요하는 것으로 알려져 있는데 그 이유는 유추를 위한 동형물을 찾기가 상대적으로 더 어렵기 때문이다.

3) 역사의식의 유형과 발달

우리나라에서 피아제의 인지 발달 이론과 관련하여 피아제-필-할람 모델이 본격적으로 논의되기 이전에 이미 역사의식에 관한 논의가 있었다. 역사의식은 본래 역사 속에서 자신의 존재를 깨닫는 존재의식이나 자아의식을 가리키는 용어다.[33] 우리나라에서는 역사적 사고와 같은 의미로 사용되어왔는데 사이토(齋藤博)의 연구 성과[34]가 국내에 도입되면서부터인 것으로 보인다. 사이토는 이미 1950년대 초반에 피아제의 인지 발달론을 수용한 연구를 수행하면서 역사의식이라는 용어를 사용하였다. 그의 연구는 역사를 인식하는 측면에 대한 심리적 유형을 분류하고 계열화하는 것이었다. 여기에서 그는 역사의식을 금석상위(今昔相違) 의식, 변천 의식, 역사적 인과관계 의식, 시대구조 의식, 역사의 발전 의식으로 구분하였다. 그는 역사의식이 시간관념의 이해에서 인과관계나 변화 및 발전을 이해하는 방향으로 발달하는 것으로 보았다. 그의 연구 결과는 피아제 인지 발달론에서의 역사적 사고와 다르지 않다는 것을 보여준다. 그의 연구 결과를 제시하면 다음과 같다.[35]

- 초등학교 1, 2학년생에게 과거는 할아버지가 태어난 때를 생각하는 정도이며 5학년이 되어야 추상적으로 과거를 생각할 수 있다.
- 과거와 지금의 차이를 인식하거나 변천(발달)을 알 수 있는 능력은 초등학교 3~4학년에 급속히 발달한다.
- 인과관계를 직접적 원인에 의해 파악하는 것은 초등학교 4학년부터이고, 간접적 원인에 의해 파악하는 것은 중학교 1학년에 시작되어 3학년까지는 대부분 가능하게 된다.

- 시대구조에 대한 이해는 중학교 1~2학년에 나타난다.
- 역사 발전에 대한 이해는 청소년 중기(16~18세)에 가능하다.

 이러한 사이토의 연구는 역사의식을 정태적, 고정적으로 파악하여 학생들의 현재 발달 수준이나 연령 단계의 발달 경향을 기술하는 데 그쳤다는 비판을 받는다. 특히 그의 연구는 발달 수준을 높일 수 있는 힘이나 조건, 발달 과정에 대해서 언급하지 않고 있다는 점이 지적된다. 또한 역사의식과 역사적 사고를 구분하지 않은 채 정형화하여 병렬적으로 사용하였으며, 양자의 관계나 어느 한쪽에서 다른 한쪽으로의 이행이나 발달 조건을 고찰하지 못했다는 점도 지적된다. 이로 인해 실제 교육 활동에 유용한 방법을 제시하지 못한 채 역사적 인과관계, 시대구조, 발전 등 법칙적 인식과 관련된 논리적, 추상적 발달 문제에 접근하는 데 그쳤다는 것이다.[36] 이러한 비판은 사이토의 연구 방법을 이어받은 이후의 연구에 대해서도 대체로 유효하다.

 사이토의 연구 이후 일본에서는 학교 급별, 연령별 역사의식의 특징과 역사적 사고 요소에 대한 다양한 연구가 진행되었다. 1955~1965년에 걸쳐 일본 초·중·고·대학교 140여 개 학교의 교사와 학생 17,000여 명을 대상으로 한 일본 사회과교육연구회의 조사 연구가 대표적이다. 일본 사회과교육연구회는 역사의식의 개념을 심리적 측면의 역사의식, 역사적 사고, 역사적 문제의식으로 구분하였다.

 심리적 측면의 역사의식은 역사적 흥미나 관심, 시간 의식, 인과관계 의식, 시대구조 의식, 발전 의식 등을 가리킨다. 이 연구가 밝혀낸 역사의식의 발달 단계[37]는 대체로 초등학교에서 변화의 의식이 나타나고, 중학교에서 역사적 인과관계를 파악하며, 고등학교에서 시대구조와 발달을 파악하고, 대학교에서 역사적 개성과 역사적 의미를 통찰할 수 있다는 것이다.

심리적 측면과 관련하여 역사적 사고는 역사적 사물이나 사건을 보거나 고찰하는 방법으로 규정되고 있다. 따라서 역사적 사고에 들어갈 요소를 규정하는 방법도 사고 능력을 나열하는 방식으로 제시하고 있다. 여기에서 거론된 역사적 사고에 들어갈 수 있는 요소들은 다음과 같다.[38]

- 사물의 변화를 고찰할 수 있는 능력
- 사물의 변화는 그 자체의 내적 요인에 의해 불가피하게 일어나는가, 또는 외적인 다른 요인에 의해 일어나는가를 고찰할 수 있는 능력
- 사물의 변화가 그 자체로서 완결되어 다른 사물에 영향을 주지 않는가, 또는 그 변화가 다른 사물에 직접적, 간접적으로 영향을 주는가를 구분하고, 그 영향을 살펴볼 수 있는 능력
- 사물의 변화를 거시적으로, 즉 수십 년에서 수백 년에 걸친 하나의 시대라는 범위 속에 놓고 살펴볼 수 있는 능력
- 사물의 변화를 과거에 한정시켜 살펴보는 것이 아니라 과거 변화의 양상을 참고해서 금후 또는 미래의 장기간에 걸친 전망을 토대로 변화의 방향을 통찰할 수 있는 능력
- 개개 사물의 변화가 아닌 여러 사물들 각각의 변화를 종합적으로 고찰할 수 있는 능력

한편 역사적 문제의식은 학생의 역사적 체험에서 나오는 생활의식 또는 시대의식, 학생 자신의 주체적 문제의식, 역사적 비판의식,

역사 건설에 참여하려는 의욕 등이 포함된다. 이 연구를 통해 밝혀진 중·고등학교 학생의 역사적 문제의식의 발달 과정은 다음과 같다.[39]

- **중 1**: 향토사, 인물사에 대한 관심과 흥미가 높아진다. 영웅 숭배의 경향이 있으며, 개인 도덕적 규범을 기준으로 역사를 이해하려는 경향이 높다.
- **중 2**: 사회의식이 싹튼다. 도덕론적, 인정론적으로 역사를 보려고 한다. 역사적 사건을 사회 도덕적인 것과 결부시키려고 한다.
- **중 3**: 역사적 사건을 사회적 기반과 결부시켜 고찰하려는 경향이 높다.
- **고 1**: 인간에 대한 성찰이 심화되고, 사회의식이 확대되며, 세계사에 대한 관심이 높아진다.
- **고 2**: 인간에 대한 이해가 심화되고, 현대의 여러 문제에 대한 관심이 높아지며, 인간과 사회에 대한 비판적 태도가 나타난다.
- **고 3**: 역사적 사건의 정치적, 경제적 측면을 고찰할 수 있으며, 역사를 종합적으로 이해하려고 한다. 역사적 사건이 당시에는 어떤 의의가 있었으며, 현대에 끼친 영향이 어떤 것인지 파악할 수 있다.

이들의 연구 결과를 종합해보면 대체로 초등학교 3학년에서 초보적인 역사교육이 가능하다. 5학년에 이르면 인물사 중심의 통사교육을 할 수 있으며, 역사 전반에 관한 내용과 그 상호 관련을 다루는 총체적인 역사교육은 중학교부터 행하는 것이 바람직하다.

일본에서의 연구 동향은 학제나 교육 환경이 유사한 우리나라에 많은 영향을 주었다. 이러한 연구 성과가 국내에 도입된 이후 역사의식이라는 용어가 일반적으로 사용되었고, 이들의 연구 방법을 적용하여 많은 연구가 이루어졌다. 사이토 연구 이후 일본 및 우리나라에서 수행된 연구를 종합하여 역사의식의 발달 단계를 정리한 연구에 따르면 학교 급별, 연령별 발달 단계는 다음 표와 같다.[40]

표 2_ 역사의식의 발달 단계

학년	단계
초등학교 1~2학년	시원의식
3학년	고금의식
4학년	변천의식
5학년	인과의식
6학년	시대의식
중학교 1학년	시대의식(시대구조, 시대 관련)
2학년	
3학년	
고등학교 1학년	발전의식
2~3학년	

이런 계통의 연구 결과가 국내에 미친 영향은 7차 교육과정까지 3학년부터 역사 내용이 다루어지기 시작한다거나 인물사 중심의 초등 역사교육을 강조하는 것, 6학년에서 통사 체제를 도입한 것 등에서 알 수 있다. 그리고 학생의 연령보다 학년을 기준으로 연구가 이루어지고 있는 이유도 이런 연구 경향 때문인 것으로 보인다. 그러나 이러한 연구는 현재의 학제와 일치시켜 역사의식을 정형화하고 단계화했을 뿐 역사의식의 발달에 영향을 미치는 조건이나 과정 등에 대한 고려가 부족하다는 비판을 받고 있다. 이에 따라 정태적인 실태 파악에 머무르는 역사의식의 연구가 아니라 수업과 관련하여 아동의 발달을 촉진할 수 있는 교재나 자료의 구성, 지도 방법, 지도

의 최적기 파악 등의 동태적인 역사인식의 연구를 위해 이론적 가설과 연구 방법을 수립하고, 수업이나 교재 구성으로 구체화하고, 실천 속에서 실제적이고 실증적인 연구가 필요하다는 지적이 나오고 있다.[41]

이제 학생들의 상황도 많이 달라졌고, 새로운 발달 수준에 대한 정밀한 측정이 요구되고 있다. 그리고 이와 같은 계통의 연구에 대해 그 타당성이나 연구 방법, 연구사적 의의와 한계를 명확하게 하기 위해서 실증적인 연구가 요구되고 있다.

4) 분류 능력과 시간 개념

피아제는 조작적 분류(operational classification)의 특징인 사물을 유(類)로 분류하여 외연을 결정짓는 능력은 8세쯤부터 가능하다고 보았다. 피아제 이론에 토대한 분류 능력에 대한 연구로 주목되는 것은 시겔(Irving E. Sigel)의 연구다.[42] 시겔은 형식에 따라 기술(記述)적 방법, 관계적-맥락적 방법, 유목적-추론적 방법으로 나누었다. 기술적 방법이란 사물을 외형에 따라 분류하는 것이다. 관계적-맥락적 방법은 사물의 기능적 상호 관련성에 따라 분류하는 것이다. 말과 마차를 같은 군으로 구분하는 것과 같이 기능적 상호 관련성에 따라 사물을 분류하는 것을 말한다. 유목적-추론적 방법은 사과를 과일로, 말을 동물로 생각하는 것과 같이 추론된 사물의 속성을 기준으로 분류하는 것을 말한다.

아동은 연령이 높아질수록 관계적-맥락적 방법을 덜 사용하고, 기술적 방법이나 유목적-추론적 방법을 더 사용한다고 한다. 이는 점차 자신의 주관적 경험이 아닌 사물의 객관적 속성을 토대로 자료를 다루는 능력을 갖게 되는 것을 의미한다. 시겔에 따르면 사회적 사건에 대한 아동의 분류 능력은 세 단계를 거친다.[43]

① 사례가 여러 측면의 속성을 가지고 있다는 것을 아는 단계
② 한 가지 속성을 토대로 분류하는 단계
③ 두 가지 이상의 속성을 토대로 분류하는 단계

여기에서 두 가지 이상의 속성을 토대로 사례를 조합하거나 재조합하는 것을 다중 분류(multiple classification)라고 하는데 이 능력은 추상적으로 사고할 수 있는 능력을 위한 필수적인 전제조건이다. 그리고 다중 분류를 통해 사물이나 현상들 사이의 다양한 관계를 인식할 수 있으며 그 속성을 알 수 있다.

이러한 보편적인 분류 능력에 대한 연구는 구체적인 역사 내용을 투입하여 능력을 측정하는 연구로 연결된다. 주로 역사적 사고의 특수성을 주장하는 연구에서 주목하는 영역이다.

역사적 사고 논의에서 중요하게 다루는 시간 개념 발달에 대한 연구도 피아제를 비롯한 발달심리학자의 연구에 토대를 두고 있다. 시간 개념의 발달은 연령 및 주변 환경과의 상호작용, 즉 경험과 밀접한 관련을 가진다. 피아제에 따르면 아동은 이미 감각 동작기(0~2세)에 시간과 접촉하지만 이 시기의 시간에 대한 인식은 자기중심적이고 극히 지엽적이며 그 이후가 되어야 객관적인 시간 인식이 가능하다.

역사교육에서 시간 개념은 시간 표현 개념, 연대 개념(chronological concept), 시대 개념(period concept)으로 나뉘며 시간 표현 개념→연대 개념→시대 개념의 순서로 발달한다.[44] 시간 표현 개념

은 개인이 구체적으로 느끼는 시간이 아니라 사회적 약속에 따라 사람들이 받아들이는 하나의 표식으로, 머릿속에서 이해하고 받아들이는 추상적 상징으로서의 시간을 의미한다. 연대 개념은 역사의 흐름 속에서 어떤 사건의 위치를 파악하는 것을 말한다. 연대 개념에 포함되는 능력은 연대기적 순서로 사건을 배열할 수 있는 시간적 위치(location), 두 인물이나 사건 사이에 존재하는 시간상의 거리(distance), 어떤 이념이나 종교·철학·운동이 구체적 형태를 가지는 지속(duration), 동시에 발생한 유사한 사건을 인식하는 동시성(simultaneity) 등을 파악하는 능력이다.[45] 시대 개념은 물리적인 시간 분할이 아니라 어떤 시기가 갖는 공통적 속성에 의해 구분하는 것을 말한다. 대개 아동들은 성장하면서 시간 표현 용어들을 먼저 이해하고, 이를 토대로 연대 개념을 갖게 된다. 대체로 시간 표현 개념은 구체적 조작 단계에서, 연대 개념 및 시대 개념은 형식적 조작 단계에서 가지게 된다.

  시간 개념은 연령이 높아짐에 따라 발달한다. 초등 저학년 아동은 시간 이해에 제한적이다. 아동은 자신과 직접 관련이 있거나 경험할 수 있는 범위의 시간 개념을 먼저 이해하고, 경험을 넘어서거나 추상적인 시간 개념은 늦게 이해한다. 실제로 아동은 특정한 연대의 이해를 거쳐서 대강의 시간 표현을 이해하게 된다. 특정한 시간의 이해에서도 시간 범위가 작을수록 이해가 빠르며 광범한 시간을 나타내는 용어에 대한 이해는 상대적으로 늦다. 개념이 사용되는 맥락 속에서도 일반적 시간 표현에 대한 이해는 늦다. '과거에', '몇 세기 전'과 같은 부정확한 시간을 표현하는 용어들의 개념은 초등 상급학년에 이르러야 파악할 수 있게 된다.

  역사적 시간은 아동들의 직접 경험 밖에 있는 것이다. 따라서 역사적 시간에 대한 개념은 일반적 시간 표현 개념보다 늦게 발달한다. 8~9세에도 역사적 시간 개념이 나타나지 않으며 청소년기에도 제대로 이해하지 못하는 경우가 많다.[46] 아동들은 일반적으로 미래보다 과거를 이해하는 데 더 어려움을 느낀다고 한다. 이것은 과거를 나타내는 단어보다 미래를 나타내는 단어를 먼저 사용한다는 것에서도 알 수 있다. 연표를 사용해도 초등학교 상급학년까지는 역사적 연속성이나 연대기 그리고 시대를 명확하게 규정하지 못하는 것으로 알려져 있다.

연대 개념이 크게 발달하는 것은 초등학교 상급학년(11~12세)부터다. 그러나 이 연령의 학생들은 연대 개념이 일반적, 포괄적으로 발달하기보다 개별적인 경향을 띤다. '광범한 역사 영역'이나 '시대의 경과에 따른 인류 발전의 모습'에 대한 뚜렷한 인식은 나타나지 않는다. 연대기의 중요한 의미를 받아들이는 것은 고등학교 단계에 들어서야 비로소 가능하다고 보고 있다.

시대 개념은 종합적인 역사 개념이자 다른 시간 개념보다 훨씬 고차적인 의식이다. 따라서 역사에서 시대 개념은 다른 시간 개념과 달리 역사의 종합적인 이해에 의해 획득될 수 있으며, 시간 개념 중 가장 늦게 발달한다. 이러한 시대 개념은 중학생 때부터 나타나지만 제대로 가지게 되는 것은 고등학생 때다.

이상에서 살펴본 역사교육에서의 분류 능력이나 시간 표현 개념은 대체로 피아제 이론에 입각한 역사적 사고에 대한 연구 결과와 같다. 예컨대 분류 능력의 고차적 단계인 다중 분류 능력이 형식적 조작 단계에서 가능하다는 것이나, 시간 표현 능력의 고차적인 단계인 연대 개념이나 시대 개념을 제대로 이해하는 것은 고등학교 연령이 되어서야 가능하다는 주장은 피아제-필-할람 모델이 제시한 역사적 사고에서 형식적 조작이 늦게 나타난다는 연구 결과를 확인해준다.

2. 영역 고유 인지 이론

영역 고유 인지 이론(domain specific cognition theory)은 피아제 이론에 대한 반론으로 제기되었다. 반론의 근거는 피아제류의 인지 발달 이론이 심리 발달 단계에 관한 것이기는 하지만 학교 교육과는 거리가 있고, 특정 교과나 영역에 대한 학습 능력의 발달에 대한 이론이 아니라는 것에 두고 있다. 특히 사고는 모든 교과에 전이가 가능하지 않다는 점을 강조하는 이론이다. 영역 고유 인지 이론은 행동주의 심리학과 인지 발달 단계론의 대안으로서 인지 기능에 대한 새로운 입장을 구축하고 각 지식 영역에 따른 인지 과정의 차이를 강조한다.

여기에서는 피아제-필-할람 모델에 대한 비판 내용을 소개하고 이를 바탕으로 역사적 사고가 갖는 영역적 특성을 서술한다. 이어서 영역 고유 인지 이론에 기반을 두고 전개된 역사의 특수한 사고로 제시된 인증적 사고와 내러티브적 사고를 살펴보고자 한다.

1) 피아제-필-할람 모델 비판

피아제 이론을 적용한 역사적 사고에 대한 연구는 연구 과제나 방법 측면에서 많은 비판을 받았다. 예컨대 할람의 연구는 연구에서 사용한 자료가 시기상 동떨어져 있는 별개의 사건들을 다룬 것으로서, 그 내용이 학생들이 배웠거나 배우고 있는 역사와 관련이 없고 너무 짧아서, 그 시대를 알고 있지 못한 학생들은 질문에 의미 있는 답변을 할 수 없는 내용이라는 비판을 받았다.[47] 또한 연구 결과가 밝히고 있는 것이 아동이 성취할 수 있는 역사적 능력인지 역사 학습의 결과로 성취한 것인지 정확하지 않다는 문제점도 지적되고 있다. 아울러 연구의 양과 연구 대상 학생 수가 적어 일반화하기는 어렵다는 점도 지적되었다.

피아제의 단계 개념을 적용하는 문제도 비판을 받았다. 단계 설정이 유용성을 가지려면 각 단계에 속하는 대부분의 아동들이 하는 행동 사이에는 상당한 공통성이 있어야 한다. 그러나 같은 인지 양식을 가진 과제를 동일 아동에게 부과했을 때 과제에 따라 성취 연령의 차이가 나타난다. 피아제는 이를 수평적 지체(horizontal décalages)로 설명하고 있다. 그러나 단계 사이에 이와 같이 통합성이 없고 각 단계에 이르는 연령 사이에 많은 변수가 있다면, 단계의 개념은 별 의미 없는 것이 되어버린다는 점에서 비판을 받는다.[48]

형식적 조작의 입장에서 역사적 자료를 다루는 것에 대한 문제점도 지적되었다. 영국 학교 교육심의회 역사분과(Schools Council History 13~16 Project)에서는 개론이나 통사적 교수요목 대신 역사적 자료의 활용을 중심으로 하는 3년 과정의 비연대기적 교수요목을 개발하여 13~16세 학생들에게 가르친 후 그 결과를 전통적인 교수요목에 의해 학습한 통제집단과 비교하는 연구를 수행하였다. 그 결과 역시 역사를 다른 과목보다 어렵게 여기고는 있지만 실험집단이 통제집단에 비해 역사적 자료의 활용 능력이 높았으며 대담하고 활발한 사고를 한다는 것이 밝혀졌다. 또한 역사 개념이나 이미지 등 역사의 본질에 대한 인식이 크게 높아진다는 것도 드러났다.[49]

이는 새로운 교수요목으로 학습한 결과 학생들의 역사적 이해력이 향상되고 정교해졌음을 보여주는 것으로, 피아제 이론의 형식적 조작 단계의 설명과는 합치되지 않는 결과다.

한편 역사적 발전이라는 개념에 대한 학생들의 이해를 연구한 결과에서도 차이를 보이는 결과가 나왔다.[50] 역사적 개념은 구체적 조작 수준에서도 이해할 수 있을 뿐 아니라 전통적 강의식 학습을 통해서도 발달한다는 것이다. 특히 실험집단에서는 현저한 발달을 보였다. 중등학생들은 형식적 조작뿐만 아니라 구체적 조작에 의해서도 인과관계를 파악하고 있었다. 중등학생과 전문적 역사가들의 차이는 형식적 조작에 의해 사고를 하느냐의 여부가 아니라, 다만 형식적 조작을 성공적으로 하느냐 못하느냐에 따른 것으로서 역시 피아제 이론과 합치되지 않는다.

결국 피아제 이론의 적용에 대한 반론은 역사적 사고에서 형식적 조작 단계와 구체적 조작 단계로 나누는 것은 근거가 미약하며 형식적 조작도 종전의 연구보다 이른 단계에 나타난다는 것으로 요약할 수 있다. 피아제-필-할람 모델에서 주장하는 것보다 이른 시기에 역사 학습이 가능하다는 것을 시사하는 셈이다.

역사적 사고의 성격과 관련하여 피아제 이론에 대한 비판도 제기되었다.[51] 피아제가 말하는 사고의 개념은 역사적 사고와는 다른 것으로서 본질적으로 역사적 사고를 충분히 설명할 수 없다는 비판이다. 사고를 너무 논리적, 합리적으로만 규정하여 역사나 문학 등과 같은 교과에서 나타나는 인지 절차를 무시하고 있다는 것이다. 즉 논리와 가설-연역적 사고에 집착한 나머지 무의식적이거나 상상적 사고, 창의적 사고 등의 다른 인지 양식들을 무시한다는 것이다.

비판자들에 따르면 피아제 이론에서 다루는 형식적인 논리-수학적 지식은 아동의 지적인 활동 중 일부에 지나지 않는다. 아동이 이해를 하는 데는 태도, 감정, 감각도 중요한 역할을 하며, 연역적 사고 못지않게 직관이나 상상에도 의존한다. 따라서 역사적 사고에서는 일반적 사고의 도식에 맞추어 역사적 사고를 분석할 것이 아니라 그것이 인간의 행위를 대상으로 한다는 점에 주목할 필요가 있다. 자연과학과 역사의 대상은 근본적으로 다른데 피아제의 실험은 자연현상 내의 규칙성을 발견하기 위한 것이어서 적절하지 않다는 것이 비판의 요점이다.

역사적 사건은 행위자의 의도와 목적을 포함하고 있기 때문에 역사적 사고는 이에 대한 해석, 즉 행위의 합리적인 이유를 밝히는 것이 중요한 과제다. 아울러 역사는 특정한 시간 및 장소에서 일어난 특정한 사건에 대한 검토가 필요하다. 역사 연구는 법칙의 창조나 검증에 있는 것이 아니라 과거에 대해 신뢰할 만한 해석을 하는 것이다. 그리고 역사의 특성상 역사 서술은 기술적이라고 하더라도 이미 설명적인 경우가 많다. 이처럼 피아제-필-할람 모델을 비판하는 사람들의 입장은 역사의 본성을 고려해야 하며, 자연과학에 기초하여 만들어진 사고의 분류 기준을 역사에 적용하는 것은 적절하지 못하고, 자연과학의 연구 방법도 역사에는 부적합하다는 것이다.

2) 역사적 사고의 영역적 특성

피아제 이론에 대한 비판으로서 영역 고유 인지 이론을 주장하는 사람들은 일반적인 사고가 모든 교과에 적용될 수 있다고 보지 않는다.[52] 이들은 사고의 과정이 지식의 내용과 무관하지 않으며 동일한 인지 발달 단계에 있는 학생이라고 해도 특정한 학습 과제에 관계없이 비슷한 인지 활동을 수행한다고 보지 않는다. 특정한 인지 전략을 사용하는 것은 단순히 성숙이나 발달이 아니라, 내용 지식의 성격과 양, 구조 그리고 사고 기능의 상호관계의 결과이기 때문이다. 따라서 이들은 사고가 주어진 명제나 진술에 의문을 제기하고 그 해결을 추구하는 데 필요한 지식 구조를 토대로 하여 일어난다고 본다.[53] 이 주장의 특성은 사고의 성패를 가늠하는 결정적인 요인으로 관련 영역의 지식을 중시한다는 것이다.

이렇게 본다면 사고 기술과 전략은 학습 내용에 따라 달라지게 된다. 본래 사고란 문제가 제기된 지식 영역에 대해 잘 알지 못하면 어려운 것이고 사고 기능은 각 학문 및 지식 영역에 의존적인 것이기 때문이다. 사고의 과정도 기반이 되는 지식의 복합성과 다양성 및 방법론에 따라 달라진다. 그러므로 사고는 보편적으로 적용되는 인지 기능이나 단계들로 설명될 수 없다. 그 과정도 일직선으로 전개되는 것이 아니라 순환적으로 일어날 수 있고 상황에 따라 다른 지식이나 다른 사고 기능이 적용될 수 있다. 이렇게 본다면 사고 기술과 순서를 논리적인 절차에 따라 세분하는 것은 무의미하다.

영역 고유 인지론자들은 아동의 인지 유형이 교과목의 특성, 학습 과제의 성격, 교수 방식, 교수 및 학습 환경 등에 따라 변화하는 것으로 본다. 따라서 이 이론에서 학습 능력은 인지 발달 단계가 아니라 특정 영역의 지식에 대한 개념이 어떻게 구조화되고 통합되느냐에 달려 있는 것으로 간주한다.[54] 그리고 사고는 특정한 지식 영역의 조건 내에서 일어나기 때문에 다른 지식 영역에 쉽게 전이되지 않는 것으로 본다. 또한 인지 능력은 각 영역별 지식 체계의 형성 여부에 달려 있기 때문에 학습 과제와 관련된 지식의 양이나 구조를 중요한 요인으로 생각한다.

이런 입장에서 보면 역사적 사고는 역사라는 학문에 관한 지식을 습득하는 기능의 하나로 교과 지식과 관련된 사고다. 또한 역사적 사고의 발달은 기계적으로 이루어지는 것이 아니라 사전 지식 및 다루는 역사 주제의 본질, 교수 방법, 교수 상황에 따라 이루어지는 것이다. 따라서 이러한 역사 영역의 지식 특성을 무시한 채 일직선적인 단계를 거쳐 순서에 따라 일어나는 일련의 인지 기술 및 전략으로 보는 사고 발달 모형은 부적절한 것으로 보게 된다. 그리고 역사적 사고를 위한 교수는 먼저 역사 지식 기반의 구축으로 시작되어야 한다는 주장으로 연결된다.

영역 고유 인지 이론에 따르면 역사적 사고는 상황 의존적이고 지식 의존적인 것으로서, 한마디로 다루는 지식의 내용에 의존하는 사고다. 그렇다면 지식 영역에서 나타나는 고유한 사고 형태에 따라 교수와 학습 방법도 달라져야 한다. 인지 유형을 발달 단계별로 구분하여 가르치기보다는, 개인차를 고려하여 적절한 교수 노력을 기울이는 것이 중요하다. 나아가 교수와 학습의 본질도 각 지식 영역에서의 고유한 사고 형태에 따라 규정된다. 문제해결 과정도 특정한 종류의 문제에 대한 특정한 지식과 연습이 중요하다. 그리고 교사가 지식의 습득과 구조화를 용이하게 할 수 있도록 가르친다면 특정 영역의 문제해결에 필요한 사고의 발달을 촉진시킬 수 있다.

영역 고유 인지 이론에서 독특한 것은 도식의 역할이다. 도식은 선행 지식으로 구성되는 것으로서 역사적 사고의 발달은 도식의 형성과 관련된다. 즉 사고의 성공 여부는 도식이 특정한 개념 체계와 통합되어 있느냐의 여부에 달려 있다고 본다. 새로운 학습은 새로운 정보 자체만이 아니라 사전 지식 체계인 도식에 의존한다는 것이 이 이론의 핵심이다.[55]

여기서 도식이 하는 역할은 초보자와 전문가의 사고에 대한 설명에서 알 수 있다. 초보자는 개별적인 정보를 나열할 뿐 지식을 재구성할 수 있는 도식이 부족하다. 구체적으로 초보자는 직접 접할 수 있는 특정 사물을 중심으로 조직하는 정도의 역사 지식을 가지고 있을 뿐 인지 활동에 대한 지식이나 인지 과정에 대한 전략이 부족하다. 그 이유는 새로운 문제 상황에 대한 지식과 경험, 즉 선행 지식이 부족하기 때문이다. 그에 비해 전문가는 초보자보다 매우 다양한 개념들 간의 관계를 내포하는 도식을 가지고 있다. 그의 도식은 방대한 양의 관련 정보를 바탕으로 구체적 사실들이 추상적인 개념, 원리, 일반화, 이론과 연결되어 조직되어 있다. 따라서 전문가는 주어진 문제를 일반적인 범주의 한 예로 인식하고 관련 요소를 상호 연관 지어 해결 방안을 모색하는 추론 기술 및 문제해결 전략을 사용할 수 있다.[56]

초보자와 전문가가 가진 도식의 차이는 인지 발달 단계의 차이에서 비롯된 것이 아니다. 초보자가 역사적 과제를 해결하는 데 어려움을 느끼는 것은 정보처리 능력이 부족하기 때문이 아니다. 그는 다만 과제를 해결하는 데 필요한 지식 기반을 충분히 갖추지 못했을 뿐이다.[57] 배경 지식을 많이 가지고 있을수록 역사적 과제를 해결할 수 있는 사고 능력이 높아진다.

선행 지식으로서의 도식과 관련된 문제점은 도식으로 작용하는 오개념이 변하지 않는다는 것이다. 이 점을 주목한 것은 구성주의적 입장인데, 아동은 기본적으로 선행 개념을 가지고 역사를 이해하며 그 선행 개념은 잘 제거되지 않는다고 한다.[58] 따라서 도식이 작용하는 데 오개념으로 작용하는 것을 교정하는 학습 전략을 중요하게 취급하게 된다.

결국 영역 고유 인지 이론은 역사적 사고의 발달을 결정하는 요인이 적절한 사전 지식으로 이루어진 도식이라고 보는 것이다. 따라서 역사적 사고에 대한 논의는 문제해결에 유용한 지식의 조직과 그 구조를 중요하게 취급해야 한다. 그리고 아동의 역사적 사고가 내용 의존적이라는 점에 주목한다면 역사교육은 역사학과 밀접한 관련을 가져야 하며 일반 교육학 이론을 그대로 적용하는 것은 바람직하지 않다. 따라서 역사교육 이론은 반드시 중요한 역사적 사실이나 개념, 역사학의 특성이나 학문적 원리 등을 바탕으로 개발되어야만 한다. 그리고 학문 내용으로 이루어진 교과 내용(subject-matter) 지식이 교수(pedagogy)를 결정짓는다는 점에 유의하여 교사 교육에서도 교사들의 교과 지식 기반을 중시해야만 한다. 이처럼 영역 고유 인지 이론은 역사교육 전반에 역사학의 기반을 중시해야 한다는 것을 일깨워준다.

3) 인증적 사고

역사적 사고 논의에서 영역 중립적 인지 이론에 대한 반론으로서 제기된 것이 역사적 사고의 인증적(引證的) 성격이다. 인증적 사고(adductive thinking)는 철학자 퍼스(C. S. Peirce, 1839~1914)가 제안한 '가설적 추론(abduction)'에서 유래되었다. 인증적 사고라는 사고 양식은 피셔(D. H. Fischer)가 고안하여 명명한 것으로 알려져 있는데 퍼스가 주장하는 가설적 추론과 귀납을 조합한 개념이다. 우선 퍼스의 추론의 논리에 대한 설명은 다음과 같다.[59]

연역적 추론

법칙 : 이 주머니에서 나온 콩들은 모두 하얗다.

사례 : 이 콩들은 이 주머니에서 나왔다.

결과 : 이 콩들은 하얗다.

귀납적 추론

사례 : 이 콩들은 이 주머니에서 나왔다.

결과 : 이 콩들은 하얗다.

법칙 : 이 주머니에서 나온 콩들은 모두 하얗다.

가설적 추론

법칙 : 이 주머니에서 나온 콩들은 모두 하얗다.

결과 : 이 콩들은 하얗다.

사례 : 이 콩들은 이 주머니에서 나왔다.

 여기에서 연역적 추론의 경우 대전제(법칙)가 맞다는 전제를 받아들이면 논리적으로 그 결과는 확실하다. 그러므로 연역적 추론은 우리에게 새로운 무언가를 제시하지는 않으며 지식의 진보에 아무런 도움을 주지 못한다. 즉 논리적으로 얻어낸 결과가 대전제 속에 무조건적으로 포함되는 형태를 가지므로 새로운 지식을 준다고 볼 수 없다는 것이다. 한편 귀납적 추론은 사례와 결과를 통해서 법칙을 찾아내는 논리적인 방법이다. 그러나 이는 아무리 많은 사례와 결과가 동일하다 하더라도 예외적인 경우(반증 가능성)를 생각할 수 있으므로 연역법보다 그 확실성은 떨어진다.

 가설적 추론은 법칙을 받아들이고, 결과를 관찰함으로써 새로운 사례에 대한 가능성을 추측해보는 방법이다. 그래서 연역은 전제 안에 들어 있는 결론을 확인하는 것에 불과한 추론인 데 비해 가설적 추론은 현실에서 새로운 지식을 얻어내는 셜록 홈스와 같은 탐정의 추론 방식이라고 하는 것이다. 앞의 예에서 우리가 아는 것은 주머니 속의 콩은 모두 하얗다는 것이다. 그리고 현재 앞에 놓여 있는 콩은 하얗다. 이런 상황에서 우리는 이 콩이 이 주머니에서 나왔을 수도 있고 그렇지 않았을 수도 있다는 것을 알 수 있다. 이때 우리는 이 콩은 이 주머니에서 나왔을 것이라는 가설을 세울 수 있다. 그 이후에 검증하는 것은 연역법을 쓰든 귀납법을 쓰든 차후의 문제다. 이처럼 가설적 추론은 전제로부터 필연적으로 추론되어 나오는 것이 아니라 단지 개연성만 있다는 약점을 가진 추론법이다. 그렇지만 이 추론은 이미 일어난 사실을 기반으로 아직 모르는 사실을 알려줄 수 있다는 장점이 있다. 그래서 가설적 추론을 역추론(reasoning backward) 또는 귀추법(歸推法, retroduction)이라고도 한다.[60]

가설적 추론은 일상에서 많이 사용되며 가장 탐구적이고 생산적인 추론법이라는 평가를 받는다. 이미 일어났지만 아직 모르는 사실을 알아내려고 할 때 사용하는 것으로서 사냥꾼이 사냥감을 추적하거나 의사가 병을 진단할 때 많이 사용하는 추론법이다. 이처럼 가설적 추론은 가설을 형성하여 새로운 아이디어를 소개하는 논리적 조작이고 순수 가설로부터 필연적 귀결로 나아가는 논리를 가지고 있다. 가설적 추론은 엄연한 논리성을 갖춘 과학적 추론이며 새로운 지식을 알아내는 데 유용하다.[61]

피셔는 설명적 가설을 만들어가는 가설적 추론과 이론의 경험적인 검증인 귀납적 추론을 조합하여 인증이라는 사고를 고안해냈다.[62] 그가 인증을 고안해낸 이유는 과학적 추론의 하나인 가설적 추론으로는 상상력을 발휘하여 믿을 만한 해석을 내놓는 역사적 사고 과정을 적절하게 설명할 수 없기 때문일 것이다. 여기에서 피셔가 인증적 사고가 가설적 추론과 귀납적 사고로 이루어졌다고 한 이유는 아마도 역사에서 일어난 사건이나 사실에 대해 여러 가지 가능성을 추론하여 가설을 세우는 단계와 그 가설을 놓고 귀납적으로 따져서 확증하는 단계가 있다는 것을 인식한 결과일 것이다. 가설적 추론 단계는 자료를 토대로 가설을 만드는 것이고, 귀납적 단계는 그 가설을 가지고 자료에 비추어 논리적으로 모순이 없도록 확증하는 것이다.

부스(M. Booth)도 역사적 사고는 인증적 사고라고 보았고, 그것은 '잃어버린 세계(lost world)'에 대해 상상적으로 가장 믿을 만하게 해석하는 것이라고 설명하였다.[63] 아마도 그 이유는 역사적 사고가 연역에서처럼 엄격한 논리적 추론에 의지하기보다 상식적 판단에 의존하는 사고이고 증거의 외면에 나타나 있는 사실만이 아니라 내재하는 사상 및 의미(significance)를 추출하는 것을 귀납이라고 볼 수도 없다는 점을 고려한 것으로 짐작된다. 역사적 사고는 논리적으로 확실한 결론을 내리려고 하는 대신, 관련된 사건을 어떤 공통된 중심, 즉 상상적 망(imaginative web)으로 끌어 모으는 것이기 때문이다.

여기서 잃어버린 세계를 상상을 동원하여 재창조한다고 하는 것은 주어진 세계를 놓고 가설을 세우는, 퍼스가 말하는 가설적 추론 부분이라고 할 수 있다. 그리고 가장 신뢰성 있게 해석한다고 할 때 신뢰성을 확보하는 것은 앞서 세운 가설을 귀납적으로 추론하는 과정을 통해서다. 그러나 역사적 사고의 결과는 연역적 추론의 결과와 달리 확증하기가 어렵고 반증 가능성이 상존한다. 이 점이 바로 역사의 본성이고 피셔는 이 점에 주목하여 인증적 사고를 고안한 것으로 짐작된다.

　부스는 11~16세의 영국 학생 53명을 대상으로 다음과 같은 실험을 하였다. 19세기 말에서 20세기 초의 중요한 사람들과 사건에 대한 사진과 그림, 그리고 같은 시기의 유명한 연설이나 자료에서 따온 짧은 인용구를 학생들에게 제시하여 이를 분류하고 그 이유를 설명하는 과제를 부과하였다.[64]

　실험에 참가한 학생들은 제시된 자료나 인용구, 즉 증거에 입각하여 모험적이고 창조적이며 상상적인 사고에 의한 분류 결과를 내놓았다. 구체적으로 두 가지 부류의 학생들이 있었는데, 하나는 사진 자료나 인용구와 같은 증거 자료에 나타난 내용에 기초하여 분류를 한 부류다. 이 학생들이 자신이 그렇게 분류한 이유를 설명한 것을 보면 기술(description) 수준에 불과했다. 다른 하나는 사진 자료나 인용구와 같은 자료를 이해하고 분석하여 추론된 성질이나 아이디어에 기초하여 분류한 부류다. 이 학생들은 그렇게 분류한 이유에 대한 설명에서 앞의 학생들과 달리 설명적(explanatory) 어휘를 사용했다.

　첫 번째 부류에 속하는 한 학생은 아프리카 흑인과 백인의 모습을 보여주는 4장의 사진에 대해 아프리카인들을 가르치는 것이라고 설명하면서 하나로 분류하였는데 이것은 사진에 직접적으로 나타나 있는 모습에 근거하여 분류한 결과다. 인용구 분류에서도 공산주의자라는 단어가 나오는 것들만 따로 모으거나 트루먼이라는 이름을 기준으로 분류하는 학생도 있었다. 이들은 낮은 수준의 사고를 하는 학생으로서, '구체적'인 것에 근거하여 분류하는 모습을 보여주었다.

　두 번째 부류에 속하는 학생은 19세기 말 아프리카 모습을 보여주는 사진 4장을 지난 세기의 사건을 보여주는 것으로 보고 '흑인에 대한 백인 권력-백인의 흑인 지배'라는 이유로 한데 분류했다. 그 특징은 사진에 나타나는 피부색이나 인용구에 나타나는 핵심 단어와 같이 직접적이고 관찰 가능한 특징들에 근거한 것이 아니라 내재적(immanent)이거나 잠재적인 의미에 근거하여 분류했다는 점이다. 학생들은 설명에서도 모두 자료에 나타나지 않는 개념을 추론하거나 추상적인 개념을 사용하였다. 즉 이들은 '추상적'인 것에 근거하여 분류한 학생이다. 부스는 이들 두 부류가 모두 모험적이고 창조적이며 상상적인 사고를 보여주었다고 평했으며 이것이 인증적 사고라고 했다.[65]

이처럼 학생들이 보여준 결과는 흥미롭게도 '구체적' 단계와 '추상적' 단계로 나눌 수 있다. 그러나 부스는 이런 단계에 주목하지 않았고 그와 상관없이 그들이 보여준 인증적 사고에 주목했다. 그는 명시적으로 설명하지는 않았지만 여기서 피셔가 말하는 인증적 사고의 측면은 학생들이 자료를 보고 분류를 위한 가설, 즉 무엇을 기준으로 분류할 것인가를 생각하는 단계(가설적 추론 단계)와 그 가설을 여러 자료를 통해 검증하는 단계(귀납적 추론 단계)를 거친 것으로 간주하였을 것이다. 즉 첫 번째 부류의 학생들은 다양한 가능성에 근거하여 가설을 세우지 않았을뿐더러 그나마 설정한 가설을 자료에 근거하여 귀납적으로 검증하지도 못한 셈이다. 반면에 두 번째 부류의 학생들은 가설을 성공적으로 수립하였고 그것을 귀납적으로 검증하는 데도 성공했다고 볼 수 있다.

실험 결과와 관련하여 부스는 대다수 학생들이 인증적 사고를 나타냈지만 능력의 편차가 있다는 사실을 지적하면서 인증적 사고의 편차가 생기는 원인에 대한 분석 결과를 제시하고 있다. 그는 주요한 원인으로 우선 교사 요인을 꼽았다. 그는 교사와 학생의 상관성이 높다는 통계분석 결과를 제시하면서 학생들의 성취와 관련하여 교사의 교수 방법과 가치관이 중요하다는 것을 지적한다. 그는 인증적인 역사적 사고에 영향을 주는 개인 차원의 능력을 다음과 같이 열거했다. 관련 사실에 대한 지식, 개념 능력, 인지 기능, 과목에 대한 태도나 관심, 개인 경험, 용어 능력, 상상력, 감정이입 등이다. 그러나 지능과 인증적 사고는 상관관계는 약하다는 사실도 지적하고 있다.

요컨대 인증적 사고력이란 역사 연구나 이해에서 특징적으로 나타나는 것으로서 증거나 자료를 토대로 과거 사건이나 주제의 전체상(가설)을 만들며, 이를 검증하기 위해 일련의 지식, 개념, 상상력, 감정이입 능력 등을 이용하여 그 가설을 확인하는 능력이라고 할 수 있다. 인증적 사고력은 지능과의 상관관계는 약하지만 여러 요인들이 복합적으로 작용해 이루어지는 사고이기 때문에 능력의 편차가 생길 수밖에 없다. 그래서 부스는 인증적인 역사적 사고에서 나타나는 구체적 단계와 추상적 단계에 맞는 학습 계열을 고안해낼 필요성을 지적했다.[66]

인증적 사고는 역사에만 활용되는 독특한 사고가 아니라 과학에서도 사용되는 사고라고 생각할 수 있다. 가설적 추론은 일반적으로 과학적 사고로 분류된다. 그리고 가설적 추론의 결과는 연역이나 귀납에 의해 검증할 수밖에 없을 것이다. 그런데 인증적 사고가 가설적 추론과 귀납적 추론의 조합이라는 사실을 고려할 때 과학에서는 가설적 추론과 연역적 추론이 조합된 경우가 많을 것으로 생각된다. 왜냐하면 과학에서는 잠정적인 결론에 머무를 수 없기 때문이다. 여기에서 독특한 역사적 사고로서 인증적 사고를 거론하는 것은 아마도 결과의 객관성 여부 때문일 것이다. 과학 분야에서는 인증적 사고를 도입할 경우 결과의 잠정성을 해소하기 위해 노력하는 과정이 불가피하지만 역사에서는 결과의 잠정성을 인정하기 때문에 인증적 사고양식이 역사에서의 독특한 사고로서 그 지위를 인정받고 있다고 할 수 있다.

4) 내러티브적 사고

브루너는 인간의 사고를 패러다임적 사고와 내러티브적 사고로 나누어 제시하였다.[67] 내러티브적 사고란 과학적 사고의 형식인 "만약 x라면, y다"라는 양식과 달리 "왕이 죽었고, 그리고 나서 왕비가 죽었다"라는 식의 사고를 말한다. 과학적 사고는 필연적인 인과관계를 지시하지만 내러티브적 사고는 두 사건 간의 개연성을 암시할 뿐 연역적 확실성을 지시하지 않는다. 그리고 내러티브적 사고는 사실에 근거하든 허구이든 상관없이 이야기로서의 정확성을 판단하는 준거가 논리적 주장과는 다른 사고다.

내러티브적 사고에서 사고의 적절성은 내러티브의 내용이 가지는 박진성(迫眞性, verisimilitude), 적연성(適然性, plausibility), 정합성(整合性, coherence), 일관성(consistency), 삶과의 일치성(life-likeness) 등의 기준으로 판단된다. 내러티브 속에서 사건의 의미는 해석을 통해 드러나는데 그 해석은 논리적인 추론만으로 이루어지는 것이 아니기 때문이다. 내러티브적 사고가 객관성을 추구하는 대표적인 방식은 부분과 전체와의 순환이라고 하는 해석학적 순환이다.[68]

내러티브는 그 자체가 내러티브적 사고의 표현이라고 할 수 있다. 내러티브는 하나 또는 일련의 사건에 질서를 부여한 담론 형식으로서 인지의 결과 자체이기 때문이다. 그리고 인간은 세계와 자신을 주체와 객체로 분리할 수 있는 객관적 대상이 아니라 세계 속에 자신이 속해 있는 존재이기 때문에 내러티브는 의미 구성의 매개체이며 동시에 의미의 운반체다. 즉 세계는 인간의 경험과 동시에 존재하게 되는데 내러티브는 이 인간의 경험을 이해 가능한 형식으로 변형하여 자신의 삶과 세계를 구성하고 타인과 의미를 공유하도록 하는 장치라는 것이다. 이때 내러티브는 자기 자신과 타인 또는 세상을 인식하고 이해하는 데 개념이나 범주를 활용하기보다 이야기의 형태로 자신의 경험을 조직하고 이해하고 해석한다.

내러티브적 사고는 사건의 계열(sequence)을 통해 전해지는 의미를 이해하고 해석하는 것이다. 여기에서 내러티브의 의미는 사건의 계열, 즉 사건의 시간적 배열에 따라 규정된다. 따라서 사건의 시간적 배열은 변화 과정을 보여주는 계열을 이루는 것으로서, 사건들 상호 간의 관계 매김이며, 이야기를 구성하고 의미를 결정하는 데 핵심적인 역할을 한다. 예컨대 "대통령이 죽고 주식시장이 붕괴되었다"에서 사건의 순서를 바꾸면 다른 이야기가 된다. 저자는 이런 계열을 보면서 사건의 의미를 해석해내는데, 이런 과정을 내러티브에서 계열을 설정한다고 한다. 따라서 계열 설정은 저자의 의도나 전달하려는 메시지를 결정하는 중요한 과정이다.[69]

내러티브적 사고는 과학적 사고와 전혀 다른 형태와 특징을 가진다. 내러티브의 본질은 자연의 물리적 세계보다는 인간 행위자가 중심이 된 이야기로서 중력과 같은 물리적 힘이 아닌 욕망, 신념, 희망, 지식, 의도, 헌신 등과 같은 인간의 의도적 행위에 초점을 맞춘 이야기이기 때문이다. 나아가 예측 불가능한 인간의 의도성을 인간의 행위, 문화적 규범과 연관시켜 삶의 이야기로 만들어낸 것이다. 그러므로 내러티브적 사고는 문화적 도구의 활용이 필요하다. 브루너에 의하면 패러다임적 사고를 지원하는 주요한 문화적 도구가 문법과 과학이라면 내러티브에서 문화적 도구는 장르와 플롯과 같은 문학적 양식이다. 문학적 양식은 욕망, 신념, 헌신 등과 같은 인간 행위의 의도성에 초점을 맞추고 있기 때문에 과학적 논리성과는 거리가 있다.

여기에서 장르란 텍스트의 종류 또는 텍스트를 구성하는 방식을 말한다. 그것은 이야기를 만드는 방식, 그 이야기 속에 삽입되는 주제들을 구성하는 방식, 언어 체계 등을 결정한다. 그것은 한편으로는 텍스트 안에 존재하고 있지만 다른 한편으로는 텍스트를 이해하는 방식이기도 하다.[70] 화이트(H. White)에 따르면 장르는 대표적으로 로망스, 희극, 비극, 풍자, 자서전 등을 말한다. 그리고 내러티브에는 플롯이 설정되어 있게 마련인데 장르는 바로 그 플롯이 해석되는 틀을 제공해주기 때문에 기본적인 사고양식의 역할을 한다. 그리고 플롯은 이야기에 의미를 부여하는 역할을 한다. 역사가가 하나의 이야기에 대해 비극의 플롯 구성을 제시하면 하나의 특수한 이야기로 전환된다. 만약 희극의 플롯 구성을 제시하면 희극이 되는 것이다.[71] 그러므로 내러티브적 사고에서 주목해야 하는 것은 장르와 플롯이다.

요컨대 내러티브적 사고란 사건 간의 개연성을 토대로 가장 그럴듯한 의미를 찾아내는 사고이며, 계열의 설정을 통해 저자의 해석을 드러내는 사고다. 그리고 장르와 플롯이라는 문화적 도구를 활용하여 인간의 의도를 밝히려는 사고로서 과학적 사고나 논리적 사고와는 다른 사고라고 할 수 있다.

III. 생각 습관으로서의 역사적 사고

 이론적으로 말하면 역사적 사고를 가르치기 위해 필요한 것은 우선 역사적 사고의 실체를 밝히는 일일 것이다. 그렇지만 '사고란 무엇인가?'라는 문제가 인류의 오랜 숙제로 남아 있는 현실에서 역사적 사고의 실체를 밝히는 것은 쉽지 않은 일이다. 설령 누군가가 역사적 사고의 실체를 밝혔다고 주장하더라도 그것이 완벽한 것이라고 믿을 사람은 없다. 이런 의미에서 역사교육에서 우리가 좀 더 현실적이고 실용적인 접근 자세를 취한다면 '역사적 사고란 무엇인가?'라는 질문보다 '역사적 사고는 어떻게 사고하는 것인가?'라는 질문이 더 가치가 있을지 모른다. 후자의 질문은 사고의 본질을 묻는 것이라기보다는 역사 연구에서 동원되는 사고의 모습이 어떠한가를 묻는 것이기 때문이다. 그리고 이 질문에 대한 답변은 역사교육에서 구체적인 역사적 사고를 가르칠 수 있는 단서를 제공할 수 있기 때문이다.

 그렇다면 일반적으로 역사 연구 장면에서 일어나는 역사적 사고는 무엇인가? 아마도 그것은 전문화된 아는 방식과 사고하는 방식, 역사가가 과거에 접근하는 것을 전형화한 인지 과정이라고 할 수 있을 것이다. 이들은 한마디로 역사 연구에서 역사가가 동원하는 '생각의 습관(habit of mind)'이라고 할 수 있는데, 여기에서 말하는 생각의 습관은 대략 역사적 지식과 역사적 관점, 역사적 분석과 역사적 해석으로 포괄할 수 있다.[72]

 미국에서는 역사적 사고의 여러 모습을 정리하여 기준(benchmark)을 제시하기도 하고 실제로 역사 연구에서 활용되는 생각 습관을 구체화하여 제시한 사례도 있다. 이 두 가지 사례는 역사적 사고를 학생들에게 벤치마킹의 대상으로 제시함으로써 역사적 사고를 구체화했다는 데 의미가 있다. 여기서는 학생들이 역사적 사고를 배우는 데 도움을 주는 발판으로서 혹은 역사적 사고를 위한 벤치마킹의 대상으로 제시된 역사적 사고의 내용을 살펴보고자 한다.

미국 역사교육위원회(NCHE)는 생각 습관으로서의 역사적 사고를 상세하게 제시했는데, 그 내용은 다음과 같다.[73]

표 3_ 역사에서의 생각 습관(History's habit of mind)

역사 연구로부터 나온 전망이나 사려 깊은 판단 양식들이 많이 있는데, 그것들을 역사 연구의 주요 목표로 삼아야 한다. 역사, 지리, 정부를 다루는 교과는 학생들이 비판적 사고의 형식적 기능을 극복하도록 하기 위해서 그리고 그들을 도와 스스로 능동적인 학습을 통해 다음을 수행하도록 계획되어야 한다.

- 사적이든 공적이든 그들 자신의 삶에 대해 그리고 그들의 사회에 대해 과거가 가진 유의미성을 이해한다(understand).
- 공적이고 개인적인 삶 속에서 분별력 있는 판단을 위해 요구되는 '식별력 있는 기억(discriminating memory)'을 발전시키기 위해 중요한 것과 대수롭지 않은 것을 구별한다(distinguish).
- 현재 중심주의 사고에 대한 반대로서 역사적 감정이입을 발달시키기 위해서 과거 사건과 쟁점을 당시 사람들이 겪었던 대로 지각한다(perceive).
- 다양한 문화와 공유된 인간성에 대한 이해를 습득한다(acquire).
- 사물이 어떻게 발생되고 어떻게 변해가며 인간의 의도가 얼마나 중요한지 그리고 동시에 목적과 과정의 뒤엉킴 속에서 그 의도를 수행함으로써 어떻게 그 결말(consequence)이 형성되는지를 이해한다(understand).

- 변화와 계속성의 상호작용을 이해하고, 어느 것도 다른 것보다 더 자연스럽다거나 혹은 더 바람직하다는 가정을 지양한다(aviod).
- 모든 문제들이 해법을 가지고 있는 것은 아님을 깨닫고, 불확실한 것과 분노를 일으키며 위험스럽기까지 한 끝나지 않은 과업을 받아들일 준비를 한다.
- 역사적 인과관계의 복잡성을 파악하고, 특수성을 존중하며 지나치게 추상적인 일반화는 지양한다.
- 과거에 대한 판단의 잠정적 성격을 알고, 따라서 현재의 병폐에 대한 치료로서 역사의 특수한 '교훈(lesson)'에 집착하려는 유혹을 지양한다.
- 역사에서 유별났던 사람들의 중요성과 선악 모두의 측면에서 개별 인물의 유의미성을 인지한다(recognize).
- 역사와 인간사에서 비이성적인 것, 불합리한 것, 우연한 것의 힘을 안다.
- 시간과 공간의 매트릭스로서, 그리고 사건의 맥락으로서, 지리와 역사 사이의 관련성을 이해한다(understand).
- 사실과 추측, 증거와 주장 사이의 차이를 인식하기 위해서 그리고 그렇게 해서 유용한 질문을 작성하기 위해서 폭넓고 비판적으로 읽는다(read).

이러한 사고의 습관을 기를 때, 역사 내러티브는 유용한 사실들을 포함하면서도 그것을 넘어서는, 핵심적인 주제와 유의미한 질문을 밝혀 준다. 학생들이 어떤 사물을 기억하고, 사실을 있는 그대로 알고, 증거를 수집하고 평가해야 하는 이유에 대해 의심하도록 방치해서는 안 된다. '그래서 뭐(what of it)?'라고 하는 것은 가치 있는 질문이고, 그리고 그것은 답변을 요구한다.

출처: National Council for History Education, *Building a History Curriculum: Guidelines for Teaching History in Schools*(Washington D.C.: Educational Exellence Network, 1988), 9.

표에서 상세하게 제시하고 있는, 역사교육에서 의미가 있다고 여겨지는 역사에서의 생각 습관을 간략하게 정리하면 다음과 같다.

- 과거 사실의 유의미성 이해
- 과거 사실 가운데 중요한 것 가려내기
- 감정이입
- 다양한 문화와 공유된 인간성(humanity)의 이해
- 사물의 발생과 변화, 결과에 영향을 미치는 인간 의도의 중요성 이해
- 변화와 계속성의 상호작용 이해와 선입관에 의한 가정 지양
- 모든 문제가 해결책을 가지고 있는 것은 아님을 인정
- 역사적 인과관계의 복잡성 파악, 특수성 존중과 과도한 일반화 지양
- 과거에 대한 판단의 잠정성 숙지
- 유명 개인의 중요성과 인물의 유의미성 인식
- 비이성적인 것, 불합리한 것, 우연한 것의 힘 숙지
- 지리와 역사의 관련성 이해
- 사실과 추측, 증거와 주장의 차이 인식

이 표는 학생들이 비판적 사고의 형식적 기능을 넘어서도록 하기 위해 행해야 할 지침을 구체적 기능으로 제시한 것이다. 즉 역사적 사고를 형식적 기능으로 설명하는 것이 아니라 구체적인 사고 기능으로서의 생각 습관을 열거하고 있다. 여기에서 주목해야 하는 것은 생각의 습관에서 나타나는 사고와 관련된 용어다. 대체로 아는 방식에 대한 것과 아는 기술에 대한 것으로 나눌 수 있다. 전자는 이해한

다(understand, comprehend), 인지한다(recognize), 숙지한다(appreciate), 지각한다(perceive) 등이다. 후자는 습득한다(aquire), 구별한다(distinguish), 지양한다(avoid), 읽는다(read) 등이다. 그리고 알고 습득하고 구별하고 지양하고 읽는 사고를 촉진하기 위해 끊임없이 '그래서 뭐(what of it)?'라는 질문을 해야 한다고 제시하는 것도 의미가 있다. 이 질문에 대한 답변이 바로 역사적 사고의 생각 습관을 제시하는 것이기 때문이다. 이러한 구체적인 사고 기능의 제시는 역사적 사고의 교육에 도움이 될 수 있다.

한편 미국의 역사학회(AHA)는 '10개의 역사적 사고 기준(Ten historical thinking benchmarks)'을 발표한 바 있는데, 여기에서도 역사적 사고의 기능을 구체적으로 제시하고 있다. 그 내용은 다음과 같다.[74]

표 4_ 10개의 역사적 사고 기준

① 1차 사료와 2차 사료의 분석
② 역사적 토론(debate)과 역사적 논쟁(controversy)의 이해
③ 역사가들이 다른 해석을 하는 방법에 대한 검토를 통하여 최근의 역사 연구(historiography) 인지
④ 역사가가 증거를 사용하는 방법의 분석
⑤ 편견과 시각의 이해
⑥ 탐구를 통한 질문의 형성과 그것의 중요성 결정
⑦ 다양한 종류의 역사적 변화에 대한 유의미성 결정
⑧ 인과관계가 계속성과 변화에 관련되는 방법에 대한 정교한 검토
⑨ 주제(themes), 지역, 그리고 시대 구분 사이의 상호 관련성 이해(역사적 시간 준거 틀을 확증하기)
⑩ 과거가 현재의 가치에 의해 비추어지는 경향이 있더라도 과거에 대한 인

식은 당시의 가치에 대한 면밀한 검토를 요구한다는 것 이해

출처: http://www.historians.org/teaching/policy/benchmarks.htm

　이 역사적 사고 기준의 내용은 일반적인 역사 연구 방법을 보여주는 것과 큰 차이가 없어 보인다. 그렇지만 이것은 역사적 사고의 기능을 빠짐없이 열거하고 있다는 점에서 가치가 있다. 즉 역사교육에서 통상적으로 거론되는 사료 비판이나 증거 활용, 탐구에 관련된 내용은 물론 역사에서의 토론과 논쟁, 최근의 연구 동향 파악, 편견과 관점의 구별, 질문의 형성과 중요성 판단, 변화의 의미 부여, 인과관계와 변화, 계속성 등과의 관련 검토, 지리적 지식의 중요성과 시대 구분을 통한 시간 준거 틀 확증, 현재 중심주의의 문제 등을 역사적 사고의 기준으로 제시하여 역사적 사고를 위한 모든 범위를 망라하고 있다. 따라서 이 기준은 역사적 사고를 가르치기 위한 구체적인 지향점과 기능을 학생들에게 제시할 때 참고할 만하다.

　그 밖에 역사적 사고의 준거를 수업 상황에 맞게 제시한 경우도 있다. 수업에 활용하기 위해서는 역사적 사고를 어떤 형태로든 기술해야 한다. 와인버그는 학생들이 생각하고 있는 것을 표현하는 '생각 말하기(think aloud)' 기법을 도입하여 출처 확인, 확증이라는 두 가지 개념을 중심으로 역사적 사고의 준거를 기술한 바 있다.[75] 발견법에 입각한 그의 실험은 역사가의 생각 습관을 구체적으로 밝히는 것이라고 할 수 있다. 드레이크(F. D. Drake)는 와인버그가 제시한 두 가지 개념을 중심으로 수업에서 활용할 수 있는 역사적 사고 과정을 4단계로 제시하고 있다.[76]

　첫 번째는 출처 확인(sourcing heuristic)이다. 역사가가 사료를 분

석하기 전에 먼저 저자의 신뢰성, 의도, 사건 당시의 상황 등에 대해 의문을 갖는 것을 말한다. 또한 이 과정에서 사료가 누구를 위한 것인지 그 의도를 검토하는 것이다. 따라서 출처 확인을 할 때는 우리의 관점과 과거 사람들의 관점을 구분하여 고려해야 한다.

두 번째는 확증(corroboration heuristic)이다. 몇 개의 문서들로부터 얻은 정보들을 비교하여 문서의 신뢰성을 판단하는 과정이다. 학생들은 이러한 문서 분석법을 수행하면서 역사적 능숙성(historical sophistication)을 달성할 것으로 기대되며, 이러한 연습과 지식의 누적은 문서 분석에 대한 역사적 이해의 수준을 높이는 데 기여한다.

세 번째는 맥락화(contextualization)다. 동시대의 지역적, 국가적 맥락 속에서 검토하는 것을 말한다. 이를 통해 오늘날의 인식이나 사고방식과 아주 다른 해당 시대의 인식이나 생각 습관을 알 수 있다. 여기에서 맥락은 유추적 맥락과 언어적 맥락이 있다. 유추적 맥락이란 동시대인과 비교하여 특정한 생각이나 주장이 어떤 위치를 차지했을까를 자리매김하는 것이며, 언어적 맥락이란 동시대의 언어에서 어휘가 가진 의미를 정확히 하는 것을 말한다 .

네 번째는 비교적 사고(comparative thinking)다. 문서를 읽는 동안 역사가들의 해석과 1차 사료 속에서 확증된 것에 유의하면서 서로 다른 텍스트 간의 관련성을 구성하는 과정이다. 또한 문서 분석을 통해 당대 다른 지역에서의 아이디어 및 사건들과 비교하는 것이다.

요컨대 역사적 사고 과정은 역사가가 내용 이해를 위해 읽기 이전에 하는 출처를 확인하는 것을 시작으로 하나의 문서를 다른 문서와 관련시키는 확증, 역사가가 시간 준거 틀과 조건을 지방, 국가적으로 기술하기 위해 하는 맥락화, 그리고 역사가가 당시 세계의 다른 부분에서의 조건을 기술하기 위해서 하는 비교적 사고 등의 과정이다. 이것을 수업 상황에서 제시하는 역사적 사고의 준거로서 요약하면 다음과 같다.

- **출처 확인**: 역사가들이 내용 이해를 위해 읽기 전에 행하는 것
- **확증**: 역사가들이 하나의 문서를 다른 문서와 관련시키기 위해 행하는 것
- **맥락화**: 역사가들이 지방 차원에서든 전국 차원에서든 시간 틀과 조건들을 기술하기 위해 행하는 것
- **비교적 사고**: 역사가들이 당시 세계의 다른 부분에서의 조건들을 기술하기 위해 행하는 것

이상에서 역사적 사고력을 사고의 기제나 이론에 입각하지 않고 구체적인 사고방식이나 습관으로 규정하려는 논의 경향을 살펴보았다. 이런 논의는 현장에서 역사적 사고력을 가르칠 경우 직접 도입할 수 있고, 구체적인 사고의 지침을 전할 수 있다는 점에서 의미가 있다. 그리고 역사적 사고력을 규정하려 할 때 사고의 본성 차원의 논의가 갖는 공허함을 구체적 기능으로 채울 수 있다는 점에서 생각 습관으로서의 역사적 사고 논의에 주목할 필요가 있다.

IV. 역사적 사고력의 구성 요소

1. 역사적 사고력의 구성 요소

역사적 사고에서 역사적 사고력의 요소를 개념적으로 구분할 수는 있지만 실제로 요소별로 따로 작동하는 것은 아니다. 사고는 총체적인 정신 활동이므로 개개의 요소를 별개로 구분하거나 개별적으로 육성할 수 있는 것이 아니기 때문이다. 예컨대 역사적 탐구력의 신장을 학습 목표로 삼았을 때 사료 수집과 사료 비판, 가설 검증, 결론 도출 등의 기능을 집중적으로 육성하는 것이 가능하지만 이 경우에도 연대기 파악력, 역사적 상상력, 역사적 판단력이 배제되는 것은 아니다. 따라서 역사적 사고력을 요소별로 구분하여 범주화하는 것은 역사적 사고력을 분석적으로 설명하기 위한 방편임을 유념해야 한다.

국내에서도 역사적 사고력의 요소를 범주화한 연구가 진행되었다. 그 가운데 역사적 사고력의 요소를 탐구 기능과 역사적 상상력[77]으로 나누어 제시하거나 연대기 파악력, 역사적 탐구력, 역사적 상상력, 역사적 판단력의 네 가지 요소로 제시한 경우도 있다.[78] 이런 차이는 연대기적 사고와 역사적 판단(력)의 성격에 대한 분류의 차이에서 비롯된 것이다. 여기에서는 역사적 사고력의 구성 요소를 네 가지로 구분한 견해를 중심으로 살펴보고자 한다.

1) 연대기 파악력

　시간적 관점을 가지고 인간의 삶에 접근하는 학문이 역사학이다. 인간은 시간에 매여 있는 존재이기 때문에 역사가는 시간에 따라 변화를 분석한다. 역사가는 인간 생활의 시간성을 고려하여 역사적 의미를 부여한다. 역사적 접근의 기본적인 특성은 시간에 따라 나타나는 인간 삶의 현상과 변화, 다양성, 연속성을 중시한다는 점이다. 그러므로 역사적 사고는 인간의 시간 존재(being-in-time)로서의 특성과 관련이 깊다.

　연대기 파악력은 시간에 따른 변화를 중시하고 인간의 삶과 여러 현상을 연대기 속에서 이해하는 능력을 말한다. 역사교육에서 연대기에 대한 이해가 중요한 이유는 사건 사이의 관계를 상정하거나 인과관계를 설명하기 위해 사건을 시간의 흐름 속에 배열하는 연대기적 감각이 필수적이기 때문이다. 여기에는 시간과 관련된 용어를 이해하고 이들을 활용하는 능력, 시대 구분에 대한 이해 능력, 시간 요소를 통해 인과관계를 추론하는 능력 등이 포함된다.

　용어와 관련된 능력은 과거, 현재, 미래를 구별하거나 시간 관련 용어를 이해하고 사용하는 능력, 역사 텍스트나 역사 내러티브 속에서 시대착오적인 용어를 찾아내거나 역사를 서술할 때 시대착오적인 용어를 피하는 능력 등을 포함한다. 시대 구분은 한 시기 속에서 공통적 속성이 지속되는 기간과 변화의 계기를 찾아내어 나누는 것으로 학생들은 이를 통해 역사적 지속과 변화의 양상을 파악할 수 있다. 인과관계를 추론하는 능력은 시간 순서대로 사실이나 사건을 나열하고 그 가운데에서 원인과 결과를 구별하는 능력을 말한다. 이때 결과가 원인 앞에 올 수 없는 것은 분명하지만 그렇다고 어떤 사건이 다른 사건의 원인인지 아닌지는 절대적인 시간의 순서만으로 판단되는 것은 아니다. 구체적으로 직접적 원인이 되는 사건과 중장기적 원인, 장기 지속 등을 구별할 수 있어야 한다. 그리고 분명히 드러나 있어 명백한 것과 장기적으로 이루어지기 때문에 인간으로서는 깨달을 수 없는 잠재적 원인도 분별할 수 있어야 한다.

그 밖에도 연대기 파악력에 속하는 것은 연표 활용과 연도의 계산, 연호의 이해와 사용, 연속성과 변화 및 발전의 이해 등을 들 수 있다.

여기서 연대기 파악력 속에 시대 구분의 이해 능력이나 인과관계 파악 능력 등을 포함시키고 있는데 이것들은 탐구력이나 상상력에서도 요구되는 능력이어서 따로 구분할 필요가 있는가 하는 의문이 제기될 수 있다. 이 문제에 대해서는 앞에서 지적한 대로 사고력을 몇 개의 요소로 구분하는 것은 분석적 설명을 하기 위한 것임을 감안한다면 연대기 파악력을 따로 설정한 것은 시간 순서를 따지는 측면을 강조하고자 한 조치이며, 탐구력이나 상상력 등의 다른 사고 요소에서 연대기 파악력이 작용하지 않는다는 의미는 아님을 알 수 있다.

2) 역사적 탐구력

역사가는 사료를 증거로 삼아 과거 사건이나 행위에 대한 설명이나 해석을 하고 이를 통해 역사를 서술한다. 사료를 증거로 활용하기 위해서는 사료 비판이 필요하다. 사료 비판이란 1차 사료와 2차 사료를 구분하고 사료의 성질 판단, 저자나 출처 확인, 저자의 의도나 작성 목적 추론, 사료 속에서 선택된 것과 생략된 것 파악, 의도

하지 않은 증언의 색출, 사료의 작성 방법이나 이유에 관한 해석, 용어가 가진 역사적 의미 파악, 인과관계 파악을 통해 사료의 가치를 판단하는 것 등을 말한다. 역사가는 이런 비판을 거친 사료를 토대로 자신이 상정했던 가설이나 잠정적 결론을 논증하고 검증하여 결론을 도출하고 이를 해석하는 과정을 통해 역사를 인식한다. 이때 역사가는 문제의 인식부터 결론의 도출까지 철저하게 논리적이고 합리적인 방법을 사용해야 한다. 그리고 역사적 사건은 수많은 인간의 행위로 이루어진 것이므로 과거 행위자의 동기와 신념도 고려해야 한다. 이런 점에서 역사가는 증거의 활용에 엄격해야 하지만 그렇다고 해서 자연과학자처럼 객관적으로 과거를 기술할 수 있는 것은 아니다.

역사적 탐구력 가운데 대표적인 것은 사료를 다루는 능력이라고 할 수 있다. 따라서 학습자에게는 역사 탐구를 위해 역사가가 역사를 연구하는 절차를 알고 이를 실행할 수 있는 능력이 요구된다. 대체로 역사가가 역사를 연구하는 절차는 먼저 문제를 인식하고, 가설이나 잠정적 결론을 상정한 다음 사료를 수집하고 검토하여 증거의 유무, 증거의 가치를 평가하게 된다. 이 과정을 통해 검토된 사료를 증거로 삼아 과거의 역사가 서술된다. 이 과정에서 사료에 대한 연역이나 추론 등의 사고를 거치게 되며 논리적 사고를 통해 여러 요소 간의 복잡한 관계나 인과관계를 가려내게 된다. 동시에 역사적 사고에 특유한 상상력, 직관, 감정이입 등의 사고를 활용하여 사실을 밝혀내게 된다.

따라서 역사적 탐구 기능에 속하는 요소들에는 보편적인 탐구 절차에 관한 기능도 있고 역사의 특성을 나타내는 역사적 사실이나 개념의 성격을 반영한 탐구 절차에 대한 기능도 있게 마련이다. 보편적인 탐구 절차란 모든 교과에 공통적인 탐구 기능이고 역사의 특징적인 탐구 절차란 역사의 고유한 특성과 직접 관련된 기능을 말한다. 역사적 탐구 기능을 분석적으로 설명하기 위해 일반적 탐구 기능과 역사적 탐구 기능을 열거하고[79] 이를 종합하여 상정한 역사적 탐구 기능을 제시하면 다음과 같다.

일반적 탐구 기능
① 문제의 인지: 문제의 소재, 가설 설정, 가설에 대한 탐색
② 자료의 수집: 참조 기능, 정보의 회상, 자료의 소재 파악, 자료의 선택
③ 자료의 처리: 번역, 해석, 분석, 비교/대조, 분류
④ 결론의 도출: 정보의 종합, 가설 검증
⑤ 일반화: 결론을 다른 문제에 적용, 원리의 도출

역사적 탐구 기능
① 역사적 개념의 사용: 계속성과 변화, 인과관계, 발전, 시간 개념, 유사성과 차이점, 일반성과 고유성 등의 개념에 대한 이해 및 적용
② 역사적 자료의 활용: 1·2차 사료의 활용, 사료 비판, 정보의 중요도 평가, 역사지도·연표 등의 활용
③ 역사적 연구 방법의 수행: 연구 절차의 계획 및 조직, 연대기 파악 능력, 역사적 편견 인식

일반적 탐구 기능과 역사적 탐구 기능을 종합한 역사적 탐구 기능[80]
① 문제의 파악 능력 : 역사의 본질과 주제의 성격에 비추어 다루어야 할 문제가 무엇이며, 그것이 왜 다루어야 할 가치가 있는가를 파악

하는 능력

② 정보의 수집 능력 : 학습 문제의 해결을 위하여 조사와 답사, 관찰, 견학 등을 통하여 자료를 수집하고 필요한 자료를 선택하는 능력

③ 자료의 취급 능력 : 역사적 자료를 해석하여 필요한 정보를 찾아내고 분석, 종합, 비교하는 능력

④ 결과의 적응 능력 : 자료의 검증을 통하여 각 요소 간의 상호관계를 파악하여 일반화하고, 추론 등을 통하여 그것을 새로운 역사적 사실에 적용하는 능력

3) 역사적 상상력

역사적 상상력은 역사적 사고의 고유한 특성 중 하나다. 원래 사료는 불완전한 것으로서 의미의 재구성에 대한 일부 단서를 제공하는 데에 그치는 경우가 많다. 역사적 상상력은 이렇게 부족한 증거를 보완하기 위해서 필요한 능력이다. 역사가는 콜링우드가 말하는 상상적 구성의 그물을 짜거나 사료가 제시하는 단서 사이에 숨어 있는 사태를 새롭게 구성해내야 한다. 그러나 사료에는 항상 단편적이고 부분적인 사실만 나타나며, 제한적인 시간만을 담고 있게 마련이다. 따라서 역사가에게 추론은 필수적이다. 이때 추론은 자료를 함께 엮는 연결 조직을 만들어내는 과정이고 자료의 요점을 내러티브 속에 함께 모으기 위한 것이다. 그러나 역사적 상상력은 반드시 증거에 입각해서 이루어져야 하는 사고 작용이라는 점에서 소설적 상상력과 구분된다.

상상이란 대체로 사물이나 현상에서 겉으로 드러나지 않은 어떤 것을 발견하거나, 감각을 통하여 직접 얻을 수 없는 것을 인식하는

것이다. 즉 있는 그대로의 사물을 보는 데 그치지 않고 드러나지 않은 것을 찾아내고, 새로운 시각이나 다른 사람의 눈을 통해서 보이는 것을 예상하는 것이다. 상상의 요점은 주어진 것을 분해하여 그 가운데 빠진 것이나 대안적인 것을 생각해내는 것이다. 이처럼 사고와 상상은 긴밀하게 연관되어 있다.

콜링우드는 역사가의 과업을 상상적 구성의 그물을 짜는 것이라고 하면서 과거인의 사고를 알기 위해 그들의 마음속으로 들어가 과거인이 되어 다시 사고하는 재연(reenactment)을 제시하였다. 재연은 딜타이(W. Dilthey)가 말한 추체험(nacherleben)과 같은 것으로 볼 수 있는데 재연이나 추체험을 위해서는 당연히 역사적 행위자의 목적, 의도, 사상을 파악해야 한다. 이러한 인간의 내면을 파악하기 위해 상상을 동원하는 것은 필요불가결한 것이다. 와인버그도 역사적 상상을 고정된 요점 사이의 양상을 보는 것이며, 역사적 추론은 역사적 상상 혹은 역사적 감정이입의 한 형태로 보았다.

역사적 상상력으로 거론되는 것은 감정이입과 삽입(extrapolation), 보간(補間, interpolation) 등이다. 감정이입은 자신을 다른 사람의 처지에 두는 능력이다. 특히 역사적 감정이입이란 과거 사람들의 처지에 들어가 역사적 행위와 관련된 동기나 이유, 관점을 파악하고 그들의 감정을 함께 느끼는 것을 말한다. 아울러 역사적 감정이입을 하기 위해서는 과거인의 사상이나 관점에서 역사적 사건을 인식하고 과거 사회의 관습과 생활 방식을 이해해야 한다.

역사적 감정이입은 역사적 상상의 한 형태이기는 하지만 증거에 입각해서 이루어진다. 그러나 역사의 증거는 대체로 불확실하고 불완전하다. 따라서 역사가는 증거 속에 내재하는 사상이나 의미를 추출해야 하는데, 이때 필요한 것이 역사적 감정이입이다.

삽입은 자료에 역사적 사실의 전개 과정에서 앞이나 뒷부분이 빠져 있을 때, 이를 추론하여 역사적 사실을 만들어내는 것을 말한다. 보간은 자료에 빠져 있는 중간 과정을 추론하는 것이다. 삽입과 보간 역시 상상적 추론을 통해 역사적 사실을 재구성하는 방식이다. 이런 과정을 통해 역사적 구조를 만든다는 의미에서 이 둘을 구조적 상상으로 보기도 한다.[81]

4) 역사적 판단력

일반적으로 판단이란 사물의 진위, 선악, 미추 등을 직관이나 상상으로 결정하는 사고 과정을 말한다. 블룸(B. S. Bloom)은 판단을 가장 높은 사고 과정으로 보았으며, 역사적 사고력에서도 가장 높은 수준에 위치하고 역사 연구나 역사 학습의 궁극적인 목표가 되는 요소다. 역사적 판단은 역사 자료의 선택이나 자료 용도에 대한 추론 등에서 직관이 작용한다거나 탐구 결과의 서술에 상상력이 작용한다는 점에서 상상력의 요소로 구분되기도 한다.

필은 역사교육에서 판단은 그동안 배운 것으로는 적절한 대답을 할 수 없는 상황이나 하나의 최종적인 응답을 찾을 수 없는 상황에서 이루어지는 것으로 여러 종류의 서로 다른 기준을 만족시키는 응답이라고 하였다.[82] 사고 수준이 낮은 경우에는 주관적이거나 즉흥적으로 판단을 내릴 수 있는데, 이를 의견(opinions)이라고 하여 판단과는 다른 것으로 간주한다.[83] 하지만 역사교육에서는 비록 의견에 불과하더라도 자신의 판단을 적극적으로 내세울 수 있도록 학생들을 격려할 필요가 있다. 다만 학생들은 역사적 판단에서 자신의 판단이 하나의 의견에 지나지 않음을 아는 것이 중요하다.

역사가가 연구 과정에서 내리는 판단에는 여러 유형이 있다. 예컨대 어떤 문제가 연구할 가치가 있는 문제인가? 연구를 위해 이용 가능한 사료의 중요성 정도는? 사료 간의 연결성 여부는? 등의 질문에 대해 판단을 내린다. 그 밖에도 사료를 해석하고 그 속에서 선입관을 구별해내고 추론을 하며, 균형 잡힌 결론을 도출하기 위해 합리적으로 판단을 내린다.

역사가는 도덕적 판단도 내린다. 모든 중요한 역사적 행위의 핵심에는 도덕적 문제가 있고, 역사가는 그것을 분석해야 하기 때문이다. 그러나 역사 연구의 목적이 도덕적 판단에 있는 것은 아니다. 버터필드(H. Butterfield)는 삶이 전적으로 도덕의 문제라는 것을 인정하지만, 도덕적 결론을 이끌어내는 것이 역사가의 할 일은 아니라고 하면서 역사의 본래 임무는 사건의 관찰 가능한 상호관계의 연구라고 주장했다. 역사가는 상황의 압력과 인간 자유의 한계를 인식하되 개인에 대한 도덕적 판단을 목적으로 해서는 안 된다는 주장이다. 그렇지만 역사에서 도덕적 문제에 대한 판단은 불가피한 측면이 있다.

역사가는 과거 사람들의 문제, 행동의 동기 및 원인과 결과에 대해서도 판단한다. 그는 과거의 사실을 기술할 뿐 아니라 설명과 해석을 하게 되는데 그 과정에서 중요하고 유의미한 판단을 해야 한다.

역사가는 다른 시대와 상황의 사람들이 사용한 언어의 의미와 함축도 판단해야 한다. 이때 역사가는 언어에 포함된 편견을 제거해야 한다. 그러려면 문헌이 저술된 역사적 상황과 저자의 동기를 이해하고 감정적이고 비유적인 언어를 인식할 수 있어야 한다. 언어는 가치 판단을 포함하고 있으며 그 자체의 역사를 가진다. 용어는 그 자체의 형식을 보존하고 있지만 그 의미가 시대에 따라 변하고 새로운 아이디어 및 태도와 다양하게 결합된다. 따라서 다른 시기에 살았던 사람의 생각을 이해하는 것은 당시에 사용한 언어의 의미와 용법상의 변화를 인식해야만 가능한 일이다.

역사적 판단력은 역사적 논쟁이나 딜레마에 접했을 때 합리적 판단을 하고 의사결정을 내리는 능력으로서 역사교육의 궁극적 목적이라고 할 수 있다. 역사적 판단력을 학습 목표로 삼을 때 판단에 이용되는 준거와 그것의 적절성, 다른 가능한 해석의 모색, 다루는 시대의 가치와 현재 가치 간의 차이 등에 대한 논의를 포함해야 한다. 이 요소에는 다양한 역사적 자료나 방법 중에서 적절한 것을 선택하는 능력을 비롯하여 도덕적인 가치 판단을 하는 능력까지 다양한 능력이 포함된다. 이러한 판단 능력의 함양을 위해서 인지할 수 있는 배경 설명과 비판, 합리적 결론을 내릴 수 있는 기술의 훈련이 필요하다. 그리고 현명한 판단은 적절한 질문이 있을 때 가능한데 그 적절한 질문은 상상력에서 나온다고 할 수 있다.

다만 역사적 판단력을 교수한다는 명분하에 교사가 특별한 도덕적 교훈을 제시하거나 특정한 사건을 이용하려 해서는 안 된다. 교사는 학생들에게 역사 증거를 토대로 논쟁점을 다양하게 분석할 기회를 제공하고, 나타난 문제에 대하여 다양한 시각을 갖도록 하는 것이 바람직하다.

2. 사고 기능의 상세화

역사적 사고를 기능 중심으로 처리하거나 특별한 능력으로 접근하는 것은 현장에서 학생들이 학습해야 하는 역사적 사고의 실제를 그대로 드러낸다는 점에서 실용적이다. 기능 중심으로 접근하자면 역사적 사고에서 필요한 기능을 구체적으로 제시하는 것이 필요하다. 이런 점에서 참고가 되는 것은 미국의 역사 표준이나 영국의 국가 교육 과정이다. 여기서는 미국의 역사 표준에 나타난 역사적 사고, 기능의 상세화를 통해 역사적 사고력의 기능 범주를 소개해보기로 한다.

미국의 역사 표준에 따르면 진정한 역사 이해란 사실, 날짜, 이름, 장소와 같은 지식을 수동적으로 수용하는 것이 아니라 역사적 사고를 통해서 이루어져야 한다. 여기에서 역사적 사고란 질문할 수 있고, 증거를 제시할 수 있고, 교과서나 역사적 기록을 비판적으로 검토할 수 있고, 문서·잡지·일기·유물·역사적인 장소·증거 등을 참고할 수 있고, 상상을 동원할 수 있고, 기록들이 만들어진 역사적 맥락을 고려할 수 있고, 당시의 장면에 대한 복합적인 관점을 비교할 수 있는 것과 같은 기능들로 설명된다.

미국의 역사 표준에서 역사적 사고 기능을 함양하기 위해 제시하는 가장 주요한 방법은 학생들이 잘 구성된 역사 내러티브[84]를 사려 깊게 읽게 하는 것과 학생 스스로 역사 내러티브나 논증을 구성해보게 하는 것이다.[85] 예건대 에세이, 논쟁, 논설 등의 형식으로 학생 스스로 역사 내러티브를 써보는 것을 강조한다. 잘 구성된 역사 내러티브란 사실이나 사건들의 연관, 변화, 귀결을 드러내고 설명해주며 해석을 드러낸 내러티브를 말한다. 이런 역사 내러티브를 사려 깊게 읽는다는 것은 다음과 같은 사고 활동을 의미한다.

① 학생들이 역사 내러티브를 구성하는 데 기초가 되는 증거의 증거 능력을 평가하는 것
② 진술되었거나 진술되어 있지 않은 가정을 찾아내어 분석하는 것
③ 학생들이 저자가 선택한 것은 물론 생략한 것의 의미까지 고려하는 것
④ 역사가 가지는 해석적 성격, 예컨대 정치적, 경제적, 사회적 혹은 기술적인 사건의 원인에 대해 다른 평가를 내리거나 그 사건의 의미에 대해 경합하는 해석을 전개하는 다른 역사 내러티브와 비교하는 것

 미국의 역사 표준에서는 이런 종류의 활동에 필요한 역사적 사고 기능을 범주화하여 제시하고 있다. ①연대기적 사고, ②역사 이해, ③역사 분석과 해석, ④역사 연구 능력, ⑤역사 쟁점 분석과 의사결정 등이다. 이런 기능들은 상호작용하며 서로 관련되어 있다는 점이 강조된다. 역사를 학습하거나 논증이나 주장을 할 때 학생들은 당연히 다섯 가지 기능을 모두 활용할 수 있어야만 한다는 것이다. 예컨대 학생은 역사적 문서와 기록을 이해할 수 있어야 하고, 그들 사이의 관련성을 분석할 수 있어야 한다. 그리고 골라낸 문서를 해석할 수 있어야 하고 쟁점, 문제 혹은 사건들이 펼쳐지는 역사 연대기와 역사적 맥락을 논리적으로 옳게 파악할 수 있어야 한다.
 이처럼 미국의 역사 표준에서는 잘 구성된 역사 내러티브를 바탕으로 역사적 사고 기능을 제시하고 있으며, 역사적 맥락, 의미 맥락, 행위의 경로 개념을 활용하여 설명하고 있는 것이 특징이다. 역사적

사고에 대한 각각의 범주에 필요한 기능은 학습 목표 형식으로 제시되어 있는데 각각의 사고 범주에 필요한 기능을 소개하면 다음과 같다.[86]

1) 연대기적 사고

연대기적 사고는 역사적 추론(reasoning)의 핵심이다. 사건이 발생했을 때 그리고 시간 순서에 대한 연대기적 감각이 없다면 학생들은 사건들 사이의 관계를 검토하거나 인과관계를 설명할 수 없기 때문이다. 그래서 연대기는 역사적 사유를 위한 정신적 발판이라고 말한다.

잘 구성된 역사적 내러티브는 연대기적 사고의 함양에 유용하다. 정교하게 잘 짜인 역사 내러티브는 시간에 따라 전개되는 사건들의 시간적 구조와 선행 사건과 결말 사이의 시간적 연관성을 담고 있기 때문이다.

연대기적 사고 기능은 우선 몇 년, 수십 년, 수백 년 그리고 수천 년 단위로 시간을 측정하고 BC나 BCE 그리고 AD나 CE를 이해하는 것이다. 나아가서 역사적 지속(historical duration)이나 역사적 연속(historical succession)의 유형을 분석할 수 있는 기능을 말한다. 다음은 연대기적 사고 기능으로서 학생이 가져야 하는 능력이다.

- 과거, 현재, 미래의 시간 구분
- 역사 내러티브가 가진 시간 구조의 확인
- 역사 내러티브 작성 과정에서의 시간 순서 설정
- 달력상의 시간 측정과 계산

- 연표에서 제시된 자료의 해석과 연표 작성
- 역사적 연속과 지속 유형의 재구성과 역사적 계속성과 변화 설명에의 적용
- 시대 구분을 위한 대안 모델 비교

2) 역사 이해

역사 내러티브의 특징은 사건을 상세하게 설명하는 것은 물론 행위자의 의도, 그들이 직면하는 난관 그리고 그들이 사는 복잡한 세상을 드러낸다는 점이다. 따라서 역사 내러티브를 읽기 위해 학생들은 상상은 물론 인간성을 드러내는 동기와 의도, 희망, 의심, 공포, 장단점 등을 고려할 수 있어야 한다. 그것을 이해하기 위해 학생들은 당시 사람의 눈과 경험을 통해 역사적 관점을 수립하고 자신의 언어로 과거를 기술하는 능력이 필요하다. 이때 학생들은 과거를 오늘의 규범과 가치로 판단하는 것이 아니라 그 사건이 일어났던 역사적 맥락을 고려하여 현재 중심주의 사고에서 벗어나야 한다. 이런 기능을 함양하기 위해서 어린 학생들에게는 훌륭하게 쓰인 전기가 유용하고 중·고등학교 단계에서는 역사 문학 작품이 유용하다.

나아가 학생들은 치밀한 내러티브(thick narratives)를 이해하기 위해 필요한 기능을 함양해야 한다. 즉 사건의 경로(시간 순서)를 나열하는 것은 물론 그 연관을 설명할 수 있어야 하고, 당시에 참여했던 그리고 사건이 전개되는 방식에 영향을 준 다양한 세력 사이의 관계를 분석할 수 있어야 한다. 구체적으로 이런 기능은 ①역사 내러티브가 담고 있는 주요 질문을 확인하는 것, ②역사 내러티브의 목적, 전망 혹은 시각을 정의하는 것, ③의미를 가지고 역사적 설명 혹은

분석을 읽는 것, ④어떻게 저자가 텍스트를 조직했는지를 나타내는 수사(rhetoric)의 실마리를 인지하는 것 등이다.

역사 내러티브의 이해를 촉진하기 위해서 학생들은 역사 지도에 제시된 데이터, 다양한 그래프에 제시된 시각적·수학적·계량적인 데이터, 역사 사진, 정치 만화, 그림, 건축물과 같은 다양한 시각적인 사료 등을 이용할 수 있어야 한다. 다음은 역사 이해 기능으로서 학생이 가져야 하는 능력이다.

- 역사적 문서나 역사 내러티브의 저자 혹은 원전의 확인과 신뢰성 평가
- 역사적 추이에 대해 원래 의미의 재구성
- 내러티브의 주요 질문과 목적, 전망 혹은 시각 확인
- 역사적 사실과 해석의 구별과 관련성 인지
- 상상을 통한 역사 내러티브 읽기
- ① 당대 사람의 눈, 경험, 언어로 과거를 기술, ② 사건의 역사적 맥락 고려, ③ 현재 중심주의 사고 지양 등의 역사적 전망 숙지
- 역사 지도상의 데이터 이용
- 시각적, 수학적, 양적 데이터 활용
- 시각적, 문학적, 음악적 사료 이용

3) 역사 분석과 해석

학생들에게 역사 분석과 해석 능력을 길러주기 위해서는 역사 내러티브를 사려 깊게 읽도록 하는 것이 중요하다. 학생들이 역사 내러티브를 읽을 때 가장 큰 문제점은 하나의 옳은 답, 하나의 중요한

사실, 하나의 권위 있는 해석을 찾아야 한다는 강박관념이다. 이 문제는 전통적으로 역사 교과서와 관련이 있는데 이 문제를 해결하기 위해서 학생들에게 교과서 이외에 여러 가지 사료를 이용하게 하거나 다양한 입장의 역사적 해석 혹은 관점을 제시하는 역사책, 문서, 유물을 활용하게 할 필요가 있다. 이런 과정을 통해 학생들은 역사 내러티브를 통해 그 속에 포함된 사실들에 대해 역사가마다 의견이 다를 수 있고, 그 사실들에 대한 해석에 동의하지 않을 수도 있다는 것을 알 수 있다.

서술된 역사란 일어난 사실만이 아니라 왜, 그리고 어떻게 일어났는지, 다른 사건에 어떤 영향을 주었는지, 그리고 그 사건의 중요성 등에 대해 역사가들 사이에서 이루어진 대화의 결과라고 할 수 있다. 따라서 역사를 공부한다는 것은 정답을 기억하는 것만이 아니라 한 사람의 주장을 따르거나 비판할 수 있고, 구할 수 있는 증거에 기반하여 유용한 결론에 도달하는 것을 말한다.

잘 쓰인 역사 내러티브를 통해 학생들은 역사적 인과관계, 즉 사회에서 어떤 변화가 일어났고, 어떻게 행위자의 의도가 문제가 되었는지, 과정과 결과가 뒤엉키는 가운데 그것을 실행한 수단에 의해서 결말이 어떻게 영향을 받았는지 등을 분석하는 방법을 배울 수 있다. 학생들에게 내러티브를 통해 원인의 복합성을 해명해보도록 하는 것은 훌륭한 도전이라고 할 수 있다. 그러나 과거 경험과 현재 문제들에 대해 단 하나의 원인으로 설명하는 것은 위험하다.

잘 쓰인 역사 내러티브를 통해 학생들에게 단선성(lineality)과 불가피성(inevitability)의 함정을 깨닫게 할 수 있다. 학생들은 현재와 과거의 연관성을 이해해야만 하지만, 과거와 현재 사이에 직선을 그리는 단선성의 함정을 피해야 한다. 그리고 사건들은 불가피하게 전개되어왔으며 그 과정에서 인간의 자유 의지에 의한 선택 능력이 없었다고 생각하는 것도 함정이다. 만약 학생들이 역사가 다르게 전개될 수도 있었다는 것을 인식하지 못한다면 그들은 무의식적으로 미래 역시 불가피하거나 이미 결정되어 있으며, 인간 행위와 개인적 행동은 아무 가치가 없다는 관념을 수용하게 된다. 이것은 역사에 대한 무관심, 냉소 그리고 체념을 심어주게 된다. 다음은 역사 분석과 해석 기능으로서 학생이 가져야 하는 능력이다.

- 일련의 아이디어, 가치, 인물, 행동, 제도의 비교와 대조
- 과거 속에서 다양한 사람들의 복합적 관점 고려
- 복합적 인과관계 속에서 인과관계 분석
- 시대와 지역의 교차 비교
- 의견(opinion)과 증거에 기초한 가설 구별
- 경합하는 역사 내러티브 비교
- 역사적 필연성에 대한 문제 제기
- 역사 해석의 잠정성 이해
- 역사가들 사이의 논쟁 평가
- 과거의 영향에 대한 가설 설정

4) 역사 연구 능력

역사하기(doing history)는 학생들에게 가장 흥미롭고 역사적 사고 증진을 위해 생산적인 것이다. 그런 활동은 텍스트에 제시되어 있는 역사 내러티브에서 유발될 수도 있고, 역사 문서, 목격담, 편지, 일기, 유물, 사진, 역사적인 장소 방문, 구두사(口頭史) 기록, 혹은 다른

과거에 대한 증거를 통해 활성화될 수도 있다. 특히 학생들이 다루는 문서가 다양한 목소리를 담고 있고 다양한 관심을 끌 수 있을 때 그런 활동은 진전될 수 있다.

역사적 탐구는 문제의 형성이나 가치 있는 질문들로 진행된다. 따라서 학생들에게 문서, 기록 혹은 장소 자체를 분석하게 할 필요가 있다. 누가 그것을 언제, 어떻게, 왜 생산했나? 그것의 신빙성, 권위, 신뢰성의 증거는 무엇인가? 그것은 관점, 배경, 관심에 관해 무엇을 말해주고 있는가? 유용한 이야기, 설명 혹은 문서나 유물이 속한 사건에 대한 내러티브를 구성하기 위해 무엇을 찾아내야 하는가? 학생들은 데이터로부터 어떤 해석을 도출할 수 있으며, 데이터로부터 만들어낸 역사 내러티브로 어떤 주장을 지지할 수 있는가?

이 과정에서 문서 혹은 유물이 만들어진 시대에 대한 맥락적 지식이 결정적으로 중요하다. 빠진 부분을 채우고, 그들이 얻을 수 있는 기록을 평가하고, 하나의 논리가 뚜렷한 역사적 주장 혹은 내러티브를 구성하기 위해서 보다 큰 의미 맥락(context of meaning)이 요구된다. 이 점이 매우 중요한데, 그 방법은 교과서에 포함된 자료를 넘어서는 문서 혹은 다른 기록물을 제공하는 것이다. 학생들은 그 자료를 통해 교과서적인 해석에 도전할 수 있고, 해당 사건에 대한 새로운 질문을 하게 되며, 교과서 서술 속에 나타나지 않는 사람들의 관점을 조사하고, 교과서가 크게 혹은 부분적으로 간과하고 있는 쟁점을 알게 된다.

그리고 이런 조건에서 학생들은 서술된 역사는 구성물에 불과하다는 것을, 과거에 대한 어떤 판단도 잠정적이고 논쟁 가능하다는 것을, 그리고 역사가는 그들의 작업을 중요한 탐구로 간주한다는 것을 이해할 수 있다. 역사 탐구에 대한 능동적인 참여가 학생들 스스로 왜 역사가가 지속적으로 과거를 재해석하고 있는지, 그리고 왜 새 해석은 새로운 증거를 밝혀내는 것만이 아니라 오래된 증거를 우리 자신의 새로운 아이디어에 비추어 재사고하는 것으로부터 나타나는지 배우게 된다. 학생들은 또한 왜 훌륭한 교사나 역사가는 조작이나 주입이 아니라 과거의 정직한 메신저로서 행동하는 것에 관심이 있는지를 알게 된다. 다음은 역사 연구 기능으로서 학생이 가져야 하는 능력이다.

- 역사적 질문 설정
- 다양한 사료로부터 역사적 데이터 획득
- 역사적 데이터 검토
- 기록의 빠진 부분 확인과 시간, 장소에 대한 맥락적 지식과 관점 열거
- 양적 분석 도입
- 역사적 증거에 기반한 해석

5) 역사 쟁점 분석과 의사결정

쟁점 중심의 분석과 의사결정이란 학생들을 역사적인 딜레마나 중요한 순간에 맞이하는 문제의 중심에 위치시키는 것을 말한다. 그 시대의 쟁점과 문제들에 직면하여 그 장면에서 그들에게 가능한 대안들을 분석하고, 선택되지 않았던 행위의 결말을 평가해보고, 선택된 행위의 결말과 비교하는 것 등은 학생들이 개인적으로 참여해야 하는 활동들이다.

이들 활동은 또한 민주적인 시민에게 중요한 능력을 증진시킨다.

공공의 정치 쟁점들과 윤리적 딜레마를 확인하고 정의하는 능력, 그 상황에 참여하고 그것의 성과에 의해서 영향을 받는 많은 사람들의 이해관계와 가치의 범위를 분석하는 능력, 그 딜레마를 해결하기 위해 대안적인 접근의 결말을 평가하기 위한 데이터를 자리매김하고 조직하는 능력, 각각의 접근이 갖는 상대적인 비용과 이점은 물론 윤리적 함의를 평가하는 능력, 역사적 쟁점 분석의 경우에 역사 기록에서 드러난 장기간의 결말에 비추어 행위의 특별한 경로를 평가하는 능력 등이 그것이다.

중요한 역사적 쟁점들은 가치가 들어 있는 경우가 많아서 사회적 행위에 기여하는 도덕적 신념을 고려해보는 기회를 제공한다. 그렇지만 교사는 특별한 도덕적 교훈이나 윤리적 가르침을 강조하기 위해 결정적인 사건을 이용해서는 안 된다. 많은 학생들은 그런 접근을 거부할 뿐 아니라 그것을 통해 절도 있는 사고와 도덕적 추론의 복잡한 기능을 얻는 데도 실패하기 때문이다.

학생들은 역사적인 행위자의 도덕적 행동을 판단할 때 가치를 분석할 수 있어야 한다. 홀로코스트나 노예제도를 악으로 판단하는 학생들은 아마 그들의 판단을 위한 도덕적 기초를 분명하게 할 수 있을 것이다. 그리고 도덕적 판단에 도달하기 위한 학생들의 노력은 가치를 분석하는 연습이 될 것이다. 또 다른 사례를 통해 역사적으로 조건 지어진 특별한 도덕적 가치의 본성을 인식하도록 이끌 수도 있다.

다중적인 이해관계와 다른 가치를 가진 역사를 관통하는 사회적 쟁점들도 도전의 대상이다. 정보에 근거한 의사결정을 제공함으로써 학생들은 건전한 역사적 분석을 위해 그들의 역사 지식 혹은 과거에 대한 지식을 이용하는 방법을 배울 필요가 있다. 다음은 역사 쟁점 분석과 의사결정 기능으로서 학생이 가져야 하는 능력이다.

- 과거 속의 쟁점, 문제점 확인과 당대인들의 이해관계, 가치, 전망, 시각 분석
- 선행 환경의 증거와 현재 요인의 열거
- 역사적 선례 확인과 당대 쟁점의 분별
- 행위의 대안 경로 평가
- 쟁점에 대한 입장, 행위 경로 설정
- 결정의 실행 평가

이상에서 살펴본 사고 기능의 상세화라는 차원에서 이루어지는 논의는 잘 구성된 역사 내러티브를 전제로 하고 있다는 점에 주목할 필요가 있다. 미국의 역사 표준에서 제시하고 있는 역사적 사고 기능은 모두가 역사 내러티브를 대상으로 하여 함양될 수 있는 것이며, 나아가 역사 연구 능력을 함양하기 위해 역사 내러티브를 구성하게 함으로써 달성될 수 있는 것이다. 따라서 사고 기능의 상세화로서의 역사적 사고 논의를 통해 역사적 사고 기능을 기르기 위해 잘 구성된 역사 내러티브가 중요하다는 것을 알 수 있다. 나아가 이 논의를 통해 역사교육에서 역사 내러티브 구성을 통한 역사하기(doing history)의 중요성도 알 수 있다.

V. 역사적 사고의 연구 방향

지금까지 살펴본 역사적 사고에 대한 논의 내용을 분류하여 일별해본다면 하나는 피아제-필-할람 모델을 중심에 놓고 이 모델 이전과 이후의 논의 경향을 살펴본 것이다. 다른 하나는 사고에서 지식이 어떻게 성장하는가의 문제를 다룬다는 의미에서의 인식론적 접근과 역사적 사고의 사례를 중심으로 한 기능적 접근을 살펴본 것이다.

지식을 다룬다는 의미에서의 인식론적 접근에 속하는 것은 피아제-필-할람 모델이나 이를 비판하는 영역 고유 인지 이론이다. 이 둘은 주장이 상이하지만 같은 패러다임에 속한다고 할 수 있다. 그 이유는 역사적 사고를 지식의 성장으로 다루고 있기 때문이다. 그리고 두 입장의 차이는 인간의 사고가 가진 양면성을 고려할 때 그중 한 측면만을 바라보는 데서 나온 것일 수 있기 때문이다. 한편 사고의 사례를 중심으로 제시하는 기능적 접근에 속하는 것은 주로 미국이나 최근의 영국에서 나타나는 경향이라고 할 수 있는데 이 입장의 특징은 사고를 가르치기 위해 사고 기능을 분류하고 이를 상세히 제시하고 있다는 점이다. 이에 따라 본 장의 내용을 구분해본다면 I과 II, IV의 1. 역사적 사고력의 구성 요소는 인식론적 접근에 입각한 논의이고, III절과 IV절의 2. 사고 기능의 상세화는 기능적 접근에 입각한 논의인 셈이다.

지식의 성장을 다룬다는 의미에서의 인식론적 접근에 의한 논의는 기본적으로 피아제-필-할람 모델에서 제시한 골격을 바탕으로 전개되었다고 할 수 있다. 예컨대 피아제 이론에서 제시한 도식 개념이나 사고 단계의 구분 아이디어는 영역 고유 인지 이론이나 인증적 사고에서도 유효하게 적용되고 있다. 특히 도식 개념은 도식을 이루는 내용의 차이만이 부각되고 있지만 도식이 하는 역할은 대동소이하다. 두 입장의 결정적 차이는 추론의 성격이 가설-연역적인 것이냐, 인증적인 것이냐에 있다. 그렇지만 그것도 사고의 특성상 사고 과정에서 부분적으로 필요에 따라 작용할 가능성이 높다.

현재까지의 논의에서 제기되는 과제는 인식론적 접근에서 가설-연역적 추론에 바탕한 사고와 인증적 혹은 내러티브적 사고에 바탕한 추론의 성격을 좀 더 명료하게 제시하는 것이다. 특히 각각의 사고가 언제 어떤 상황에서 이루어지는 것인지 규명할 필요가 있다. 예컨대 필의 논의에서 사고의 기제로 거론되는 기술과 설명의 구분도 실제로는 분명하지 않으며 설명에서 도입되는 아이디어나 개념의 활용은 인증적 사고에 영향을 미치는 관련 사실에 대한 지식, 개념 능력, 경험 등과 큰 차이가 없다. 필이 주목한 역사적 평형화의 구조도 사고 과정으로 보면 해석학적 순환과 유사하여 그 차이를 가늠하기 어렵다. 기능적 접근에서도 이와 유사한 상황이 벌어진다. 예컨대 미국의 역사 표준에서 제시하고 있는 역사적 사고의 범주는 편의상 구분을 하고 있지만 실제로는 모든 범주에서 제시하는 기능이 동시에 필요하다.

따라서 우리에게 주어진 과제는 우선 역사적 사고의 실제를 정밀하게 기술하는 것이다. 정밀한 기술의 필요성을 거론하는 이유는 사고라는 것이 그만큼 규명하기 어려운 문제이기 때문이다. 사고의 과정을 객관적으로 측정할 수 없다는 점은 앞으로도 역사적 사고를 있는 그대로 밝혀내기 어려울 것임을 시사한다. 그렇지만 와인버그가 사용한 생각 말하기(think aloud) 방법처럼 우회적인 방법을 써서라도 사고를 있는 그대로 밝히려는 노력이 필요하다. 이런 노력을 통해 역사적 사고의 실재가 더욱 잘 기술되어야 그 실재를 가늠할 수 있을 것이다. 그러기 위해서는 지금까지 도입했던 방법보다 훨씬 치밀한 관찰 방법에 대한 연구가 필요하다.

이때 역사적 사고에 접근하는 자세는 훨씬 더 개방적이어야 한다. 즉 역사적 사고를 영역 중립 혹은 영역 고유라는 입장을 먼저 정하고 접근하는 것이 아니라 인간의 사고가 가지는 양면성을 동시에 포착하려는 태도가 필요하다. 지금까지의 연구는 관찰자의 시각에 따라 역사적 사고의 실재를 다르게 기술했을 가능성이 크다. 따라서 앞으로 역사적 사고에 대한 연구 결과를 포괄적 관점에서 재조명할 필요가 있다. 그중 한 방법은 양쪽에서 주장하는 사고 기제와 개념의 공통점을 면밀하게 관찰하여 이를 새롭게 포괄하려고 노력하는 것이다. 원론적이기는 하지만 앞으로의 과제를 한마디로 요약한다면 선입관 없이 포괄적 관점에서 역사적 사고를 정확하고 명료하게 기술하는 것이다. 그러기 위해서 지금까지의 연구 성과를 바탕으로 역사적 사고를 새롭게 규정하려는 자세와 노력이 절실하게 요구되고 있다.

■ 주

1) J. Bruner, *Acts of Meaning Minds*(Cambridge: MA:Harvard Univ. Press, 1990), pp. 90~102.
2) D. G. Watts, *The Learning of History*(London: Routledge & Kegan Paul, 1972), pp. 19~20.
3) Frederick D. Drake, Lynn R. Nelson, *Engagement in Teaching History: Theory and Practices for Middle and Secondary* Teachers(New Jersey: Pearson Merrill Prentice Hall, 2005), pp. 56~57.
4) 양호환, 〈歷史學習에서 認知發達에 관한 몇 가지 問題〉, 《歷史敎育》 58, 1995. 2.
5) Barry J. Wadsworth, *Piaget's Theory of Cognitive Development An Instruction for Student of Psychology and Education*(New York: David Mckay Company, Inc, 1972) (鄭兌燁 역, 《삐아제 認知發達論》, 배영신서 19, 1988).
6) 김한종, 〈피아제의 인지 발달론과 역사교육연구〉, 《역사수업의 원리》, 책과함께, 2007, 226쪽.
7) 위의 책, 227~228쪽.
8) 양호환, 위의 논문, 3쪽.
9) 김한종, 위의 논문, 230쪽.
10) 양호환, 위의 논문, 11~12쪽.
11) E. A. Peel, Some Problems in Psychology of History Teaching, W. H. Burston, D. Thompson (eds.), *Studies in the Nature and Teaching of History*(New York: Humanities Press, 1967).
12) *ibid.*, p. 162.
13) *ibid.*, p. 163, pp. 186~187.
14) 양호환, 위의 논문, 30쪽.
15) E. A. Peel, *op. cit.*, p. 183.
16) *ibid.*, p. 183.
17) *ibid.*, p. 185.
18) *ibid.*, p. 183.
19) R. N. Hallam, Logical Thinking in History, *Educational Riview* 19(3), 1967.
20) 전환적 추론이란 피아제 인지 발달론에서 인과 개념에 속하는 것으로서 두 개의 사태가 동시에 일어났을 때 한 사태가 다른 사태의 원인이 된다고 생각하는 것을 말한다.

21) R. N. Hallam, Piaget and Thinking in History, Martin Ballard (ed.), New Movement in the Study and Teaching of History(Bloomington: Indiana Univ. Press, 1970). p. 164.
22) ibid., p. 165.
23) R. N. Hallam, Logical Thinking in History, p. 195.
24) E. A. Peel, op. cit., p. 164.
25) ibid., p. 161.
26) 김한종, 위의 논문, 263쪽.
27) E. A. Peel, op. cit., p. 160.
28) 김명숙, 〈역사적 사고력 함양을 위한 유추의 활용 가능성 탐색〉, 《歷史敎育》 83, 2002. 14. 15~16쪽.
29) 조동근, 〈歷史敎師의 說明方式으로서 내러티브와 類推: 特性 및 活用事例를 중심으로〉, 서울대 석사학위 논문, 1999, 45쪽.
30) E. A. Peel, op. cit., pp. 180~181.
31) 김명숙, 위의 논문, 18쪽.
32) 김명숙, 위의 논문, 24쪽; 조동근, 위의 논문, 25~26쪽. 본서 4장 2절 참조.
33) 1장 3절 2항 참조.
34) 齋藤博, 〈地理的 歷史的 意識の 發達〉, 《信濃敎育會敎育硏究所紀要》 19, 1953.
35) 藤井千之助, 〈歷史敎育と歷史意識〉, 尾鍋輝彦・豊田武・平田嘉三(編), 《歷史敎育學事典》, 東京: ぎょうせい, 1980, 59.
36) 木全淸博, 〈歷史意識の 發達と 歷史敎育〉, 加藤章・佐藤照雄・派多野和夫(編), 《講座歷史敎育 3: 歷史敎育の理論》, 東京: 弘文堂, 1982, 266쪽.
37) 위의 논문, 269쪽.
38) 山中壽夫, 〈歷史敎育と歷史的思考力〉, 《歷史敎育學事典》, 68~70쪽.
39) 김한종, 위의 논문, 251쪽.
40) 김한종, 위의 논문, 252~253쪽 표 4.
41) 木全淸博, 〈歷史認識の 發達論の系譜〉, 《社會認識の 發達と 歷史敎育》, 東京: 岩崎書店, 1985, 162~192쪽.
42) 김한종, 위의 논문, 255쪽.
43) 김한종, 위의 논문.
44) 김한종, 위의 논문, 258쪽.
45) S. K. Kochhar, Teaching of History(New Delhi: Sterling Publishers Private Limited, 1984), p. 241~242.
46) 김한종, 위의 논문, 262~265쪽.
47) Matin Booth, Ages and Concepts: A Critique of Piagetian Approach to History Teaching, in Christopher Portal (ed.), The History Curriculum for Teachers(London: The Palmer Press, 1987), pp. 24~25.

48) Matin Booth, Skills, Concepts and Attitudes : The Development of Adolescent Children's Historical Thinking, *Theory and Research in Social Education* 11(2), 1983, p.105.
49) D. Shemilt, *History 13-16 evaluation study*(Edinburgh, Scotland: Holmes McDougall, 1980), 1-25; Matthew T. Downey, Linda S. Levstik, Teaching and Learning History, James P. Shaver (ed.), *Handbook of Research on Social Studies Teaching and Learning*(New York: Macmillan Publishing Compony, 1991), pp.402~403.
50) D. Shemilt, Formal Operational Thought in History, in John Fines (ed.), *Teaching History*(Edinburgh:Holms McDougall, 1983), p.152.
51) Matin Booth, Skills, Concepts and Attitudes : The Development of Adolescent Children's Historical Thinking, p.106.
52) 이영효, 〈認知過程으로서의 歷史的 思考와 敎授 適用〉, 《社會科學硏究》 3, 光州大學校 社會科學硏究所, 1993, 359쪽.
53) 위의 논문.
54) J. D. Novak, An alternative to Piagetian psychology for science and mathematics education, *Science Education* 61, 1977, pp. 453~477.
55) S. Carey, Are children fundamentally dfferent kinds of thinkers and learners than adults?, in S. F. Chipman, W. Segal & R. Glaser (eds.), *Thinking and learning skills: Research and open questions*(Hillsdale, NJ: Lawrence Erlbaum, 1985), vol.2, pp. 485~517.
56) R. Glaser, Education and thinking : The role of knowledge, *American Psychologist*, 39, 1984, pp. 93~104.
57) L. S. Levstik & C. C. Pappas, Exploring the development of historical understanding, *Journal of Research and Development in Education* 21, 1987, pp. 1~5.
58) M. McKeown & I. Beck, The Assessment and Characterization of Young Learner' Knowledge of a Topic in History, *American Education Reseach Journal* 27(4), 1990, pp. 688~726.
59) Keith Oatley, Inference in narrative and science, David R. Olson, Nancy Torrance (eds.), *Modes of Thought: Explorations in Culture and Cognition*(Cambridge Univ. Press, 1996), p. 126.
60) *ibid.*
61) *ibid.*
62) D. H. Fischer, *Historians' Fallacies: Toward a Logic of Historical Thought*(New York: Harper & Row, Publishers, 1970), xvi.
63) Matin Booth, Skills, Concepts and Attitudes : The Development of Adolescent

Children's Historical Thinking, pp. 106~107.
64) *ibid.*, pp. 107~111.
65) *ibid.*, p. 110.
66) *ibid.*, p. 115.
67) J. Bruner, Narrative and Paradigmatic Modes of Thought, Elliot Eisner (ed.), *Learning and Teaching the Ways of Knowing*(The University of Chicago Press, 1985), pp. 97~115; _____, Two Mode of Thought, *Actual Minds, Possible Worlds*(Harvard University Press, 1986), pp. 11~43.; _____, Frames for thinking: Ways of Making Meaning, *Modes of Thought: Explorations in Culture and Cognition* (eds.), Olson David R. & Nancy Torrance(Cambridge Univ. Press, 1996) pp. 93~105.
68) J. Bruner, *The Culture of Education* (Harvard Univ. Press, 1996), pp. 6~7.
69) M. C. Lemon, *The Discipline of History and The History of Thought* (Routledge. 1995), p. 51.
70) J. Bruner, *The Culture of Education*, pp. 135~136.
71) H. White, *Metahistory; The Historical Imagination in Nineteenth-Century Europe*(Baltimore: The Johns Hopkins Univ. Press, 1979)(천형균 옮김,《19세기 유럽의 역사적 상상력-메타 역사》, 문학과 지성사, 1991, 18).
72) Frederick D. Drake, *op. cit.*, p. 56.
73) National Council for History Education, *Building a History Curriculum: Guidelines for Teaching History in Schools*(Washington D.C.: Educational Exellence Network, 1988), 9.
74) American Historical Association, Benchmarks for Professional Development in Teaching of History as a Discipline, *Perspectives*(May 2003), pp. 41~44.
75) S. S. Wineburg, Historical Problem-Solving: A Study of the Cognitive Processes used in the Education of Documentary Evidence, Stanford University Ph. D. Dissertation, 1990, pp. 145~156.
76) Frederick D. Drake, Lynn R. Nelson, *op. cit.*, pp. 60~61.
77) 김한종, 〈역사적 사고력의 개념과 그 교육적 의미〉,《역사교육의 이론과 방법》, 삼지원, 1997.
78) 최상훈, 〈역사적 사고력의 의미와 하위범주〉,《역사교육과 역사인식》, 책과함께, 2005.
79) 김한종, 〈역사적 사고력의 구성 요소와 역사 수업의 발문〉,《역사 수업의 원리》, 301쪽.
80) 김한종, 〈역사적 사고력의 개념과 그 교육적 의미〉, 336쪽.
81) 김한종, 〈역사 학습에서 상상적 이해의 방안〉,《歷史敎育의 理論과 方法》, 삼지원, 1997, 281~284쪽.

82) E. A. Peel, *The Nature of Adolescent Judgment*(New York: Wiley Interscience, 1971), 19.
83) 최상훈, 위의 논문, 78쪽.
84) 여기서 역사 내러티브란 설명적 텍스트에 대응되는 내러티브 텍스트라는 의미가 아니라 일반적인 역사 교과서 서술이나 학생들에게 제공되는 역사 서술을 의미한다. 역사 내러티브란 용어는 미국 역사 표준에서 사용되는 용례나 '거대 내러티브(grand narrative)'에서와 같이 일반적 역사 서술이라는 의미로 사용되는 경우가 많다. 본 절에서 사용되는 역사 내러티브는 일반적인 역사 서술을 뜻하는 것이다.
85) National Center for History in the Schools, *National Standards for History: Basic Edition*(Los Angeles: National Center for History in the Schools, 1996), p. 59.
86) *ibid.*, pp. 59~72.

■ 참고문헌

김명숙, 〈역사적 사고력 함양을 위한 유추의 활용 가능성 탐색〉,《歷史敎育》83, 2002.
김한종, 〈역사적 사고력의 구성 요소와 역사 수업의 발문〉,《역사 수업의 원리》, 책과함께, 2007.
김한종, 〈역사 학습에서 상상적 이해의 방안〉,《歷史敎育의 理論과 方法》, 삼지원, 1997.
김한종, 〈피아제의 인지 발달론과 역사교육연구〉,《역사수업의 원리》, 책과함께, 2007.
양호환, 〈歷史學習에서 認知發達에 관한 몇 가지 問題〉,《歷史敎育》58, 1995.
이영효, 〈認知過程으로서의 歷史的 思考와 敎授 適用〉,《社會科學硏究》3, 光州大學校 社會科學硏究所, 1993.
조동근, 〈歷史敎師의 說明方式으로서 내러티브와 類推: 特性 및 活用事例를 중심으로〉, 서울대 석사학위 논문, 1999.
최상훈, 〈역사적 사고력의 의미와 하위범주〉,《역사교육과 역사인식》, 책과함께, 2005.
藤井千之助, 〈歷史敎育と歷史意識〉, 尾鍋輝彦・豊田武・平田嘉三(編),《歷史敎育學事典》, 東京: ぎょうせい, 1980.
木全淸博, 〈歷史意識の 發達と 歷史敎育〉, 加藤章・佐藤照雄・派多野和夫(編),《講座歷史敎育 3: 歷史敎育の理論》東京: 弘文堂, 1982.
木全淸博, 〈歷史認識の 發達論の系譜〉,《社會認識の 發達と 歷史敎育》, 東京: 岩崎書店, 1985.
山中壽夫, 〈歷史敎育と歷史的思考力〉,《歷史敎育學事典》.
齋藤博, 〈地理的, 歷史的 意識の 發達〉,《信濃敎育會敎育硏究所紀要》19, 1953.
American Historical Association, Benchmarks for Professional Development in Teaching of History as a Discipline, *Perspectives*(May 2003).
Booth Matin, Ages and Concepts: A Critique of Piagetian Approach to History Teaching, in Christopher Portal (ed.), *The History Curriculum for Teachers*(London: The Palmer Press, 1987).
Booth Matin, Skills, Concepts and Attitudes : The Development of Adolescent Children's Historical Thinking, *Theory and Research in Social Education*, 11(2), 1983.

Bruner, J., *Acts of Meaning Minds*(Cambridge: MA:Harvard Univ. Press, 1990).

Bruner, J., Frames for thinking: Ways of Making Meaning, *Modes of Thought: Explorations in Culture and Cognition*, (eds.), Olson David R. & Nancy Torrance(Cambridge Univ. Press, 1996).

Bruner, J., Narrative and Paradigmatic Modes of Thought, Elliot Eisner (ed.), *Learning and Teaching the Ways of Knowing*(The University of Chicago Press, 1985).

Bruner, J., *The Culture of Education*(Harvard Univ. Press, 1996).

Bruner, J., *Two Mode of Thought, Actual Minds, Possible Worlds*(Harvard University Press, 1986).

Carey, S., Are children fundamentally different kinds of thinkers and learners than adults?, in S. F. Chipman, W. Segal & R. Glaser (eds.), *Thinking and learning skills: Research and open questions*(Hillsdale, NJ: Lawrence Erlbaum, 1985).

Downey, Matthew T. & Levstik, Linda S., Teaching and Learning History, James P. Shaver (ed.), *Handbook of Research on Social Studies Teaching and Learning*(New York: Macmillan Publishing Compony, 1991).

Drake, Frederick D. & Nelson, Lynn R., *Engagement in Teaching History: Theory and Practices for Middle and Secondary Teachers*(New Jersey: Pearson Merrill Prentice Hall, 2005).

Fischer, D. H., *Historians' Fallacies: Toward a Logic of Historical Thought*(New York: Harper & Row, Publishers, 1970).

Glaser, R., Education and thinking : The role of knowledge, *American Psychologist* 39, 1984.

Hallam, R. N., Logical Thinking in History, *Educational Riview* 19(3), 1967.

Hallam, R. N., Piaget and Thinking in History, Martin Ballard (ed.), *New Movement in the Study and Teaching of History*(Bloomington: Indiana Univ. Press, 1970).

Kochhar, S. K., *Teaching of History*(New Delhi: Sterling Publishers Private Limited, 1984).

Lemon, M. C., *The Discipline of History and The History of Thought*(Routledge. 1995).

Levstik, L. S. & Pappas C. C., Exploring the development of historical understanding, *Journal of Research and Development in Education*, 21, 1987.

McKeown, M. & Beck, I., The Assessment and Characterization of Young Learner' Knowledge of a Topic in History, *American Education Reseach Journal* 27(4), 1990.

National Center for History in the Schools, *National Standards for History: Basic Edition*(Los Angeles: National Center for History in the Schools, 1996).

National Council for History Education, *Building a History Curriculum: Guidelines* for Teaching History in Schools(Washington, D.C.: Educational Exellence Network, 1988).

Novak, J. D., An alternative to Piagetian psychology for science and mathematics education, Science Education 61, 1977.

Oatley, Keith, Inference in narrative and science, David R. Olson, Nancy Torrance (eds.), Modes of Thought: Explorations in Culture and Cognition(Cambridge Univ. Press, 1996).

Peel, E. A., The Nature of Adolescent Judgment(New York: Wiley Interscience, 1971).

Peel, E. A., Some Problems in Psychology of History Teaching, W. H. Burston, D. Thompson (eds.), Studies in the Nature and Teaching of History(New York: Humanities Press, 1967).

Shemil, D., Formal Operational Thought in History, in John Fines (ed.), Teaching History(Edinburgh:Holms McDougall, 1983).

Shemilt, D., History 13-16 evaluation study(Edinburgh, Scotland: Holmes McDougall, 1980), 1-25.

Wadsworth, Barry J., Piaget's Theory of Cognitive Development An Instruction for Student of Psychology and Education(New York: David Mckay Company, Inc, 1972) 鄭兒煒 역, 《삐아제 認知發達論》, 배영신서 19, 1988.

Watts, D. G., The Learning of History(London: Routledge & Kegan Paul, 1972).

White, H., Metahistory; The Historical Imagination in Nineteenth-Century Europe(Baltimore: The Johns Hopkins Univ. Press, 1979)(천형균 역, 《19세기 유럽의 역사적 상상력-메타 역사》, 문학과 지성사, 1991).

Wineburg, S. S., Historical Problem-Solving: A Study of the Cognitive Processes used in the Education of Documentary Evidence, Stanford University Ph. D. Dissertation, 1990.

찾아보기

ㄱ

가다머(Gadamer, Hans-Georg) 173, 213
가설-연역적 추리 314
가설 77
가설적 추론 344
'가정(supposal)'으로서 상상 188~189
간접적인 교훈 80
감정이입 76, 367
갑오개혁 125
강목체 107
개괄적 해석 217, 218
개념과 용어의 설명 261
개념적 설명 96
개별 인간 89
개별성 76
개연성(probability) 219
객관성 75, 82
객관적 실재 82
거대 담론 144
거대담론의 해체 148
경사일체(經史一體) 105
경세치용 124
경세치용 사학 135
경학 104, 108
계급 간의 대립 79
계급투쟁 121
계급투쟁론 137
계기적 인과관계 145
계량분석적 설명 83
계몽사상 111
계몽사상가 92
계몽사학 107
계열 351
고상한 꿈 130
고정관념에 의한 감정이입 206, 209
공감 101
공상적 꾸밈(fanciful elaboration) 64
공적 기억 58
과거와 익숙해지기 101
과거의 현재적 의미 탐구 88
과학성 82
과학으로서의 역사 144
과학적 가설 85
과학적 사고 76
과학적 설명 259, 260, 262, 281, 282, 289, 291, 299
과학적 탐구 능력 86
과학주의 147
관계적-맥락적 방법 332
관념론(idealism) 76, 165, 255, 258, 260
관념론자 174, 179
관점의 감정이입적 재구성 205, 209
관찰 84
교과 특정적 교수 지식(subject specific pedagogical knowledge) 23
교과교육학 19
교수 내용 지식(pedagogical content knowledge) 17, 20
교수 학습론 39
교육 과정 지식(curricular knowledge) 20
교육 구국론 139
교육 목표 분류학 230, 236
교육대학원 22
교훈 78
교훈적 역사관 126
구조(structure) 192
구조사 133
구조적 관점 121
구조적 마르크시즘 121
구조적 변화 86
구체적 조작 314
국권회복 운동 140
국민 지조의 함양 126
국민계몽 126
국수주의 사학 135
권선징악 103
귀납적-확률적 설명 277, 282~284
귀납적 방법 82
귀납적 일반화 83
귀납적 추론 344
귀추법 345
규칙성 78
근대적 주체의 종언 148
기반 사례 271, 272
기본적 의미(basic meaning) 214, 215
기사본말체 107
기술(description) 320
기술적(記述的) 방법 332
기술적(記述的) 사고 321
기술적(記述的) 설명 96

기어츠(Geertz, Clifferd) 181
기전체 193
기조(Guizot, F. P. G.) 117
김한종 190, 191

ㄴ
나선형 순환사관 79
낭만적 민족주의 117
낭만주의 역사가 92
내러티브 사고양식(narrative mode of thought) 64
내러티브의 부활 60
내러티브적 사고 35
내용 지식(content knowledge) 20
내재적 가치 34
내포적 정의 263
논리실증주의 256
논리적 조작 능력 314

ㄷ
다원주의 149
다의성 144
다중 분류(multiple classfication) 333
단계(stage) 314
단선성(lineality) 376
단선적인 인과관계 99
단절적 변화 92
담론으로서의 역사 146
담론적 질서 146
데리다(Derrida, Jacques) 182
도덕성의 체현물 112
도덕적 도구 112
도덕적 설명 96
도덕적 예증 112
도덕적 판단 80, 223~225
도덕주의 108
도식(schema) 313, 341, 342
《동국사략》 126
《동국여지승람》 106
《동국이상국집》 106
동도서기 123
《동몽선습》 114
《동문선습》 140
《동사강목》 107
동일시 101
동화(assimilation) 313
드레이(Dray, William H) 178, 179, 257, 292

드로이젠(Droysen, J. G.) 133, 171, 256
딜타이(Dilthey, Wilhelm) 76, 172, 173, 176, 256, 367

ㄹ
라 카프라, 도미니크(La Capra, Dominique) 147
라이트(Wright, G. H. von) 162, 166~168
랑케(Ranke, Leopold von) 82
로빈슨, 제임스(Robinson, James Harvey) 130
르 고프(Le Goff, Jacques) 93
르네상스 인문주의자 92
리(Lee, P. J.) 201, 203
리비우스(Livius, Titus) 110

ㅁ
마르크스(Marx, Karl M.) 90, 120
마르크스 사학 136
마키아벨리(Machiavelli, Niccolo) 111
마틴(Martin, Rex) 167, 168
《만국사기》 126
《만국역사》 126
만델봄(Mandelbaum, Maurice) 216
맥락적 역사적 감정이입 208
맥락적 해석 217, 218
맥락화 359
목적론적 역사관 110
《몽골비사》 105
문명 75
문법적 해석 171
문제 중심의 역사 143
문학성 82
문학적 상상력 75, 86
문헌 고증 127
문헌학(적) 연구 방법 118, 124
문헌학적 역사 128
문화적 도구 352
문화적 동시성 94
물질주의적 결정론 61
《미국독립사》 126
미슐레(Michelet, J.) 117
민족 정체성 118
민족사 교육 140
민족사학 107, 137
민족주의 역사인식 116
민중사학 138
밀(Mill, J. S.) 256, 268
밍크(Mink, L. O.) 203, 257

ㅂ

반(反) 기억(counter-memory) 58
반(反)사실적 분석(counterfactual analysis) 134
반(反)식민지 교육 124
반복 78
반봉건 교육 124
발리 섬의 닭싸움 181
발생적 설명 277, 285, 286, 288
발생적 유형 56
발화력(發話力) 214
방법론적 이원론 256
방법론적 일원론 256, 257
배경 정보 239, 241
배경 지식 239, 240
《100명의 위인전》 125
버터필드(Butterfield, H.) 223
법칙적 설명 76
베커, 카를(Becker, Carl H.) 130
변인 75
변증법적 발견 79
변형적 목적(transformative aim) 34
보간 368
보기 21
보벨(Vovelle, Michel) 132
보편 역사(보편사) 110, 142
보편적인 인간성 79
보편타당성 82
볼테르(Valtaire) 111
봉건사회 부재론 137
봉건시대의 정사 123
부국안민 103
부르크하르트(Burckhardt, Jacob) 93
부분적 설명 290
부스(Booth, M.) 346
불가피성 376
브로델(Braudel, Fernand) 132
브린턴(Brinton, Crane) 268
블로크(Bloch, Marc) 132
블룸(Bloom, B. S.) 230, 232~234, 236, 237
비교적 사고 359
비교적 설명 259, 261, 268, 269
비어드, 찰스(Beard, Charles A.) 130
비코(Vico, Giambattista) 193
비판적 쓰기 152
비판적 역사철학자 259
비판적 유형 56
비판적 읽기 152

ㅅ

사건의 내적 논리 97
사건의 원인 99
사고의 구조 319
사고의 기제 319
《사고전서》 105
사관 102
사관 제도 104
《사기》 103
《사략》 114
사료 73
사료 텍스트 149
사마광 104
사마천 103
사분법 93
사상의 역사 128
사서 102
사실의 개별성 119
사실의 개체성 119
사이토(齋藤博) 327
사회 퍼지배층 91
《사회경제사연보》 132
사회경제사적 서술 120
사회경제사학 137
사회경제적 요인 76
사회과 25
사회과학 83
사회과학적 역사 131
사회구조사 133
사회생활과 25, 141
사회진화론 90, 137
산문적 서사시 112
《삼국사기》 106
《삼국유사》 106
삼분법 92
삼한정통론 106
삽입 368
상고주의(尙古主義) 103
상대적 자율성 152
상상 속에서(in imagination) 188
상상력을 가지고(with imagination) 188, 189
상상적 재연 76
상소문 쓰기 243
상호작용으로서의 지식 151
상황 논리 97
상황의 맥락적 재구성 205, 208
상황적 원인 276

찾아보기 **395**

생각의 습관 353
생략적 설명 290
생물학적 결정론 90
생산력 79
생산수단 79
생산양식 79
생산양식과 생산관계의 모순 121
서사적 역사 143
선왕지도(先王之道) 108
선행조건 77
선험적 상상 195, 196
설명(explanation) 77, 320
설명 스케치 277, 289, 291
설명자의 문제 해결 과정 322
설명적 사고 321
설명항(explanans) 278, 279, 283, 289, 290
성리학적 사관 115
성리학적 세계관 114
성서 해석학 170
성취로서의 감정이입 201, 202
성향으로서의 감정이입 201, 202
성향적 설명 262, 291, 298~301
《세종실록지리지》 106
《셰필드의 세계사》 125
소중화 115
수사학적 전통 144
수준 관리 37
수평적 지체(horizontal décalages) 337
순환(적) 사관 79, 111
술이부작(述而不作) 108
쉐밀트(Shemilt, D.) 241
슐라이어마허(Schleiermacher, Friedrich) 170, 171
슐만(Shulman, Lee S.) 20
스토리텔링 75
스토클리(Stockley, David) 203
스펜서(Spencer, Herbert) 90
시간 표현 개념 333
시간관념 91
시간성(temporality) 310
시간의 복수성 133
시간적 계기성 92
시겔(Sigel, Irving E.) 332
시대 개념 334
시대 구분 91
시대 학습법 95
시민 교육(citizenship) 34

식민사학 137
신경제사 134
신문화사 138, 180, 181, 183, 184
신빙성(plausibility) 219
신사학 122
신실증주의 256
신의 섭리 112
실용주의 사학 135
실제적 추론(practical inference) 166, 167
실증론자 77
실증사학 137
실증적 연구 방법 106
실증주의 135, 255, 256, 260
실학 192, 193
실학자 106
심리사학 134
심리적 해석 171
심미적 즐거움 88
'심성' 연구 132

ㅇ

아날학파 132
아래로부터의 역사 133
아르키메데스 177
아우구스티누스(Augustinus, Aurelius) 110
아편전쟁 239
안정복 107, 115
애국주의 사조 125
《애급근세사》 126
앳킨슨(Atkinson, R. F.) 257
양계초 17
언어로의 전환 144, 182
에릭슨(Erickson, E.) 134
역사 교실 86
역사 구분의 합리성 95
역사 글쓰기 243
역사 분석과 해석 375
역사 속의 의미(meaning in History) 217
역사 쓰기 153
역사 연구 능력 377
역사 이해 374
역사 이해력(historical comprehension) 232
역사 일기 쓰기 244
역사 쟁점 분석과 의사결정 379
역사 지식의 사회적 효용 81
역사 지식의 효용 80
역사 커리큘럼 44

역사 표준 371
역사 하부구조 90
역사가와 현재의 연관성 88
역사가의 주관적 판단 119
역사가의 해석과 판단 95
역사가의 현재 인식 87
역사상의 사실 131
역사성 86
역사신문 제작 수업 245
역사의 세속과 111
역사의 의미(meaning of history) 217
역사의 이중적 기능 131
역사의 현재적 유용성 88
역사의 현재적 의의 88
역사의 효용성 130
역사의식 86, 327
역사의식의 발달 단계 331
역사인식의 객관성 84
역사적 가설 85
역사적 감정이입 100
역사적 기억 149
역사적 문제의식 329
역사적 방법 86
역사적 사교 50
역사적 사실 84
역사적 사실의 감정이입적 재구성 205, 209
역사적 상상력 366
역사적 설명 253, 257~259, 261, 267, 272~274, 277, 281, 283, 285, 289, 297
역사적 시야 86
역사적 위치 86
역사적 탐구력 363
역사적 통찰 87
역사적 판단력 368
역사주의 82
《역사표준서》 232
역사학의 연구 성과 102
역추론 345
연극을 활용한 역사 수업 100
연대 개념 334
연대기 파악력 362
연대기적 사고 373
연대기적 사실 124
《연려실기술》 107
연역적-법칙적 설명 277~283
연역적 추론 344
10개의 역사적 사고 기준 357

영국 국가 교육 과정 215
영역 고유 인지 이론 52, 336, 343
영역 이기주의 38
영역 중립 인지 이론 312
영웅 이론 116
영웅숭배 110
예술성 85
예시 21
예측 80
오크쇼트(Oakeshott, Michael) 76
온고지신 108
와인버그(Wineburg, Sam) 24, 358
와츠(Watts, D. G.) 220, 308
왕조 중심의 연대기적 전통사학 122
왕조사 중심 141
외연적 정의 263
원인의 상대성 98
월시(Walsh, W. H.) 217, 265
유가 경전 114
유교의 왕도정치 이념 105
유교적 교육 사조 113
유교적 명분 108
《유럽문명사》 117
유럽사 중심 139
유목적-추론적 방법 332
유물사관 79, 137
유추 21, 271, 273, 325
유추에 의한 설명 261, 270
유추적 설명 259
유형적인 반복 78
은유 21
의고주의 사학 135
의미 맥락 378
의사결정 능력의 신장 297
의사소통 과정 100
이긍익 107
이데올로기 74
이야기 예술 83
이야기 짓기(narration) 146
이야기체 120
이인호 33
인간 본성의 불변성 100
인간성 80
인과관계 83
인과법칙 83
인과적 서술 97
인과적 설명 96, 99, 259, 261, 274~276

인류학적 방법 121
인류학적 역사학 180
인물 학습 297
인식론 39
인식자의 주관성 150
인증적 사고 343, 346
인증적 사고력 349
일반법칙 77, 278~282, 284, 289, 290, 299
일반성 78
일반화 77
일상적 감정이입 207, 209
일치법 268

ㅈ
자국사 중심 139
자기정체성 149
자아 개념 55
자아의식 86
자주적 민족의식 141
자주적 역사인식 107
《자치통감 강목》 115
《자치통감》 104
작업 가설 95
장기 중세론 93
장기 지속 132
장르 352
재사고(再思考, rethinking) 176, 266
재사유 76
재연(reenactment) 176~178, 367
저항의 내러티브 147
전근대사학 112
전근대적인 역사의식 126
전조작기 314
전체사 132
전체적 의의(significance) 214, 215
전체적 종합 85
전통적 유형 56
전형적 유형 56
전환적 추론 323
절차로서의 감정이입 201
정보 전달 방식의 변화 49
정신과학 128
정현백 33
《제왕운기》 106
제왕지학(帝王之學) 105
제한적 역사적 감정이입 207
제후의 역사 109

젠킨스(Jenkins, Keith) 211~213
조국애의 역사 서술 116
《조선역대사략》 126
《조선역사》 126
《조선왕조실록》 106
조작(operation) 314
조절(accommodation) 313
존왕애국의 의식 125
존재의식 55
종족 문화 교육 114
주관성 74
주기 79
주기적 설명 이론 95
주체성 확립 141
주희 104
중간 시대 92
중국 중심의 화이관 115
중국의 전통사학 102
《중일약사합편》 126
중체서용 124
중화주의 137
지각적 상상 195
지역 서사 147
직관 83
직관적 통찰력 85
직서 103
직접적 원인 276
진단학회 137
집단기억 57
집단적 기억 133
집합단수로서의 역사 142, 143

ㅊ
차이법 268
천자의 역사 109
초기 조건 278, 279, 281, 284, 289, 291
총괄 265, 266
총괄적 설명 259, 261, 265, 267
최상훈 191
추체험(nacherleben) 76, 172, 367
《춘추》 103
춘추필법(春秋筆法) 03
출처 확인 358
치국인재 양성 114
치밀한 묘사(thick description) 181, 183

ㅋ

카(Carr, Edward H.) 131, 276
카이사르 195
카토(Cato, Marcus Porcius) 110
컴퓨터 메타포 307
케임브리지 학파 134
콜담(Coltham, J. B.) 234~237
콜링우드(Collingwood, Robin G.) 76, 175~178, 194, 195, 256
콩트(Comte, A.) 256
크로체(Croce, Benedetto) 76, 174~176, 219, 256

ㅌ

타키투스(Tacitus, Publius Cornelius) 110
탈구조주의 144
탐구수업 40
텍스트 144
텍스트론 182, 183, 210, 211
토인비(Toynbee, Arnold) 268
톰슨(Thompson, E. P.) 133
《통감절요》 114
통사체 104
투키디데스(Thukydides) 109
특수성 76

ㅍ

파인즈(Fines, John) 234~237
파팅톤(Partington, Geoffrey) 32
패러다임적 사고 350
패러다임적 사고양식(paradigmatic mode of thought) 64
패사잡기 105
패스모어(Passmore, John) 257
퍼스(Peirce, C. S.) 343
퍼어롱(Furlong, F. J.) 188
페브르(Febvre, Lucien) 132
평형(equilibrium) 313
포괄법칙 257, 279, 281
포괄법칙 모델 257
포스트모더니즘 27, 144
포스트모던 역사 이론 147
포스트모던 역사학 142
포퍼(Popper, K. R.) 77, 356
표적 사례 271, 272
푸코, 미셸(Foucault, Michel) 145
품질 관리 37

《프랑스사》 117
프로이센 학파 133
플롯 352
피렌느(Pirenne, Henri) 93
피설명항(explanandum) 278, 279, 283, 289, 290
피셔(Fischer, D. H.) 343
피아제-필-할람 모델 51, 317
핀리(Finley, M. I.) 194
필(Peel, E. A.) 222, 318

ㅎ

할람(Hallam, R. N.) 323
합리적 설명(rational explanation) 179, 258, 260~262, 266, 291~293, 295, 296
합리주의에 대한 도전 144
합리주의적 사고 111
합의사학 134
해석적 이해 173
해체적 읽기 183
해체주의 144
행위 결정 분석의 방법 297
행위 주체성 90
행위의 역사 129
헤겔(Hegel, Georg W. F.) 90
헤로도토스(Herodotos) 109
헴펠(Hempel, C. G.) 77, 256, 277, 299
현재의 사회적 요청 87
현재의 역사 129, 128
현재주의 역사인식 127
형식적 조작 314
형이상학적 결정론 90
호이징가(Huizinga, Johan) 93
《화란말련약사》 126
화이론 106, 109
화이트, 헤이든(White, Hayden) 146
확률적 법칙 282, 283
확실성(certainty) 219
확증 359
후금박고(厚今博古) 104
훈계와 포폄 114
흄(Hume, David) 111, 275
힘으로서의 감정이입 201

역사교육의 이론

1판 1쇄 2009년 9월 29일
1판 10쇄 2025년 4월 5일

지은이 | 양호환, 이영효, 김한종, 정선영, 송상헌

펴낸이 | 류종필
편집 | 이정우, 노민정, 권준, 이은진
경영지원 | 홍정민
표지 디자인 | 석운디자인
본문 디자인 | 글빛

펴낸곳 | (주)도서출판 책과함께
    주소 (04022) 서울시 마포구 동교로 70 소와소빌딩 2층
    전화 (02) 335-1982
    팩스 (02) 335-1316
    전자우편 prpub@daum.net
    블로그 blog.naver.com/prpub
    등록 2003년 4월 3일 제2003-000392호

ISBN 978-89-91221-51-2 93900